旬を育てる・旬を味わう

野菜づくり大図鑑

藤田 智 編著
恵泉女学園大学園芸文化研究所准教授

講談社

野菜づくり大図鑑 目次

野菜づくり大図鑑の使い方

本書は野菜づくりの初心者の方、新しい野菜に挑戦したい方のために、できるだけわかりやすく編集しました。
野菜を６つの分野に分け、それぞれの野菜に適した栽培法と料理レシピを収録しました。また、後半には
ベランダでもできるコンテナ栽培、栽培計画や土づくり、マルチングなどの基礎知識も写真構成でわかりやすく解説しています。
ベテランの方には再認識できる内容にもなっています。

野菜の分類
果菜、葉菜、根菜、中国野菜、香味野菜・ハーブ、地方野菜に分けて紹介。

野菜名と解説
その野菜の特徴を端的に表したキャッチフレーズと英名を表記。なお、中国野菜と地方野菜に英名は付けない。本文は野菜の特徴や性質、栽培特性までわかりやすく解説。また、滅多に見ることができない野菜の花も掲載。

作業手順
それぞれの野菜に適した土づくりから収穫までの手順を数字で示す。作業時期の目安も掲載。（化成肥料1つまみ =5g 1にぎり =30g）

とれたて野菜レシピ
旬の野菜を上手に使った、簡単でおいしい料理を紹介。栄養価や健康効果、材料、作り方の手順、保存のヒントをわかりやすく解説。

野菜づくりの基本データ
野菜づくりに必要な基本情報をまとめて掲載。病害虫防除とお薦め品種もあわせて掲載。

栽培手順写真
栽培プロセスのポイントを写真で紹介。写真の順番は左上→左下→右上→右下の順。写真解説が即応。

役立ちコラム
最近話題の品種や珍しい品種、栽培に役立つ方法など、お得な情報が入ったコラム。

料理の材料・栄養表示など
1カップ＝200mℓ 大さじ1＝15mℓ
小さじ1＝5mℓ
EXオリーブ油＝エクストラバージンオリーブ油
カロテンは、β-カロテンをさしています。
β-カロテンは体内でビタミンAに転換されます。
mg=1000分の1g
μg=10000分の1g

栽培カレンダー
種まき、追肥、収穫などの作業時期を12ヵ月のカレンダーにまとめた。中間地（関東地方）の栽培時期なので、寒冷地・暖地用栽培カレンダーも別途収録。

栽培一口ポイント
それぞれの野菜を栽培する上で、注意すべき作業を簡潔にアドバイス。

はじめに

「野菜づくりの魅力を日本中に伝えたい」との願いを込めて、本書の撮影に取り掛かったのが、2004年7月でした。あれから3年、畑で地方品種を含めると150以上の野菜を栽培し、100回を優に越える撮影を重ねてきました。今改めて振り返ってみると、なぜか実に楽しかったことだけが走馬灯のように瞼に浮かんでくるのです。野菜づくりは楽しいことばかりだけではなく、毎回の単純な作業に辛さを感じることさえあります。しかし、畑で仲間と再会すると嬉しさが込み上げてくるのです。共に同じ汗を流した仲間が何物にも代えがたい存在であるのはもちろんですが、それにも増して、畑には私たちが普段忘れている大切な宝物が埋まっているような気がするのです。畑の土を耕すたびに少しずつその宝物が自分に見えてくる、そう思い続けた3年の年月でした。

その間、一方では、週末ごとに各地の市民農園で野菜づくりの指導をする日々が続いています。年配のご夫婦、小さな子供を連れた若夫婦、サラリーマン風の熟年戦士、やがては農家を目指す青年など、生き生きとした表情の多彩な方々との出会いがあります。みんな、額から流れ出る汗を拭いながら、実に楽しそうに野菜づくりに励んでいるのです。

一体、野菜づくりにはどんな楽しみ、魅力があるのでしょうか。私のこれまでの経験から、野菜づくりには、「手をかけた努力が、収穫の喜びとなって自分に跳ね返ってくる」、「旬という言葉に代表されるような、季節の移り変わり（四季）を感じる喜び」、「安心、安全で新鮮な収穫物を食する喜び」、「野菜づくりを介したコミュニケーションの深まり」という四つの魅力があると思います。そして、間違いなくいえるのは、「畑で食べるトマトやキュウリなどの野菜が本当においしい」ということ、「いつも畑には感動と出会いがある」ことです。早春の肌寒い時期から晩秋まで、畑に通い、野菜づくりを終えた時、私たちは、今までとは違う自分、豊かな自分になったことに気づくのです。

藤田　智

果菜

果実を利用するものを果菜と呼ぶ。果菜の中には、イチゴ、スイカ、カボチャなど完熟した果実を利用する種類と、キュウリ、ナス、ニガウリなどのように未熟な果実を利用する種類、トウモロコシ、エダマメ、サヤインゲンなどのように未熟な子実やさやを利用するものがある。種（苗）から収穫まで時間を要する種類が多いが、いずれも魅力的で家庭菜園では人気が高い。はじめてキュウリやトマトを収穫し、口にする感動は何ものにもかえがたい体験、自分の苦労が報われる瞬間だからだ。さあ、果菜に挑戦して、感動を味わおう。

濃紺のナスニンが健康の源、古くから食される伝統野菜

ナス Egg plant

ナスの原産地は、インド(推定)。高温多湿な気候に向き、アジア、ヨーロッパの低緯度地帯、特にアジア地域においては重要な野菜である。ナス科の1年草(熱帯では多年草)で、英名は、Egg plant(卵のなる木)、文字通り、ゆで卵のような果実を着生する種類もある。「秋ナスは嫁に食わすな」のことわざに象徴されるように日本人になじみ深く、焼きナス、漬け物など日本の食文化がつまっているような果菜である。

生育適温は30℃前後、日当たりの良い場所を好み、弱い日照下では生育が悪くなる。乾燥に弱く、土壌水分の多い耕土の深い沖積土壌が適している。収穫期間が長く、家庭菜園ではトマト、キュウリと並んで人気が高い。

科名：ナス科
利用部位：果実
難易度：中〜難
日照の条件：日当たり良
連作障害：あり 4〜5年あける
栽培地域：日本全国
必要な広さ：畝幅60cm
株間60cm

病害虫防除：
アブラムシ(オレート液剤)
ハダニ(粘着くん液剤)
ウドンコ病(カリグリーン)
青枯病(連作を避け、接木苗を利用する)
お薦め品種：中長品種は黒帝、千両二号。長ナスでは、飛天長、庄屋大長

栽培一口ポイント
- 主枝と側枝２本の３本仕立てで育てる。
- 連作は避け（４～５年あける）、接木苗を利用する。
- 長期間栽培を続けるので、有機物を多めに施す。

栽培カレンダー

1	2	3	4	5	6	7	8	9	10	11	12月
				植えつけ							
									追肥・土寄せ(月2回)		
									収穫		
					整枝		更新剪定				

1 土づくり
植えつけの1週間前までに

①植えつけの２週間前までに苦土石灰100〜150g/㎡を散布してよく耕す。1週間前に畝幅60cmとし、畝の中央に深さ30cmの溝を掘る。
②溝に堆肥3〜4kg/㎡、化成肥料100g/㎡を施す。
③ヨウリン60g/㎡を施して土を戻し、高さ10cmの畝を立てる。

畝を立てたら、マルチを張る。
④マルチの一端を土に埋め、反対側のほうにマルチを伸ばす。伸ばしたマルチの端を、土で埋め、鍬でマルチを切る。
⑤次に、マルチの両サイドを土で埋める。最後に、1mおきに、マルチの中央に土を乗せ、重石とする。

2 植えつけ
4月下旬〜5月中旬

①株間60cmとし、移植ゴテなどで植え穴をあけ、水を注ぐ。
②水が引いたら、苗を植えつける。
③植えたら、株元を軽く手で押さえる。

3 仮支柱立て
植えつけ直後

①苗を植えたら、長さ60〜70cmの仮支柱を、苗と45度で交錯するように立てる。高さ15cmの所で、ナスの茎にひもをかけ、8の字のよりを2〜3回つくり、支柱にしっかり誘引する。
②植えつけと仮支柱立て、誘引が完了。

4 整枝
6月上旬〜中旬

①株が生長し、枝葉が混んできたら、主枝と側枝2本の合計3本を残す3本仕立てにする。
②その他のわき芽は全てハサミで摘み取る。この作業を整枝という。

5 本支柱立て・誘引
整枝直後

①長さ150cm位の支柱を株のそばに立て、高さ30cmの所で支柱にしっかり誘引する。
②仮支柱立ての時と同じく、茎にひもをかけ、8の字のよりをつくって支柱に誘引する。

6 追肥・土寄せ
植えつけの1ヵ月後から2週間に1回

植えつけ後1ヵ月位経ったら、追肥・土寄せを行う。
①マルチのすそをあける。
②畝の側方に化成肥料30g/㎡を追肥する。
③鍬などで軽く土寄せする。

7 収穫
6月上旬〜

①一番果・二番果は、株の生育を考え、小さいうちに収穫する。三番果以降は、長さ10〜12cm以上になったら収穫適期となる。
②ナスは、収穫後、鮮度が落ちやすいので、早めに利用する。

8 更新剪定

7月下旬～8月上旬

①7月下旬頃から、枝が混みあってきたら、枝を切り落とす更新剪定を行うと、よい秋ナスが得られる。
②株の全体から、½～⅓の枝をハサミで切る。
③株全体をコンパクトにする。

ぼけナス

適期に収穫せず、とり忘れてそのままにしておくと、皮のつやがなくなり、食味が落ちてしまい、いわゆる「ぼけナス」となる（写真上・上）。適期どりの果実は開花後20～25日なので、実を割ると、種も目立たなく実も柔らかい（写真下・左）。ところが開花後35～40日のぼけナスを割ってみると、中に大きな種ができていて、味も悪く、食用としての品質が落ちていることがわかる（写真下・右）。

9 根切り・追肥

更新剪定直後

更新剪定後、根切りして新しい根を出させる。
①株元から30cm 離れた所にスコップを入れて根を切り、スコップを抜きながら化成肥料30g/㎡を追肥する。
②根切りによって新しい枝が伸び、8月下旬から秋ナスが収穫できる。

10 秋ナス

8月下旬～

更新剪定後、1ヵ月もすると、樹勢が回復し、柔らかい秋ナスができ始める。「秋ナスは嫁に食わすな」といわれる位おいしいので、更新剪定を試してみるとよい。

いろいろなナス

ナスにもいろいろな種類がある。果実の形では、卵形、球形、中長系、大長系があり、色も、日本人になじみ深い紫色から、緑色、白色、さらには白緑色のものがある。写真の左側は一果が子どもの顔程の大きさがある米ナス（アメリカ大ナス）のくろわしという品種。真ん中は、白ナス。右側は青ナスである。ナスの紫色の色素は、アントシアニンで、最近では健康によいとされ、注目されている。

とれたて野菜レシピ

●料理ヒント & 効能

もぎたてのナスを切ると、爽やかで清涼感のある香りがして食欲をそそる。中国の薬膳では身体を冷やし、むくみを除くなどの効用があるとされている。栄養素は多くないが、機能性で注目されているのはナスニン(アントシアニン系色素)と、クロロゲン酸(アクの成分)。いずれもポリフェノール類で優れた抗酸化作用をもち、動脈硬化の予防、血圧や血糖値の正常化に役立つとされる。水に溶けやすいので汁ごと食べる煮物や汁物にすると効率よくとれる。

※ポリフェノール類は植物が光合成を行うときにできる色素や苦みなどの成分で、植物自身を守るための抗酸化作用が人にも有効であるとされている。

ナスの即席しば漬け

ナス、キュウリ、ミョウガ、それぞれの爽やかさが奏でる涼味が魅力のサラダ感覚の浅漬け。冷蔵すれば1週間楽しめる。

材料(4〜6人分)

ナス(中)4個　キュウリ2本　ミョウガ2〜3個　青ジソ2枚　塩小さじ2　梅酢大さじ1〜2

作り方

①ナスはヘタを切り、縦8つ割りにして長さを半分に切る。キュウリは長さ4cmの短冊に切る。ミョウガは斜め薄切り、青ジソはせん切りにする。

②切った野菜をボウルに入れ、塩をふって絡める。皿1枚と水を入れたやかんなどを重石にし、1〜2時間おく。

③野菜から余分な水分とアクが出るので冷水で洗う。水気を切り、梅酢をふりかけ、冷蔵庫で30分以上冷やす。

ナスの揚げ浸し

色よく素揚げにし、揚げたてを調味だしに浸すだけだが、ふっくらとやさしい味になり、いくらでも食べられる。

材料(2人分)

ナス(中)2個　揚げ油適宜　調味だし(だし汁250㎖　酒・しょうゆ各大さじ4　みりん大さじ2)　おろしショウガ少々

作り方

①調味だしをひと煮立ちさせて冷ます。

②ナスはヘタを切り、縦半分に切り、皮に切れ目を入れて、180℃の油で皮の色が鮮やかになるまで揚げる。

③ざるにのせ、熱湯をまわしかけて表面の油分を軽く落とす。①に浸し、15分以上おいて味を含ませ、おろしショウガを添えて盛る。

ナスの味噌炒め

香ばしくて甘辛い味噌を含んだナスの旨味が魅力。ピーマンの香りと歯ざわりが心地よいアクセントを添えてくれる。

材料(4人分)

ナス(中)4個　ピーマン2個　ショウガ(みじん切り)小さじ1　ネギ(みじん切り)5cm　サラダ油大さじ2　A<味噌大さじ2　酒大さじ2　みりん大さじ1　しょうゆ小さじ1>

作り方

①ナスとピーマンはそれぞれヘタを切り、縦4つ割りにし、長さを半分に切る。

②サラダ油にショウガとネギを入れて弱火で炒めて香りを出し、ナスを入れ、強火で炒める。

③ナスに油が回ったら、ピーマンを加え、Aの調味料を混ぜて回し入れ、よく絡める。

●保存ヒント

故郷がインドとされる熱帯性の植物なので寒がりや。水分が蒸発しやすく、冷風が直接あたると萎びて変色する。ラップで包み、10℃前後の場所で保管するのがベスト。たくさんとれたときは塩漬けにしておくとよい。ナス1kgに対して塩200gをまぶし、赤トウガラシ1本を加えて容器に詰め、水400mlに焼きみょうばん2gを煮溶かして冷ましたものを注ぎ、3kgの重石をして2〜3日漬ける。漬け汁だけを煮立て冷まして戻し、漬け汁が常にかぶっている程度の重石をしておく。1ヵ月後から翌年の春まで楽しめる。塩分がきついので、食べるときは冷水でほどよく塩抜きする。

アンデスの真っ赤な太陽、リコペンの輝き！

トマト Tomato

南米アンデス高原地帯が原産のトマトは、1492年、コロンブスのアメリカ大陸発見以来、世界各地に伝播し、果実の栄養と甘味が人気となり、今や世界最重要野菜となった。日本への渡来は18世紀初期だが、当時は観賞用で、明治に入り本格的に再導入された。原産地の気候を反映し、強い光を必要とするが、比較的冷涼で昼夜の温度差の大きい乾燥した条件を好む。栽培は日当たりがよく排水性のよい畑が適している。また、栄養生長と生殖生長のバランスのとれた生育をさせることが大事で、低温による未受精のため第一花房に着果しないと、茎葉ばかり茂って実つきの悪い「つるぼけ」になりやすい。

科名：ナス科
利用部位：果実
難易度：難
日照の条件：日当たり良
連作障害：あり 4〜5年あける
栽培地域：日本全国
必要な広さ：畝幅60cm
株間45〜50cm

病害虫防除：
アブラムシ(オレート液剤)
葉カビ病(ビスダイセン水和剤)
ウドンコ病(カリグリーン)
青枯れ病等の連作障害には接木苗
お薦め品種：大玉トマトは瑞栄、ホーム桃太郎。調理用トマトはエスクック・トール、ティオ・クック

栽培一口ポイント
- 全てのわき芽を取り、主枝1本仕立てとする。
- 一番果は、確実に着果させ、その後の生育を順調にする。
- 接木苗を利用し、連作を避ける。

栽培カレンダー

1	2	3	4	5	6	7	8	9	10	11	12月
				植えつけ							
							わき芽かき・誘引				
							追肥・土寄せ				
								収穫			

1 土づくり
植えつけの1週間前までに

①植えつけの2週間前までに、苦土石灰150g/㎡を散布し、よく耕しておく。植えつけの1週間前に、畝幅120cmとし、畝の中央に深さ30cmの溝を掘る。②堆肥3kg/㎡、化成肥料100g/㎡、ヨウリン60g/㎡を施す。③土を戻して、高さ20cmの畝を立てる。④マルチを張る。

2 支柱立て
植えつけ時

植えつけ前に、あらかじめ支柱を立てておくと便利である。
条間60cm、株間45cmとし、植える場所に印をつける。植える場所の外側10cmの所に200〜240cmの支柱を立て、胸の高さで交差させる。横棒を交差した部分に入れ、ひもなどで固定する。

3 植えつけ
4月下旬〜5月上旬

ポットの大きさより一回り大きな植え穴を掘る。
①植え穴に水を注ぎ、水が引いたら植えつける。
②植えつけ後は株元を軽く手で押さえる。ひもなどで支柱に苗を誘引しておく。

4 わき芽かき・誘引
植えつけ後1週間に1回

週に1度、葉の付け根から出てくるわき芽を取り、茎を支柱に誘引する。
①わき芽かきはハサミを使用すると病気に感染する可能性があるので、できるだけ手で折り取る。
②花梗が折れないように、花の上下の節にひもをかけて誘引する。

ホルモン処理

一番花が開花するのは低温の時期。着花不良が、茎や葉だけ繁茂するつるぼけの原因となる。低温期には、トマトトーンなどのホルモン剤を、2〜3花開花した頃に花房全体に散布し着果を促進させる。ただし2度がけは奇形果ができるので禁物だ。

5 追肥・土寄せ
5月下旬〜

①5月下旬頃、第一花房の果実が大きくなり始めた頃に追肥する。
②畝の側方に化成肥料30g/㎡を追肥する。
③追肥後、軽く土寄せする。以降月に1〜2回位を目安に同量の化成肥料を追肥し、土寄せする。

6 摘芯
7月上・中旬

草丈が伸びて、手が届かなくなる位になったら、最終花房の上の葉2枚を残して、それより上は摘芯し、生長を止める。

7 未熟果
開花40〜45日後

未熟果は45〜50日前後で最大になり、それ以降に着色する。未熟果の酸味だけのさわやかな味を楽しんだり、漬け物なども楽しめる。

8 収穫
7月上旬〜

家庭菜園では、真っ赤に熟したものから順に収穫しよう。
①開花後55〜60日、ヘタの辺りまで真っ赤になったトマトの果実の芯をできるだけ短く切って収穫する。
②収穫直後の熟したトマト。

ミニトマトづくり　適期はトマトに準ずる

1 土づくり

①植えつけの2週間前までに苦土石灰150g/㎡を散布してよく耕し、1週間前に畝幅120cmとし、畝の中央に、深さ30cmの溝を掘る。
②溝に堆肥3kg/㎡、化成肥料100g/㎡、ヨウリン60g/㎡を施し、土を戻して高さ20cmの畝を立てる。
③マルチを張る。

2 支柱立て・植えつけ

①畝幅・株間はトマトに準じる。植えつけ場所の外側10cmの所に200〜240cmの支柱を立て、胸の高さで交差させる。横棒を交差した部分に入れ、ひもなどで固定する。
②植え穴を掘ってたっぷり水を注ぎ、水が引いたら植えつける。

3 整枝・わき芽かき

①葉の付け根のわき芽は、週に1回必ず取る。
②整枝方法は、全てのわき芽をかき取る、主枝1本仕立てとする。

4 誘引・追肥

①草丈が伸びてきたら花が折れないように、花の上や下の節にひもをかけ、支柱に結びつけて誘引する。
②第一花房の果実が大きくなってきたら、株元に化成肥料30g/㎡を追肥する。以後、月に1〜2回の割合で、同量の化成肥料を畝の側方に追肥し、土寄せする。

5 未熟果

6 収穫

収穫は6月下旬から行う。
①ミニトマトの場合、開花後40〜45日で、収穫可能。真っ赤に熟したものから、順次収穫する。
②ヘタをハサミなどで切り取って収穫する。
③収穫したミニトマト。

とれたて野菜レシピ

●料理ヒント＆効能

トマトらしいおいしさは、含まれているグルタミン酸とアスパラギン酸の比率が4対1のときに最上といわれる。そのグルタミン酸は、イノシン酸(肉や魚の旨味成分)と一緒になると旨味が相乗する。そんなことから、トマトにはソースにするなど調味料的な使い方もある。トマトの赤い色はカロテノイド系色素のリコペンとカロテンによる。カロテンは体内でビタミンAに変わり､目や皮膚を丈夫にし、ガンによるリスクを低減する。リコペンはビタミンAにはならないが、抗酸化力はカロテンを上回るとされ、老化予防に役立つ。この他、高血圧、動脈硬化を防ぐルチン、ビタミンCとともにコラーゲンの生成を助けて肌を健康に保つビオチン、余分な塩分を排出するカリウムなどが含まれる。

ミニトマトのマリネ

皮をむいて調味するだけ。最初にオリーブ油を絡めてから塩をふると、トマトのおいしい水分が外に逃げない。よく冷やして前菜、箸休め代わりに。

材料（4人分）

ミニトマト（アイコなど）20個　ニンニク（薄切り）½片　バジルの葉（せん切り）5〜6枚　塩小さじ⅔　こしょう少々　EXオリーブ油大さじ2

作り方

①ミニトマトはヘタをくり抜き、熱湯に通して冷水に入れて皮をむき、水気を切る。

②器に入れ、EXオリーブ油をかけ、塩、こしょうし、ニンニクとバジルを散らし、よく冷やす。密封容器で冷蔵すれば2〜3日楽しめる。

いわしのトマト煮

トマトの香りと酸味で、いわしのクセが消えてさっぱりとし、食べやすくなる。残ったトマトの煮汁はパスタのソースに利用できる。

材料（4人分）

いわし（中）4尾　完熟トマト（中）2個　タマネギ（みじん切り）¼個　ニンニク（みじん切り）小さじ1　サラダ油大さじ3　塩・こしょう・小麦粉各適宜　白ワイン大さじ3

作り方

①いわしは頭を落とし、内臓を取り出して洗う。水気を拭き、1尾を3つに切る。

②いわしに塩小さじ⅔、こしょう少々をふり、小麦粉をまぶす。

③サラダ油大さじ2を熱し、②の両面をソテーし、焼き目をつける。

④いわしを取り出して油を捨てて紙などで拭き、サラダ油大さじ1とニンニクを入れ、弱火で炒めて香りを出す。タマネギを入れて透き通るまで炒め、トマトを加えて軽く炒める。白ワインをふり、強火で煮つめ、いわしを戻し入れる。塩、こしょうで味を調え、5〜6分煮て味を含ませる。圧力鍋を使えば骨ごと食べられる。

ミニトマトのセミドライ

トマトは乾燥させると旨味が凝縮して独特の味になる。果汁の少ないミニトマトなら、家庭でも比較的作りやすい。しっかり乾かすより、セミドライ程度のほうが食べやすく、利用しやすい。

材料

ミニトマト（アイコなど）・塩・ニンニク（薄切り）・タイム・オレガノ・バジルなど好みのハーブ各適宜

作り方

①ミニトマトはヘタをくり抜き、縦4つのくし形に切り、スノコ付きのバットに並べ、塩を薄くふる。

②ニンニクとハーブを適当に散らし、100〜120℃の低温のオーブンで1時間半から2時間乾燥焼きする。焼き物をした後のオーブンの余熱を利用してもよい。乾燥の度合いは好みで加減する。

メモ　乾燥剤を入れた清潔なビンに入れるか、EXオリーブ油に漬け込み、冷蔵庫で保存する。1〜2ヵ月で食べきるほうがよい。サラダに加えたり、サンドイッチの具、フレッシュチーズや豆腐の薬味にも合う。

●保存ヒント

完熟したトマトは、収穫後できるだけ早く冷やし、冷蔵すると追熟しないので2〜3日はおいしい。丸ごと冷凍しておくと、水で洗うだけで皮がむけ、煮込みやソースに便利。ソースは味をシンプルにしておくと利用範囲が広くなる。トマト1kgに対してタマネギ小1個のみじん切りを油大さじ2で炒め、しんなりしたら皮をむいてざく切りにしたトマト、ベイリーフ1枚、塩小さじ1を入れて煮つめる。ビンに詰め、軽く蓋をのせ、湯に半分沈めた状態で30分弱火で煮る。ビン中の空気が抜けて保存性が高まる。

カラフルな彩りが食卓を飾り、健康を守る

ピーマン Sweet pepper

ピーマンを含むトウガラシの仲間の原産地は、中央アメリカ～南アメリカの熱帯地域で、果菜類でも高温性で暑さに強い。日当たりがよく水はけのよい肥沃な土壌を好み、比較的病虫害も少なく、家庭菜園向き。しかし、ナス科野菜の連作による土壌病害などの発生が見られるので、輪作に努め3～4年以上ナス科野菜を休栽する必要がある。ピーマンはトウガラシの仲間のうち、辛味のないもの全ての総称。栄養的にもカロテン、ビタミンＣを豊富に含む栄養価の高い野菜で、最近では緑色の未熟果だけでなく、完熟した赤色、黄色、オレンジ色、紫色などのカラフルな果実が料理の彩りとしても利用されている。

科名：ナス科
利用部位：果実
難易度：中～難
日照の条件：日当たり良
連作障害：あり　3～4年あける
栽培地域：日本全国
必要な広さ：畝幅60cm
株間50～60cm

病害虫防除：
アブラムシ（オレート液剤）
ハダニ（マラソン乳剤）
モザイク病（アブラムシ防除）
お薦め品種：
中果種のニューエース、京みどり
大果種のワンダーベル、ソニアミックスなど

栽培一口ポイント
- 大型連休以降に植えつけ、株の活着を促す。
- 主枝と側枝2本の3本仕立てとし、風通しをよくする。
- 一番果は早めに収穫し、株の生長を促す。

栽培カレンダー

1 土づくり

植えつけの1週間前までに

①植えつけの2週間前までに苦土石灰100～150g/㎡を散布し、よく耕す。1週間前に畝幅60cmとし、畝の中央に深さ20cmの溝を掘る。
②堆肥2kg/㎡、化成肥料100g/㎡、ヨウリン60g/㎡を施す。
③高さ10cmの畝を立て、マルチを張って中央に土を乗せて重石にする。

2 植えつけ・仮支柱立て

5月上旬～中旬

①株間50～60cmとしてマルチに穴をあけて植え穴を掘り、たっぷり水を注ぐ。
②水が引いたら苗を植えつけ、株元を軽く手で押さえる。
③株のわきに仮支柱を立て、株元から10～15cmの高さで誘引する。

3 整枝・本支柱立て
6月上旬

主枝とわき芽2本の3本仕立てにする。

①主枝と一番果の下の勢いのあるわき芽2本を残し、その他のわき芽は全て摘み取る。
②整枝後は、長さ150cm位の支柱を立て、高さ30cmの所で誘引する。

4 追肥
6月上旬〜

一番果ができ始めた頃から、9月まで月に1〜2回を目安として、追肥する。

マルチのすそをあけ、化成肥料30g/㎡を、株が小さいうちは株元に、株が大きくなったら畝の側方に追肥する。その後土寄せする。

5 収穫
6月上旬〜10月中旬

開花後は、小・中果種なら15〜20日後、大果種なら60日位で収穫適期となる。早めに収穫し、株を疲れさせないようにする。収穫後は鮮度も落ちやすいので早めに調理する。

①大きさが5〜6cmになったら、収穫適期。
②枝が折れやすいので、ハサミで付け根を切って収穫する。
③収穫したピーマン。

カラーピーマン

カラーピーマンとは、ピーマンの完熟した大果種で、赤、オレンジ、黄、紫、白などの色があり、形もピーマンをそのまま巨大化したものから、セニョリータのような扁平な形までさまざまである。カラーピーマンを別名パプリカと呼ぶが、これはハンガリー語でピーマンを指す。

カラーピーマンは開花から収穫まで60日。普通のピーマンの3〜4倍の期間が必要で、一株あたりの収穫は少ない。ピーマンに比べて肉厚で甘味が強く、特に赤いピーマンは栄養価も高い。

とれたて野菜レシピ

●料理ヒント＆効能

鮮やかな緑色と心地よい歯ごたえが身上。加熱し過ぎると色も歯ごたえも失せるので、さっと火を通すのがポイント。

ビタミン、ミネラルをバランスよく含み、特にビタミンCは豊富で、100g中76mgもあり、加熱しても失われにくいのが特徴。ピーマンの緑色は主にクロロフィル（葉緑素）とカロテン（体内でビタミンAに変わる）による。ともに抗酸化作用がある。ピーマンは完熟すると赤くなり、カロテン、ビタミンC、Eが緑色のピーマンの2〜3倍も増える。

ピーマンと牛肉の細切り炒め

ピーマンと牛肉は相性がよく、中国の定番おかず。ピーマンの切り方を揃え、強火で短時間に炒め、色と歯ごたえを生かす。

材料（4人分）

ピーマン8個　牛肩ロース肉薄切り100g　肉の下味＜塩一つまみ　こしょう少々、紹興酒大さじ1　片栗粉小さじ1＞　ショウガ（みじん切り）小さじ1　ニンニク（みじん切り）小1片　赤トウガラシ（種を除く）小1本　ゴマ油大さじ1　サラダ油大さじ2　塩・こしょう各少々　A＜紹興酒・しょうゆ各大さじ1　片栗粉小さじ1＞

作り方

①ピーマンはヘタと種を取り、縦細切りにする。牛肉も細切りにし、下味を絡める。
②中華鍋または大きめのフライパンに、ゴマ油とサラダ油各大さじ1、ショウガ、ニンニク、赤トウガラシを入れて弱火で炒めて香りを出し、牛肉を中火で炒める。肉の色が変わり、ほぼ火が通ったら取り出す。
③サラダ油大さじ1を足してピーマンを入れ、塩、こしょう各少々をふり、強火でさっと炒める。牛肉を戻し、Aを混ぜて回し入れる。手早く絡めてとじ、器に盛る。

●保存ヒント

収穫後は早く冷やし、ポリ袋で冷蔵すると2週間くらいもつ。さっとゆでて冷凍してもよい。

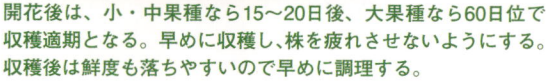

辛味のない甘トウガラシの小果種

シシトウ Sweet pepper

辛味のない甘トウガラシ（ピーマン）の小果種で、生育適温は25℃で、15℃以下では生育が不良となる。日当たりの良い場所を好み、日照不足になると収量が減少する。土壌適応性は広いが、乾燥や過湿に弱いので、有機物を多く施し、ふかふかの土づくりを心がける。整枝は、主枝と側枝2本の3本仕立てとするが、ピーマンほど厳密でなくて良い。追肥と潅水のタイミングが収量に大きく左右するので、追肥は2週間に1回の割合で、梅雨明け後畑の土が乾いているようならば、水やりの効果は高いので、夕方、畝間にたっぷりと水やりする。収穫はこまめに行い、株を疲れさせないようにする。

科名：ナス科
利用部位：若い果実、完熟果
難易度：中
日照の条件：日当たり良
連作障害：あり 3～4年あける
栽培地域：日本全国
必要な広さ：畝幅60cm
株間50～60cm

病害虫防除：
アブラムシ（オレート液剤）
ウドンコ病（カリグリーン）
お薦め品種：
伏見甘長、甘とう美人、翠臣など

栽培一口ポイント
- 畝にマルチを張り、地温を高め、雑草を予防する。
- 主枝と側枝２本の３本仕立てに整枝する。
- 一番果が小ぶりのうちに収穫し、株を大きく育てる。

栽培カレンダー

1	2	3	4	5	6	7	8	9	10	11	12月
				植えつけ							
					追肥・土寄せ						
					整枝						
					収穫						

1 土づくり
植えつけの1週間前までに

植えつけの2週間前までに苦土石灰100～150g/㎡を散布し、耕しておく。
①1週間前に畝幅60cmとして畝の中央に深さ30cmの溝を掘り、堆肥2kg/㎡、化成肥料100g/㎡、ヨウリン60g/㎡を施す。
②土を戻し、高さ10cmの畝を立てる。
③マルチを張る。

2 植えつけ・仮支柱立て
5月上旬～中旬

晩霜の心配がなくなったら苗を植える。
①マルチに植え穴をあけ、水を注ぐ。水が引いたら苗を植える。
②植えつけ後、株元を軽く手で押さえる。
③長さ60～70cmの仮支柱を立て、ひもなどで茎を誘引する。

3 追肥①
6月上旬〜中旬

植えつけ後1ヵ月位経ったら、追肥を行う。

株元に化成肥料1つまみを追肥する。

4 整枝
6月上旬〜中旬

5月中旬頃から開花が始まり、6月上旬には実もでき始める。この頃に、ピーマンと同様3本仕立てにする。

①茎と葉の付け根から出たわき芽。

②主枝と生長の旺盛な側枝2本の合計3本を残して、下の枝(わき芽)は全てハサミなどで切り取っていく。

5 本支柱立て
6月中旬

生長するにしたがって、はじめに立てた仮支柱よりも株が生長してくる。この時期、長さ150cm位の本支柱を立て、伸びた枝を適宜誘引していく。ひもを8の字により、余裕を持たせて、株を支柱に誘引する。

6 追肥②・土寄せ
6月中旬〜

1回目の追肥・土寄せ後、生長を見ながら月に2回の割合で追肥・土寄せを行う。

①マルチのすそをあけて、株元に化成肥料30g/㎡を追肥する。

②鍬などで株元を軽く耕して土寄せする。

7 収穫
6月上旬〜10月中旬

③収穫したシシトウ。

最初の果実は小ぶりなうちに収穫。以降、順次収穫する。

①開花後、実の長さが5〜7cm位になったものから収穫する。

②収穫の目安は、開花後15〜20日である。

とれたて野菜レシピ

●料理ヒント＆効能

ピーマンより果肉が薄く、一口サイズで食べやすいよさを生かして料理したい。網焼き、天ぷらにするときは串に2〜3個連ねて刺すと食べやすい。ヘタを切ってさっとゆで、お浸しや和え物に。炒めるときは生から強火で色よく仕上げるのがコツ。丸ごと加熱する場合は空気が膨張して破裂するので、串で穴をあけるか切れ目を入れておくとよい。

カロテン、ビタミンCが豊富で、ビタミンE、B群、食物繊維はピーマンより多い。緑の色素クロロフィルには口臭、体臭の抑制、抗アレルギーなどの作用がある。まれに出会う辛みの正体はカプサイシンで、食欲を促し、血行をよくして体を温めるなどの効用がある。

シシトウの緑酢

シシトウを素揚げにし、塩と酢で調味したおろしキュウリで和えたもの。揚げることでシシトウのカロテンの吸収がよくなり、緑酢で油っぽさもさっぱりする。

材料（2人分）

シシトウ15本　揚げ油適宜　緑酢<キュウリ1本　酢小さじ2　塩小さじ½>

作り方

①シシトウはヘタを切り、縦半分に切って種を除く。これを160℃の揚げ油で色よく揚げ、網で油を切る。

②キュウリをすりおろし、塩と酢を混ぜて緑酢を作り、①を和える。

メモ　緑酢の代わりに大根おろしとしょうゆを合わせ、おろし和えにしてもよい。

●保存ヒント

ポリ袋に入れて冷蔵する。ヘタを切り、さっとゆでてから冷凍してもよい。

果実を包むがくに風情がある

食用ホオズキ Strawberry tomato

食用ホオズキは、アメリカ大陸原産のナス科の果菜で、学名が*Fhysalis*、単にフィサリスと呼ぶ場合もある。日本のホオズキは観賞用であるが、本種は食用として栽培されている。味は、酸味と甘味が交じり合ったトマトテイストで、カロテンを多く含んでいる。栽培方法は、トマトに準じる。日当たりの良い場所を選び、堆肥などの有機物を多めに施し、化成肥料はやや控えめにする。定植は5月に行い、草丈は1～1.2m 位に生長するので、支柱を立て誘引する。生食が主であるが、砂糖を加え煮たり、シロップ漬けでビン詰め加工し、長期保存することもできる。

科名：ナス科
利用部位：果実
難易度：中～難
日照の条件：日当たり良
連作障害：あり　3～4年あける
栽培地域：日本全国
必要な広さ：畝幅70～80cm
株間50～60cm

病害虫防除：
アブラムシ（オレート液剤）
タバコガ（ゼンターリ顆粒水和剤）
お薦め品種：
品種分化なし

栽培一口ポイント
- 支柱で畝を囲み、針金を張って、ひもを垂らして誘引する。
- 1株から4本の枝を出し、全てのわき芽を取って整枝する。
- 追肥・土寄せは収穫まで月に1回を目安に行う。

栽培カレンダー

1 土づくり

植えつけの1週間前までに

植えつけの2週間前までに、苦土石灰100～150g/㎡を畑全体に散布し、よく耕す。
①1週間前に畝幅80cmとして中央に深さ20cmの溝を掘り、堆肥2kg/㎡、化成肥料100g/㎡を施して、高さ10cmの畝を立てる。
②畝の表面をレーキなどで平らにならし、土の塊や石を取り除いておく。

2 植えつけ・仮支柱立て

4月下旬～5月下旬

晩霜の心配がなくなったら植える。
①植え穴を掘って水をたっぷり注ぐ。水が引いたら苗を植えつけ、株元を軽く手で押さえる。
②長さ60～70cmの仮支柱を斜めに立て、ひもで苗を誘引し、風などで倒れないようにする。

3 支柱立て・誘引
6月上旬～中旬

植えつけ後30日で本支柱を立てて誘引する。
①畝の周囲に支柱を立て、針金で支柱を固定し、針金からひもを垂らして、勢いのある枝を1株につき4本誘引する。
②枝の根元にひもを緩くからませる。

4 整枝
6月中旬～7月上旬

支柱立てと誘引が終わったら、誘引した勢いのある枝以外はハサミで刈り取って整枝し、風通しをよくする。

5 追肥・土寄せ
6月上旬～

植えつけ後1ヵ月に1回の割合で、追肥・土寄せを行う。
①畝の両側に、化成肥料30g/㎡を追肥する。
②鍬などで株元に土寄せする。

6 果実の生長
6月下旬頃～

食用ホオズキの実が入っている袋。この袋はガクの部分が大きく育ったもので、果実が熟すとガクが黄色く変色してくる。

7 収穫
7月中旬～9月中旬

開花した後に、ホオズキの果実が膨らみ始める。袋の中の果実が黄色く熟した頃が、収穫の適期となる。
①葉はよく茂り、果実の入った袋が黄色くなっている。
②中の果実が黄色く、柔らかくなった頃にヘタをハサミで切って収穫する。
③収穫した食用ホオズキ。左は完熟果、右は未熟果。

とれたて野菜レシピ

●料理ヒント＆効能
ほんのり酸味があって甘く、完熟トマトやマンゴーを思わせる独特の味わい。そのまま果物代わりになり、ジャム、砂糖漬け、ジュース、ケーキの飾りやソースに利用できる。愛らしい果実にチョコレートをコーティングして、ティータイムや食後の小菓子として楽しむのもよい。
未熟な果実は胃を荒らすことがあるといわれるので、完熟したものを利用するとよい。

ラムのソテー　ホオズキソース

ラムのクセのある味に、ホオズキの独特の風味が融合して好相性、味わいに華やぎが出る。ラムは表面を香ばしく焼いてからオーブンで火を通すと、肉がジューシーで柔らかく仕上がる。

材料（2人分）
ラム骨付き背肉4本　食用ホオズキ7個　塩　こしょう各適宜　サラダ油大さじ1　白ワインビネガー少々

作り方
①ラム肉は塩、こしょう各少々をふり、熱したサラダ油でソテーして表面に焼き色をつける。耐熱皿に焼いたラム肉を移し、予熱した200℃のオーブンで15～20分焼いて火を通す。
②ホオズキは2個を飾り用に残し、残り5個を軽くつぶし、塩、こしょう、白ワインビネガー各少々で薄めに味をつける。
③器にラム肉を盛り、②のソースをかけ、袋を裂いて上部でまとめたホオズキを飾りに添える。

●保存ヒント
袋ごとポリ袋に入れて冷蔵すれば1ヵ月くらいもつ。ホオズキの実の5～6割の砂糖で煮てジャムにしておくのもよい。ヨーグルトやアイスクリームのソース、パイやタルトのフィリングなどにも利用できる。

とれたてのキュウリに味噌をつけて食す喜び

キュウリ Cucumber

インド北西ヒマラヤ山麓地帯が原産のキュウリは、雌雄異花のつる性1年草で、生育適温が18～25℃と冷涼な気候を好む。しかし霜に弱く、10～12℃以下では生育しない。また、浅根性のため乾燥に弱いので有機物を多く施すなど、土づくりを心がける。キュウリ栽培の歴史は古い。西部アジアでは3000年以上前から既に栽培化の記録があり、紀元前1世紀頃には、当時のローマ国王チベリウス王が冬から春にかけて、滑石板で覆ったキュウリの不時栽培を行っていた。また中国では740年頃(唐の玄宗皇帝の時代)に早作りの技術(火室の利用)が発達し、2月中旬には生産されていたという。キュウリは、ウリ科野菜の連作により、「つる割れ病」が発生し、致命的な打撃を受けるので、輪作や接ぎ木苗の利用で病害を回避する。

科名：ウリ科
利用部位：若い果実
難易度：中
日照の条件：日当たり良
連作障害：あり　3年位あける
栽培地域：日本全国
必要な広さ：畝幅120cm
株間45cm

病害虫防除：
アブラムシ(オレート液剤)
ウリハムシ(マラソン乳剤)
ベト病(ビスダイセン水和財)
ウドンコ病(カリグリーン)
お薦め品種：つばさ、夏すずみ、よしなり、とげなしのフリーダム、四葉系品種の夏さんご、シャキット

栽培一口ポイント
- 開花後１週間で収穫適期になるので、取り遅れに注意。
- 梅雨期に発生しやすいベト病などの病害予防をする。
- ２週間に１度の追肥を行い、肥料切れに注意する。

栽培カレンダー

1 土づくり

植えつけの1週間前までに

2条植えでの植えつけ方法。
①畝幅を120cmとし、植えつけ2週間前までに畑全体に苦土石灰100～150g/㎡を散布し、よく耕す。
②1週間前に堆肥2kg/㎡、化成肥料100g/㎡、ヨウリン50g/㎡を畑全体に施し、よく耕す。
③高さ10cmの畝を立て、マルチを張る。
④植える場所は、あらかじめ移植ゴテなどで印をつけておく。

2 支柱立て

4月下旬〜5月上旬

苗を植える所の外側10cm の位置に、長さ210cm 位の支柱を立てる。

①支柱は胸の辺りで交差させる。
②支柱を挿し終えたら、横に短めの支柱を渡し、互いの支柱をひもで結び、しっかり固定する。

3 植えつけ

4月下旬〜5月上旬

ポットの大きさよりやや大きな植え穴を掘る。

①マルチに穴をあけて植え穴を掘る。
②植え穴に水を注ぎ、水が引いたら苗を植えつける。
③植えつけ後は、株元を軽く手で押さえる。

4 誘引

植えつけ直後から週に1回

つるが伸びてきたら、茎にかけたひもを2〜3回8の字のよりをつくって支柱に誘引し、風でつるが折れないようにする。

5 追肥①

植えつけの2週間後

①植えつけ後、2週間位でつるが伸びてきたら、化成肥料30g/㎡を株元に施す。
②以後2週間に1回、同量の化成肥料を追肥する。

6 整枝

植えつけの4週間後

①つるが伸びて、株の下の方がわき芽で覆われるようになってきたら、下から5節のわき芽は全て摘み取って、風通しをよくする。
②それより上のわき芽は、1〜2節を残し、摘芯する。

ウドンコ病

葉の表面が、カビで覆われ真っ白になってしまう病気。発病がひどい場合は、葉が枯れ、収量が著しく減少する。したがって、ウドンコ病の発病を確認したら、薬剤を散布して防除する以外方法がない。ウドンコ病を予防するには、ダコニール1000などの殺菌剤を定期的に散布すると効果的である。

7 追肥②・土寄せ
6月上旬

①キュウリが生長してきたら、マルチのすそをあけ、化成肥料30g/㎡を追肥する。
②株元に鍬などで軽く土寄せし、マルチを戻す。

雄花・雌花

キュウリを含むウリ科の植物は、1つの株の中に雄花と雌花が別々に着生する雌雄異花同株が特徴。したがって、果実ができるのは雌花のほうである。

8 幼果
5月中旬〜

開花後、キュウリは1日約3cmずつ生長していくので、1株あたりおよそ1.5ℓの水が必要になるといわれている。それだけ生長が早いのだ。

9 収穫
6月上旬〜

①一番果は、株が大きくならないうちに生長するので、15cm位で早めに摘み取る。

②三番果から収穫適期の長さの18〜20cmになったものを収穫する。

③収穫直後のキュウリ。1株での目標収量は30本。

キュウリのおもしろ品種

最近、キュウリの品種にもさまざまな品種が登場している。まずは、いぼなしキュウリのフリーダム(右)。キュウリ果実の新鮮さの尺度といえば、まず果実表面のとげ(いぼ)が痛いくらいに元気なこと、果実に枯れた花がついていることであるが、このフリーダムにはいぼがないのである。この利点は、キュウリをサンドイッチに利用した場合の日持ちの違いである。とげありのキュウリが早く傷むのに対し、フリーダムは日持ちがよい。いぼなしでも、果実は歯切れがよく、サラダや浅漬けに最高である。また、ミニキュウリ(左)の人気も上昇している。果実の長さは12㎝位で収穫する。収穫した果実はモロキュウで食べると歯切れがよく甘味もあり、おいしい。

とれたて野菜レシピ

●料理ヒント＆効能

清涼感のある香りと小気味よい歯ざわりが魅力なので、生でサラダ、浅漬け、和え物にするのが一番。炒め物、汁の実などにする場合は歯ごたえが残るように仕上げるのがコツ。水分が多く(95.4%)栄養素はさほど期待できないが、中国薬膳では体の熱を冷まし、渇きを鎮め、手足のむくみを改善するなどの効用があるとされる。アスコルビナーゼ(酵素の1種)を含み、すりおろして空気に触れると酵素が活性化してビタミンC(還元型)を破壊するといわれる。正しくは破壊するのではなく酸化するのであるが、その酸化型ビタミンCも体内で還元型に変換されるため、体内におけるビタミンC効力には差がないというのが最近の説。

たたきキュウリ

火を使わずに簡単にでき、夏の暑さを鎮めるのにうってつけの一品。

材料（4人分）

キュウリ3本　長ネギ(細切り)5cm　ショウガ(みじん切り)薄切り2枚　塩小さじ⅗　こしょう少々　酢小さじ1〜2

作り方

①キュウリは洗って水切りし、冷蔵庫で冷やしておく。

②まな板に並べ、両端を少し切り落とし、すりこ木などでたたいて割れ目を入れる。食べやすい長さに切り、適当に割る。

③塩、こしょうをふってまぶし、酢をふり、ネギとショウガを加えて和える。食べる直前まで冷蔵庫で冷やし、味をなじませる。

メモ　すりこ木の代わりにめん棒、ビンなどでもよい。青じそ、ミョウガなどを刻んで加えると香りが増す。

豚肉とキュウリの雲片肉《ウンペンロー》風

キュウリを縦に薄く切ると、口当りがなめらかになり、少し違った食感になる。ゆでて冷やした豚肉とゴマだれで和えた中国の前菜。

材料（2人分）

キュウリ2本　豚ロース肉薄切り(シャブシャブ用)150g　ゴマだれ＜練りごま・しょうゆ各大さじ1　だし大さじ3　豆板醤小さじ¼　酢・ショウガ汁各小さじ1>　白ネギ(せん切り)5cm

作り方

①キュウリは長さを半分に切り、皮むき器で縦に薄く切り、氷水にさらす。パリッとしたらざるにとり、水気を切る。ネギも冷水にさらしてパリッとさせ、水気を切る。

②豚肉は沸かした湯に1枚ずつ入れ、色が白く変わったら氷水に入れて冷やす。ざるにとり、水気をよく切る。

③器に①を盛り、②をのせ、よく混ぜ合わせたゴマだれを適量かけ、さらしたネギを添える。食べるときによく和える。

キュウリのディルピクルス

保存を兼ねてピクルスにしておくと、サンドイッチやチーズ、ゆでた鶏肉や豚肉のあしらいに重宝する。キュウリにはディルの香りが相性だが、サラダバーネット、タイム、オレガノ、ローズマリーなど好みでアレンジするとよい。

材料（作りやすい分量）

キュウリ5本　A< ディル3枝　サラダバーネット2枝　ベイリーフ1枚　赤トウガラシ小2〜3本　ニンニク小2〜3片　粒こしょう5〜6粒＞　漬け汁＜酢500mℓ　水300mℓ　塩25g　砂糖小さじ1>

作り方

①漬け汁を合わせて煮立て、粗熱をとり、Aを入れて冷ます。

②キュウリは洗って水気を拭き、ビンの高さに合わせて長さを切り、縦にして詰め、①を口元まで注ぐ。ビンの蓋をして室温に1日おき、翌日冷蔵庫に入れる。2〜3日後から食べられ、賞味期間は1ヵ月位。

食べ終わったら漬け汁をこし、塩と酢を適宜補ってひと煮立ちさせるともう一度使える。このとき、容器も清潔に洗い、水気を拭き、電子レンジで加熱殺菌して使うとよい。漬け汁にはハーブとスパイスの風味が浸出しているが、新しく補ってもよい。

●保存ヒント

キュウリの保存は10℃前後が適温なのでポリ袋に入れ、冷蔵庫に成り口を上にして立てて保存する。ピクルスにしたり、塩漬け、薄切りにして冷凍してもよい。塩漬けは重さの10%の塩をまぶし、2倍の重さの重石をする。水が上がったら重石を半分に減らし、ビニールなどで包み、冷暗所で1ヵ月以上漬ける。食べるときは冷水で塩出しする。冷凍する場合は、薄輪切りにしたキュウリに塩を薄くふり、しんなりしたら水気を軽く絞り、ポリ袋に平らに詰め、空気を抜いて閉じ、冷凍庫へ。自然解凍し、そのまま和え物、サラダなどに利用できて便利。保存期間は2〜3ヵ月程度。

カロテン豊富な緑黄色野菜の代表

カボチャ Pumpkin

アメリカ大陸原産のカボチャは、カロテンやビタミンCなどを豊富に含む栄養価の高い緑黄色野菜で、日本では西洋カボチャ、日本カボチャ、ペポカボチャの3種が栽培されている。主流は西洋カボチャで、果肉が粉質でほくほくとして甘味が強く、栗カボチャとも呼ばれる。日本カボチャは果肉が粘質でねっとりした風味があり、ペポカボチャは果実の形や食味の風変わりなおもしろいものが多い。カボチャは果菜の中では最も強健で、土壌適応性も広く旺盛に育ち、病虫害も比較的少なく家庭菜園では無農薬栽培も十分に可能である。1株でかなり広い面積を取ってしまうが、垣根に這わせたり、日除け代わりに棚づくりにするなど、立体的な栽培も楽しめる。施肥では、窒素過多になると「つるぼけ」を起こし落果の原因となるので注意。

科名：ウリ科
利用部位：完熟果実
難易度：中
日照の条件：日当たり良
連作障害：少ないが1年はあける
栽培地域：日本全国
必要な広さ：
株間・畝幅 2m×2m

病害虫防除：
アブラムシ（オレート液剤）
ウリハムシ（マラソン乳剤）
ウドンコ病（カリグリーン）
お薦め品種：
栗えびす、ほっこりえびす、くりまさ、メルヘン。ミニカボチャは坊ちゃん、栗坊、プッチーニなど

栽培一口ポイント
- 人工受粉で着果を確実にする。
- 開花40～45日後の果梗部が枯れてきたものを収穫する。
- つるは、3～4本伸ばして栽培を行う。

栽培カレンダー

1 土づくり

植えつけの1週間前までに

①植えつけの2週間前までに、畑全体に苦土石灰100～150g/㎡を散布し、よく耕す。
②1週間前に、200cm×200cmの中心に幅30cm、深さ30cmの穴を掘り、堆肥2kgを施す。
③化成肥料30g、ヨウリン30gを施し、土を戻す。
④直径40～50cm、高さ10cmの鞍つきをつくる。
⑤鞍つきの頂上を手のひらで平らにする。

2 植えつけ
4月下旬〜5月上旬

①鞍つきの中心に植え穴を掘る。
②植え穴にたっぷり水を注ぐ。
③水が引いたら植えつける。
④植えつけ後、株元を軽く手で押さえる。
⑤その後、たっぷり水やりする。

3 敷きワラ
植えつけ直後

①植えつけ直後、株元に敷きワラをして、雨の跳ね返りなどによる病気の感染を防ぐ。また、敷きワラには雑草防除の目的もある。
②植えつけ直後の敷きワラ。
③植えつけから1ヵ月後。
④植えつけから40日後。

4 人工受粉
6月上旬〜7月中旬

朝早く、雄花を取り、花粉を雌しべの柱頭に受粉する。
雄花と雌花。カボチャの小さい実がついているほうが雌花。

晴れた日の朝早く、午前9時頃までに人工受粉する。
①雄花の花弁を取り除く。
②雄しべを出す。
③雌花の柱頭に雄しべをつける。
④人工受粉の完了。

5 幼果
受粉の10日後

受粉後、10日位の幼果。つやがあり、美しい。幼果ができる場所にはワラを敷き、土と果実が触れないように注意する。土がつくと、そこから虫などが侵入し、害を与える可能性がある。

6 追肥
6月中旬

①カボチャがこぶし大になったら追肥する。
②株元およびつるの先端のあたりまで、化成肥料$30g/m^2$を追肥する。

7 収穫
7月上旬～　開花から40～45日

①ヘタの部分が枯れてきたら収穫適期。
②③ヘタをハサミで切り取って収穫する。
④収穫したカボチャ。

巨大カボチャ

秋になると、日本各地でジャンボカボチャ大会が開催され、巨大なカボチャをよくみかける。巨大カボチャも中央アメリカ原産で、品種もいろいろあるが、おすすめはアトランチックジャイアント。肥料を十分に施して育てれば、50～100kgまで生長する。写真のカボチャはやや形が変形しているが、重さが約30kgのものが収穫できた。

巨大カボチャは、主に飼料用なので、食用というよりは観賞用に用いられる方が多い。

とれたて野菜レシピ

●料理ヒント＆効能

ミニカボチャは1個が4人分にちょうどよい使いきりサイズが魅力。日本カボチャは甘味は薄いが粘質で、肉質がきめ細かく、煮崩れしないのが特徴。どんな調理にも向くが、炒める、煮る、スープ、揚げ物がおすすめ。生のカボチャは皮が硬いので、電子レンジで軽く加熱すると包丁が楽に入り、切りやすくなる。栄養素では西洋カボチャが勝り、抗酸化作用のあるカロテン(4000μg/100g以下同)、ビタミンE(4.9mg)、ビタミンC(43mg)がそろって豊富。相乗的に働いて動脈硬化・老化・ガンの予防に有効。余分な塩分を排出するカリウム(450mg)、便秘を予防する食物繊維(3.5g)も多く、1回に食べる量が多いのでよい給源になる。揚げる、炒めるなど油脂を使って調理するとカロテン、ビタミンEの吸収率がよくなる。種子は煎ったものがパンプキンシードとして市販されているが種子専用の品種がある。中国薬膳では果実は体を温めて気を養い、種子は咳止め、回虫・条虫駆除に利用される。

カボチャとひき肉のピリ辛炒め

トウガラシとカレー粉で辛味をきかせたエスニック風味の炒め物。ビールのつまみ、ご飯のおかず、どちらにも合う。

材料（4人分）

カボチャ(小)1個(正味300g)　牛ひき肉100g　ニンニク(みじん切り)小1片
長ネギ(みじん切り)5cm　赤トウガラシ(種を除く)½本　サラダ油大さじ2
塩・カレー粉各小さじ½　酒大さじ2　薄口しょうゆ小さじ1

作り方

①カボチャは電子レンジ(600W)で約3分加熱し、2つに切る。種を取り出し、1cm厚さのくし形に切る。

②サラダ油にニンニクとタマネギ、半分に切った赤トウガラシを入れて弱火で炒めて香りを出す。ひき肉を加えてポロポロにし、塩とカレー粉をふり、火を通す。

③カボチャを加えて軽く炒め、酒、薄口しょうゆをふり、カボチャが崩れない程度に煮て火を通す。

カボチャのスープ

バターで炒めて裏ごしし、牛乳でのばしたコクのあるスープ。

材料（3〜4人分）

カボチャ(小)1個(正味400g)　タマネギ(みじん切り)¼個　バター大さじ2
牛乳300mℓ　塩・こしょう各少々　クルトン(角切りパンのロースト)適宜

作り方

①カボチャは電子レンジ(600W)で約3分加熱し、2つに切り、種を取り出して適当に切る。

②サラダ油とバターを温めてタマネギを弱火で炒める。しんなりしたら①を入れて軽く炒め、水をひたひたに加えて煮る。

③カボチャが柔らかくなったら裏ごしし、牛乳でのばして温め、塩、こしょうで味を調える。浮き身にクルトンを散らす。

カボチャと鶏肉の煮物

鶏肉を昆布で煮て、その旨味の出た煮汁を利用すればだしいらず。

材料（4人分）

カボチャ(小)1個　鶏もも肉1枚　薄口しょうゆ大さじ1½〜2　酒大さじ3
みりん小さじ1〜2　だし昆布5cm

作り方

①カボチャは電子レンジ(600W)で約3分加熱し、2つに切る。種を取り出し、半分を6〜8つに切る。鶏肉も一口大に切る。

②鍋に水2カップ、昆布を入れて中火にかける。昆布が浮いたら取り出して煮立て、鶏肉、酒を入れて煮る。

③途中でアクをすくいながら鶏肉に火が通るまで約15分煮る。みりん、薄口しょうゆで好みの味に加減し、5分程煮て味を含ませ、カボチャを入れて煮含める。カボチャが柔らかくなればでき上がり。

●保存ヒント

丸ごと冷暗所におけば、冬まで保存がきき、栄養素も減少しない。冬至にカボチャを食べる習慣は理に適っている。使い残しは、種とわたをきれいに除き、水気を拭いてラップに包み、冷蔵し、3〜4日で使いきる。硬めに蒸して一口大に切り、小分けにして冷凍しておくのもよい。

夏の風物詩、真っ赤な果肉と真っ黒な種

スイカ Water melon

スイカの原産地は南アフリカで、歴史は古く、エジプトでは4000年前の壁画からスイカの栽培が実証されている。日本へは寛永年間(1624 － 1644)に長崎に入り広まった。普通スイカ、漬け物用スイカ、飼料スイカ、シトロン、種子用スイカの5種に分類される。酸性土壌や乾燥に強いが、連作は禁物で、土壌伝染病害に対する抵抗性や低温伸長性を強めるため、ユウガオやカボチャを台木に利用した「接木栽培」が普通になっている。着果率を向上させるために、日当たりと排水性のよい畑が適している。種無しスイカは日本人が生み出したものだが、市場に占める割合は2% 以下で、最近ではあまり見かけない。雌雄異花で、収穫対象の雌花は子づるや孫づるに着花しやすいため、本葉6～7枚の頃に摘芯する栽培が一般的である。

科名：ウリ科
利用部位：果実
難易度：難
日照の条件：日当たり良
連作障害：あり　3～4年あける(接木苗を使う)
栽培地域：日本全国
必要な広さ：畝幅・株間 2m×2m

病害虫防除：
アブラムシ(オレート液剤)
ウリハムシ(マラソン乳剤)
ハダニ(アーデント水和剤)
ウドンコ病(カリグリーン)

お薦め品種：小玉品種は紅こだま(赤肉)、ニューこだま(黄肉)
大玉品種は夏武輝、タヒチなど

栽培一口ポイント
- 人工受粉で着果を確実にする。
- 防草シートや敷きワラで雑草を防除する。
- 摘芯し、子づる・孫づるを出す。

栽培カレンダー

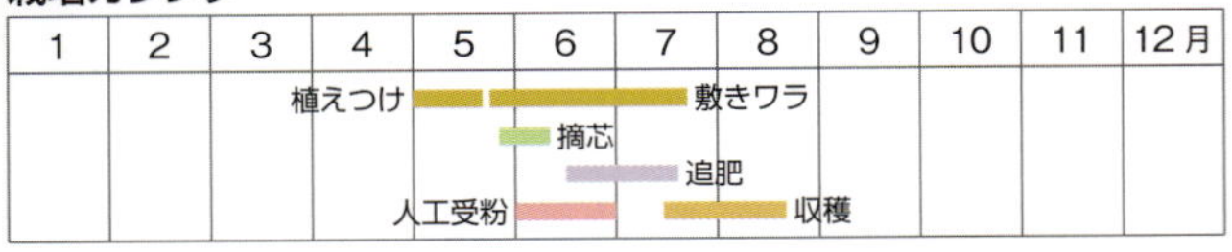

1 土づくり

植えつけの1週間前までに

植えつけの2週間前までに、畑全体に苦土石灰100～150 g/㎡を散布し、よく耕す。

①植えつけの1週間前までに2m 四方の中心に深さ30cm、幅30cm の穴を掘る。
②穴に堆肥2kg を施す。
③化成肥料30g を施す。
④ヨウリン30g を施す。
⑤土を戻しながら、直径40～50cm、高さ15～20cm の、円錐形の鞍つきをつくる。
⑥鞍つきの表面を平らにならす。

2 植えつけ
5月上旬～中旬

①鞍つきの頂上に植え穴を掘る。
②植え穴にたっぷり水を注ぐ。
③水が引いたら、苗を植えつける。
④植えつけ後、株元を手で軽く押さえる。
⑤苗から10cm 位の所に円形にくぼみをつくる。
⑥水やりすると、くぼみに水がたまるので、苗の活着が早まる。

3 防草シート敷き
植えつけ終了後～

①畑の雑草を防除するために、防草シートを敷く。
②シートとシートの隙間から苗が出るようにして、防草シートの端を針金などで留める。

4 敷きワラ・誘引
防草シート敷き～

①防草シートのふちで、株が切れてしまうこともあるので、ワラを株元に敷いてもよい。
②ワラを敷いたら、防草シートを敷く。
③敷きワラは、雨のはね返りが少なくなるので病害予防に効果的である。

5 摘芯
植えつけの2～3週間後

スイカの雌花は、子づるや孫づるにつきやすいので、本葉6～7枚の頃、つるの先端をハサミで摘芯し、子づるが出るようにする。

6 追肥
6月中旬

スイカの第一番果がソフトボール大の頃、株元やつるの先あたりに化成肥料30g/㎡を追肥する。

7 人工受粉
6月上旬〜

着果を促進するために、晴れた日の朝早く、午前9時頃までに人工受粉を行う。
①雄花
②雌花
③雄花を取り、花粉を雌花の柱頭にたっぷりこすりつけて受粉する。

8 ラベル立て
人工受粉終了後

人工受粉終了後、ラベルを雌花のそばに立て、受粉日・交配日を記入して観察できるようにする。

9 敷きワラ
6月中旬〜下旬

果実がソフトボール位に生長したら、果実を虫から守り、外見をよくするために、ワラや発泡スチロール等を果実の下に敷く。

10 収穫
7月中下旬〜

受粉から35〜40日後、収穫を開始する。収穫は、ヘタをハサミで切り、収穫する。

バスケットを使ったスイカづくり

スイカはつる性の植物なので、家のまわりのフェンスなどに這わせることもできる。ただし、フェンスにつるを誘引したまま着果させると、つるが折れてしまう心配もある。そのためフェンスにかごや、ビニール袋などをひっかけて、そこにスイカの果実を入れ、重みをつるにかけないで栽培する方法が行われている。

かごを使ってスイカをつるす、おもしろい栽培例。

とれたて野菜レシピ

●料理ヒント＆効能

10℃前後に冷やし、切りたてを食べるのが一番。冷やしすぎると味が落ちる。ジュースや冷たいスープ、寒天で寄せたり、小角に切って凍らせるとシャーベット代わりになる。皮際の白い部分は歯ごたえがよく、香りもよいのでサラダ、浅漬け、和え物など、白ウリ感覚で利用できる。

スイカの赤い色は主にリコペン(カロテノイドの一種)により、カロテンの2倍の抗酸化力があるとされる。余分な塩分を排出するカリウムと、利尿作用に関与するシトルリン(遊離アミノ酸)を含み、利尿効果が高く、腎臓病の予防、むくみの改善、高血圧の予防に役立つ。血小板の凝集を抑制し、動脈硬化、心疾患、ガンなどの発生を抑えるという報告もある。中国薬膳では清熱解毒、渇きを抑え、利尿作用、降血圧作用などが認められている。皮にも強い利尿作用があり、種子にはタンパク質や脂肪、カリウム、鉄、亜鉛、食物繊維が多く含まれている。

スイカのシソ和え

皮際の白いところも、歯ごたえと香りがさわやか。食べやすく刻んでショウガじょうゆで和えて小鉢に。しょうゆは薄口にすると、涼やかな色が生きて味も締まる。

材料（2人分）

スイカの白い部分正味100g　キュウリ⅓本　塩一つまみ　おろしショウガ・薄口しょうゆ各小さじ1　青ジソ1〜2枚

作り方

①スイカの白い部分、キュウリともに1.5cm角に切り、塩をふる。青ジソはせん切りにする。

②しんなりしたら水気を切り、ショウガじょうゆで和え、青ジソを散らす。

メモ　切り方は好みでよく、薄切りにしてディルと合わせてもよい。

スイカの冷スープ

レモン汁と塩で薄味に仕立てたさっぱり味のスープ。体にこもった熱気がスーッと抜けて、気分がすっきりする。

材料（2人分）

スイカ正味500g　キュウリ¼本　タマネギ(みじん切り)⅙個　塩小さじ⅓　レモン汁大さじ2

作り方

①スイカは100gを小角切りにし、冷蔵庫で冷やしておく。

②キュウリとタマネギは薄切りにし、残りのスイカと合わせてミキサーに入れ、塩、レモン汁、氷片を加え、スイッチを入れる。

③冷やした器に盛り、①を適当に浮かべる。

スイカ羹

完熟した甘い部分を使って寒天で寄せた、夏向きのおやつ。寒天は室温でも溶けないので、ゆっくり楽しめる。

材料（15cm角の流し缶）

スイカの甘い部分500g　粉寒天4g　砂糖大さじ2〜3　レモン汁・ラム酒各大さじ1

作り方

①スイカは100gを小角に切り、残りをミキサーでジュースにする。

②スイカのジュースを鍋に入れ、粉寒天と砂糖を入れてよく混ぜ、中火で2〜3分沸かして寒天を溶かす。火を止め、粗熱をとり、レモン汁とラム酒を混ぜる。

③流し缶の内側を水でぬらし、①のスイカを散らし、②を流す。ラップで覆い、冷蔵庫で冷やし固める。冷蔵庫によるが3時間くらいで固まる。

④流し缶から取り出し、食べやすい大きさに切り分ける。長く置くと水が分離してくるので、早く食べきるとよい。

●保存ヒント

丸ごとなら常温で2週間くらいは品質が変わらない。むしろ、カロテノイド含有量は品種によるが11〜40%増大したという報告もある。冷凍してスイカアイスにしておくのもよい。皮と種を取り除いて2〜3cm角に切り、バットに並べて冷凍庫で凍らせ、チャック付きのポリ袋に詰め直して冷凍する。少し解凍するだけでシャーベット代わりに楽しめる。賞味期間は2ヵ月位。また、果汁をジャムのようになるまで煮つめてスイカ糖にすれば常温で翌年まで保存できる。腎臓機能を高め、風邪による喉の痛みを和らげるといわれる。

夏のスープ・冷製あんかけが最高

トウガン Wax gourd

熱帯アジア原産の夏の野菜で、高温を好む。日本への渡来はかなり古く、縄文･弥生時代から10世紀の頃までには渡来･栽培されていたという。果実は、重さ2～3kg の小型のものから20kg 位のものまである。開花後45日程度の熟果を収穫するのが一般的であるが、最近では開花後25～30日で若どりすることも多い。あんかけ、スープ、煮物などに利用され、美味である。熟果は貯蔵性が高く、冬～春まで利用することができる。この日持ちのよさゆえ、「冬瓜」と呼ばれるのである。つる性で生育旺盛のため広い栽培面積を必要とする。

科名：ウリ科
利用部位：果実
難易度：中
日照の条件：日当たり良
連作障害：あり　3～4年あける
栽培地域：日本全国
必要な広さ：2～3m 四方

病害虫防除：
ウドンコ病(ダコニール1000)
ミナミキイロアザミウマ(ガゼット粒剤)
アブラムシ(ベストガード粒剤)

お薦め品種：
青ん坊(小型種)
長とうがん

栽培一口ポイント

- つるが四方八方に伸びるので、広めの畑が必要となる。
- 敷きワラや防草シートを利用して畑全体の雑草を抑える。
- 実がつかないときには、人工受粉するとよい。

栽培カレンダー

1 土づくり

植えつけの1週間前までに

ウリ科作物独特の鞍つきで畝を立てる。

①2m 四方に苦土石灰100～150g/㎡を散布してよく耕し、中央に幅30cm、深さ30cm の穴を掘る。
②堆肥2kg を穴へ施す。
③化成肥料30g を穴へ施す。
④ヨウリン30g を穴へ施す。
⑤周囲の土を盛り上げる。
⑥頂上部を押さえ直径20cm になるように平らにする。高さ20cm の鞍つきをつくる。

2 植えつけ
5月上旬～中旬

①植え穴を掘ってたっぷり水を注ぎ、水が引いたら植えつける。
②植えつけ後、株元を軽く手で押さえて、苗から10cm位の所に円形にくぼみをつくり、たっぷり水やりする。

3 敷きワラ
植えつけの1ヵ月後

雑草防止になり、管理しやすくなる。
つるが1m位伸びてきたら除草し、ワラを敷き詰める。

4 開花
植えつけの40～50日後

そのままでも結実するが、雌花の着果を助けるために、柱頭雄花を取って受粉すると確実に着果する。

5 追肥
果実が10cm位に育つ頃

化成肥料30g/㎡をワラの上から追肥する。

6 収穫
植えつけの80日後

①熟果。ハサミでヘタを切って収穫する。
②果実が30cm位に育ったら、若どりの適期。

③収穫したトウガン。

とれたて野菜レシピ

●料理ヒント＆効能

水分が多く、淡い味わいでどんな料理にも向く。ただし、生は青臭くて食べにくい。薄く切って歯ごたえが残るようにゆでると、サラダや和え物にもなる。だしやスープで煮るときは、味つけを控えめにしたほうがトウガンの淡味が生きる。

95%が水分で目立つ栄養素はないが、1回に食べる量が多いことからカリウム(200mg／100g以下同)、ビタミンC(39mg)の給源になる。カリウムは余分な塩分を排出し、高血圧の改善に役立つ。中国薬膳では渇きを抑えて潤し、体熱を冷まし、むくみを除くとして夏の食卓の定番品。皮には実より強い利尿作用、血糖降下作用のあることが知られている。

トウガンとかにのふわふわスープ

トウガンをすりおろしてかにとだしで煮て、泡立てた卵白を浮かべたスープ。トウガンはすりおろして煮るととろりとしてボリュームが出る。油を使わなくても満足感が得られ、エネルギー制限をしている方にもおすすめしたい一品。

材料（4人分）
トウガン100g　かにの身100g　だし300mℓ　塩小さじ½　酒大さじ2　卵白1個分

作り方
①トウガンは緑の皮をむき、種を除いてすりおろす。薄切りにしてフードプロセッサーにかけてもよい。
②鍋に①を入れ、だし、酒、塩を加えて強火にかける。煮立ったら中火にし、かにを入れて5～6分煮て塩味を調える。
③清潔なボウルで卵白を固く泡立て、②に入れてひと煮して火を止め、器に盛る。

●保存ヒント

湿気の少ない涼しい場所に置けば冬から春先までもつ。使い残しは種とワタを取り除き、切り口をラップで密着して冷蔵し、早く使いきる。

外見はキュウリ、食感はナスのカボチャ！

ズッキーニ Zuccini

別名つるなしカボチャ、つるが伸びず、葉腋に連続して雌花と雄花を着生する。開花後4〜10日程度の未熟果（長さ20cm、果重150〜200g）を利用するが、外見はキュウリ、食感はナスに似ている。一般家庭でも油炒め、スープなどに利用され、また、生育適温は10〜23℃といわれ、低温にも強く栽培しやすいため、全国的に栽培が広がっている。栄養的にはカロテンが豊富で、特にカボチャの仲間ではデンプンが少ないため低カロリーのヘルシー野菜として人気が高まっている。ズッキーニ（zuccini）の名は、イタリア語のカボチャを意味する「zucca」から由来する。

科名：ウリ科
利用部位：若い果実
難易度：中
日照の条件：日当たり良
連作障害：少ないが1〜2年あける
栽培地域：日本全国
必要な広さ：畝幅 1m
株間60cm

病害虫防除：
アブラムシ（オレート液剤）
ウリハムシ（マラソン乳剤）
ウドンコ病（カリグリーン）

お薦め品種：
緑色果はグリーントスカ
ブラックトスカ
黄色果はゴールドトスカ

栽培一口ポイント
- 開花後４〜１０日の若い果実を収穫する。
- 果実のなりが悪い場合は、人工受粉で着花を助ける。
- 元肥中心の肥料設計を行う。

栽培カレンダー

1 苗づくり
4月〜5月中旬

①9cmのポリポットに2ヵ所穴をあけ、種を2粒まく。
②発芽し双葉が展開したら、1株に間引く。
③本葉が3〜4枚の頃が植えつけ適期。種をまいてから、1ヵ月位かかる。

2 土づくり
植えつけの1週間前までに

①植えつけの2週間前までに苦土石灰100〜150g/㎡を散布し、よく耕す。1週間前に畝の中央に深さ20cmの溝を掘る。
②溝に堆肥2kg/㎡、化成肥料100g/㎡、ヨウリン50g/㎡を施し、土を戻す。
③高さ10cmの畝を立てて、マルチを張り、地温を高める。

3 植えつけ
4月下旬〜5月下旬

①株間60cm とし、移植ゴテなどで植え穴を掘る。
②植え穴に水を注ぎ、水が引いたら、苗を植えつける。
③株元を軽く手で押さえる。
④たっぷり水やりする。

4 追肥
植えつけの1ヵ月後

植えつけの1ヵ月後から、株元に化成肥料10g を追肥する。

5 人工受粉
6月上旬〜

①雌花が開花してきたら、午前9時前に雄花の花粉を雌花に受粉する。
②雄花を取り、花粉を雌花の柱頭につける。この作業で、着果が確実になる。

6 収穫
6月中旬〜

①開花後、4〜10日位の若い果実を長さ20〜25cm になったら収穫する。花ズッキーニの場合は10〜15cm で収穫する。
②ヘタの部分をハサミなどで切り取って収穫する。

③収穫したズッキーニ。開花後、7〜10日位で収穫適期となる。開花後、4日位の若いものは花ズッキーニという。

とれたて野菜レシピ

●料理ヒント & 効能

カボチャの仲間だが、糖質が少ないのでさっぱりした味でウリ類に近い。アクがあるので、薄塩をふり、しばらくおいて水気とともに拭いて除く。網焼き、ソテー、炒め物、揚げ物、煮込みなどに向く。イタリアでは、ズッキーニの黄色い花はそのままあるいはチーズを詰めて衣揚げにし、前菜にする。韓国でもポピュラーな野菜で、チヂミやいろいろな料理に利用される。ビタミン、ミネラルをバランスよく含み、余分な塩分を排出するカリウム、抗酸化作用のあるカロテン、ビタミンＣが比較的多い。

ズッキーニのマリネ

表面を軽くグリルして調味料を絡めるだけ。サラダ感覚で食べられる。

材料（4人分）

ズッキーニ(中)2本　塩・こしょう各少々　A（白ワインビネガー小さじ1〜2　レモン汁大さじ ½〜1　EXオリーブ油大さじ2〜3）　イタリアンパセリ適宜

作り方

①ズッキーニは両端を切り落とし、厚さ5㎜の輪切りにし、両面に塩を薄くふり、水分が出てくるまで15〜20分おく。
②水気を拭き、熱したグリルパンで両面に焼き目をつける。
③Ａをふり、塩、こしょうで味を調えて冷ます。冷めたら、ちぎったパセリを散らし、冷蔵庫で冷やす。

●保存ヒント

ポリ袋に入れて冷蔵庫で保存する。賞味期間は1週間程度。酢漬け、油漬けにすると半年もつ。ズッキーニを作り方①と同様にして水気を拭いて油で揚げ、タイム、ローズマリー、ディルなど好みのハーブを入れて沸かした酢にくぐらせてビンに詰め、こして冷ました酢をかぶるまで注ぐ。酢の代わりにサラダ油またはオリーブ油を使えば油漬けになる。サラダに加えたり、ゆで肉のあしらいなどに重宝する。

苦味が夏場の食欲をそそる熱帯野菜の代表

ニガウリ Bitter melon

ニガウリ（苦瓜）の名前の通り、独特の苦味（モモルディシン）が最大の特徴。熱帯アジア原産のウリ科野菜で、暑さに強く、生育が旺盛で、病虫害も比較的少ない。育てやすいので、まさに家庭菜園向きな野菜。土壌の適応性は広いが、水はけのよい壌土または砂壌土が適地である。かつては、沖縄や鹿児島など限られた地域の夏野菜として栽培されているに過ぎなかったが、沖縄を舞台にしたテレビ番組の影響もあり、今や全国的な知名度を誇る野菜となった。つる性なのでネット等に這わせ、日除け代わりにつくると、夏の暑さ対策となり一石二鳥。

雄花

雌花

科名：ウリ科
利用部位：若い果実
難易度：中
日照の条件：日当たり良
連作障害：あり　2〜3年あける
栽培地域：日本全国
必要な広さ：畝幅60cm
株間50cm

病害虫防除：
アブラムシ（マラソン乳剤）
ハダニ（粘着くん液剤）
ウドンコ病（カリグリーン）
お薦め品種：
さつま大長れいし、太れいし、白れいし

栽培一口ポイント
- 開花後 20 日前後の若い果実を収穫する。
- 支柱を立て、ネット栽培すると育てやすい。
- 7 月に入ると雌花が着き始める。

栽培カレンダー

1	2	3	4	5	6	7	8	9	10	11	12月
				植えつけ							
				支柱立て・誘引							
					追肥・土寄せ						
						収穫					

1 土づくり
植えつけの1週間前までに

①植えつけの2週間前までに苦土石灰100g/㎡を散布してよく耕す。1週間前に堆肥2kg/㎡、化成肥料100g/㎡、ヨウリン50g/㎡を施してよく耕す。
②畝幅60㎝として、高さ10㎝の畝を立てる。
③マルチを張り、四方を土で埋めて固定する。

2 植えつけ
5月中旬〜6月上旬

①株間50cmとし、マルチに移植ゴテで穴をあけ、植え穴を掘る。
②植え穴に水を注ぎ、水が引いたら苗を植える。
③植えつけたら、株元を軽く手で押さえ、たっぷり水やりする。

3 支柱立て・誘引・追肥・土寄せ

植えつけの2週間後

①植えつけ時か、つるが伸びてきた頃に、支柱立て・ネット張りをする。
②つるが伸びてきたら、茎にひもをかけ、8の字のよりを2〜3回つくり、支柱やネットに誘引する。
③2週間に1回、マルチのすそをあけて化成肥料30g/㎡を追肥し、鍬などで軽く土寄せする。

4 摘芯

植えつけの50日後

管理しやすく、またわき芽を伸ばすために、支柱の高さを超えたら先端部分をハサミで摘芯する。

5 生育中

植えつけの2ヵ月後

写真は6月下旬の状態。雄花と雌花が開花している。実のなりが少い時には、雄花を取り、午前9時頃までに花粉を雌花につけて人工受粉させるとよい。

6 収穫

植えつけの2ヵ月半後、7月中旬

収穫適期の長さに達したらハサミでヘタを切って収穫する。写真2点はいずれも中長種。

熟すと種の周りが赤いゼリー状物質で覆われている。

とれたて野菜レシピ

●料理ヒント＆効能

独特の苦味とさわやかな香りが特徴。苦味が強い場合は水にさらす、塩でもむか、さっとゆでるとやわらぐ。沖縄ではゴーヤーと呼ばれ、豆腐と炒めて卵でとじたチャンプルーがおなじみ。和え物、炒め物にするときはコリコリした食感を生かし、加熱し過ぎに注意。苦味の主成分であるククルビタシンの仲間、モモルディシンには抗酸化作用があり、昔から清熱・消暑の効用が知られ、夏場に欠かせない。栄養素ではビタミン、ミネラルをバランスよく含み、特にビタミンC(76mg/100g)が豊富で、加熱しても失われにくいのでよい給源になる。

ニガウリのスムージー

レモン汁、ハチミツと一緒にミキサーにかけたジュース。見かけは青汁のように苦そうだが、青リンゴそっくりのさわやかな味わい。ビタミンCがたっぷりとれる。

材料（2人分）

ニガウリ1本　レモン汁小1個分　ハチミツ大さじ1〜2　水大さじ3　氷片7〜8個

作り方

①ニガウリは両端を切り落とし、縦半分に切る。スプーンで種とワタを取り除き、薄切りにする。
②ミキサーに①、レモン汁、ハチミツ、水、氷片を入れて回し、グラスに注ぎ分ける。

●保存ヒント

内部のワタと種から傷み始めるので、縦に割って、ワタと種を取り除いてラップで包むかポリ袋に入れて冷蔵庫で保存するとよい。乾燥させて保存することもできる。薄切りにしてカラカラになるまで陰干しにし、ポリ袋で冷蔵する。乾燥の度合いによるが、保存の目安は約半年、使うときは水でもどし、炒め物、煮物、汁の実などに。

茹でると果肉がほぐれる不思議なカボチャ

キンシウリ Spaghetti squash

別名ソウメンカボチャ、ペポカボチャの1種で、茹でた果肉をフォークでほぐすと不思議なことにそうめん状になる。栽培しやすく、また実の着きもよいので家庭菜園向きである。ウリ科の植物の特徴である雌雄異花の性質を有しているので、朝方に人工受粉を行うと着果率はさらに向上する。つるを地面に這わせるほか、アーチパイプなどにネットをかけ、つるを誘引するなどの棚作りでも十分栽培できる。開花後40日位、長さ20cm位の完熟果を収穫し、茹でてそうめん状になった果肉を三杯酢で食べると、シャキッとした歯ごたえがある。

科名：ウリ科
利用部位：果実
難易度：中
日照の条件：日当たり良
連作障害：少ないが、避けた方がよい
栽培地域：日本全国
必要な広さ：2m ×2m

病害虫防除：
ウリハムシ（マラソン乳剤）
アブラムシ（オレート液剤）
ウドンコ病（カリグリーン）
お薦め品種：
品種分化なし
キンシウリやソウメンカボチャ表記の種・苗を購入

栽培一口ポイント
- 円錐形に土を盛り、鞍つきにして苗を植える。
- パイプをアーチ型に組んでネットを張り、支柱に誘引する。
- 地這いづくりの場合は、敷きワラをして雑草を防除する。

栽培カレンダー

1	2	3	4	5	6	7	8	9	10	11	12月
				種まき（自分で育苗）							
					苗の植えつけ（苗を購入）						
						追肥					
		支柱立て・誘引					収穫				

1 苗づくり
4月中旬～5月中旬

ポットに種をまき、1本立ちにしてから畑に植える。
①ポットに、種を2粒まく。
②生育のよいものを残して、本葉が3枚になるまでに間引きし、1本立ちにする。
③生長して、本葉が4～5枚になったら植える。

2 土づくり
植えつけ1週間前までに

①植えつけの2週間前までに2m四方に、苦土石灰100～150g/㎡を散布し、よく耕す。1週間前に鍬で直径30cm、深さ30cmの穴を掘る。
②堆肥2kg、化成肥料30gを施す。
③鍬で周りの土を円錐形に集め、手のひらで頂上を平らにならし、鞍つきをつくる。

3 植えつけ
4月下旬～5月下旬

鞍つきにした土の頂上に穴を掘り、たっぷり水やりし、水が引いたら苗を植えつける。植えつけ後も、たっぷり水やりする。

4 支柱立て・誘引
5月中旬～6月中旬

パイプのアーチ支柱を組み上げて、全体にネットを張る。
①ビニールひもなどで8の字のよりをつくり、つるとネットは余裕を持たせて誘引する。
②生長に合わせて、20～30cm 間隔で誘引していく。

5 追肥
5月下旬～7月中旬

植えつけ後、月に1回追肥する。1回目の追肥は株元に化成肥料30g/㎡を追肥し、土寄せする。2回目以降も同量の化成肥料を施す。

6 開花
5月下旬～

植えつけ後、1ヵ月経過すると花が咲き始め、雌花の付け根部分がふくらみ、果実になる。雄花の花粉を雌花に人工受粉すると、実のつきがよくなる。

7 収穫
7月上旬～8月中旬

開花後、40日位で収穫可能。
①ヘタの部分が硬くなってきた頃が収穫適期。
②ハサミなどでヘタを切り取って収穫する。果実は黄～レモン色が完熟果実。

ソウメンカボチャ

収穫したキンシウリの果実を2等分し、中の種とワタを取り、30分蒸すかゆでる。その後果肉をフォークなどでほぐすと、ソウメンのような状態になる。このことからキンシウリ、ソウメンカボチャという名がついた。甘味は少なく、三杯酢などでシャキシャキした食感を楽しもう。

とれたて野菜レシピ

●料理ヒント＆効能

蒸すかゆでるかして中の種を除き、果肉を取り出してほぐすとそうめん状になる。シャキシャキとした歯ごたえで味は淡白。加熱し過ぎると歯ごたえがなくなり、持ち味を損ねるので注意。淡白な味を生かして和え物、サラダ、炒め物、汁物などに。アメリカではスパゲッティ・スクワッシュと呼ばれ、スパゲッティ代わりにも利用される。糖質が少なくエネルギーは100g 中24kcalと低く、エネルギー制限したいときの主食代わりによい。

キンシウリのそうめん仕立て

半分に切って蒸し、果肉をほぐしてえびだしを張り、そうめんのようにつるりとすする。皮を器にして楽しむのも一興。

材料（4人分）
キンシウリ1個　えびだし<水500mℓ　干しえび大さじ1　昆布5cm　酒大さじ2　みりん大さじ1　薄口しょうゆ大さじ2>　あさつきの小口切り適宜

作り方
①キンシウリは横半分に切り、種を除く。切り口を上にして蒸気の立った蒸し器に入れ、中火で約15分蒸す。電子レンジの場合は切り口にラップをし、600w で5～6分加熱。果肉がほぐれにくい場合はさらに加熱する。
②えびだしを作る。干しえびはぬるま湯でもどし、殻、ワタ、足を取り除き、分量の水、昆布とともに鍋に入れて弱火にかける。昆布が浮いたら取り出して煮立てる。酒、みりん、薄口しょうゆを加えてひと煮して、冷ます。
③①の粗熱をとり、果肉を箸でほぐして冷ます。食べる時に、えびだしを張り、あさつきをふる。

●保存ヒント

丸ごと冷暗所に置けば2～3ヵ月もつ。蒸すかゆでて果肉をほぐし、容器または冷凍用保存袋に平らに広げて冷凍してもよい。

秋の彼岸過ぎから着果する漬け物用熱帯果菜

ハヤトウリ Chayote

中央アメリカ原産のウリ科の果菜で、霜のない地域では多年草となる。大正時代にアメリカから鹿児島県（薩摩隼人）に導入されたことからハヤトウリ（隼人瓜）と名付けられた。大きな種が入っている果実1個を種としてそのまま植え、5m ×5m の棚ならば、あっという間につるで覆いつくされる位、生育は極めて旺盛。高温性で暑さには強いが、寒さには弱く、霜に当たると地上部が枯れる。また、短日条件で着花（果）するので、10月～11月中旬頃が収穫時期。開花後25日位の果実を収穫し、主に味噌漬けや粕漬けなどの漬け物として利用する。

科名：ウリ科
利用部位：果実
難易度：中
日照の条件：日当たり良
連作障害：少ないが1～2年あける
栽培地域：東北地方以南
必要な広さ：2m×2m
株間2m

病害虫防除：
ほとんどない
お薦め品種：
白色種、緑色種

栽培一口ポイント
- つるの生育が旺盛なので、柵をつくって育てる。
- 苗ではなく、果実そのものを植えつけるのが特徴。
- 開花後 40 ～ 50 日後のものは次年度の植えつけに用いる。

栽培カレンダー

1	2	3	4	5	6	7	8	9	10	11	12月
				植えつけ							
					追肥	追肥	追肥	追肥			
					誘引						
									収穫	収穫	

1 土づくり
植えつけの1週間前までに

果実そのものを植えるので独特な鞍つきをつくる。
①植えつけの2週間前までに、2m 四方に苦土石灰100～150g/㎡を散布してよく耕し、幅30cm、深さ30cm の穴を掘る。
②穴に堆肥2kg を施す。
③化成肥料30g を施し、土を埋め戻す。
④鍬で土を円錐形に盛り上げ、幅50cm の鞍つきをつくる。
⑤頂上を平らにする。

2 植えつけ
5月中旬

植えつける果実。白色種（左）と緑色種（右）。

①鞍つきに穴を掘り、果実を入れる。
②果実が隠れるくらいの深さで植えて覆土し、たっぷり水やりする。

3 誘引
植えつけの2週間～1ヵ月後

植えつけから2週間後。つるが伸びてきたら、支柱を立てて誘引する。

30cm ×30cm 位の目のネットと丈夫な支柱で高さ2～3m の棚をつくり、その上に株を誘引して這わせる。
①植えつけから3週間後の様子。
②植えつけから1ヵ月後の様子。

4 追肥
植えつけの1.5ヵ月後

以降、毎月、追肥を行う。
1株に化成肥料30g を株元に追肥する。

5 収穫
10月中旬～

初霜が降りるまで収穫できる。開花から収穫までの日数の目安は、10月中旬までは20日位、以降は25～30日。果実をハサミで切り取り、収穫する。

とれたて野菜レシピ

●料理ヒント＆効能
きめが細かくなめらかで、カリカリとした歯ごたえを生かすなら生でサラダ、浅漬けに。きんぴらや炒め物にも向く。大きめに切ってだしやスープで煮ると、身の締まったトウガン風の食感になる。皮をむいたときに出るぬめりで、手の皮がむけることがある。むいたらすぐに水にさらしてぬめりを除くとよい。水分が94% を占め、栄養素は少ないが、中国薬膳では体の渇きを潤し、余分な水分を除いて胃腸を調えるとされる。

ハヤトウリと鶏肉のスープ煮

鶏手羽先と昆布の旨味を含んだハヤトウリが柔らかで、たくさん食べられる。

材料（4人分）
ハヤトウリ（中）3個　鶏手羽先200g　昆布10cm　タマネギ1個　フェンネルの葉茎1枝　ベイリーフ1枚　白ワイン大さじ2、塩小さじ1　こしょう少々

作り方
①ハヤトウリは縦4～6つに切り、皮を薄くむき、芯を取る。
②鶏手羽先は熱湯をかけて洗い、水2カップ、昆布と鍋に入れて中火にかける。昆布が浮いてきたら取り出して煮立て、アクをすくい、弱火にして鶏肉に火を通す。
③フェンネル、ベイリーフ、①を加え、白ワインを注ぎ、塩をふり、10～15分煮込み、塩、こしょうで味を調える。

●保存ヒント
ポリ袋に入れて冷蔵すれば1ヵ月位もつ。浅漬け、ピクルスにするのもよい。浅漬けはハヤトウリを薄切りにして2% の塩をし、軽く重石をして室温で半日漬け、密封容器に入れて冷蔵する。レモンと合うので薄切りを少し加えてもよい。賞味期間は約2週間。ピクルスはハヤトウリを3cm 幅のくし形に切り、キュウリのピクルス（27ページ）と同じ要領で漬ける。

幼果は食用、完熟果は繊維用、ヘチマ水も

ヘチマ Sponge gourd

東南アジア原産のウリ科の未熟果（幼果）を食用とする果菜で、日本では沖縄や鹿児島・宮崎などの南九州地域で古くから栽培されてきた。現在栽培されているのは2種で、実の表面に10本の稜角があるトカドヘチマと普通種である。完熟果は繊維用として、地際のつるを切り採取するヘチマ水は化粧水として利用されている。高温性で、土壌適応性も広く、生育も旺盛である。つる性のため、支柱やネットなどを張り、棚仕立てにするのが一般的である。収穫は、開花後10日程度の繊維の発達しない幼果を収穫するが、味噌炒め、味噌汁などに用い、独特の食感や食味を楽しむ。

科名：ウリ科
利用部位：若い果実
難易度：中
日照の条件：日当たり良
連作障害：あり　1～2年あける
栽培地域：東北以南
必要な広さ：2m×2m
ネットは2m×1m

病害虫防除：
アブラムシ（オレート液剤）
お薦め品種：
太へちま トカドヘチマ

栽培一口ポイント
- 高温期に乾燥が激しい場合は、水やりの効果が高い。
- 7月以降に収穫する場合、開花8日後を収穫の目安にする。
- つるがよく伸びるので、がっしりしたパイプなどを支柱にする

栽培カレンダー

1 土づくり
植えつけの1週間前までに

①植えつけ2週間前までに、2m四方に苦土石灰100～150g/m²を散布し、よく耕す。1週間前に鍬で幅30cm、深さ30cmの穴を掘る。
②穴に堆肥2kg、化成肥料30gを施す。
③土を戻し、円錐形に土を盛り、表面を平らにならして鞍つきをつくる。

2 植えつけ
5月上旬～5月下旬

株を複数植える場合は、株間は1mとする。
①鞍つきにした土の頂上に植え穴を掘り、たっぷり水を注ぐ。
②水が引いたら苗を植えつける。
③株元を手で押さえ、たっぷり水やりする。

3 支柱立て・誘引
植えつけの2〜3週間後〜

ヘチマのつるは長くなるので、アーチ型のパイプなどを用意して誘引する。

①アーチ型のパイプを組み立て、上からネットをかぶせる。風などで倒れないようしっかり足元を土に埋める。

②パイプに、ひもでつるを誘引する。

③支柱立てから40日後。つるがネットから外れた場合は、手で誘引する。

4 追肥
植えつけの1ヵ月後〜

つるの長さが50〜60cmに伸びたら、株の周りに化成肥料30g/㎡を追肥して土寄せする。2回目の追肥は果実が肥大する頃、その後20〜25日おきに追肥する。

5 収穫
7月下旬〜10月下旬

食用の場合は開花後8〜10日の若い果実を、繊維取りは40〜50日経過の完熟した果実を収穫する。

ハサミで果実を切り取る。収穫後は追肥・土寄せする。

ヘチマ水

ヘチマの楽しみ方には、若い果実を野菜として食べる、完熟した果実を水につけ、繊維を残してたわしにする、ヘチマ水として利用するという3つの利用法がある。ヘチマ水は、昔から天然の化粧水や、咳を鎮めたり、利尿などにも用いられてきた。ヘチマ水は、地際から30cmの中心の茎を切り、根元側を一升ビンなどに挿しておくと、1日で1.8ℓ位とれる。この時、ビンが倒れないように土に埋めておくとよい。

とれたて野菜レシピ

●料理ヒント＆効能

沖縄ではナーベラーと呼び、味噌味の炒め煮ナーベラー・ンブシーがおなじみ。果肉には少しぬめりがあり、ほろ苦さを含み、食感はナスに似ている。水分が多く、果肉が柔らかいので汁物、煮物にも向く。栄養素では特筆するものはないが、中国薬膳では清熱、咳止め、利尿作用があるとされる。秋に、地上30cm程で蔓《つる》を切って出てくる液体を集めたヘチマ水は、化粧水になる。サポニンやペクチンが含まれ、あせも、ひび、あかぎれ、日焼け後の手当てによいとされる。

ヘチマとえびのピリ辛炒め

皮をむいたナスのような口当たりで、えびの旨味とよく合う。水分が多いので、炒め上げたらすぐに食べるようにする。

材料（4人分）

ヘチマ2本　むきえび100g　えびの下味＜酒小さじ1　片栗粉少々＞　サラダ油大さじ2　豆板《とうばん》醤《じゃん》小さじ½　ネギ（みじん切り）大さじ1　ニンニク・ショウガの各みじん切り小さじ1　A<酒大さじ1　薄口しょうゆ小さじ2　しょうゆ小さじ1片栗粉小さじ1>

作り方

①ヘチマは皮をむき、2〜3cm厚さの輪切りにする。

②えびは水洗いし、水気を切って酒をふり、片栗粉をまぶす。

③サラダ油大さじ1を温め、ネギ、ニンニク、ショウガ、豆板醤を炒めて香りを出し、えびを入れて軽く炒めて取り出す。

④残りのサラダ油を足し、ヘチマを入れて強火で炒め、油がなじんだら③のえびを戻し、混ぜ合わせたAで調味し、絡める。

●保存ヒント

食用の未熟果は丸ごと冷蔵すれば1週間程もつ。完熟させて果肉を腐らせて除くと天然のタワシが出来る。ヘチマ水はそのままでは腐りやすいので煮沸してこし、清潔なビンに入れて冷蔵するとよい。

棚作りで眺めて、育てて、加工して楽しむ

ヒョウタン Bottle gourd

ヒョウタンは、アフリカ原産のウリ科のつる性1年草で、学名は、Lagenaria siceraria、食用のユウガオ、カンピョウと同じ仲間である。古い園芸植物の一つで、果実の真ん中がくびれたものが一般的イメージであるが、形は、球状、棒状、楕円形、下膨れ型など品種によって異なる。大きさも、長さが5～10cm位の千成ヒョウタンから長さが1～2mに達する大長まで多彩である。苗の植えつけは、地温が高くなる5月中旬以降で、棚づくりにすると管理もしやすく眺めもよい。つるが2～3mに伸びはじめた6月下旬頃から雌花が着花し始める。梅雨明け後、渇きが激しい場合は、必要に応じて水やりする。収穫は、完全に熟してから行う。

科名：ウリ科
利用部位：果実
難易度：中
日照の条件：日当たり良
連作障害：あり　3～4年あける
栽培地域：日本全国
必要な広さ：棚づくり高さ2m
株間2m×2m

病害虫防除：
ウドンコ病（カリグリーン）
お薦め品種：
小型の千成ヒョウタン
大型の大ヒョウタン

栽培一口ポイント
- 収穫は、果実の表面が完全に硬くなった完熟果で行う。
- 実のつき方が悪い場合は、夕方人工受粉を行って着果を助ける。
- 棚づくりにして、日除けがわりに育てると一石二鳥。

栽培カレンダー

1	2	3	4	5	6	7	8	9	10	11	12月
				植えつけ							
					棚づくり・誘引						
					追肥・土寄せ						
						収穫					

1 土づくり
植えつけの1週間前までに

植えつけ2週間前までに、苦土石灰150～200g/㎡を散布し、よく耕す。
①1週間前に鍬などで幅30cm、深さ30cmの穴を掘る。
②堆肥2kg、化成肥料30g、ヨウリン10gを施して、土を戻す。
③鍬で土を円錐形に盛り上げ、高さ20cmで平らにならして鞍つきをつくる。

2 植えつけ
5月中旬～5月下旬

苗は種苗店で購入する。節間の詰まった、がっしりした苗を選ぶ。
①鞍つきの中央に、植え穴を掘って水を注ぐ。
②水が引いたら苗を植えつける。根鉢を崩さないようにポットから出す。
③植えつけ後は、株元を軽く手で押さえる。

3 棚づくり・誘引
6月上旬〜中旬

植えつけ1ヵ月後からつるが伸び、生長する。地這いのままでもよいが、棚づくりにすると病気の発生が少ない。
①竹などの支柱を立ててひもを吊るし、つるをひもに絡ませる。
②つるが伸びてきたら、さらにひもに絡ませて上に伸ばす。

4 追肥・土寄せ
6月中旬〜8月下旬

生長を見ながら追肥・土寄せする。
①株元に化成肥料30g/㎡を追肥する。
②株の周囲を耕しながら、株元に土寄せする。

5 果実の生長の様子
7月中旬以降

棚に誘引したつるから次々に開花が始まり、受粉後、実ができる。
①花が咲いた後に膨らんできた果実。表面が白い産毛に覆われている。
②盛夏が近くなると、形も徐々にひょうたんらしくなってくる。

6 収穫
7月中旬〜9月中旬

①開花後、果実の表面が硬くなってきたら収穫する。
②なるべく口が小さくなるように、ヘタを切り落とす。収穫後は水につけ、中の内容物を腐らせて加工する。

③収穫したヒョウタン。

とれたて野菜利用法

観賞用ヒョウタンの作成

1

ヒョウタンの口部にドライバーやドリルなどで穴をあけ、水浸け準備をする。

2

桶にヒョウタンを入れて水を注いで重石をし、中が腐るまで水に浸ける。

3

中が腐ってきたら、表皮をたわしでこすり落とす。

4

中に水を入れて種を振り出し、残った種はピンセットで取り出す。

5

7〜10日位水に漬けてアク抜きをして乾燥させ、ニスの塗装や装飾、加工をする。

野菜の中でも随一といわれる黄色い美しい花

オクラ Okra

アフリカ原産のオクラは、アオイ科の若いさやを利用する野菜である。原産地のアフリカ～エジプト、また、インドなどの亜熱帯地域では重要な野菜で、暑さに強く真夏でも野菜の中で最も美しいといわれる黄色の花を次々に開花させ、さやをつける。しかし、寒さに弱く10℃以下の低温では生育が停止してしまう。草丈は1～2mで、吸肥力が強いため元肥が多すぎると草勢が強くなり、着莢不良となる。そのため、土づくりは有機物を多めに施すよう心がける。何といっても「粘り」が人気のポイントである。粘り成分は、ペクチンなどの食物繊維と糖タンパクのムチンの混合物である。

科名：アオイ科
利用部位：若いさや
難易度：中
日照の条件：日当たり良
連作障害：あり 2～3年あける
栽培地域：東北地方以南
必要な広さ：畝幅70～80cm
株間30～50cm

病害虫防除：
ウドンコ病（カリグリーン）
アブラムシ（オルトラン水和剤）
カメムシ（捕殺）
お薦め品種：
アーリーファイブ、グリーンソード、ピークファイブ、ベニー（赤オクラ）

栽培一口ポイント
- 種が硬いので1日水に浸けておくと発芽しやすい。
- さやが、20cm以上に生長すると硬くて品質が落ちる。
- 収穫後、その節から下の葉を落とす。

栽培カレンダー

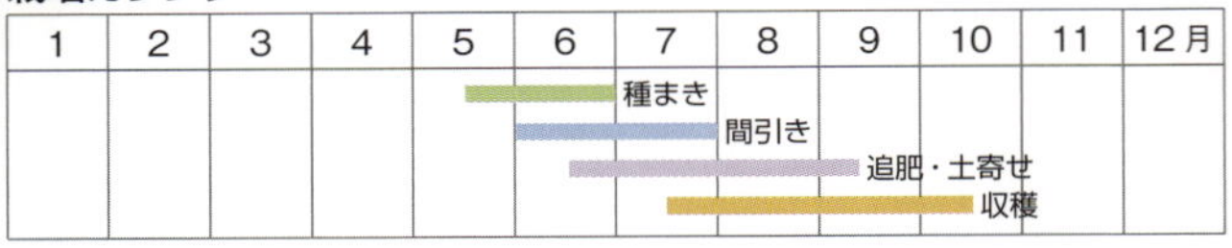

1 土づくり
種まきの1週間前までに

①種まきの2週間前までに、苦土石灰100g/㎡を散布し、よく耕しておく。畝の中央に深さ20cmの溝を掘る。
②溝に堆肥2kg/㎡を施す。
③化成肥料100g/㎡、ヨウリン50g/㎡を施し、溝を埋め戻し、高さ10cmの畝を立てる。

2 種まき
5月中旬～6月

購入したポット苗も、この時期に植えつけてよい。
①株間30cmとし深さ2cmの穴をつくり、1日水に浸けた種を4～5粒ずつまく。
②種が隠れる位に覆土し、軽く手で押さえる。
③たっぷり水やりする。

3 間引き①
種まきの10～15日後

①発芽後、双葉が展開したら、生育のよい苗を3本選ぶ。
②生育の悪い苗を間引いたら、株元へ軽く土寄せする。

草丈が15cm 位の頃に間引きを行う。
1本立ちにして化成肥料30g/㎡を追肥し、鍬などで株元へ土寄せする。

4 間引き② 追肥・土寄せ①
種まきの1ヵ月後

5 追肥・土寄せ②
種まきの1.5ヵ月後

①化成肥料30g/㎡を畝の側方へ追肥する。
②鍬などで株元へ追肥する。

6 開花
種まきの2ヵ月後

オクラの花。野菜の花では世界で最も美しいといわれている。

7 収穫
開花の1週間後

①7cm 位になったら収穫適期。

②大人の人さし指位が目安。節のあたりからハサミで切り取る。
③赤オクラの収穫。

とれたて野菜レシピ

●料理ヒント & 効能

特有の粘り気があり、細かく刻むと粘り気が増してトロロ風になる。枝柄の周囲を軽くそぎ、塩ずりしてさっとゆでて使うと口当たりがよい。てんぷら、和え物、スープや煮込み、カレーにも合う。世界各地でいろいろな料理が工夫され、中でもアメリカ・ルイジアナ州の郷土料理ガンボ(煮込みの一種)にはオクラが欠かせない。

ネバネバの正体はペクチン(食物繊維)、ムチン(タンパク質)などで、便秘の予防、コレステロールの低下、胃粘膜保護などの効用がある。栄養素としては、カロテン、ビタミンB_1、B_2、C、カルシウム、カリウムが多く、夏バテ防止に役立つ。

オクラと肉団子のスープ

オクラの色と歯ごたえが残るようにさっと煮て、肉団子の旨味を含ませたスープ。

材料（4人分）

オクラ20本　タマネギ(薄切り)¼個　トマト(小角切り)小1個　肉団子<豚ひき肉200g　酒大さじ1　塩小さじ⅓　こしょう・ナツメグ各少々　ショウガ汁小さじ1>　酒大さじ1　カレー粉小さじ⅓　塩・こしょう各少々

作り方

①オクラはヘタの周囲を軽くそぎ、塩少々をまぶし、さっとゆでる。
②豚ひき肉と他の材料を合わせ、手でよく混ぜて粘り気を出し、ひと口大に丸める。
③水3カップを沸かして酒を入れ、②の肉団子を入れてゆでる。肉団子が浮いてきたらアクをとり、タマネギを入れて弱火で約10分煮る。
④①のオクラとトマトを入れ、カレー粉、塩、こしょうで味を調え、オクラの歯ごたえが残る程度に軽く煮る。

●保存ヒント

低温に弱いので冷やし過ぎに注意。紙に包んでポリ袋に入れ、冷蔵庫で保存する。使いきれない場合は、さっとゆでたものを小分けにして冷凍しておくとよい。

おすすめ、真夏の健康的おやつ野菜

トウモロコシ Sweet corn

アメリカ大陸原産の一年草。茎の先端に雄穂（雄花）、茎の中位に雌穂（雌花）が着生する雌雄異花植物で、開花後25日程度の若い子実を利用する。リノール酸や食物繊維も豊富で、動脈硬化や発ガン予防効果の高い健康野菜の特徴も兼ね備えている。日当たりのよい場所を好み、生育適温は25～30℃と高温である。生食用の甘味種（スイートコーン）、硬粒種（フリントコーン）、ポップコーン用の爆裂種などがあるが、他の品種と一緒に植えると、花粉が交雑してしまい、品種の特性が出なくなる恐れがあるので注意する。吸肥力が強いため、過剰に蓄積した土壌養分を吸収させるクリーニングクロップとして輪作の中に組み込まれることが多い。

科名：イネ科
利用部位：子実（若い種子）
難易度：難
日照の条件：日当たり良
連作障害：あり 1年あける
栽培地域：日本全国
必要な広さ：
畝幅80～90cm（2条植え）
株間30cm

病害虫防除：
モザイク病（アブラムシ防除
シルバーストライプマルチ）
アワノメイガ（パダン SG 水溶剤）
カメムシ（スミチオン乳剤）
お薦め品種：黄色種…おひさまコーン、キャンベラ82、バイカラー種…カクテル600、ゆめのコーン、ピーターコーン、白色種…ルーシー90、トリカラー種…ウッディーコーン

栽培一口ポイント
- 雄穂、雌穂の出穂期が合う必要があり、２列以上で栽培。
- 異品種の授受粉防止のため異なる品種を近くに植えない。
- 多肥性なので、追肥を適期に欠かさず行う。

栽培カレンダー

	1	2	3	4	5	6	7	8	9	10	11	12月
種まき				━	━							
追肥①				━	━	━						
追肥②					━	━	━					
収穫							━	━				

1 土づくり
種まきの1週間前までに

①種まきの2週間前までに苦土石灰100～150g/㎡を散布してよく耕す。1週間前に堆肥2kg/㎡、化成肥料100g/㎡を施す。
②畑を耕し、幅80cm、高さ10cmの畝を立てる。
③畝にマルチを張り、周囲を土で押さえる。

2 種まき
4月中旬～5月下旬

受粉を促すために2条植えにする。
①移植ゴテの間隔（約30cm）でマルチに穴をあける。マルチカッターを使うが、空き缶（直径約10cm）の一端をギザギザに切ったものでも代用できる。
②種を3粒、それぞれ離してまき、種が隠れる位に覆土し、上からしっかり押さえる。

3 間引き①② 追肥①
種まきの10日〜1ヵ月位

本葉が1〜2枚の頃に2本立ちに、4〜5枚の頃に1本立ちにする。
①草丈が10〜15cmで、本葉が1〜2枚の頃に、生育の悪い苗を1本間引く。
②草丈が30cmで、本葉が4〜5枚の頃、1本立ちにし、株元へ化成肥料30g/㎡を追肥する。

4 追肥②
種まきの1ヵ月後

化成肥料30g/㎡を株元に追肥する。

5 出穂
種まきの2ヵ月後

雄穂と雌穂を確認できる頃に追肥を施す。この頃、アワノメイガとカメムシの虫害が発生しやすいので防除する。
化成肥料30g/㎡を株元に施す。

雄穂（ゆうすい）・雌穂（しすい）
開花した雄穂（写真左）と雌穂（写真右）。この状態になったら、株を揺すって雄穂の花粉を雌穂にかける。

6 ヤングコーン
種まきの2ヵ月後

1株から1個を収穫する野菜なので、分けつ部分にできるわき芽を折り取って、ヤングコーンに利用できる。
ヤングコーンは小さいうちにとる。とったものはゆでてサラダなどに利用できる。

7 収穫
出穂の20〜25日後

雌穂の色が茶色く枯れてきた頃が収穫の適期。
①ヒゲ（雌穂）の色が写真のようになったら収穫適期。
②収穫して皮と雌穂を取り除いた、トウモロコシ。

とれたて野菜レシピ

●料理ヒント＆効能
とれたては、直焼きあるいは蒸してシンプルにそのまま味わいたい。ゆでてサラダ、バター炒め、かき揚げ、スープにするのもよい。芯から旨味が出るので輪切りにして肉や野菜と煮込むと、煮汁がよいスープになる。機能性成分としてはカロテノイドの1種ルティンを含み、白内障のリスクを軽減し、動脈硬化、高血糖、結腸ガンなどの予防に役立つといわれる。ビタミン類では糖質をエネルギーに変えるときに働くB_1が比較的多く、疲労回復に役立ち、豊富な食物繊維が便秘を改善する。

コーンスープ

もぎたてのトウモロコシの実をそいで作るスープの味は格別。ブイヨンを使わずに、水で煮るほうが風味が生きる。

材料（4人分）
トウモロコシ4本　タマネギ（みじん切り）¼個　ジャガイモ（薄切り）中½個　サラダ油大さじ2　牛乳400mℓ　塩・こしょう・好みのハーブまたはクルトン（ローストパン）各適宜

作り方
①トウモロコシは皮をむき、実を手ではずす。
②サラダ油を温めてタマネギとジャガイモを炒め、しんなりしたら①を入れて軽く炒め、塩、こしょうで薄めに下味をつける。
③水2カップを注ぎ、強火で煮立て、アクを取り、弱火にしてトウモロコシが柔らかくなるまで約30分煮込む。
④ミキサーにかけてペースト状にして鍋に戻し、牛乳を加えて中火で温める。塩、こしょうで味を調え、ハーブまたはクルトンを散らす。

●保存ヒント
トウモロコシは収穫後も生命活動が盛んなため、時間とともに味が低下するのでその日に食べるのが一番。食べきれない場合は皮を1〜2枚つけてラップに包み、冷凍するとよい。解凍は、皮ごと蒸すと風味がよい。

若どりしたサヤインゲンの甘みは絶品！

サヤインゲン Kidney bean

サヤインゲンは、中央アメリカ原産のマメ科の代表的な野菜で、完熟した豆を利用する場合は「インゲン」、若いさやを利用する場合は「サヤインゲン」と呼ぶ。「インゲン」の由来は、1654年に「隠元禅師」によって伝えられたことによる。カロテンや食物繊維、ミネラル（カルシウム、鉄など）に富み、調理法もごく簡単である。栽培適温は15～25℃で、25℃を超えると落花が多くなる。根に根粒菌（窒素固定菌）

が共生して根粒を形成するので、地力の低いところでも栽培が可能である。また栽培終了後は、根が土壌中に残存して地力の増大に貢献する。一方、窒素のほどこし過ぎは「つるぼけ」の原因になるので注意する。

科名：マメ科
利用部位：若いさや
難易度：中
日照の条件：日当たり良
連作障害：あり 3～4年あける
栽培地域：日本全国
必要な広さ：畝幅60～75cm
株間30cm

病害虫防除：
モザイク病（アブラムシを防除する）
アブラムシ（マラソン乳剤）
ハダニ（粘着くん液剤）
お薦め品種：ケンタッキーワンダー、スラットワンダー、プロップキング、王湖
平ざや…モロッコ

栽培一口ポイント
- 発芽直後は鳥に狙われやすいので、ポット苗のほうがよい。
- マメ科なので連作障害に注意が必要。
- 初心者は短期に収穫できるつるなし種がよい。

栽培カレンダー

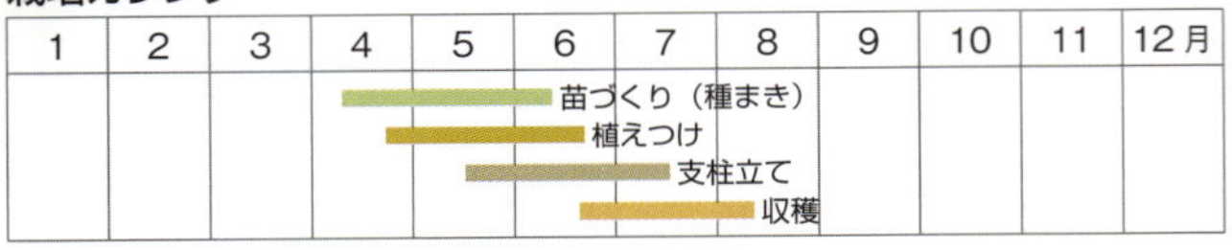

1 苗づくり
4月中旬～6月上旬

①直径9～12cmのポリポットに培養土を入れ、穴を離して3ヵ所あけ、1粒ずつ種をまく。覆土してたっぷり水やりする。
②③双葉の次に出る2枚の葉（初生葉）が開いたら、生育のよいものを残して1本間引く。

2 土づくり
植えつけの1週間前までに

酸性土壌に弱いので石灰分を十分に散布して中和する。
①植えつけの2週間前までに、苦土石灰150～200g/㎡を散布してよく耕し、植えつけの1週間前に畝幅60cmとし、堆肥2kg/㎡を施す。
②③化成肥料50～100g/㎡を施してよく耕し、高さ10cmの畝を立てる。

3 植えつけ
4月下旬〜6月中旬

根鉢をくずさずに植える。
①畝の中央に株間30cmとし、移植ゴテなどで植え穴を掘る。
②植え穴に水を注ぎ、水が引いたら苗を植えつける。植えつけ後はたっぷり水やりする。

4 追肥・土寄せ
植えつけの2週間後

つるが出始める頃に行う。
化成肥料30g/㎡を畝の側方に施し、鍬で株元に土寄せする。

5 支柱立て
植えつけから3〜4週間後

2mの支柱を1株当たり1本ずつ立てる。上部の1〜2ヵ所で支柱を横に渡して固定する。

6 収穫
6月下旬〜8月上旬

種まきの70日後、植えつけの50日後に収穫の適期を迎える。中の豆が膨らまないうちに収穫する。
①収穫期を迎えた株。長さ12〜13cmのものを収穫する。
②開花後10〜15日で適期となる。ハサミで1本ずつ収穫する。

つるなし種は初心者向き

サヤインゲンには一般的なつるあり種の他に、つるなし種がある。つるなし種は種まきの55日後位に収穫できるうえ、草丈は40cmで支柱が不要。株間も20〜30cmでよい。そのため、初心者には育てやすい種類となっている。品種には、さつきみどり2号、セリーナ、ロマーノなどがある。

さつきみどり2号。

ロマーノ（平ざや）。

とれたて野菜レシピ

●料理ヒント＆効能

さっとゆでると、豆の香りがして食をそそり、おかかじょうゆで和えるだけでもおいしい。ベーコンやひき肉と炒めたり、薄切り肉で巻いて煮たり、てんぷらなど、肉や油とも相性がよい。口に当たると味が半減するので筋は丁寧に除く。

ビタミン、ミネラルをバランスよく含み、貧血を予防する鉄（0.7mg/100g 以下同）、抗酸化作用のあるカロテン（590μg）が比較的多い。その他、旨味成分のアスパラギン酸や必須アミノ酸のリジンを含む。

サヤインゲンと油揚げの土佐煮

少量の水で油揚げと煮て、おかかをまぶしたさっと煮。だしをとらなくても野菜と油揚げの旨味、最後に加えたおかかで充分においしい。酒の肴、お弁当のおかずにも。

材料（4人分）
サヤインゲン200g　油揚げ1枚　酒大さじ2　みりん大さじ1　しょうゆ大さじ2　削りがつお1パック(5g)

作り方
①サヤインゲンは筋を取り、4〜5cm長さに切る。
②油揚げは縦半分に切り、小口から細切りにする。
③鍋に水50mℓと①を入れて強火にかける。煮立ったら中火にして2〜3分煮、②、酒、みりんを入れてひと煮し、しょうゆを加えて煮つめる。好みの加減に火を通し、最後に削りがつおを入れて混ぜ、火を止める。

●保存ヒント

収穫して食べきれない分はポリ袋に入れて、冷蔵する。低温障害を起こしやすいので、野菜室（5〜7℃）で保存し、早く使う。冷凍しても食感が変わらないので、長く保存したい場合は冷凍するとよい。筋を取って硬めにゆで、冷まして水気を拭き、小分けにして冷凍用保存袋に平らに入れて冷凍する。

茹でたてのおいしさがビールを引き立てる

エダマメ Soybean

ダイズの未熟な若さやを収穫するもの。中国原産のマメ科の果菜で、タンパク質やビタミンCを豊富に含む健康野菜として知られている。最近、茶マメや黒豆などのエダマメ品種も登場し、品種も多彩になってきた。生育適温は、20～25℃、種まきから開花までの日数はおよそ50～60日で、早生種で種まき後80～90日、中生種で90～100日が収穫の目安となる。マメ科野菜の特徴の一つ「根粒菌と共生」関係があるので、化成肥料の施肥量は通常の半分程度におさえる。開花期にカメムシやマメシンクイガが発生すると収穫皆無ということもあるので、防除が必要である。

科名：マメ科
利用部位：若い子実
難易度：中
日照の条件：日当たり良
連作障害：あり 3～4年あける
栽培地域：日本全国
必要な広さ：畝幅60cm
株間30cm

病害虫防除：
ネコブセンチュウ（連作を避ける）
カメムシ（スミチオン乳剤）
マメシンクイガ（マラソン乳剤）

お薦め品種：
福獅子、ビアフレンド
茶豆…福成、夏の夕
黒豆…快豆黒頭巾、夏の装い

栽培一口ポイント
- 種を6時間以上水に浸すと発芽不良となる。
- 直まき後、初生葉が出るまではベタがけなどで鳥害防止。
- 開花時に、カメムシの被害が多いので注意する。

栽培カレンダー

1	2	3	4	5	6	7	8	9	10	11	12月
			育苗（ポットまき）								
			植えつけ			収穫					
				直まき		収穫					
					追肥・土寄せ						

1 苗づくり

4月上旬～下旬

①直径9cm位のポットに培養土を入れて、穴を3ヵ所あけ、それぞれに種を1粒ずつまく。
②双葉の次にでる初生葉2枚が展開したら、生育の悪い苗を1本間引く。
③生育の良い苗を2本残して植えつけまで育苗する。

2 土づくり

植えつけの1週間前までに

植えつけの2週間前までに、苦土石灰100～150g/㎡を散布してよく耕す。
①植えつけの1週間前に畝幅60cmとし、堆肥2kg/㎡を施す。
②化成肥料50g/㎡を施す。
③よく耕し、高さ10cmの畝を立てる。

3 植えつけ
種まきの17～20日後

草丈が15cm 位になった頃に植えつける。

①株間30cmとし、移植ゴテなどで植え穴を掘る。
②植え穴に水を注ぐ。
③水が引いたら、ポリポットから苗を出して植えつける。
④株元を手で軽く押さえて、株を安定させ、たっぷり水やりする。

4 追肥・土寄せ
種まきの約2ヵ月後

開花し始めたら、追肥・土寄せを行う。

①畝の側方に化成肥料30g/㎡を追肥する。
②鍬で株元に軽く土寄せする。

カメムシの防除

開花の始まる頃に、カメムシが発生する。吸汁害虫で、小さい豆の中の種の汁を吸う。実が太らずにさやだけが大きくなる。そのため茎葉だけが生長してしまう。スミチオン乳剤を散布し、防除に努める。

5 収穫
種まきの80～85日後

品種により収穫時期が異なるので、種袋の説明書で確かめておく。

①収穫適期。
②さやが膨らみ、実がはじけるくらいになったら、株元を持ち、引き抜いて収穫する。

③収穫したエダマメ。

とれたて野菜レシピ

●料理ヒント＆効能

サヤごと塩ゆでにしたものは夏のビールに欠かせない。ゆでた豆をすりつぶして餅に絡めたずんだ餅は東北地方の名物。その他、かき揚げ、和え物、炒め物、炊き込みご飯などに。大豆に含まれるメチオニン（必須アミノ酸の一種で、肝臓の機能を正常に保つ作用がある）、サポニン（中性脂肪やコレステロールの低下作用）、イソフラボン（女性ホルモン様作用があり、更年期障害を軽減）を有しながら大豆にはないビタミンCを含む、野菜の優等生。

エダマメとコーンのかき揚げ

エダマメ、トウモロコシ、えびを精進衣でかき揚げに。粉を水で溶くだけの精進衣は、野菜の持ち味が生きてさっくり揚がる。

材料（2人分）

エダマメ正味100g　トウモロコシ正味100g　冷凍えび5～6尾　精進衣（冷水・薄力粉各大さじ2～3）　揚げ油適宜　塩少々

作り方

①エダマメはサヤごと硬めにゆで、サヤから豆を出し、100g用意する。
②トウモロコシは実を手ではずし、100g用意する。
③えびは半解凍して殻と背ワタを取り除き、約2cm幅に切る。
④ボウルに薄力粉と冷水を入れて箸でざっと混ぜて衣を作り、①、②、③を入れて絡める。
⑤揚げ油を160℃に熱し、ヘラの表面を油でぬらして④のタネを適量のせて平らにし、揚げ油にすべらせるようにして入れる。衣が固まったら裏返して火を通し、カラリとするまで揚げ、塩を添える。

●保存ヒント

エダマメは収穫後1日で糖類や旨味成分（グルタミン酸など）が半減するので、その日に食べるのがベスト。たくさんとれた時は、硬めにゆでて冷凍するとよい。

土中に実ができる不思議なマメ

ラッカセイ Peanut

南アメリカ原産のマメ科の１年草で、開花受精後に子房柄《しぼうへい》が地面に伸び、土中で結実する特徴を持つゆえ、落花生と名づけられた風変わりな植物である。生育適温が25～27℃と高温性なので、種まきは5月中旬頃に行い、マルチ栽培で地温を上げる。輪作を心がけ、土壌病害虫の被害を避けるために連作は避ける。土壌は排水良好で膨軟な砂質土壌が適している。肥料はマメ科野菜なので、窒素分を少なめに施すのがポイントである。開花後、子房柄が地中に侵入するまでの間にマルチを取り、畝の表面を中耕し、土寄せする。収穫の目安は、おおよそ開花後100日位とされている。

科名：マメ科
利用部位：種子(子実)
難易度：中
日照の条件：日当たり良
連作障害：あり　2～3年あける
栽培地域：北海道を除く全国
必要な広さ：畝幅60cm、株間30cm、条間40cm

病害虫防除：
カメムシ(スミチオン乳剤)
アブラムシ(スミチオン乳剤)
ソウカ病(ベンレート水和剤)
根腐れ病(輪作を避ける)
お薦め品種：
ナカテユタカ、千葉半立、郷の香

栽培一口ポイント
- マメ科植物なので、連作は避けて窒素肥料は少なめに施す。
- 種や苗を購入して植える。食用は炒ってあるので芽が出ない。
- 開花後子房柄が地中に侵入するので、畝をよく耕す。

栽培カレンダー

1	2	3	4	5	6	7	8	9	10	11	12月
				種まき							
						追肥・土寄せ					
								収穫			

1 土づくり
種まきの1週間前までに

種まきの2週間前までに苦土石灰100～150g/㎡を散布してよく耕す。
①種まきの1週間前に堆肥2kg/㎡、化成肥料50g/㎡を施し、よく耕す。
②幅60cm、高さ10cmの畝を立てる。
③雑草防除と保温のためにマルチを張る。

2 種まき
5月中旬～6月上旬

株間30cm、条間40cm で種をまく。
①マルチに穴をあけて、1ヵ所に2～3粒ずつ種をまく。
②覆土したら、たっぷり水やりする。
③種まき後は、芽が出るまで不織布などのベタがけ資材で覆い、レンガや土などで四隅を押さえる。

3 間引き
種まきの2週間後

本葉が3～4枚の頃に、生育のよい苗を残して2本立ちにする。

①本葉3～4枚に育ち始めた頃、不織布などのベタがけした資材を取り除く。

②生育のよい株2本を残し、生育の悪い株を引き抜く。その後、株元へ軽く手で土寄せする。

4 除草
種まきの3～4週間後

生育途中で雑草が目立ち始めてきたら、株元の雑草を取り除き、子房柄が入りやすいようにする。

5 追肥・土寄せ
7月上旬～

①マルチのすそをあけて、畝の側方に化成肥料30g/㎡を追肥する。

②鍬などで株元に土寄せする。

6 子房柄《しぼうへい》
種まきの2～3ヵ月後

受粉した花のすぐ下から子房柄が伸び始め、土にもぐる。子房柄は一見、根のように見えるが、根ではない。土にもぐった子房柄には、さやができる。

7 収穫
9月中旬～10月中旬

①収穫直前になると、畝全体に葉が広がる。葉が少し黄色くなってきた頃が収穫適期。適期を逃すと、株を抜いたときに土中にさやが残ってしまうので、しっかり見極めて収穫する。

収穫後、さやの部分を上にして、風通しのよい日影で1週間乾燥させる。

②つるを持って、株ごと引き抜く。

③1週間位乾燥させてからさやを取る。乾燥が不十分だとカビが生えるので注意する。

とれたて野菜レシピ

●料理ヒント＆効能

塩味の煎り豆がおなじみ。中国、韓国、タイではゆでたり煮たりして食べることが多い。煎った豆を甘辛味噌で和えたり、砕いてサラダやお刺身、スープ、アイスクリームのトッピングにもよい。アメリカでは、ローストしてペースト状にしたピーナッツバターをジャムと一緒にパンに塗っておやつにする。

栄養素では脂質を24.2％(主に不飽和脂肪酸のオレイン酸とリノール酸)含み、タンパク質、カリウム、鉄、ビタミンE、B_1、B_2、食物繊維が豊富。中国薬膳では咳止め、健胃、脚気《かっけ》、便秘の予防によいとされる。

ラッカセイ豆腐

生のラッカセイをすりつぶし、葛粉で練って固めたゴマ豆腐の応用。ラッカセイの甘味と滋味が伝わってくる。

材料（18cm 角流し缶）

生ラッカセイ正味200g　葛粉100g　水1ℓ　調味だし＜だし200mℓ　酒大さじ3　みりん大さじ2　しょうゆ50mℓ＞　辛味ダイコン適宜

作り方

①ラッカセイは殻を除き、水に一晩浸して薄皮をむき、すり鉢またはフードカッターでペースト状にし、水800mℓを加えて裏ごす。

②葛粉は水200mℓで溶き、裏ごしして鍋に入れ、①を加えて強火にかける。

③木ベラでかき混ぜながら加熱し、とろみがつき始めたら弱火にしてよく練る。

④内側を水でぬらした流し缶に③を流して平らにし、氷水で冷やし固める。

⑤調味だしは一度煮立てて冷ましておく。

⑥食べやすい大きさに切り分けて盛り、調味だしを脇から注ぎ、おろした辛味ダイコンを薬味に添える。薬味にはおろしワサビもよい。

●保存ヒント

殻ごと乾燥させ、ポリ袋に入れて冷暗所で保存すれば翌年までもつ。煎ったものは酸化しやすいので早めに食べきる。

30cm 以上の長さを誇る若さやを食べる

三尺ササゲ Yardlong bean

つる性で30cm 以上の長いさやをつける三尺ササゲは、アフリカ原産のマメ科野菜である。熱帯原産のため暑さには強いが、低温には弱く、特に霜に当たると植物体が枯死してしまうので、播種は晩霜の恐れがなくなってから行う。土壌の適応性は広いが、マメ科なので窒素肥料は控えめにする。また、連作の害を避けるために2～3年は畑をあける。開花後20日程度の若さやを収穫するが、開花した紫色ないし白色（黄白色）の花は美しく、観賞価値が高い。また、カロテンを比較的多く含む若さやは、真夏の野菜として重宝である。完熟したマメは、煮豆、赤飯、甘納豆などに使用される。

科名：マメ科
利用部位：若いさや
難易度：中
日照の条件：日当たり良
連作障害：あり　2～3年あける
栽培地域：日本全国
必要な広さ：畝幅60cm
株間30cm

病害虫防除：
アブラムシ(オレート液剤)
カメムシ(マラソン乳剤)
ハダニ(マラソン乳剤)
お薦め品種：
十六ササゲ、けごんの滝、赤種三尺大長

栽培一口ポイント
- 背が高くなるので、支柱は 180cm 以上のものを用意する。
- 生長に合わせて、支柱に適宜誘引していく。
- 暑い時期に生長するので、土が乾いたら水やりを忘れずに。

栽培カレンダー

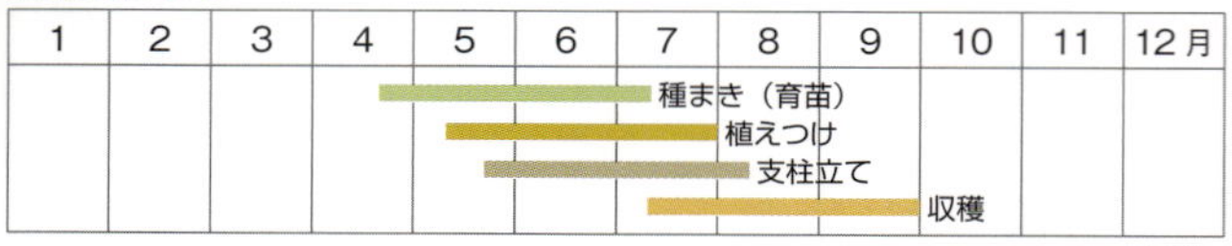

1 苗づくり
4月下旬～7月上旬

ポリポットに種をまいて育苗し、本葉が5～6枚の頃に植える。
①ポリポットに培養土を入れて3ヵ所に穴をあける。
②穴に種を1粒ずつまいて覆土し、水やりする。
③本葉が出始めた頃に、生育のよいものを2本残して2本立ちにする。

2 土づくり
植えつけの1週間前までに

植えつけの2週間前までに、苦土石灰200g/㎡を散布してよく耕す。
①植えつけの1週間前に畝幅60cm とし、堆肥2kg/㎡、化成肥料50g/㎡を施す。
②鍬などでよく耕す。
③高さ10cm の畝を立てる。

3 植えつけ
5月中旬〜7月下旬

①株間30cmとし、移植ゴテで植え穴を掘り、水を注ぐ。水が引いたら苗を植え、株元を軽く手で押さえる。
②植えつけ後、たっぷり水やりする。

4 支柱立て
5月下旬〜8月上旬

植えつけの1〜2週間後に、株から10cm位離して支柱を立て、ビニールひもなどで誘引する。補強のために横と斜めにも支柱を渡し、合わせ目をひもでしっかり結んでおく。

5 追肥・土寄せ①
6月中旬〜7月中旬

①株元に化成肥料30g/㎡を追肥する。
②鍬で周囲の土を株元に土寄せする。

6 追肥・土寄せ②
7月中旬〜8月中旬

生長の様子を見て、適宜追肥・土寄せを行う。硬くなった周囲の土を軽く耕しておくと、土の通気性がよくなる。土が乾いていたら、水やりも忘れずに行う。

7 収穫
7月上旬〜9月下旬

①収穫適期のササゲ。大きく育ち、サヤも長く伸びている。
②サヤの長さが30〜40cm以上に伸びたら、収穫適期。
③収穫した三尺ササゲ。1度に10〜15本位収穫できる。

とれたて野菜レシピ

●料理ヒント＆効能

地域的に作られ、東海、関西地方ではお盆の飾りに使うなど夏の風物詩として珍重されている。サヤインゲンと同じような料理法が応用できる。身が締まって歯ごたえがよいので、さっとゆでてお浸し、炒め物に、そのままてんぷらなどがよい。栄養素はビタミン、ミネラルをバランスよく含み、特にカロテン(1200μg/100g 以下同)、食物繊維(4.2g) が多い。

三尺ササゲのオリーブ油炒め

身が締まって風味が濃いのでオリーブ油との相性もよい。ゆでたり、ローストした肉の付け合わせにも合う。

材料（4人分）

三尺ササゲ120g　生ハム3枚　ショウガのせん切り少々　オリーブ油大さじ1　白ワイン（辛口）大さじ2　塩・こしょう各少々

作り方

①三尺ササゲは筋を取り、さっとゆでて、5〜6cm長さに切る。生ハムは適当にちぎる。
②オリーブ油にショウガを入れて弱火で炒めて香りを出し、ササゲを入れて炒める。
③油がなじんだら、生ハムを加えて軽く炒め、白ワインをふって煮つめ、塩、こしょうで味を調える。

メモ　生ハムの塩分によって塩味を加減する。生ハムの代わりにベーコンやサラミでもよい。

●保存ヒント

サヤインゲンと同様に低温障害を起こしやすいので、野菜室（5〜7℃）で保存する。さっとゆでて冷凍してもよい。

形がユニーク、暑さに強い高タンパク質野菜

シカクマメ Winged bean

シカクマメは、熱帯アジアで広く栽培されているマメ科野菜で、日本へは近年導入されたこともあり、歴史は新しい。食用に利用するのは、長さ15〜20cm 程度の若いさやで、さやの角にひらひらした翼があり、切り口が四角いところからシカクマメの名がついた。高温性で、真夏でも旺盛な生長を誇り、2m 四方の棚ならあっという間につるで塞がってしまう。若い葉や新芽も利用できることから真夏の野菜として今後有望な種類といえる。空色の花も涼しげで美しく、日除けを兼ねて栽培することもできる。日本では一年草であるが、熱帯地域では多年草なため、地下部にできるイモも利用可能である。

科名：マメ科
利用部位：若いさや、花、イモ
難易度：中
日照の条件：日当たり良
連作障害：あり　4〜5年あける
栽培地域：東北以南
必要な広さ：畝幅 60cm
株間 50cm

病害虫防除：
アブラムシ（オレート液剤）
ハダニ（粘着くん液剤）
ウドンコ病（カリグリーン）
お薦め品種：
品種分化なし

栽培一口ポイント
- つるが旺盛に伸びるので、ネットなどに誘引して栽培する。
- サヤの長さが 15cm 程になったら収穫する。
- 低温に弱いので、植えつけは 5 月半ば過ぎに行う。

栽培カレンダー

	1	2	3	4	5	6	7	8	9	10	11	12月
苗づくり				━	━							
植えつけ					━	━						
ネット張り					━	━						
追肥・土寄せ							━					
収穫								━	━	━		

1 苗づくり
4月中旬〜5月中旬

①直径9cm のポリポットに培養土を入れて3ヵ所に深さ1cm の穴をあけ、種を1粒ずつまく。
②覆土して、水やりする。
③発芽したら生育の悪い1本を間引き、生育のよい2本を残す。

2 土づくり
植えつけの1週間前までに

植えつけの2週間前までに苦土石灰100〜150g/㎡を散布し、よく耕す。
①植えつけの1週間前に畝幅60cm とし、堆肥2kg/㎡を施す。
②化成肥料50g/㎡を施してよく耕す。
③高さ10cm の畝を立てる。

3 植えつけ
5月中旬～6月上旬

低温に弱いので、地温が十分に上がってから植える。

①株間50cmとし、移植ゴテで植え穴を掘り、水を注ぐ。水が引いたら苗を植え、株元を軽く手で押さえる。
②植えつけ後、たっぷり水やりする。

4 ネット張り
植えつけ直後から

植えつけ直後から、つるが伸び始めるまでの時期に、支柱を立て、ネットを張る。

長さ210cm位の支柱を縦横に立ててネットを張り、つるをネットにひもで誘引する。

5 誘引
植えつけの40日後

植えつけ後、つるがネットに絡まりながら生長していくが、地面に這っているつるはネットにひもで誘引する。

6 追肥・土寄せ
植えつけの40～50日後

①植えつけ後40～50日が経過し、花が咲き、実がなり始めたら、株元に化成肥料30g/㎡を追肥する。
②その後、株元に土寄せする。

7 収穫
8月中旬～

①さやの長さが15cm位に生長したものから、順に収穫する。
②ヘタの部分を、ハサミで切って収穫する。株が茂ってくると、たくさん実ができるので、収穫が遅れないように注意する。

8 イモの掘り上げ
11月中旬

地上部が枯れてきた頃、霜が降りる前にイモも収穫できる。ポテトチップスなどにして食べるとおいしい。

とれたて野菜レシピ

●料理ヒント＆効能

沖縄では「うりずん」と呼ばれる伝統野菜の一つ。ゆでると緑色が鮮やかになり、食感もシャキッとして歯切れがよい。わずかな苦味を持つが淡白なので、お浸し、サラダ、炒め物、煮物、揚げ物などシンプルな料理がよい。また、ユニークな形を生かして目でも楽しみたい。原産地の熱帯地域では、たんぱく質の多い根も食用にする。栄養素ではカリウム、カロテンが多い。

シカクマメとなまり節のさっと煮

なまり節はかつおを蒸したもの。昆布と煮て、その旨味でシカクマメを煮る。シカクマメは色と歯ごたえが残るように火を通すのがコツ。

材料（4人分）

シカクマメ10個　なまり節1切れ（約150g）　ショウガの薄切り2～3枚　昆布5cm　酒大さじ2　みりん大さじ1　薄口しょうゆ大さじ2

作り方

①水1カップに昆布を入れて弱火にかけ、昆布が浮いたら取り出して煮立てる。
②なまり節は熱湯をかけ、皮と骨を取り除き、大きめに裂く。
③シカクマメはヘタを切り、さっとゆで、斜め2～3つに切る。
④①に②とショウガを入れてひと煮し、酒、みりん、しょうゆを加えて10分ほど煮含める。③を入れて軽く煮て味を含ませる。

●保存ヒント

熱帯地域が原産のため、冷蔵庫での保存には向かない。ポリ袋に入れて、冷暗所（10℃前後）で保存し、早く使いきるとよい。

3種類の味が楽しめるタンパク質豊富なマメ

サヤエンドウ Garden pea

エンドウは、エチオピア～中央アジア近辺が原産。マメ類の仲間では寒さに強く、生育適温は15～20℃と低温を好む。一方で、連作に弱く、また酸性土壌に弱いので苦土石灰による酸度調整をしっかり行い、連作を避ける。タンパク質、カロテン、ビタミンCを豊富に含み、煮すぎるとビタミンCが破壊されるので、さっと加熱して食べるか、カロテンを効率よく吸収するために油と一緒に調理するとよい。エンドウには、実がふくらむ前の若いさやを利用するサヤエンドウ、さやと実を利用するスナップエンドウ、実とり用のグリーンピースがある。また、つるありとつるなしがある。

科名：マメ科
利用部位：若い莢、若い子実
難易度：中
日照の条件：日当たり良
連作障害：あり　4～5年あける
栽培地域：日本全国
必要な広さ：畝幅70～80cm
株間30cm

病害虫防除：
アブラムシ（オレート液剤）
ハモグリバエ（マラソン乳剤）
ウドンコ病（カリグリーン）
お薦め品種：絹サヤエンドウは豊成、赤花絹莢、スナップエンドウはスナック、グルメ、グリーンピース（実エンドウ）はウスイ、久留米豊

栽培一口ポイント
- 播種適期を守り、越冬前に大株にしない。
- 2月下旬頃に、支柱やネットを立てる。
- アブラムシを見つけたら捕殺し防除する。

栽培カレンダー

1	2	3	4	5	6	7	8	9	10	11	12月
防寒対策									種まき		
	追肥・土寄せ										
		ネット張り									
			収穫								

1 土づくり
種まきの1週間前までに

①種まきの2週間前までに畑に苦土石灰150～200g/㎡を散布し、よく耕す。種まきの1週間前に畝幅80cmとして、堆肥2kg/㎡、化成肥料50g/㎡を施す。
②よく耕し、高さ10cmの畝を立てる。

2 種まき
10月中旬～11月上旬

①株間30cm、条間50cmとし、空き缶の底などでまき穴をあける。
②1ヵ所の穴に3粒ずつ種をまき、2条まきとする。
③発芽して本葉が展開したら、生育のよいもの2本を残し、1本間引く。

3 ベタがけ
1月

1月に入り、寒さが増してきたら、不織布などでベタがけをしたり、周囲に笹竹を立てて防寒する。

4 追肥・土寄せ
2月下旬〜3月上旬

①ベタがけ資材をはずし、株元に化成肥料30g/㎡を追肥する。
②鍬などで株元に軽く土寄せする。

5 ネット張り
3月中旬

①エンドウの草丈が20〜30cmに伸びてきたら、長さ210cmの支柱を畝の周囲に立てる。
②立てた支柱にネットを張り、つるを誘引する。

6 開花
4月上旬〜4月中旬

早ければ4月上旬頃から開花が始まる。エンドウの花には、赤花と白花があり、マメ科の花の中でも特に美しい。

7 収穫
4月下旬〜6月上旬

ヘタの部分をハサミなどで切り取って収穫する。

絹さや(上)はマメの実の膨らみが目立ち始めた頃、スナップエンドウ(右上)は実がある程度充実した若いさやを収穫する。実エンドウ(右下)は開花後30〜40日で表面に小じわが生じた頃収穫する。

とれたて野菜レシピ

●料理ヒント＆効能

シャキシャキした歯ごたえと鮮やかな緑色が魅力。硬い筋を取り、さっとゆでて青臭さを取り除いて使う。サラダ、和え物、炒め物、汁物や散らしずしの彩りにも重宝。酢やレモン汁などの酸で変色するため、酢の物やサラダは、食べる直前に調味するとよい。

栄養素では貧血を予防する鉄、抗酸化作用のあるカロテンを多く含み、抵抗力を高め、肌荒れを防ぐビタミンCが100g中60㎎と豊富。

サヤエンドウとレンコンのサラダ

さっとゆでて和えるだけ。サヤエンドウの緑、レンコンの白、オリーブの黒と、シックな彩りと野菜の歯ごたえを楽しむサラダ。

材料（4人分）

サヤエンドウ150g　レンコン50g　黒オリーブ（種を抜いて薄切り）3〜4個　EXオリーブ油大さじ2　酢・レモン汁各小さじ1　塩小さじ½　こしょう少々

作り方

①サヤエンドウは筋を取り、さっとゆでて冷水で冷やし、水気をよく切る。
②レンコンは皮をむき、いちょう形の薄切りにし、酢を少々（分量外）入れた湯でさっとゆで、冷水で冷やして水気をよく切る。
③ボウルに①、②、黒オリーブを入れ、塩、こしょうし、酢とレモン汁をふり、EXオリーブ油を加えてよく和える。

●保存ヒント

ポリ袋に入れて0℃前後で保存すると1週間位もつ。筋を取り、さっとゆでてから冷凍してもよい。汁の実、炒め物には凍ったまま使える。

本当のおいしさはその短い旬にあり！

ソラマメ Broad bean

「ソラマメがうまいのは3日だけ」といい、旬の期間が短い作物の代表だが、タンパク質、ビタミンB群、ビタミンC、鉄分などが多く含まれる栄養野菜である。原産地は、西南アジア～北アフリカと推定されている。和名の空豆はさやが若いうちは空を向き、成熟してくるとともに地面と平行になる性質に由来する。生育適温は、16～20℃で、エンドウより耐寒性、耐暑性に劣るので、栽培は温帯南部の地域に限られ、以前は関西以西の秋まき栽培が主流であったが、近年ではその産地が関東、東北（早春まき）まで広がった。4～5年の休栽が必要な程、連作を嫌い、酸性土壌にも弱く、栽培前の石灰散布と輪作は必須。

科名：マメ科
利用部位：若い子実
難易度：中
日照の条件：日当たり良
連作障害：あり　4～5年あける
栽培地域：東北以南
必要な広さ：畝幅70～80cm
株間30cm

病害虫防除：
茎腐れ病（連作を避ける）
立ち枯れ病（連作を避ける）
アブラムシ（スミチオン乳剤）
お薦め品種：
三連、打越一寸、福ならび（長さや）

栽培一口ポイント
- 種まきのときには"お歯ぐろ"を斜め下に向けてまく。
- 適期に種まきし、コンパクトな草丈で冬越しさせる。
- 春先の整枝により、1株あたり6～7本にする。

栽培カレンダー

1	2	3	4	5	6	7	8	9	10	11	12月
		支柱立て	整枝・土入れ・追肥	摘芯					種まき		
				収穫							

1 土づくり
種まきの1週間前までに

種まきの2週間前までに、苦土石灰100～150g/㎡を畑全体に散布し、よく耕す。
①種まきの1週間前に、堆肥2kg/㎡、化成肥料50g/㎡を施し、鍬でよく耕す。
②畝幅80cm、高さ10cmの畝を立てる。

2 種まき
10月中旬～11月上旬

①株間30cmとし、空き缶の底などで深さ2cmのまき穴をあける。
②1ヵ所に2粒ずつ、"お歯ぐろ"を斜め下向きにして、種をまく。
③ソラマメの種。黒い所が"お歯ぐろ"。

3 支柱立て
3月中旬

草丈30cmの頃に支柱立てを行う。
長さ150cmの支柱を畝の四隅に立て、ひもで囲う。

4 整枝
4月中旬

草丈が40～50cm の頃に行う。
大きめの枝を1株につき6～7本残し、それ以外を根元から切り取る。

5 追肥・土入れ
4月中旬

化成肥料約30g/㎡を追肥し、土入れして株がしっかり立つようにする。

6 ひも張り
生長に従って行う

生長に従い、30cm 間隔で支柱にひもを張る。

7 摘芯
4月下旬～5月上旬

草丈70cm の頃、茎の先端を切って摘芯し、実を充実させる。

8 収穫
5月中旬～6月中旬

以降、順次収穫できる。
それまで空を向いていた実が垂れ下がって地面と平行か少し下がる位になった頃、さやを触ってみて中にマメを確認できたものから順次収穫していく。

収穫したソラマメ。

とれたて野菜レシピ

●料理ヒント＆効能

イタリアには生食用の品種があり、生のソラマメにペコリーノチーズを添えてワインのつまみにする。独特の風味と旨味があるのでゆでて塩をふるだけでもおいしい。ゆでたものをサラダ、炒め物、スープにしてもよいし、かき揚げには生を使うと風味がよい。

栄養素ではタンパク質、ビタミン B_1、B_2、鉄、カリウム、食物繊維が豊富。疲労回復、貧血、便秘の予防、余分な塩分を排出して高血圧の予防に役立つ。中国薬膳では胃の働きを整え、むくみの解消によいとされる。

ソラマメのコロッケ

チーズを入れたソラマメだけのコロッケは、自分で育てるから味わえる贅沢。フェタチーズとパルミジャーノ・レッジャーノの旨味と塩分が、ソラマメの甘味を引き立てる。

材料（2人分）
ソラマメ（正味）250g　フェタチーズ70g　パルミジャーノ・レッジャーノ（粗く刻む）30g　溶き卵・パン粉・揚げ油各適宜

作り方
①ソラマメはさやから出した豆を250g 用意し、たっぷりの湯で4～5分ゆで、ざるにとる。粗熱をとって薄皮をむき、温かいうちにすり鉢ですりつぶす。
②チーズ2種類を混ぜ、6～8等分してまとめ、俵形に整える。
③溶き卵、パン粉の順に衣をつけ、160℃の油できつね色に揚げる。

メモ　チーズは生産者により塩分に差があるので、塩味は好みに加減する。モッツァレッラチーズを包んで揚げてもおいしい。

●保存ヒント

さやから出すと風味が落ちるので、さやごとポリ袋に詰めて冷蔵する。賞味期間は4～5日。さっとゆでて冷凍してもよい。

甘い香りと真っ赤な果実、まさに春の女王

イチゴ Strawberry

多年草で、生育適温17〜20℃と冷涼な気候を好む。浅根性のために夏の暑さや乾燥には弱いが、寒さには強く、雪の下でも越冬する。世界の主な生産地帯は温帯から亜寒帯の間にあり、熱帯では1000m以上の高地でなければ栽培できない。秋から冬の低温短日条件で花芽が分化し、その後の高温長日条件で開花・結実する。受粉後の結実には最低5〜6℃が必要である。繁殖は、主にランナーから形成される子株を栄養繁殖する方法で行う。果実表面の一般に「種」と称されているのは、実は「果実（痩果）」で、中に本当の種子が存在している。果実には、ビタミンCが豊富に含まれ、デザートとして生食されるほか、ジャムやジュース、ケーキなどに利用される。

科名：バラ科
利用部位：果実
難易度：難
日照の条件：日当たり良
連作障害：あり　2〜3年あける
栽培地域：日本全国
必要な広さ：畝幅60cm
株間30cm

病害虫防除：
ウドンコ病（カリグリーン）
灰色カビ病（オーソサイド水和剤80）
アブラムシ（オレート液剤）
ハダニ（マラソン乳剤）
お薦め品種：
ダナー、宝交早生、女峰、
とよのか

栽培一口ポイント
- 植えつけ時、クラウンを埋めない程度に浅植えにする。
- ２〜３月にマルチを張り、生育を促進する。
- ランナーの跡を畝の内側にして植える。

栽培カレンダー

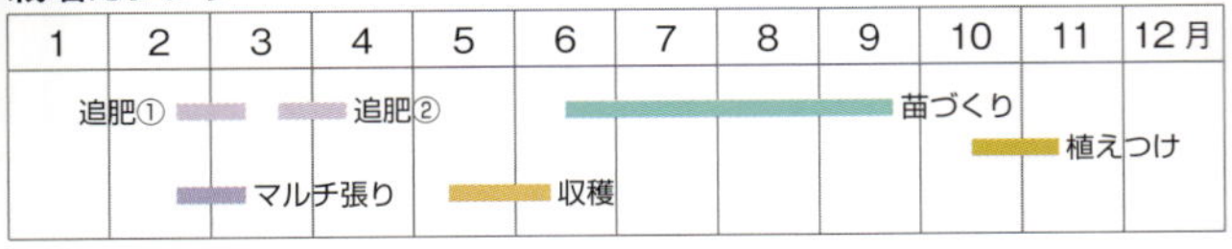

1 土づくり・植えつけ
10月中旬〜11月上旬

植えつけの2週間前までに苦土石灰100〜150g/㎡を散布してよく耕し、1週間前に堆肥2kg/㎡、化成肥料100g/㎡、ヨウリン50g/㎡を施す。
①植えつけ時にランナーの跡に注目。
②ランナーの跡を畝の内側に向け、クラウンを埋めない位に浅植えにする。
③植えつけ後は、たっぷり水やりする。

2 追肥①
2月下旬〜3月上旬

枯れ葉や雑草を抜き、追肥する。
①化成肥料30g/㎡を株間に追肥する。
②ナタネかす50〜60g/㎡を株間、条間に施す。
③移植ゴテや小熊手などで土を耕す。

3 マルチ張り
2月下旬～3月上旬

マルチは幅が95cm のものを用いる。
①畝全体をマルチで覆い、周囲を土で埋める。
②マルチを手で破き、株を外に出す。

4 追肥②
3月下旬～4月上旬

化成肥料30g/㎡をマルチの穴から株元へ施す。

5 開花
3月下旬から

低温期では、実がつきにくいので筆などで人工受粉するとよい。

6 収穫
5月上旬～6月上旬

実が熟すと鳥害を受けるので、実がついたら、寒冷紗か鳥よけネットをかける。
実が赤く熟したものから順次収穫する。

苗づくり

実がつき始めると、株元からランナーが伸びてくるので、次の年のための苗づくりを始める。
①伸びたランナーの子株をポット内の培養土の上に置き、鉢のかけらなどで押さえる。
②③株を軽く引っ張ったときに抜けなければ根づいているので、ハサミで切り離し、苗として育てる。

とれたて野菜レシピ

●料理ヒント＆効能

畑で真っ赤に熟したイチゴは甘味、酸味、香りが濃いので、そのまま生食がベスト。冷蔵庫でよく冷やすとさらに甘味が増す。ケーキやアイスクリームのトッピングにする他、裏ごしして料理のソースにも使える。栄養素ではビタミンC（62mg/100g）のよい給源、1日の推奨量の6割がとれる。

オールドファッションストロベリーケーキ

サクサクとした食感のホットビスケットに、新鮮なイチゴソースとホイップクリームをかけたイギリス風の素朴なお菓子。

材料（約10個分）

イチゴ300g　砂糖50g　ホットビスケット＜薄力粉250g　BP(ベーキングパウダー)小さじ2　塩1g　バター(食塩不使用)80g　卵½個　牛乳75mℓ　サワークリーム75mℓ＞　クリーム＜生クリーム200mℓに砂糖大さじ1を混ぜて泡立てる＞　強力粉適宜

作り方

①ビスケットを作る。薄力粉とBP、塩を合わせてふるい、ボウルに入れる。冷たいバターを小豆粒大に刻んで加え、パイカッターで刻みながら粗めの砂状になるまで混ぜ込む。卵と牛乳、サワークリームを混ぜて加え、ざっくり合わせて一つにまとめ、ポリ袋に入れて冷蔵庫で30分以上休ませる。
②イチゴはヘタを取り、縦4つ割りにし、砂糖を絡めておく。
③強力粉を薄くふった台の上で、①を麺棒で厚さ2cmにのし、直径8cmの円型で抜く。
④天板にオーブンペーパーを敷き、③を並べ、予熱した200℃のオーブンで膨らむまで25～30分焼く。粗熱をとり、横半分に割り、②とホイップクリームを添える。

●保存ヒント

収穫後はすぐに冷蔵庫で冷やすと1～2日は元気。保存は冷凍、または重量の5割以上の砂糖でシロップ煮やジャムにするとよい。

葉菜

葉菜は、葉、茎、花蕾、花を利用する野菜の総称で、多くの種類がある。葉を利用する種類も大きく分けると二つに分類され、キャベツ、ハクサイ、玉レタス、タマネギなどのように葉が球を形成する結球野菜と、コマツナ、ホウレンソウ、ミズナ、シュンギクなどのような非結球野菜である。栽培日数は結球野菜のほうが長期間で、栽培は難しい。その一方、非結球野菜は栽培日数が30～50日と短いものが多く、栽培は簡単である。台所の常備菜、家族で食べる鍋野菜、いずれも台所直結で家族の「健康」を支えてくれるのは間違いない。

丸々とした結球が成功の証、鍋物野菜の王様

ハクサイ Chinese cabbage

中国原産のアブラナ科の代表的結球野菜で、鍋物、漬け物、炒め物の材料として私たちの食卓に最も馴染みのある食材の一つ。日本に導入されたのは明治8年で、その歴史は意外に浅く、短期間に日本中に広がったことがわかる。料理適性も広く、秋作では是非とも挑戦したい種類である。何より鍋の中でクタっとなったハクサイを食べると、「健康」が体の中にしみ込んでくるようだ。ハクサイは、冷涼な気候を好み、生育適温は20℃、結球期の適温は15～17℃である。しかし、高温に弱く平地での夏季の栽培は困難で、栽培適期は、8月下旬からの秋作となる。

科名：アブラナ科
利用部位：結球葉
難易度：中
日照の条件：日当たり良
連作障害：あり　2～3年あける
栽培地域：日本全国
必要な広さ：畝幅60～70cm
株間40～45cm

病害虫防除：
アブラムシ（オレート液剤）
アオムシ、コナガ（BT 水和剤）
ベト病、黒斑病（ビスダイセン水和剤）
ヨトウムシ（オルトラン水和剤）
お薦め品種：早生品種の富風、耐病60日、タケノコ型白菜のチヒリ70、ミニハクサイのお黄にいり

栽培一口ポイント
- 病虫害や不結球を軽減するため各地域の種まき適期を守る。
- 結球開始期までに、外葉を大きくするよう心がける。
- 3年位アブラナ科を植えていない所で栽培し、連作障害を防ぐ。

栽培カレンダー

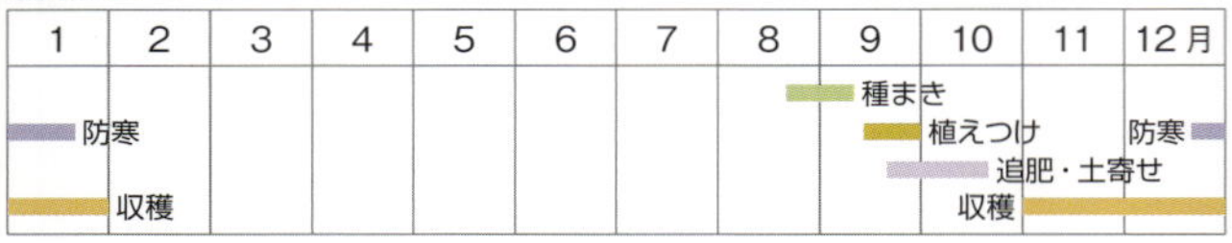

1 苗づくり（種まき）

8月下旬～9月上旬

①7.5～9cm のポリポットに培養土を入れて穴を4ヵ所あけ、1粒ずつ種をまく。
②発芽後、3本に間引き、本葉が4枚位に生長するまで3本立ちのままにしておく。
③種まきから、約3週間で定植適期となる。

2 土づくり

植えつけの1週間前までに

植えつけの2週間前までに苦土石灰100～150g/㎡ を散布し、よく耕す。
①植えつけの1週間前に畝幅60cm とし、畝の中央に深さ20cm の溝を掘る。溝に堆肥2kg/㎡、化成肥料100g/㎡を施す。
②土を戻して高さ10cmの畝を立てる。

3 植えつけ
9月中旬～下旬

①株間45cmとし、植え穴を掘る。
②植え穴にたっぷり水を注ぐ。
③水が引いたら、植えつける。
④植えつけ後、株元を軽く手で押さえて株を安定させる。
⑤たっぷり水やりする。

4 間引き・追肥・土寄せ①
植えつけの1週間後

①本葉が7～8枚頃までに、1本立ちにして株の生長を促す。
②株間に化成肥料30g/㎡を追肥する。
③1本立ちにしたら、鍬などで株元に土寄せして株を安定させる。

5 追肥・土寄せ②
植えつけの3週間後

1本立ちにしてから2週間後に再び追肥・土寄せを行う。
①化成肥料30g/㎡を畝の側方に施す。
②株元に鍬などで軽く土寄せする。

根コブ病

根に大型のコブができ、生育が衰える病気。主にアブラナ科野菜の連作、酸性の土壌などで起こる。対策は、輪作を心がける、石灰分を多めに施す、土壌消毒、高畝にするなど。

6 追肥・土寄せ③
10月上～中旬

結球し始める10月上旬頃に、再度追肥・土寄せを行う。
①化成肥料30g/㎡を株間に施す。
②株元に鍬でたっぷり土寄せする。

7 結球開始

10月上旬～中旬

外葉が大きく広がり、中心に日が当たらなくなると、内部の葉が立ち上がって結球を始める。この頃までに最大限に外葉を大きくしておくと、大きな球が収穫できる。

8 収穫

11月上旬～

早生で種まき後65日、中生で種まき後85日位で結球が完成する。

①球を手で押さえてみて、硬く締まってきたら収穫適期。包丁などでしっかり地際から切り取る。

②収穫後、包丁などで切り口をきれいに切り落とす。

9 防寒

12月下旬～1月上旬

12月に入り、霜が降りるようになる頃、まだ葉が青々としている株の外葉をまとめてワラなどで縛っておく。こうすると、1月の中旬～下旬までハクサイを収穫することができる。

タケノコハクサイ＋ミニハクサイ

ハクサイには、いろいろな品種があるが、中国から導入された、一般に塔紹菜（トウショウサイ）と呼ばれるタケノコ型のハクサイが最近出回っている。

　このハクサイの特徴は、立ち性で、密植ができること。つくりやすく、中華料理、漬け物、鍋物と、幅広い用途で利用できるので家庭菜園に是非おすすめしたい。また、通常のハクサイ（2kg前後）よりも小ぶりな1kg前後のミニハクサイも、生育日数の短さや、つくりやすさ、食べ切りサイズということで注目されている。こちらも家庭菜園向きの品種で、今後人気が高まるだろう。

左の写真は塔紹菜（タケノコ型）。結球が長い。右の写真は左から富風、タケノコハクサイ、ミニハクサイ。このように、結球の長さや大きさが異なることがわかる。

●**料理ヒント＆効能**

味が淡白で、どんな料理にも向くが、とれたては歯ごたえがシャリシャリと軽快でサラダに最適。葉と茎では火の通り方が違うので、切り分けて時間差をつけて加熱するとよい。水分が多く栄養素は少なめだが、ゆでるなど火を通すとかさが減り、1回に食べる量が多くなるのでカリウムや食物繊維のよい給源になる。わずかではあるが、ガンの予防に役立つグルコシノレート（酵素によって辛味成分イソチオシアネートを生成）を含み、中国薬膳では清熱・利尿作用があり、便秘の改善に役立つとされる。

ハクサイとリンゴのサラダ

柔らかで歯ごたえのよい芯葉を利用したサラダ。甘ずっぱいリンゴと糸ミツバの香りがアクセント。

材料（4人分）

ハクサイ3枚　リンゴ¼個　レモン汁小さじ1　糸ミツバ4〜5本　塩小さじ⅔　こしょう少々　酢小さじ2　EXオリーブ油大さじ2〜3

作り方

①ハクサイは葉と茎に分け、茎は縦細切りにし、葉は小さくちぎる。

②糸ミツバは4cm長さに切る。リンゴは芯を取り、小口から薄く切り、レモン汁を絡め、変色を防ぐ。

③ボウルにハクサイの茎とリンゴを入れ、塩小さじ½、こしょう、酢を加えてざっと和える。ハクサイの葉、糸ミツバを入れ、EXオリーブ油をかけて和え、残りの塩、こしょうで味を調える。

ハクサイと豚肉の味噌しゃぶ

昆布だしで豚肉をしゃぶしゃぶにし、ハクサイを入れて味噌で調味した、おかず兼用の味噌汁。

材料（4人分）

ハクサイ4枚　豚ロース肉の薄切り（しゃぶしゃぶ用）100g　昆布5cm　酒大さじ1　味噌大さじ3　ネギ（小口切り）5cm　こしょう少々

作り方

①ハクサイは茎をそぎ切りにし、葉をザク切りにする。豚肉は長さを半分に切る。

②水3カップに昆布を入れて沸かし、途中、昆布が浮いたら取り出す。豚肉を入れ、肉の色が変わったらハクサイの茎を入れ、酒を加えてひと煮する。

③ハクサイの葉とネギを加え、味噌を煮汁で溶いて入れ、煮立つ直前で火を止める。器に盛り、好みでこしょうをふる。

ハクサイとひき肉の重ね蒸し

葉の間に練ったひき肉を挟んで蒸すだけ。ひき肉の旨味を含んだハクサイがとろりとして甘い。

材料（4人分）

ハクサイ⅛個　合びき肉200g　A<ショウガ（みじん切り）小さじ1　ネギ（みじん切り）10cm　酒大さじ2　塩小さじ½　薄口しょうゆ小さじ1　こしょう少々　片栗粉小さじ1>　薄口しょうゆ小さじ1〜2　片栗粉小さじ1

作り方

①ハクサイは縦4つ割りにして横半分に切り、葉の部分を使う。

②ひき肉にAを加えてよく混ぜ、3等分する。

③①のハクサイの厚みを3等分し、間に②を入れて平らにして挟む。皿かバットにのせ、蒸気の上がった蒸し器に入れ、ふきんをかませて蓋をし、中火で約30分蒸してひき肉に火を通す。

④蒸し汁を小鍋に移して温め、薄口しょうゆで味を調え、水大さじ2で溶いた片栗粉を入れてとろみをつける。

⑤③を適当に切り分けて盛り、④をかける。

●**保存ヒント**

丸ごと新聞紙に包み、涼しい場所で根元を下にして立てて保存。使い残したものはポリ袋に入れて冷蔵庫へ。このとき根元に切り込みを入れておくと生長が止まり、長持ちする。塩漬けにして保存するのもよい。ハクサイを4つ割りにして半日干し、重さの5%の塩を少しずつふりながら重ね、水少々をふり、ハクサイの重さの2倍の重石をする。塩と一緒に赤トウガラシ、干したミカンの皮や柿の皮を入れると風味がよくなる。水が上がったら重石を半分にし、カバーをして冷暗所で漬ける。2週間後から食べられる。

生食、煮込みなど多彩な利用法の便利野菜

キャベツ Cabbage

地中海沿岸地域原産のアブラナ科のキャベツは、ヨーロッパで発展を遂げた結球野菜の代表。栽培は古く、古代ローマ、ギリシャの時代に遡る。日本への本格的導入は明治初期で、夏の気候が冷涼な北海道や東北で栽培が定着した。生育適温は、15～20℃で、25℃以上になると生育は阻害される。本葉10枚位の大きさになると低温に感応して花芽が形成され、不結球となるため、秋まき栽培では植えつける苗の大きさが重要なポイントとなる。また、アオムシ、コナガなどの害虫による被害が大きいので対策をしっかり行う必要がある。胃腸に良いとされるビタミンUはキャベツで発見されたものである。

科名：アブラナ科
利用部位：結球葉
難易度：中
日照の条件：日当たり良
連作障害：あり　2年はあける
栽培地域：日本全国
必要な広さ：畝幅60cm
株間40～45cm

病害虫防除：
アオムシ、コナガ（BT水和剤）
アブラムシ（オレート液剤）
ベト病（ダコニール1000）
菌核病（ベンレート水和剤）
お薦め品種：
マルシェ、アーリーボール、早生種ではみさき、彩里など

栽培一口ポイント
- 植えつけ直後からネット栽培やこまめな管理で害虫を防除。
- 結球開始期までに適期追肥・土寄せし、球を大きくする。
- 各地の植えつけ時期を守り、結球成功率を高める。

栽培カレンダー

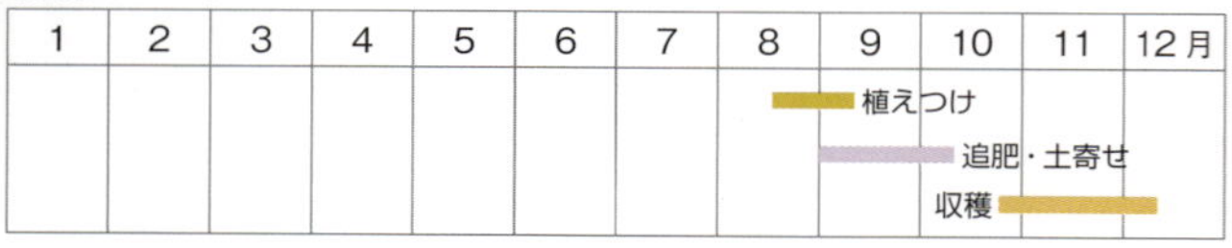

1 土づくり
植えつけの1週間前までに

植えつけの2週間前までに苦土石灰100～150g/㎡を畑全体に散布し、よく耕す。
①植えつけの1週間前に、畝幅60cmとして畝の中央に深さ20cmの溝を掘る。
②溝に堆肥2kg/㎡、化成肥料100g/㎡を施し、土を戻して高さ10cmの畝を立てる。

2 植えつけ
8月中旬～9月上旬

①株間45cmとし、移植ゴテで植え穴を掘り、たっぷり水を注ぐ。
②水が引いたら苗を植え、株元を軽く手で押さえる。
③植えつけ後、たっぷり水やりする。

3 追肥・土寄せ①
植えつけの3週間後

①株間に化成肥料30g/㎡を追肥する。
②鍬などで株元に軽く土寄せする。

4 追肥・土寄せ②
植えつけの5週間後

結球が始まる頃に、株元に化成肥料30g/㎡を追肥し、株元にたっぷり土寄せする。

5 収穫
植えつけの10週間後

①手で球を押して、硬く締まってきたら、収穫適期。
②下葉を手で押さえて、株元を包丁などで切り、収穫する。

③収穫したキャベツ。

紫キャベツ

キャベツの仲間のうち、アントシアニンの色素を多く含むのが紫キャベツ。紫キャベツは、普通のキャベツに比べると晩生で小ぶりである。
真ん中を割ると、写真のように白と紫のコントラストが美しく、サラダや生食によく使われる。

とれたて野菜レシピ

●**料理ヒント＆効能**

葉の柔らかい春キャベツは生がおいしくサラダ向きだが、巻きの硬い秋冬キャベツは蒸し物やスープ、煮込みに向いている。ドイツでは冬の保存食として、刻んで塩漬けにして発酵させたザワークラウトが有名。

注目したい栄養素としては、ビタミンCとUがある。ビタミンCは大きめの葉1枚（約100g）で1日の推奨量の4割（41mg）が確保できる。ビタミンU（正確にはビタミン様物質）は、胃酸の分泌を抑えて胃壁の修復を助け、胃潰瘍《かいよう》を防ぐ作用がある。ただし、熱に弱いので効用を期待する場合は生でサラダかジュースにするとよい。

キャベツと豚肉の粉蒸《フェンジョン》

下味をつけた豚肉に道明寺粉をまぶし、キャベツと重ねて蒸した中国の惣菜。豚肉の旨味を含んで柔らかいキャベツが美味。

材料（4人分）
キャベツ8枚　豚肩ロース肉（薄切り）250g　A<塩小さじ½　しょうゆ・甜麺醤各大さじ1　紹興酒大さじ2　ショウガ汁小さじ1　ネギ（みじん切り）5cm>　道明寺粉適宜

作り方
①キャベツは太い葉脈を薄くそいで1枚を半分に切る。
②豚肉は長さを半分に切ってAを絡め、約15分おく。
③蒸し器に入る大きさのバットか浅皿に、キャベツを3〜4切れ敷き、②の豚肉の上面に道明寺粉を薄くふってひと並べする。同様にしてキャベツと②を重ねて層にし、最後に残ったキャベツをかぶせる。
④蒸気の上がった蒸し器に③を入れ、ふきんをかませて蓋をし、中火で20〜30分蒸す。

●**保存ヒント**

丸ごと外葉で覆ってから紙などに包んでポリ袋に入れ、冷暗所に置けば1ヵ月位もつ。使いかけは切り口をラップで密着し、ポリ袋に入れて冷蔵庫で保存する。

鈴なりの芽球に感動！

芽キャベツ Brussels sprouts

別名「コモチカンラン」といい、キャベツの変種である。長く伸びた茎の腋芽が発達して結球した芽球が鈴なりになっている姿は実に面白い。英名 Brussels sprouts の由来は、芽キャベツがベルギーのブリュッセル地方で成立したことによる。生育適温は、18～22℃、芽球の発育には本葉が20枚以上必要で、5～13℃の低温条件で良品質の芽球が形成される。したがって、種まきは7月、植えつけは8月に行い、収穫は11～2月となる。肥切れや、芽球形成前の本葉が虫害にあったり、本葉の除去が遅れると、良質の芽球が得られないので注意する。芽球の直径が2.5cm 位になったら収穫する。

科名：アブラナ科
利用部位：結球したわき芽
難易度：中
日照の条件：日当たり良
連作障害：あり　2～3年あける
栽培地域：日本全国
必要な広さ：畝幅60cm
株間40cm

病害虫防除：
アオムシ、コナガ（BT 水和剤）
アブラムシ（オレート液剤）
根コブ病（輪作、フロンサイド粉剤）
お薦め品種：
早生子持、ファミリーセブンなど

栽培一口ポイント
- 下葉をかいて、芽の太りをよくする。
- 生育期間が長いので肥切れしないようにしっかり追肥する。
- 球が直径 2.5cm 位に生長したものから順次収穫する。

栽培カレンダー

1	2	3	4	5	6	7	8	9	10	11	12月
							▬	植えつけ			
				追肥・土寄せ・下葉かき				▬	▬	▬	
▬	▬	収穫							収穫	▬	▬

1 土づくり

植えつけの1週間前までに

植えつけの2週間前までに苦土石灰100～150g/㎡を畑全体に散布し、よく耕す。

植えつけの1週間前に、畝幅60cm とし、畝の中央に深さ20cm の溝を掘り、堆肥2kg/㎡、化成肥料100g/㎡、ヨウリン50g/㎡を施す。土を戻し、高さ10cm の畝を立てる。

2 植えつけ

8月上旬～9月上旬

①植えつけ適期の苗は、本葉が6～7枚に生長しているものを選ぶ。株間40cm として植え穴を掘り、たっぷり水を注ぐ。水が引いたら苗を植え、株元を軽く手で押さえて株を安定させる。
②植えつけ後、たっぷり水やりする。

3 追肥・土寄せ①
植えつけの3週間後

①株間に化成肥料30g/㎡を追肥する。
②追肥後、株元に鍬などで軽く土寄せする。

4 追肥・土寄せ②
植えつけの5週間後

①最初の追肥・土寄せの2週間後に、畝の側方に化成肥料30g/㎡を追肥する。
②鍬などで株元に軽く土寄せする。

5 下葉かき 追肥・土寄せ③
植えつけの8週間後

黄化した下葉から順に、葉を摘んで、わき芽の結球促進を図る。わき芽が結球し始めたら、次々に結球部の葉を切り取る。

①その後、化成肥料30g/㎡を株元に追肥する。
②鍬などで株元に土寄せする。

6 収穫
11月上旬～翌年2月

①1つの芽球が、直径2.5cm位に生長したら、下の方から順次摘み取る。
② 収穫方法は、結球した根元をハサミで切り取って収穫する。

③収穫した芽キャベツ。

とれたて野菜レシピ

●料理ヒント＆効能

芽キャベツのアクと苦味は個性でもあるが、下ゆでして軽く除いてから料理すると食べやすくなる。丸ごと利用する場合は根元に十字の切り込みを入れると火が通りやすくなる。和え物、バター炒め、シチュー、煮物などに向く。

栄養面では、ビタミンC(160mg/100g)をキャベツの約4倍含み、カロテンとの共存により抗酸化力を増し、老化やガンの予防に役立つ。その他、余分な塩分を排出するカリウム、過酸化脂肪の生成を抑えて動脈硬化を予防するビタミンB_2、便秘を防ぐ食物繊維も豊富。

芽キャベツとたらのクリーム煮

芽キャベツの収穫時に、たらも旬を迎える。一緒に牛乳で煮ると、やさしい味になる。

材料（4人分）

芽キャベツ10～12個　生だら2切れ（約300g）　タマネギ（薄切り）¼個　ジャガイモ中1個　バター・サラダ油各大さじ1　小麦粉大さじ1　塩・白こしょう各適宜　酒小さじ2　牛乳400mℓ　白ワイン大さじ2

作り方

①芽キャベツは縦半分に切る。ジャガイモは皮をむき、1cm幅に切る。生だらは適当に切り、塩少々と酒をふり、約15分おく。
②芽キャベツとジャガイモは軽くゆで、ざるにとる。このあと、生だらを入れて、表面にさっと火を通してざるにとる。
③鍋にサラダ油とバター、タマネギを入れて弱火で炒め、小麦粉を炒めて火を通す。火から下ろし、牛乳を少しずつ加え入れてのばす。
④再び火にかけて熱くなったら②を入れ、白ワイン、塩小さじ1、白こしょう少々で調味する。煮立てないように弱火で5～6分煮て味を含ませ、塩で味を調える。

●保存ヒント

紙に包み、ポリ袋に入れて冷蔵すると4～5日もつ。さっとゆでて冷凍してもよい。

草姿も面白い、新しい非結球性芽キャベツ

プチベール Petit vert

1990年、静岡県の増田採種場が芽キャベツとケールの交配から育成した非結球性芽キャベツである。芽キャベツが結球した芽球を利用するのに対し、プチベールは結球しない緑のバラのような芽を収穫する。草姿もユニークで、草丈は50～60cm、１株に50～80個の芽ができる。カロテン、ビタミンC、鉄分、カルシウムの含量が特に高く、栄養価のバランスにも優れている野菜である。

また、甘みがあって美味、しかも食べやすい一口サイズで調理適正が広い。生育は晩生で、じっくり育つ。植えつけは7月下旬～8月、収穫は11月下旬から開始する。

科名：アブラナ科
利用部位：わき芽
難易度：中
日照の条件：日当たり良
連作障害：あり　2～3年あける
栽培地域：日本全国
必要な広さ：畝幅70～80cm
株間50～60cm

病害虫防除：
ハスモンヨトウ（アファーム乳剤）
アブラムシ（モスピラン水溶剤）
ヨトウムシ（スピノサド水和剤）
お薦め品種：
新しい野菜なので品種分化なし

栽培一口ポイント
- しっかり追肥すると大きく育ち、わき芽も大きい。
- 草丈が40～50cmで下葉をかき、わき芽を育てるようにする。
- 収穫はわき芽の直径が4～5cmになったら行う。

栽培カレンダー

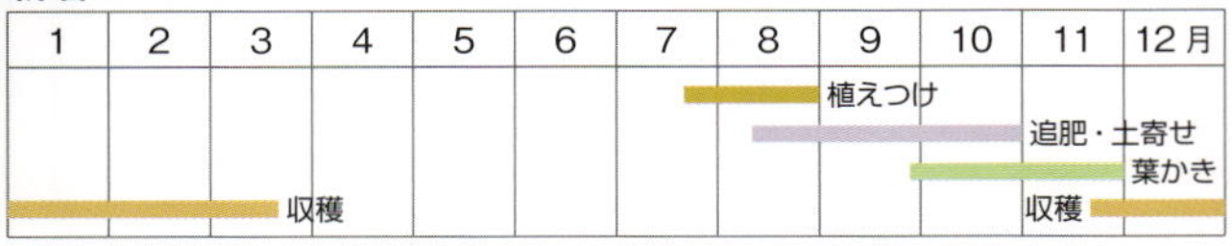

1 土づくり
植えつけの1週間前までに

①植えつけの2週間前までに苦土石灰100～150g/㎡を散布し、よく耕す。植えつけの1週間前に、畝幅80cmの中央に深さ20cmの溝を掘り、堆肥2kg/㎡、化成肥料100g/㎡を施す。
②土を戻して高さ10cmの畝を立てる。

2 植えつけ
7月下旬～8月下旬

①種は販売されていないので園芸店などで苗を購入する。
②株間60cmとし、移植ゴテなどで植え穴をあけて水を注ぐ。水が引いたら苗を植えつけて、株元を軽く手で押さえる。
③植えつけ後、たっぷり水やりする。

3 追肥・土寄せ①
植えつけの2週間後

①化成肥料30g/㎡ を株間に追肥する。
②鍬などで株元に土寄せする。

4 追肥・土寄せ②
植えつけの1ヵ月後

①化成肥料30g/㎡ を株間に追肥する。
②鍬などで株元に土寄せする。

5 葉かき
植えつけの2ヵ月後

わき芽の生長を見ながら1～2週間おきに下から順次、葉かきを行う。

葉かきの後、追肥・土寄せを行う。
①化成肥料30g/㎡ を畝の側方に追肥する。
②鍬などで株元に土寄せする。

6 追肥・土寄せ③
植えつけの2ヵ月後

7 収穫
植えつけの4ヵ月後

①わき芽の直径が4～5cm になったら、収穫適期。

②下から順にハサミで切り取って収穫する。
③収穫したプチベール。

とれたて野菜レシピ

●料理ヒント＆効能

緑色のバラのようなプチベールはさっとゆでると色が冴えて、料理の付け合わせとしても存在感がある。苦味が少なく、甘味があって芽キャベツより食べやすいのも魅力。アクが少ないのでソテー、炒め物には下ゆでしないで生から炒めると色も味も生きる。さっとゆでたものを、お浸し、和え物にしてもよいし、煮物、スープには仕上がり際に加えるとよい。栄養素では、芽キャベツと同様にカリウム、鉄、カロテン、ビタミンＣのよい給源になる。

プチベールとエリンギのソテー

エリンギの香りと旨味がプチベールの風味をより引き立ててくれる。

材料（4人分）
プチベール10～12個　エリンギ(中)2本　ニンニク(みじん切り)小さじ1　タマネギ(薄切り)¼個　オリーブ油大さじ2　塩小さじ⅔　こしょう少々　白ワイン大さじ2

作り方
①プチベールは大きめのものは縦半分に切り、エリンギは約4㎝長さの薄切りにする。
②オリーブ油にニンニクを入れて弱火で炒めて香りを出し、タマネギを加え、しんなりするまで炒める。
③エリンギを入れて中火で軽く炒め、プチベールを加えて塩、こしょう、白ワインをふり、プチベールの歯ごたえが残る程度に炒め合わせる。

●保存ヒント

水分が蒸発して萎《しな》びやすいので、紙に包んでからポリ袋に入れて冷蔵庫で保存する。1週間位はもつ。根元に切り込みを入れてさっとゆでで、冷凍してもよい。

球状に肥大した根元の茎が可愛くおいしい

コールラビ Kohlrabi

コールラビは、キャベツの仲間のうち丸く肥大した根元の茎（球茎）を利用する種類で、別名カブカンラン。地中海沿岸地域原産のユーモラスな草姿の野菜。種まき後60～70日で、球茎の直径が5～7cmに達し、収穫適期となる。栽培は3～6月と8～9月が中心。有機物を多めに施し、排水良好な土づくりに努め、乾燥による生育遅延には十分注意する。

収穫が遅れると肉質が固くなり品質が低下するので、早めの収穫を心がける。また、低温時期の栽培はとう立ちの危険性があり、育苗段階の温度管理に気をつける。茎の着色により緑色種と紫色種がある。

科名：アブラナ科
利用部位：肥大した茎
難易度：易
日照の条件：日当たり良
連作障害：あり　1～2年あける
栽培地域：日本全国
必要な広さ：畝幅60cm
株間30cm

病害虫防除：
アオムシ、コナガ（BT水和剤）
アブラムシ（オレート液剤）
根コブ病（アブラナ科の連作を避ける）
お薦め品種：緑色のグランデューク、サンバード、紫色のパープルバードなど

栽培一口ポイント
- アブラナ科の連作を避け、栽培する場所を選ぶ。
- 虫害が多いので、寒冷紗などで覆って栽培するとよい。
- しっかり追肥し、株を順調に生育させる。

栽培カレンダー

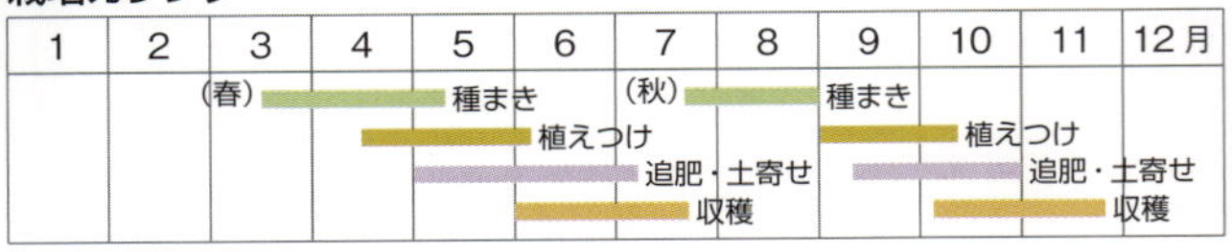

1 土づくり

植えつけの1週間前までに

①畝幅60cmとし、植えつけの2週間前までに苦土石灰100～150g/㎡を散布し、よく耕す。
②植えつけの1週間前に畝の中央に深さ20cmの溝を掘る。そこに堆肥2kg/㎡、化成肥料100g/㎡を施し、土を戻す。ひもの両側から土を盛り、高さ10cmの畝を立てる。

2 植えつけ

春：4月中旬～6月上旬　秋：9月上旬～10月上旬

①株間30cmとし、苗を置く。
②植え穴を掘り、たっぷり水を注いでから植える。
③植えつけ後、株元を手で軽く押さえ、たっぷり水やりする。

3 追肥・土寄せ①
植えつけの2週間後

①株間に化成肥料30g/㎡を追肥する。
②株元に鍬などで軽く土寄せし、株を安定させる。

4 追肥・土寄せ②
植えつけの4週間後

1回目の追肥・土寄せから2週間経過したら、畝の側方に化成肥料30g/㎡を追肥し、土寄せする。

5 収穫
植えつけの40〜50日後

①株元の茎の直径が5〜6cmになったら収穫適期。
②地際をハサミで切り取り、収穫する。
③肥大した茎の葉をハサミで取り除く。
④収穫したコールラビ。

パープルコールラビ

紫色のコールラビは、畑に植えると紫色の葉と紫の肥大した茎が美しい。育て方は、コールラビの緑色種とまったく同じである。この色彩の美しさを利用して、ぬか漬けや塩漬けなどの漬け物にして食べたり、また、油炒め、スープなどに利用することができる。

とれたて野菜レシピ

●料理ヒント＆効能

若い茎はリンゴのようなサクサク感があり、柔らかで甘味がある。サラダ、酢の物、浅漬けなどに。また、煮ても形が崩れないのでシチューや煮込みにも向く。ビタミンCは同属のキャベツより多く、加熱しても失われにくいのが特長。中国薬膳では体内の余分な水分を除き、解毒作用などがあるとされる。

コールラビのグレッグ風

マッシュルームとレモン汁とともに、歯ごたえが残る程度に蒸し煮した温野菜。コールラビは、火を通すと甘味が顔を出し、レモンでほんのり酸味を添えるとさわやかな味になる。

材料（6〜8人分）

コールラビ（小）2個　マッシュルーム8個　レモン汁 ½ 個分　タマネギ（中）½ 個　A＜レーズン大さじ2　コリアンダー（生）1株　粒こしょう4〜5個　EX オリーブ油大さじ2〜3　塩小さじ1弱＞

作り方

①コールラビは皮をむいて8つのくし形に切る。タマネギは2cm幅のくし形切りにする。
②マッシュルームは汚れを落とし、①と厚手の鍋に入れ、レモン汁を加えて蓋をし、強火にかける。煮立ったら2〜3分沸騰させた後、Aを加え、蓋をして強火で5〜6分蒸し煮する。火を止めて自然に冷ます。
③冷めたら密閉容器などに移し、冷蔵庫で冷やし、味をなじませる。冷蔵すれば1週間楽しめる。

●保存ヒント

葉や茎から水分が蒸散するので切り落とし、紙とポリ袋で二重に包み、冷暗所、あるいは冷蔵庫の野菜室で保存する。賞味期間は3週間位。

大きな花蕾にはカロテンとビタミンCが豊富

ブロッコリー Broccoli

ブロッコリーは、主枝の中心部に発達した大きな花蕾を利用する。カロテンやビタミンC、カルシウム、鉄分などミネラルに富む緑黄色野菜である。地中海沿岸地域原産のアブラナ科のキャベツの仲間で、花を食用にするキャベツの一種がイタリアで品種改良され、現在の姿になったとされる。生育の適温は、15～20℃で、花蕾の形成は一定の大きさになった株が低温に遭遇して行われる。

春作で、育苗中に10℃以下の低温が続いたようなとき、株が小さいのに花蕾ができてしまう、早期抽台（ボトニング）の発生が見られることがある。温度管理には十分に気をつける。また、アブラナ科の連作は避ける。

科名：アブラナ科
利用部位：花蕾
難易度：中
日照の条件：日当たり良
連作障害：あり　2年あける
栽培地域：日本全国
必要な広さ：畝幅60cm
株間40～50cm

病害虫防除：
アオムシ、コナガ（BT水和剤）
アブラムシ（DDVP乳剤75）
根コブ病（連作を避ける、またはフロンサイド粉剤を土に混ぜる）

お薦め品種：
ピクセル、緑嶺、ハイツSP、早生緑

栽培一口ポイント
- 適期に苗を植えつける。
- 夏の栽培は、育苗は寒冷紗で覆い、害虫を防除する。
- 直径 15cm 位で収穫する。収穫後は側花蕾の収穫を楽しむ。

栽培カレンダー

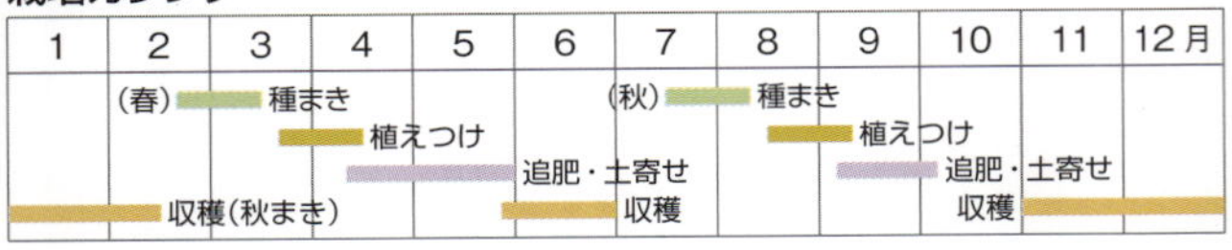

1 土づくり

植えつけ1週間前までに

①植えつけの2週間前までに、苦土石灰100～150g/㎡を散布し、よく耕す。
②植えつけの1週間前に畝幅は60cmとし、畝の中央に、深さ20cmの溝を掘り、そこに堆肥2kg/㎡、化成肥料100g/㎡を施し、土を戻す。
③ひもの両側から土を盛り上げ、高さ10cmの畝を立てる。

2 植えつけ

春：3月下旬～4月中旬　秋：8月中旬～9月上旬

①株間40～50cmとし、苗を植える場所に置く。
②移植ゴテなどで植え穴を掘り、水をたっぷり注ぐ。
③水が引いたら、苗を植え、株元を軽く手で押さえた後、たっぷり水やりする。

3 追肥・土寄せ①
植えつけの3週間後

①株間に、化成肥料30g/㎡を追肥する。
②鍬などで株元に土寄せする。

4 追肥・土寄せ②
植えつけの5～6週間後

畝の側方に、化成肥料30g/㎡を追肥し、その後、株元に土寄せする。

5 収穫
植えつけの70～75日後

①花蕾の直径が15cm位になったら収穫開始。収穫が遅れると、開花し、品質が悪くなる。
②茎を10～15cm位つけて、包丁やハサミで切り取る。

③収穫したブロッコリー。

6 側花蕾
収穫開始後から2月まで

茎と葉の付け根から、側花蕾が次々と出てくるので、直径5cm位に肥大したら、順次収穫し、利用する。

側花蕾も茎を5cm位つけて収穫する。茎も食べられる。
1～2月の寒冷期になると、蕾にアントシアニンの色素が出現し、紫色になるが、ゆでると色が抜け、緑色に変わる。

とれたて野菜レシピ

●料理ヒント＆効能
アクは少ないが、蕾の間に虫が潜んでいることもあるので軽くゆでてから料理する。サラダ、炒め物、スープ、煮物、グラタンなどに向く。茎も皮をむけば柔らかく、ゆでると甘味があり、捨てずに利用したい。ミネラル、ビタミンをバランスよく含み、特にビタミンＣを100g中120㎎含み、1日の推奨量を超える。また、鉄(1㎎)、カロテン(810μg)、食物繊維(4.4g)も豊富。1回にたくさん食べられ、エネルギーが33㎉と低いので体重を減らしたい人にもうれしい野菜である。

ブロッコリーと卵のチーズ焼き

パンとワインを添えて休日のブランチにおすすめ。前もってブロッコリーと卵をゆでておけば朝食にも短時間でできる。チーズはピッツァ用ミックスを利用してもよい。

材料（4人分）
ブロッコリー(小)1個　卵2個　バター大さじ2　パン粉大さじ2　パセリ(みじん切り)大さじ1　塩・こしょう各少々　モッツァレッラ(刻む)100g　パルミジャーノ・レッジャーノ(すりおろす)大さじ4

作り方
①ブロッコリーは小房に分け、さっとゆでる。
②卵は沸騰した湯に入れ、弱火で8分ゆでる。水にとり、殻をむき、半分に切る。
③耐熱皿にバターを薄く塗り、ブロッコリーとゆで卵を並べ、塩、こしょうをふる。
④残りのバターを弱火で溶かし、パン粉を入れてきつね色に炒め、③にかける。モッツァレッラを散らし、パルミジャーノ・レッジャーノとパセリをふり、200℃のオーブンでチーズが溶けるまで焼く。

●保存ヒント
温度が高いと蕾が膨らんで黄ばむので、収穫後は早く冷やし、ポリ袋に入れて冷蔵する。軽くゆでて冷凍してもよい。半解凍してから炒め物、スープ、グラタンなどに。

末熟な蕾、がく、花茎が肥大した花蕾を利用

カリフラワー Cauliflower

キャベツの変種で、純白の肥大した花蕾を利用する。地中海沿岸地域原産のアブラナ科の1〜2年草で、ハナヤサイともいわれる。生育適温は20℃前後で冷涼な気候を好み、耐暑性、耐寒性はあまり強くない。栽培は、7月〜8月上旬に種まきし、8〜9月中旬に植えつけ、11月以降の収穫が一般的である。生育初期に害虫等の被害を受けると花蕾の発育が劣るので注意する。また、根コブ病を回避するために、アブラナ科の連作は避ける。花蕾が生長してきたら、外葉を結束し、日を遮ると真っ白な花蕾に仕上げられる。花蕾の色は白だけでなく、オレンジ、紫、黄緑色などバラエティーに富んでいる。

科名：アブラナ科
利用部位：花蕾
難易度：中
日照の条件：日当たり良
連作障害：あり　2〜3年あける
栽培地域：日本全国
必要な広さ：畝幅60〜70cm
株間45cm

病害虫防除：
アオムシ、コナガ(アファーム乳剤)
アブラムシ(アディオン乳剤)
根コブ病(連作を避けるか、フロンサイド粉剤を植えつけ前に散布する)
お薦め品種：
スノークラウン、バロック、ミニカリフラワーの美星など

栽培一口ポイント
- 元肥・追肥をしっかりと施し、できるだけ外葉を大きくする。
- 外葉を結束して真っ白なカリフラワーをつくる。
- 害虫を見つけたら、早めに捕殺するか、防除の対策をとる。

栽培カレンダー

1	2	3	4	5	6	7	8	9	10	11	12月
						種まき					
							植えつけ				
								追肥・土寄せ			
										収穫	

1 土づくり
植えつけの1週間前までに

①畝幅を60cmとし、植えつけの2週間前までに苦土石灰を100〜150g/㎡散布し、よく耕す。
②畝の中央に深さ20cmの溝を掘り、そこに堆肥2kg/㎡、化成肥料100g/㎡を施し、土を戻す。
③ひもの両側から土を盛り上げ、高さ10cmの畝を立てる。

2 植えつけ
8月中旬〜9月中旬

①株間を45cmとして植え穴を掘り、たっぷり水を注ぐ。
②水が引いたら苗を植えつける。
③植えつけ後は、株元を軽く手で押さえ、たっぷり水やりする。

3 追肥・土寄せ①
植えつけの2～3週間後

株間に、化成肥料30g/㎡を追肥し、株元までしっかり土寄せする。

4 追肥・土寄せ②
植えつけの5～6週間後

①畝の側方に化成肥料30g/㎡を追肥する。
②株元にしっかり鍬などで土寄せし、株を安定させる。

5 遮光
植えつけの65～70日後

カリフラワーの花蕾が見え始めたら、外側の葉を折り、花蕾を包むように遮光する。この作業により、花蕾の色が真っ白になる。

6 収穫
植えつけの80～85日後

①直径15cm以上になったら花蕾の下の茎に包丁を入れ、収穫する。ブロッコリーと違い、茎は食べられない。
②収穫したカリフラワー。蕾が小さく、まとまっている状態で収穫する。

カラフルなカリフラワー

品種改良や海外から導入した品種が増えたカリフラワー。写真左上は花蕾がオレンジ色のオレンジブーケ。ゆでて調理しても変色せず味がよい。紫のバイオレットクイーンは、植えつけ後70日位で収穫でき、ゆでると緑色に変わる。左下の黄宝は、さんご礁のような形をした美しい品種。カラフルなカリフラワーは、畑で栽培しても実に楽しい。

とれたて野菜レシピ

●料理ヒント＆効能

ブロッコリーと同様にさっとゆでて、サラダ、マリネ、炒め物、スープ、煮物、グラタンなどに向く。酢やレモン汁で変色しないので、色を気にせずマリネ、ピクルスにできる。栄養素はブロッコリーよりやや少ないが、1回にたくさん食べられるのでカリウム(410mg/100g以下同)、ビタミンC(81mg)、食物繊維(2.9g)のよい給源になる。

カリフラワーのサブジ

サブジはインド料理で、スパイスを使った炒め煮。スパイスを混合したカレー粉を使えば手軽に作れる。カリフラワーがほっこりして柔らかくなり、たっぷり食べられる。辛味に弱い方はカレー粉の量を控えめに。翌日も味がなじんでおいしいので、多めに作っても大丈夫。

材料(4人分)

カリフラワー½個　タマネギ(みじん切り)¼個
キャラウェイシード小さじ⅓　サラダ油大さじ2
塩小さじ⅔　カレー粉小さじ1～2

作り方

①カリフラワーは小房に分ける。
②サラダ油を温めてタマネギとキャラウェイシードを焦がさないようにして炒めて香りを出し、①を加えて炒める。
③油がなじんだら、塩とカレー粉をふって軽く炒め、水100mℓを入れ、汁気がなくなるまで中火で煮て、塩味を調える。カリフラワーが柔らかくなればでき上がり。少し歯ごたえが残る位でもおいしい。

●保存ヒント

ブロッコリーと同様に早く冷やして冷蔵する。さっとゆでてドレッシングでマリネしたり、ピクルスにすると1週間は楽しめる。ピクルスの漬け汁は27ページを参考に。小房に分けて硬めにゆで、冷凍してもよい。

スティック状の小さな蕾と茎がうまい

茎ブロッコリー Stem broccoli

ブロッコリーの茎のうまさを最大限に引き出した新しいブロッコリーで、キャベツの仲間である中国野菜のカイランとブロッコリーを交配してできた新品種である。頂花蕾を摘芯し、その後伸長してくる側花蕾が収穫の対象となる。茎の太さが2cm、長さが20cmのスティック状のブロッコリーが10～15本位収穫できる。ブロッコリーよりも早生で、種まきから70～80日で収穫が始まる。また、ブロッコリーよりも暑さに強いので、種まきは、2月～8月上旬と適期の幅が広く、長期間収穫が楽しめる。ブロッコリー同様栄養価が高く、カロテン、ビタミンC、ミネラルが豊富である。

科名：アブラナ科
利用部位：花蕾および茎
難易度：中
日照の条件：日当たり良
連作障害：あり　2～3年あける
栽培地域：日本全国
必要な広さ：畝幅60cm
株間40～45cm

病害虫防除：
アオムシ、コナガ（BT水和剤）
アブラムシ（オレート液剤）
根コブ病（連作を避ける）
お薦め品種：
スティックセニョール

栽培一口ポイント
- 頂花蕾は10円玉の大きさの時に、早めに摘芯する。
- 側花蕾の収穫まで肥料を切らさない。
- 高温期は、虫害が多いので、早めの防除を心がける。

栽培カレンダー

1 土づくり

植えつけの1週間前までに

①植えつけの2週間前までに苦土石灰100～150g/㎡を散布し、よく耕す。1週間前に畝幅60cmとして畝の中央に深さ20cmの溝を掘る。
②溝に堆肥2kg/㎡を施す。
③化成肥料30g/㎡を施し、土を戻して高さ10cmの畝を立てる。

2 植えつけ

春：3月下旬～4月中旬　秋：8月下旬～9月中旬

①株間40cmとして移植ゴテで植え穴を掘り、たっぷり水を注ぐ。水が引いたら苗を植え、株元を軽く手で押さえる。
②植えつけ後、たっぷり水やりする。

3 追肥・土寄せ①

植えつけの2〜3週間後

①株間に化成肥料30g/㎡を追肥する。
②鍬などで株元に軽く土寄せする。

4 追肥・土寄せ②

植えつけの4〜5週間後

畝の側方に化成肥料30g/㎡を追肥し、鍬などで株元にたっぷり土寄せする。

アオムシ

アオムシは、モンシロチョウの幼虫で、ブロッコリーやキャベツなど多くのアブラナ科野菜に大きな被害をもたらす。多発すると、上の写真のように、葉がレース状になってしまう。

5 頂花蕾の収穫（摘芯）

植えつけ後45〜50日

植えつけ後、45日位経過して、頂花蕾が10円玉位の大きさになったら、ハサミで摘芯し、側花蕾を伸ばす。

6 側花蕾の収穫

植えつけ後55〜60日

①側花蕾が伸びて20cm 位の長さに生長したら、収穫適期。
②柔らかい茎をつけたままハサミなどで収穫する。

③収穫した茎ブロッコリー。蕾、若い葉、茎も全て食べられる。

とれたて野菜レシピ

●料理ヒント＆効能

ブロッコリーとキャベツを足して二で割ったような、旨味のある野菜。ゆでてお浸しやサラダ、炒め物などシンプルな調理法で持ち味を生かす。花蕾をブロッコリー、茎をアスパラガス感覚で使い分けるのもよい。

茎ブロッコリーのアスパラ風

さっとゆでると、茎がアスパラガスのような食感になる。マヨネーズをオリーブ油でのばし、ケッパーでアクセントをつけてソースにした。

材料（2人分）

茎ブロッコリー200g　塩・こしょう各少々　ソース＜マヨネーズ大さじ2　EXオリーブ油大さじ1　レモン汁小さじ1〜2　ケッパー（塩漬け）5〜6粒＞

作り方

①茎ブロッコリーは太い茎から小枝をはずし、根元が硬い場合は切り落とす、さっと色よくゆで、ざるに上げる。塩、こしょう各少々をふり、早く冷ます。小枝は炒め物やパスタの具に利用するとよい。
②ソースを作る。ケッパーをみじんに刻み、他の調味料と混ぜ、①にかける。

メモ　ケッパーの酢漬けを使う場合はレモン汁を少し控えるとよい。

●保存ヒント

収穫後も生命活動が盛んで花蕾が開花して黄色くなる。できるだけ早く冷やし、冷蔵庫で保存する。賞味期間は2〜3日。食べやすい長さに切り、硬めにゆでて冷凍してもよい。

シャキシャキの食感が人気の京野菜

ミズナ Potherb mustard

漬け物やお浸しなどに利用されるツケナ(漬け菜)の一種。別名をキョウナ(京菜)というように、京都で栽培されてきた。分枝性が強く、葉先が尖《とが》って、葉に深い切れ込みがあるのが特徴となっている。生育適温は15〜25℃と冷涼な気候を好み、秋から冬が本来の適期である。生長すると4〜5kgの大株になり、香りとシャキッとした歯ごたえがあり、

漬け物や鍋物に向く。鴨、鯨、牡蠣《かき》などとつくる「ハリハリ鍋」は有名。カロテン、ビタミンC、カルシウム、鉄分を豊富に含む。独特の食感とともに、「ミズナサラダ」の人気が急上昇し、サラダ用として小株どり栽培が周年で行われるようになっている。

科名：アブラナ科
利用部位：葉
難易度：易
日照の条件：日当たり良
連作障害：あり　1〜2年あける
栽培地域：日本全国
必要な広さ：畝幅60cm
株間 小株どり 3〜4cm

病害虫防除：
アブラムシ(オレート液剤)
アオムシ、コナガ(BT 水和剤)
ハナモグリバエ(ネット栽培)
お薦め品種：
京みぞれ、千筋京菜、早生水天

栽培一口ポイント
- 小株どりでは種まきの時に厚まきしないこと。
- 虫害の多い夏〜秋は寒冷紗をトンネル状にかけるとよい。
- アオムシ・コナガが発生した場合、天然成分の BT 剤で対処。

栽培カレンダー

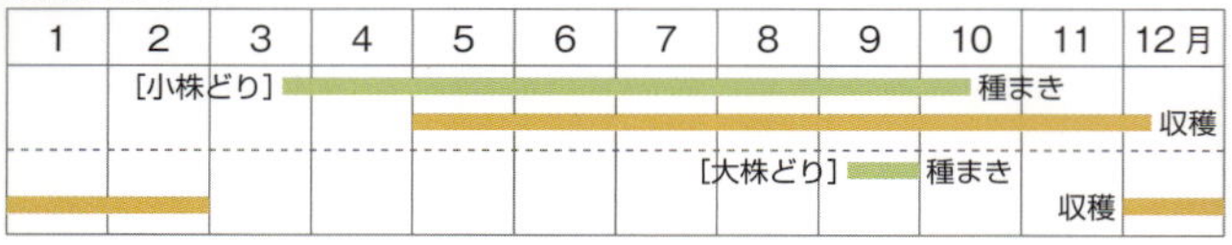

1 土づくり

種まきの1週間前までに

①小株どりも大株どりも畝幅60cmとし、種まきの2週間前までに苦土石灰100〜150g/㎡を散布してよく耕す。1週間前に堆肥2kg/㎡を施す。
②化成肥料100g/㎡を施し、鍬で耕す。
③ひもの両側から土を盛り、高さ10cmの畝を立てる。

2 種まき

小株どり：3月下旬〜10月中旬、大株どり：9月中旬〜下旬

小株どりはすじまき、大株どりは株間30〜40cmで7〜8粒ずつ点まきする。
①小株どりでは条間30cmの2条まきとして深さ1cmのまき溝をつくり、1cm間隔で種を1粒ずつまく。
②覆土し、水やりする。

3 間引き
種まきの1週間〜10日後

双葉が展開する頃、または本葉が1枚出る頃に間引きを行う。
①双葉が展開し、本葉が少し出始めた頃。
②3〜4cm間隔に1本となるように間引きし、株元に手で軽く土寄せする。

4 追肥・土寄せ
種まきの17〜20日後

草丈が7〜8cmの頃に追肥・土寄せを行う。
①化成肥料30g/㎡を条間に追肥する。
②ホーなどで株元に土寄せする。

5 収穫
種まきの30〜35日後

①草丈が25〜30cmになったものから順次収穫できる。夏にまくと、生育期間が25〜30日と短い。
②草丈が約30cmとなり、収穫適期の株。
③株をまとめて株元を露出させ、ハサミなどで地際から切って収穫する。

ミブナ

ミブナ(壬生菜)はミズナ(京菜)の変異種で、京都の壬生地方でつくられている。葉がへら状になっているのが特徴。「京錦壬生菜」「丸葉壬生菜」などの品種があり、漬け物にするとおいしい。なお、ミズナは京都の人の呼び方で、水と土だけでつくっていることからこういう。京都以外の人は京都でできる漬け菜ということで「キョウナ(京菜)」と呼ぶ。ミズナもキョウナも実は同じものである。

ミブナは、葉にギザギザがないのが特徴となっている。

葉の形以外の草姿は、ミズナと変わらない。

とれたて野菜レシピ

●料理ヒント＆効能

ハリハリとした歯ごたえが身上。クセがなく、ザクザクッと切るだけでよく、サラダ野菜としても重宝する。お浸し、煮浸し、和え物には、たっぷりの湯で歯ごたえが残るようにさっと火を通すのがポイント。ビタミンC(55mg/100g 以下同)が豊富で、1株(約100g)食べれば1日の推奨量の半分をクリアできる。その他、カルシウム(210mg)、鉄(2.1mg)抗酸化作用のあるカロテン(1300μg)も豊富。

ミズナの梅ゴマ和え

さっとゆでたミズナと蒸し鶏を梅だれ和えに。梅干しはだしとしょうゆでのばし、ゴマを加えると酸味が穏やかになる。

材料(4人分)
ミズナ200g　鶏胸肉1枚(約150g)　塩少々　酒大さじ1　梅だれ＜梅干し果肉の裏ごし大さじ1　だし大さじ4　しょうゆ大さじ1＞　煎り白ゴマ適宜

作り方
①ミズナはたっぷりの湯に入れ、緑が冴えたら冷水にとり、早く冷ます。水気を絞り、4〜5cm長さに切る。
②鶏胸肉は塩と酒をふり、蒸気の立った蒸し器に入れ、中火で約20分蒸して火を通す。粗熱を冷まし、縦に細く裂く。
③梅だれの材料を合わせ、適量で①と②を和え、煎り白ゴマをふる。

メモ 鶏胸肉は電子レンジで加熱してもよく、500Wで約3分を目安に。

●保存ヒント

収穫後は葉の表面から水分が蒸発するので、紙などで包み、ポリ袋に入れ、立てて冷蔵庫で保存し、2〜3日で使いきる。浅漬けにすれば2週間位は楽しめる。ミズナを5cm長さに切り、重さの3%の塩をふり、漬け物容器に入れて同じ重さの重石をし、1日室温で漬けてから冷蔵庫に移す。翌日から食べられる。

東京小松川生まれ、今や食卓の常備菜

コマツナ Tender-green mustard

コマツナは、日本人の食卓には最もなじみ深く、その名の通り江戸時代から東京の江戸川区小松川の特産として栽培されてきた。栄養価も高く、カロテンとビタミンC、ミネラルを豊富に含み、つくりやすさもあって今や全国で栽培されている。生育適温は20℃前後と冷涼な気候を好むが、暑さにも寒さにも比較的強いので、真冬を除けば周年で栽培可能である。しかも、半日程度日が当たる場所でも十分育ち、種まきから収穫までの栽培期間が春秋まきで30〜40日、夏まきで25〜30日程度なので、10日おきに計画的に種をまくと台所直結の食材を切らすことがない。実に重宝な葉菜である。

科名：アブラナ科
利用部位：葉　**難易度：**易
日照の条件：日当たり良（半日陰でも可）
連作障害：あり　1〜2年あける
栽培地域：日本全国
必要な広さ：畝幅60cm
株間3〜4cm

病害虫防除：
白さび病（ランマンフロアブル）
アブラムシ（モスピラン水溶剤）
アオムシ、コナガ（BT 水和剤）
お薦め品種：
夏楽天、楽天、みすぎ、わかみ

栽培一口ポイント
- 大きくなると硬くなるので若いうちに収穫する。
- 双葉展開時から本葉が1〜2枚までにしっかり間引きする。
- 不織布によるベタがけ栽培で無農薬栽培が可能。

栽培カレンダー

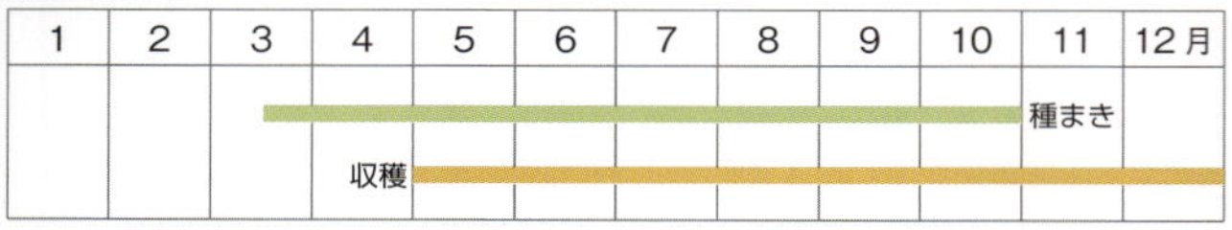

1 土づくり

種まきの1週間前までに

①種まきの2週間前までに苦土石灰100〜150g/㎡を畑に散布し、よく耕す。1週間前に、畝幅60cmとし、畝の中央に深さ15〜20cmの溝を掘る。
②堆肥2kg/㎡、化成肥料100g/㎡を溝に施し、土を戻して、高さ10cmの畝を立てる。

2 種まき

3月中旬〜10月

条間30cmの2条まきにする。
①支柱などで深さ1cmの溝をつくる。
②種を1cm間隔にまく。
③覆土し、軽く手で押さえてたっぷり水やりする。

3 間引き
種まきの7～10日後

①双葉が展開する頃から本葉が1～2枚の頃までに、3～4cm 間隔（夏場は5～6cm 間隔）に1本となるように間引く。
②間引き後は、軽く土寄せする。

4 追肥・土寄せ
種まきの17～20日後

草丈が7～8cm、本葉が4枚の頃に追肥・土寄せを行う。
①化成肥料30g/㎡を条間に追肥する。
②周囲の土を株元へ土寄せする。

5 収穫
種まきの30～40日後（夏場は25～30日後）

①草丈が25cm に育った頃が収穫の適期。
②地際の所で、ハサミか包丁で切り取って収穫する。

6 とう立ち
2月下旬～3月上旬

手で折り取れるところ（長さ20cm 位）で収穫する。

ベタがけ栽培すれば無農薬でもつくれる

市販のベタがけ用の不織布を用いてベタがけ栽培すると、防風・保温に効果があるだけではなく、害虫防除にもなり、無農薬でもつくれる。ただし、若干ひ弱に生育するため、収穫期の1週間位前に不織を外し、日に当てるとよい。

ベタがけの不織布は軽いので、直接かけられる。周囲を土で埋めて固定するだけでよい。

とれたて野菜レシピ

●料理ヒント＆効能

江戸の小松川で盛んに栽培されたことから、東京では正月の雑煮に入れる習慣が残っている。アクが少なくてやさしい味なのでお浸し、和え物、炒め物、鍋物などシンプルな料理がよい。

栄養素では、ビタミン、ミネラルをバランスよく含み、特に貧血を予防する鉄を100g 中2.8mg含み、抗酸化作用のあるカロテン（3100μg）、シミ・肌荒れを防ぐビタミンC（39mg）、血行をよくするビタミンE（0.9mg）が豊富。カロテン、ビタミンC、Eの共存により、抗酸化作用、免疫力が増し、老化、ガン、風邪などの予防に役立つ。

コマツナと卵のチャーハン

コマツナの茎は翡翠《ひすい》色で透明感があり、チャーハンに入れると葉ごたえがアクセントになる。葉を汁の実や鍋物に使った残りでこんな一品を。

材料（2人分）

コマツナの茎3～4株分（約100g）　卵2個　サラダ油大さじ2　塩小さじ1　こしょう少々　ご飯軽く2杯分（約300g）　ゴマ油（生搾り）小さじ1～2

作り方

①コマツナの茎は小口切りにする。
②中華鍋または大きめのフライパンにサラダ油を入れ、強火で熱する。
③卵を箸でざっとほぐし、①に入れ、大きくかき混ぜて半熟卵を作る。
④コマツナの茎とご飯を入れ、ご飯をほぐしながら半熟卵を混ぜ込むように炒める。
⑤塩、こしょうで調味し、ゴマ油を回しかけ、鍋を揺すって軽く混ぜて仕上げる。

●保存ヒント

収穫後はすぐに萎びるので、洗って水切りし、紙に包んでポリ袋に入れて冷蔵し、2～3日で使いきるとよい。

カロテンの宝庫、ポパイも愛する栄養野菜

ホウレンソウ Spinach

中央アジア原産の代表的な緑黄色野菜である。栄養価がとても高く、ビタミンや鉄分、カルシウムの含量が野菜の中で最も高くなっている。発芽や生育の適温は15～20℃と冷涼な気候を好み、耐寒性がきわめて強く、－10℃の低温にもよく耐える。しかし、暑さには弱く、25℃以上になると発芽不良、生育の悪化、べと病などの病害が起こりやすい。また、長日条件ではとう立ちしやすいため、6～8月の夏の時期の栽培は難しい。従って、種まきの適期は3～5月、9～10月となる。また、酸性土壌に弱く、pH5.5以下では生育が劣るので、土づくり時には苦土石灰をたっぷり施す。

科名：アカザ科
利用部位：葉
難易度：易
日照の条件：日当たり良
連作障害：あり　1～2年あける
栽培地域：日本全国
必要な広さ：畝幅60cm
株間3～4cm

病害虫防除：
ベト病(アリエッティ水和剤)
アブラムシ(アディオン乳剤)
ハスモンヨトウ(BT剤)
お薦め品種：春まき…おかめ、おてもやん、アクティブなど
秋まき…トライ、オーライ、リード、パレード、次郎丸(在来種)など

栽培一口ポイント
- 酸性に弱いので、土づくり時に石灰分を多めに施す。
- 25℃以上では発芽不良になるので、芽出ししてまく。
- 日が長い春まきではとう立ちしやすいので、品種を選ぶ。

栽培カレンダー

	1	2	3	4	5	6	7	8	9	10	11	12月
[春まき]					種まき		収穫					
[秋まき]											種まき	
									収穫			

1 土づくり
種まきの1週間前までに

他の野菜に比べて酸性土壌に弱いので、苦土石灰をしっかり入れて中和する。

①植えつけの2週間前までに苦土石灰200g/㎡を散布してよく耕す。
②1週間前に畝幅60cmとし、堆肥2kg/㎡、化成肥料100g/㎡を施してよく耕す。
③畝幅60cmとして高さ10cmの畝を立てる。

種のかたち

ホウレンソウの種には「角種子」(上写真)と「丸種子」(下写真)がある。角種子は主に在来種(東洋種)で味はよいが、日の長い条件ではとう立ちしやすく、秋まきに適している。丸種子は西洋種か交配種で、春まきでも育てられる。角種子は刺が痛いので、改良により丸種子化したものも多い。

2 種まき

春まき:3月中旬〜5月中旬　秋まき:9月上旬〜10月下旬

条間30cmの2条まきにする。

①支柱などで深さ1cmのまき溝をつくり、溝に1cm間隔で種をまく。

②覆土して、軽く手で押さえ、たっぷり水やりする。

3 間引き

種まきの1週間〜10日後

間引き後は必ず土寄せする。

①双葉が展開した頃に、間引く。

②3〜4cm間隔に1本となるように間引いたら、手で株元に軽く土寄せする。

4 追肥・土寄せ

種まきの17〜20日後

草丈が7〜8cmの頃に追肥・土寄せする。

①化成肥料約30g/㎡を条間に追肥する。

②ホーなどで土寄せして株を安定させる。

5 収穫

種まきの30〜40日後

秋まきの場合には生育が少し遅いので、種まきから30〜50日後が適期となる。

地際をハサミや包丁で切り取って収穫する。

サラダに最適な赤茎ホウレンソウ

葉柄、葉脈ともに鮮やかな紅色に育つ、ホウレンソウのニューフェイス。アクが少ないのが特徴で、生食ができるため、サラダ材料として適している。栽培は、種まきから30〜40日で収穫が出来、育てやすい。秋まきがよく、春まきではとう立ちしやすいため、小さいうちに収穫する。品種は、サラダあかり、食彩などがある。

とれたて野菜レシピ

●料理ヒント＆効能

冬どりのホウレンソウは甘味があっておいしいが、アクも強いので生食には向かない。さっとゆでて水にさらし、アクを適度に抜くことで本来の味が生き、尿路結石の原因となるシュウ酸も減らすことができる。お浸し、和え物、炒め物、鍋の具、グラタン、キッシュなどに向く。

濃い緑色はカロテンとクロロフィル（葉緑素）により、カロテンの含有量は100g中ビタミンA当量にして350μg、1日の推奨量の半分を満たせる。この他肝機能、免疫力を高め、老化とガンの予防に役立つといわれるグルタチオン（アミノ酸の一種）を多く含み、ビタミンC（冬どりは100g中60mg）、カリウム、鉄、食物繊維も豊富。

ホウレンソウと豚肉の和え物

ゆでたホウレンソウと豚肉のショウガ焼きをマスタードで和えた。クセのあるホウレンソウが食べやすくなり、食がすすむ。

材料（4人分）

ホウレンソウ300g　A＜しょうゆ大さじ1　だし大さじ3＞　豚肩ロース肉薄切り100g　B＜ショウガ汁小さじ½　しょうゆ小さじ2　みりん小さじ1＞　サラダ油小さじ1　ディジョンマスタード大さじ1

作り方

①ホウレンソウは根元に十字の切り目を入れ、水1カップと鍋に入れ、蓋をして強火にかける。沸騰したらすぐに冷水にさらす。水気を絞り、4cm長さに切り、Aに浸す。

②豚肉は2cm幅に切り、Bで調味し、熱した油で炒めて火を通す。

③①の汁気を軽く絞り、②と合わせ、マスタードで和える。

●保存ヒント

収穫後はよく洗って水切りし、紙とポリ袋で二重に包み、冷蔵庫に立てて保存する。3〜4日は元気。さっとゆでて冷凍してもよい。食べやすい長さに切り、小分けにしておくと重宝する。

真夏の救世主、栄養豊富なアフリカ野菜

モロヘイヤ Jew's marrow

古くからエジプトを中心とした中近東でつくられているシナノキ科の一年生の葉菜。原産地は熱帯アフリカ～熱帯アジアである。日本に導入されてまだ日が浅いが、高温に強く、真夏でも旺盛に生長するため、葉菜の少なくなる真夏の貴重な存在である。しかし、低温には弱く10℃以下になると生育が衰え、また、日が短くなると開花が始まり品質が低下する。土質は選ばないが、栽培期間が長いので有機質を多く施すよう心がける。ビタミンやミネラルを豊富に含む葉と柔らかい茎をスープや天ぷら、おひたしなどに利用する。刻むと独特の粘りがあり、美味である。

科名：シナノキ科
利用部位：若い茎葉
難易度：易
日照の条件：日当たり良
連作障害：あり　1～2年あける
栽培地域：本州以南
必要な広さ：畝幅60cm
株間30～40cm

病害虫防除：
ハダニ(コロマイト乳剤)
アブラムシ(スミチオン乳剤)
お薦め品種：
品種分化なし

栽培一口ポイント
- 収穫をこまめに行い、草丈を 70 ～ 80cm に維持する。
- 高温性作物のため、マルチ栽培するととてもよく育つ。
- 種は有毒なので、さやは絶対に口に入れないこと。

栽培カレンダー

1	2	3	4	5	6	7	8	9	10	11	12月
			種まき	種まき							
				植えつけ	植えつけ						
					収穫	収穫	収穫	収穫	収穫		

1 土づくり
植えつけの1週間前までに

①植えつけの2週間前までに、苦土石灰100～150g/㎡を畑全体に散布し、よく耕す。1週間前に、堆肥2kg/㎡、化成肥料100g/㎡を施す。
②鍬などでよく耕して、高さ10cmの畝を立てる。
③レーキで畝の表面のゴミを取り、平らにならす。

2 マルチ張り
土づくりと同時

畝を立てたら、マルチを張る。
①マルチの一端を土に埋めて固定する。
②反対側の方にマルチを伸ばし、端を土で埋めて鍬でマルチを切る。
③マルチの両サイドをしわが寄らないように土で埋め、周囲を固定する。

3 植えつけ
5月上旬〜下旬

マルチに穴をあける専用の道具があるが、空き缶の一端を荒いノコギリの刃のように切ったもので代用できる。または、ハサミや移植ゴテなどで十字に切れ目を入れるだけでもよい。

①マルチに直径10cm位の穴をあけ、植え穴を掘る。

②水をたっぷり注ぎ、水が引いたら苗を植えて株元を軽く手で押さえる。

③植えつけ後にもたっぷり水やりする。

4 追肥・土寄せ
植えつけの1ヵ月後

1ヵ月に1回追肥・土寄せを行う。

①マルチのすそをあけ、化成肥料30g/㎡を追肥する。

②鍬などで土寄せし、再びマルチをかける。

5 摘芯（収穫始め）
植えつけの2ヵ月後

草丈が30cm位になったら、先端を摘芯し、高さを抑える。

①株の先端を切り取る。

②上から15〜20cmの所を手で折り取って収穫する。

6 収穫（盛期）
6月下旬〜10月上旬

①気温が上がるとともに生育は旺盛になるので、収穫して草丈を70〜80cm位に維持する。

②15〜20cm位の所を、必要量だけ手で折り取って収穫する。

とれたて野菜レシピ

●料理ヒント＆効能

刻んだり加熱するとヤマイモのような粘り気が出る。その粘り気を生かして和え物やスープによいし、てんぷらも美味。アクもクセも少ないので、生でも食べられるが、シュウ酸を含むので、さっとゆでて使うほうがよい。栄養素はビタミン、ミネラルともに充実し、カロテンは100g中1万μg（ビタミンA当量840μg）もあり、ビタミンE（6.5mg）、食物繊維（5.9g）もズバ抜けている。夏場の体力回復に、強い味方となる。

モロヘイヤのえびスープ

干しえびの旨味を含み、トロロのようになったモロヘイヤを食べるスープ。ひと汗かくと、体にこもった熱が抜けてすっきりし、元気になれる。

材料（2人分）

モロヘイヤ100g　干しえび大さじ2　酒大さじ1
薄口しょうゆ小さじ2　こしょう少々

作り方

①モロヘイヤは葉を摘み、硬い茎を除き、さっとゆでる。

②干しえびは水に30分以上浸してもどし、頭、足、殻を取り除く。

③水500mℓに②の干しえびを入れて煮立て、弱火にしてアクをすくい、10分ほど煮て旨味を出す。酒を加えてひと煮立ちさせ、薄口しょうゆ小さじ1と①を入れて4〜5分煮る。とろみがでてきたら残りの薄口しょうゆで味を調え、こしょうをふる。

●保存ヒント

収穫後は鮮度落ちが早いので、葉を摘み冷水に浸してパリッとさせ、水気をよくきり、ポリ袋に入れ、冷蔵庫へ。さっとゆで、水気を絞り、小分けにして冷凍用保存袋に平らに入れて冷凍しておくと便利。

独特の香りと風味が冬の鍋を引き立てる！

シュンギク Garland chrysanthemum

すき焼きや鍋物野菜の定番といえばシュンギク。独特の香気と風味は、寒さが増す季節の食卓に温かみと会話を生む。地中海沿岸地域原産のキク科の葉菜で、中国、日本など東アジアでは野菜として栽培されているが、ヨーロッパでは、主に観賞用。生育適温は、15〜20℃と冷涼な気候を好むので、春（4〜5月）と秋（9〜10月）が栽培適期である。栄養的には、カロテンの含量が多く、ホウレンソウに匹敵する。また、

ビタミンC、カルシウム、鉄分なども豊富である。葉の切れ込み程度により、大葉種、中葉種、小葉種に分類されているが、大葉種は、サラダ野菜として生食できる。

科名：キク科
利用部位：若い茎葉
難易度：易
日照の条件：日当たり良
連作障害：あり　1〜2年あける
栽培地域：日本全国
必要な広さ：畝幅60cm
株間15〜20cm

病害虫防除：
ハモグリバエ（捕殺ないしアファーム乳剤）
アブラムシ（オレート液剤）
ベト病（アリエッティ水和剤）
お薦め品種：
中葉系のさとゆたか、菊次郎、きわめ中葉春菊

栽培一口ポイント
- 種まき直後からのネット栽培で、害虫を抑える。
- 手で折れる所から折って収穫し、長期間栽培を楽しむ。
- 春の栽培では、とう立ちがあるため、収穫は一気に行う。

栽培カレンダー

1	2	3	4	5	6	7	8	9	10	11	12月
		（春）			種まき		（秋）		種まき		
						収穫					収穫

1 土づくり
種まきの1週間前までに

①種まきの2週間前までに苦土石灰150g/㎡を散布してよく耕す。1週間前に畝幅60cmとし、堆肥2kg/㎡を施す。
②化成肥料100g/㎡を施す。
③高さ10cmの畝を立てる。

2 種まき
春：3月下旬〜5月　秋：9月上旬〜10月中旬

①条間30cmとし、支柱などで2列のまき溝をつくり、種を1cm間隔でまく。
②薄めに覆土する。
③鍬の背で軽く押さえ、たっぷり水やりする。

3 間引き①
種まきの7～10日後

発芽し、双葉が完全に展開したら、3cm間隔に1本となるように間引き、株元に軽く手で土寄せする。

4 間引き② 追肥・土寄せ①
種まきの3週間後

①本葉が3～4枚の頃、5～6cm間隔に1本となるように間引きする。
②間引き後、条間に化成肥料30g/㎡を追肥する。
③株元に軽く土寄せする。

5 間引き③ 追肥・土寄せ②
種まきの5週間後

①株間が15～20cm間隔になるように間引く。
②間引いたシュンギクは、そのまま収穫物として料理に利用できる。
③条間に化成肥料30g/㎡を追肥し、株元までしっかり土寄せする。

6 収穫
種まきの6週間後

①草丈が30cm位に生長したら、収穫適期。
②③手で折れる所で折り取り、必ず下葉は2～3枚残し、わき芽を伸ばすようにする。収穫後は、化成肥料30g/㎡を施し、株の再生を図る。
④収穫したシュンギク。

とれたて野菜レシピ

●料理ヒント＆効能

花の菊に似た香りがあり、ハーブ感覚で柔らかい葉をサラダにするのもよい。お浸し、和え物、鍋の具などシンプル料理で香りと色を楽しみたい。栄養素ではカロテンがほうれんそうと肩を並べ、100g中4500μg（ビタミンA当量380μg）含み、カルシウム（120mg）は、牛乳（110mg）を超える。鉄（1.7mg）、ビタミンE（1.7mg）、食物繊維（3.2g）のよい給源でもある。中国薬膳では、消化や肝臓機能を助け、血圧を下げ、のぼせを鎮めるなどの効用があるとされる。

シュンギクのワンタンスープ

ワンタンの皮に豚ひき肉を包んでゆで、シュンギクを入れてひと煮したおかず兼用のスープ。

材料（2人分）

シュンギク100g　ワンタンの皮12枚　中身＜鶏ひき肉100g　ショウガ汁小さじ1　酒小さじ2　塩一つまみ　こしょう少々＞　昆布5cm　酒大さじ2　辛子酢じょうゆ＜溶き辛子小さじ1　しょうゆ大さじ2　酢小さじ2　ゴマ油小さじ1　砂糖小さじ1＞適宜

作り方

①シュンギクは葉を摘み、茎は硬い部分を切り落として斜め切りにする。
②中身の材料を合わせ、手でよく混ぜて粘り気を出し、ワンタンの皮に12分の1ずつのせて三角に閉じ、2辺に水をつけてしっかり閉じる。
③水600mℓに昆布を入れて沸かし、昆布が浮いたら取り出す。煮立ったところに②と酒を入れてゆでる。
④ワンタンが浮き、中のひき肉に火が通ったら、①を入れて軽く火を通し、盛り分け、辛子酢じょうゆを添える。

●保存ヒント

収穫後すぐにしおれて黄ばむので、冷水で洗い、水切りしてポリ袋に入れて冷蔵し、早く使う。硬めにゆでて冷凍してもよい。

色と香り、シャキッとした歯ざわりを味わう

食用ギク Edible chrysanthemum

食用ギクは、観賞ギクから選抜、栽培されてきたもので、苦味が少なく、花弁に厚みがあり、大きく、香りのよいのが特徴である。キク科の多年生草本植物であり、中国が原産地である。日本では東北地方や新潟県などが主産地で、各地に代表的な在来品種がある。黄色品種が主体であるが、紅紫色の品種もあり、カラフルな色は我々の目も楽しませてくれる。4～5月に親株から出た新芽を挿し木や株分けする。植えつけは4月中旬から行い、生育とともに支柱を立て、フラワーネットを張り、倒伏を防ぐ。アブラムシ等の害虫対策も、しっかり行う。収穫は完全に開花したものから順次行う。

科名：キク科
利用部位：花
難易度：中
日照の条件：日当たり良
連作障害：あり　1～2年あける
栽培地域：日本全国
必要な広さ：畝幅60cm
株間30cm

病害虫防除：
アブラムシ（オレート液剤）
ウドンコ病（カリグリーン）
お薦め品種：
延命楽（もってのほか、ピンク種）
阿房宮（黄色種）、岩風（早生）

栽培一口ポイント
- 摘芯して分枝を出して育てるとたくさん収穫できる。
- ウイルス病の原因のアブラムシ防除に努める。
- 農薬を使用する時には、収穫の２週間前までに。

栽培カレンダー

1	2	3	4	5	6	7	8	9	10	11	12月
					植えつけ						
									摘芯・追肥・土寄せ		
						ネット張り					
											収穫

1 土づくり
植えつけの1週間前までに

植えつけの2週間前までに、苦土石灰100～150g/㎡を散布してよく耕す。
①植えつけの1週間前に畝幅60cmとし、堆肥2kg/㎡、化成肥料100g/㎡を施して、耕す。
②高さ10cmの畝を立てる。

2 植えつけ
4月中旬～5月

市販の苗を購入して植える。
①移植ゴテで植え穴を掘って水を注ぎ、水が引いたら苗を植える。
②植えつけ後株元を軽く手で押さえる。
③たっぷり水やりする。

3 摘芯
植えつけの1ヵ月後

草丈が20cm位に生長したら、ハサミで摘芯する。

4 追肥・土寄せ
植えつけの1ヵ月後

摘芯と同時に追肥・土寄せを行う。
①株間に化成肥料30g/㎡を追肥する。
②鍬などで株元へ軽く土寄せする。

5 ネット張り
植えつけの1.5ヵ月後

草丈が30〜40cmに生長したら行う。
10〜15cm角の目のネットを用意し、四隅に立てた支柱に渡したひもに固定する。株の先端をネットの目から出す。

生長に合わせて、ひもを上へずらしていく。

6 着蕾
植えつけの4ヵ月後

蕾がつくこの時期にはアブラムシに注意する。この後1ヵ月位で収穫できるようになるので、農薬はなるべく使用しない。

7 収穫
植えつけの5ヵ月後

この時期から11月下旬まで収穫が続く。
完全に花が展開したものから順に摘み取っていく。

とれたて野菜レシピ

●料理ヒント＆効能

日本古来のエディブルフラワー、色と香り、ほろ苦さが魅力。酢を加えた湯でゆでると色が冴え、苦味が和らぐ。お浸し、和え物などに。少量であれば花びらを摘んで散らし、サラダや和え物の彩りにするのもよい。9月9日の重陽の節句にはお酒に浮かべた菊酒を楽しむ風習が残っている。お茶に浮かべるのも楽しい。

栄養素はビタミン、ミネラルをバランスよく含み、特にビタミンＥは100g中4.6㎎と豊富。中国薬膳では、余分な体熱を除き、血行促進、目の充血やかすみ目の解消によいとされる。

食用ギクの二杯酢

さっぱりした二杯酢で味をつけた食用ギクに、軽く塩味をつけたキョウナを添えた和え物。香りと歯ごたえを楽しみたい。

材料（4人分）
食用ギク100g　キョウナ100g　二杯酢＜酢・だし各大さじ3　塩小さじ½　薄口しょうゆ小さじ1＞　塩一つまみ　酢適宜

作り方
①食用ギクはガクから花びらを摘み、酢(湯1ℓに対して約大さじ1)を入れた湯でさっとゆで、冷水にとり、水気を絞る。二杯酢に浸して15分以上おく。
②キョウナは洗って2㎝長さに切り、塩を絡めて15分以上おき、水気が出たら絞る。塩味がついてアクがとれる。
③①の汁気を軽く切り、②と合わせてざっくり和えて盛る。

●保存ヒント

ガクから花びらを摘み、ポリ袋に入れて冷蔵庫の野菜室へ。長く保存したい場合はさっとゆでて甘酢(酢100㎖に対して塩5g、砂糖10g)漬けにして冷蔵するとよい。さっとゆでた後、ざるに広げて陰干しにしてキクのりにするのもよい。

初夏に茎葉が倒れたら成功！ネギ坊主は禁物

タマネギ Onion

アフガニスタン近辺の中央アジア原産とされる。栽培の歴史は4000年を超え、北イランからエジプト周辺で古い時代から食用として珍重されていた。最近、“血液サラサラ野菜”としてすっかり有名になり、食材としても幅広く利用できるため、人気野菜の一つとなっている。北海道を除けば越冬して育てる野菜の代表で、自然状態では冬越しして5～6月に花（ネギ坊主）が咲く。しかし、ネギ坊主が出てはタマネギ栽培としては失敗。花芽分化の条件の「植物体がある一定以上の大きさになると、低温に感応して花芽を分化する（緑植物春化型）」から、栽培成功のためには、植えつけ時期と苗の大きさ（根元の太さが7～8mm）が重要となる。また、春先からタマネギが肥大するのは鱗茎の肥大に長日条件が必要なためである。

科名：ユリ科
利用部位：肥大した葉（鱗茎）
難易度：中
日照の条件：日当たり良
連作障害：1年あける
栽培地域：日本全国
必要な広さ：畝幅60cm
株間10～12cm

病害虫防除：
アブラムシ（マラソン乳剤）
タネバエ（ダイアジノン粒剤5）
ベト病（ダコニール1000）
お薦め品種：
早生品種はソニック、中晩生はOK、赤タマネギは湘南レッド

栽培一口ポイント
- 根元の太さが鉛筆位の苗を選んで植える。
- 元肥にリン酸分を多く施し、球の肥大を助ける。
- 翌春除草・追肥をしっかり行い、球の肥大を促進させる。

栽培カレンダー

1	2	3	4	5	6	7	8	9	10	11	12月
								種まき			
									間引き・追肥		
										植えつけ	植えつけ
除草・追肥・土寄せ	除草・追肥・土寄せ	除草・追肥・土寄せ									
				収穫	収穫						

1 土づくり

植えつけの1週間前までに

植えつけの2週間前までに苦土石灰150g/㎡を畑全体に散布し、よく耕す。

①植えつけの1週間前に、畝幅60cmとし、堆肥2kg/㎡を施す。
②化成肥料100g/㎡、ヨウリン60g/㎡を施して、よく耕す。
③鍬で高さ10cmの畝を立てる。
④レーキで表面のゴミを除き平らにならす。

2 苗の準備

11月中旬～12月上旬

苗は11月中旬頃に園芸店などで購入する。ただし、苗の太さは根元が7～8mmの鉛筆の太さ位のものを選ぶようにする。それより太いものだと、冬の間、寒さに反応してネギ坊主が出たり、細いと霜柱にあたって枯死してしまうものが多い。

3 植えつけ
11月中旬〜12月上旬

①条間30cmとし、支柱などを利用して2列のまき溝をつくる。
②10cm間隔で、まき溝に棒で穴をあけていく。
③棒でつけた穴に、苗を2〜3cm位埋めて植える。
④生長点を埋めないように植える。
⑤植えつけ後は株元を軽く手で押さえる。

4 除草・中耕
1月下旬

①株元の雑草をしっかり除草する。
②除草した後は、小熊手などで、土の表面を柔らかくして硬い土を砕く。

5 追肥・土寄せ①②
2月上旬・3月下旬

2月上旬と3月下旬の2回、追肥・土寄せを行う。特に3月下旬は株の肥大期なので、追肥・土寄せをしっかりと行う。
①化成肥料30g/㎡を株元に追肥する。
②ホーなどで、株元に土寄せする。

6 肥大期
4月中旬

寒さが緩み、日が長くなってくるとタマネギの肥大が始まる。

7 収穫
早生：5月中旬〜　中・晩生：6月上旬〜

①タマネギは、収穫適期になると、葉が倒れる性質がある。畑の6〜7割が倒れてきたら、収穫適期である。
②収穫後、2〜3日風にあてて乾した後、収納する。

タマネギの苗づくり

1 土づくり　種まきの1週間前までに

種まきの2週間前までに苦土石灰150g/㎡を散布し、よく耕す。

①種まきの1週間前に堆肥2kg/㎡、化成肥料100g/㎡、ヨウリン60g/㎡を施す。
②よく耕して、畝幅100cm、高さ10cmの畝をつくる。
③レーキで表面を平らにする。

2 種まき・ベタがけ　早生＝9月中旬　晩生＝9月下旬

①板などで、深さ1cm、条間12〜13cmのまき溝をつくる。
②種は1cm間隔でまき、覆土する。
③発芽を促進するために不織布などでベタがけをする。発芽するまではたっぷり水やりする。

3 中耕　10月上旬

10月上旬頃、発芽したら、ベタがけをはずし、条間を、除草を兼ねて棒などで軽く耕す。

4 間引き・追肥・土寄せ　10月中旬〜下旬

①10月中旬と下旬、混んでいる所は2〜3cm間隔に間引く。
②間引き後、条間に化成肥料30g/㎡を追肥し、株元に軽く土寄せする。
③2週間後、化成肥料30g/㎡を追肥し、株元に軽く土寄せする。

5 苗の完成　早生＝11月中旬　晩生＝11月下旬

早生で11月中旬、晩生で11月下旬頃に植えつけ適期の苗が完成する。植えつけ直前に苗をとり、植えつける。
植えつけ適期の苗の太さは、根元が鉛筆位の太さが理想である。それより太いものはとう立ちし、それより細いものは霜のために枯死することがある。

●料理ヒント＆効能

ゆっくり炒めると旨味甘味を増すタマネギは、ソースや煮込みなど西洋料理の味作りに欠かせない香り野菜の重鎮。刻むと涙を誘う刺激成分は硫化アリル(酵素によって分解されてアリシン、チオスルフィネートなどを生成)により、ビタミンB_1を活性化して糖質代謝を高める。その他、抗酸化、抗菌、鎮静、血栓予防や血中コレステロール低下作用などがあるとされる。刻んで30分以上おくと、血液をサラサラにする作用が増すといわれる。

栄養素は総じて少ないが、中国薬膳では胃腸の調子を整え、余分な体熱、痰や咳を除く作用があるとされる。ただし、生で大量に食べると胃腸障害を起こすことがあるので要注意。

ローストタマネギ　タイム風味

皮ごとオーブンで焼くと、とろけるように柔らかくなり、甘味も出る。塩、こしょうだけでもよいが、タイムの香りとよく合う。

材料（4人分）

タマネギ中4個　塩・こしょう各適宜　タイム1～2枝

作り方

①タマネギは汚れた皮を取り、根元を少しそいで座りをよくする。

②耐熱皿に塩を厚さ約1cm 程敷き、①を並べ、タイムを添える。

③予熱した200℃のオーブンで②を1時間半～2時間焼く。串を刺して楽に通ればでき上がり。大きさで火の通り方が違うので、時間は目安に。

④皮をはずして食べやすく切り分け、塩、こしょうをふる。トマトソース、バジルペーストにも合う。

タマネギのチーズフライ

外はカリッと香ばしく、中はサクッと適度な歯ごたえがあり、ジューシーな甘味が広がり、タマネギの違うおいしさが顔を出す。

材料（4人分）

タマネギ中2個　パセリ小1枝　塩・こしょう・小麦粉・溶き卵・パン粉・パルミジャーノ・レッジャーノ・揚げ油・レモン汁各適宜

作り方

①タマネギは皮をむき、2cm 幅のいちょう形またはくし形に切り、塩、こしょう各少々をふる。真ん中に1本楊枝を刺してバラバラになるのを防ぐ。

②①に小麦粉を薄くまぶし、溶き卵をくぐらせ、パン粉とパルミジャーノ・レッジャーノを同割りで混ぜたものをつける。

③160℃の揚げ油で、パセリをパリッと素揚げにし、この後②を入れて香ばしく揚げる。レモンを添え、食べるときに搾りかける。

トマトとキュウリのタマネギドレッシング

タマネギたっぷりのドレッシングで和えた夏向きサラダ。タマネギはさらさないで、その辛味もドレッシングの味に利用する。

材料（4人分）

トマト中2個　キュウリ2本　タマネギドレッシング＜タマネギ中½個(約100g)　塩小さじ1　酢大さじ1　EXオリーブ油大さじ3　こしょう少々＞

作り方

①トマトはヘタをくり抜き、皮を湯むきにし、3cm 角に切る。

②キュウリは乱切りにし、①と器に盛り、冷蔵庫で冷やす。

③タマネギをみじん切りにして約30分おき、塩、こしょう、酢、EXオリーブ油を加えて混ぜ、ドレッシングを作る。

④食べるときに、②に③を適量かけて和える。

メモ　タマネギドレッシングは4～5日もつので、清潔なビンに作っておくと便利。野菜サラダの他、ゆで肉のソースにもなる。好みのハーブ、マスタードなどをプラスして応用するとよい。

●保存ヒント

収穫後、湿度の高い場所におくと発根しやすく、養分と風味が落ちる。網に入れ、直射日光や雨の当たらない風通しのよい場所に吊るしておくとよい。刻んで薄茶色に炒め、小分けにして冷凍しておくと、パスタやカレーのベースに重宝する。

土寄せが軟白部の長さを決める

ネギ Japanese bunching onion

中央アジア原産の葉菜類。薬味や冬の鍋物、すき焼きには欠かせない野菜であり、日本各地で栽培されている。種類には長ネギ(根深ネギ)とワケギ・葉ネギがあり、長ネギは、土寄せによって葉鞘部を白く長く育て(軟白栽培)収穫する。ワケギ・葉ネギは主に葉身部を食用とする。生育適温は20℃前後と低温だが、暑さ、寒さにも比較的強く、また、どのような場所でも育てやすい。根の酸素要求性が大きいのが特徴。軟白栽培をする場合には、深植えするため排水性のよい土地で育てたい。栄養的には、緑葉部ではカロテン、ビタミンC及びミネラルを含んでいるが、軟白部にはカロテンは含まれず、ビタミンCの含量も少ない。古くから薬用植物として知られ、それは、においの成分アリシンがビタミンB_1を活性化するためといわれている。

科名：ユリ科
利用部位：葉
難易度：難
日照の条件：日当たり良
連作障害：あり　1〜2年あける
栽培地域：日本全国
必要な広さ：畝幅1m
株間5cm

病害虫防除：
サビ病(ジマンダイセン水和剤)
ベト病(アリエッティ水和剤)
アブラムシ(マラソン乳剤)
お薦め品種：
ホワイトタワー、永吉冬一本太、夏扇3号、雷帝下仁田

栽培一口ポイント
- 白い部分を長くするため、植えつけ時の溝は深く掘る。
- 植えつけ時にワラを入れ、空気の通りをよくする。
- 植えつけ時に苗をできるだけ同じ大きさにそろえる。

栽培カレンダー

1	2	3	4	5	6	7	8	9	10	11	12月
						━━	植えつけ				
				月に1	回追肥・	土寄せ	━━	━━	━━	━━	
━━	━━	収穫								収穫	━━

1 土づくり
7月上旬〜8月上旬

植え場所はあまり軟らか過ぎない土がよい。
①幅15cm(鍬の幅)、深さ30cmの溝を掘る。
②掘り上げた土は、片側(北側がよい)に盛り上げておく。

2 苗とワラ
7月上旬〜8月上旬

大きさのそろった苗を用意する。苗の大きさに差があると生育に影響し、小さいものはとけてしまうことがある。
①苗の長さは50cm位で、がっしりとしたものを選ぶ。
②ワラが入手困難な場合は、腐葉土で代用できる。

3 植えつけ
7月上旬〜8月上旬

苗はまっすぐ垂直に植えつける。
①苗を5cm間隔で溝の底へ土を盛り上げた方と逆側に垂直に立てかけるように植えつける。
②ワラを10〜15cmの厚さに入れ、苗が倒れないように固定する。

4 追肥・土寄せ①
植えつけの1ヵ月後

土を入れる量は、葉の分かれめの所までにする。
化成肥料30g/㎡を苗のわきに追肥し、葉の分かれめの所まで土を埋め戻す。

5 追肥・土寄せ②③
植えつけの2ヵ月後、3ヵ月後

白い部分を確実につくるため、しっかり土寄せする。
①化成肥料30g/㎡を苗のわきに追肥する。
②葉の分かれめの所まで土を埋め戻す。

6 最終の追肥・土寄せ
収穫の3〜4週間前（11月上旬が目安）

化成肥料30g/㎡を苗のわきに追肥し、しっかり土寄せする。溝が埋まっていたら、両側から盛り上げるように土寄せする。

7 収穫
12月上旬〜

掘り起こす時には、ネギを傷つけないように注意する。
①溝のあった所を掘り起こす。
②反対側も同じ深さだけ掘り起こし、ネギを抜く。

③収穫したネギ。土寄せがしっかり行われていれば、白い部分がたっぷりとできる。

とれたて野菜レシピ

●料理ヒント＆効能
刺身、めん類、鍋物などの薬味に欠かせない。刻んだ後水にさらすと、刺激的な辛味が和らぐ。魚や肉の下味に使えば臭み消しになる。刺激的な成分（硫化アリル）にはビタミンB_1の吸収率を高め、血液をサラサラにし、血糖値の低下、血圧の上昇を抑える働きが認められている。また、古くから殺菌作用、解熱・鎮痛作用が知られ、民間薬としても利用されてきた。

わかさぎの南蛮づけ

薬味、臭み消し、あしらいを兼ねて、ネギをたっぷり添えた小魚の揚げづけ。ネギの辛味で油っぽさがさっぱりする。辛味と香りを生かしたいので水にさらさずに使ったが、好みでさらしてもよい。

材料（4〜5人分）
わかさぎ（まめあじ、切り身魚でもよい）300g
長ネギ1本　小麦粉・揚げ油各適宜　南蛮酢
<赤トウガラシ1本　しょうゆ大さじ2　だし大さじ4　酢大さじ2>

作り方
①わかさぎは洗って水気を拭き、小麦粉をまぶし、160℃の油で香ばしく揚げる。網に並べて、余分な油と水分を除く。
②長ネギは縦に1本切り目を入れ、中の芯を取り出し、斜め細切りにする。芯は汁の実に利用するとよい。
③南蛮酢を作る。赤トウガラシはヘタを切り、種を取り出し、輪切りにし、調味料と合わせる。この中に、揚げたての①と②をつける。すぐに食べられるが、翌日も味がしみておいしい。

●保存ヒント
使う直前まで土寄せした畑に置くのがベスト。あるいは泥付きで新聞紙に包み、立てて冷暗所で保存する。洗ったものは、葉と切り分けてポリ袋に包み、冷蔵する。鮮度が落ちやすいので早く使いきる。

独特の香りと栄養の豊富さが人気

ニラ Chinese chive

中国原産のユリ科の多年草で、独特の香りがある葉と花茎を利用する。生育適温は約20℃であるが暑さにも強く、春から夏にかけて生育を続け、盛んに株が分結するので年に数回収穫ができる。苗の植えつけは5～6月に行い、収穫は植えつけの2ヵ月後以降となる。ニラの花芽分化は他の多くのネギ類と異なり、高温長日条件で始まり、開花は7～8月となるので、株を疲れさせないために花茎は摘み取る。1度植えると4～5年は収穫できるので、菜園の一角に植えておきたい種類である。独特の香気は硫化アリルで、栄養的にもカロテンが多く含まれている栄養野菜である。

科名：ユリ科
利用部位：葉　**難易度**：中
日照の条件：日当たり良
連作障害：少ないが1～2年あける
栽培地域：日本全国
必要な広さ：畝幅60cm
株間30cm

病害虫防除：
さび病（バレイトン水和剤5）
アザミウマ（スピノサド水和剤）
アブラムシ（オレート液剤）
お薦め品種：
広巾にら、グリーンロード、ワイドグリーン

栽培一口ポイント
- 株元から３～4cm残して刈り取り収穫し、再生を促す。
- 収穫後のお礼肥として冬越し前に堆肥をたっぷり施す。
- 花が咲いたら開花前に取り、株の養生に努める。

栽培カレンダー

1 土づくり

植えつけの1週間前までに

植えつけの2週間前までに苦土石灰100～150g/㎡を畑全体に散布し、よく耕す。

①植えつけの1週間前に畝幅60cmとし、畝の中央に深さ20cmの溝を掘り、堆肥2kg/㎡、化成肥料100g/㎡を施す。

②土を戻し、周囲から土を盛り上げて高さ10cmの畝を立てる。

2 植えつけ（苗を購入する場合）

5月中旬～6月中旬

①株間30cmとし、移植ゴテなどで植え穴を掘る。

②植え穴に水を注ぎ、水が引いたら苗を植えて株元を軽く手で押さえる。

③植えつけ後、たっぷり水やりする。

3 追肥・土寄せ①
植えつけの1ヵ月後

①化成肥料30g/㎡を株間に追肥する。
②鍬などで株元へ土寄せする。

4 収穫
植えつけの2ヵ月後

農家では株の養生のために1年目は収穫しないが、家庭菜園では1年目から収穫してよい。
①株元から3〜4cm残して切り取る。　②収穫したニラ。

5 追肥・土寄せ②・再生
植えつけの2ヵ月後

収穫後に追肥・土寄せ・再生を行って2〜3回収穫できる。
①株間に化成肥料30g/㎡を追肥し、鍬などで土寄せする。
②再生してきた株。

6 冬越し
12〜1月

①株が枯れてきたら、株元から刈り取る。
②堆肥3〜4kg/㎡を株の上からかけて冬越しさせる。

ハナニラも同じように育てられる

ハナニラは、ニラの仲間で、春から秋にかけて絶え間なく立ってくるとうを収穫して食用にする。ニンニクの芽と同じように、中国野菜の一つとして炒め物などに用いられている。ただし、葉は食用には適さない。

普通のニラもとうが立つが、ハナニラのとうは太く大きいのが特徴。育て方は、普通のニラと同じ栽培方法でよい。

とうが次々と立つので茎ごと収穫する。

収穫したハナニラ。

とれたて野菜レシピ

●料理ヒント＆効能

特有のにおいと辛味があるが、さっとゆでてお浸しにすると甘味が増し、食べやすくなる。卵とじ、汁の実、炒め物などにもよい。

においと辛味は硫化アリルにより、ビタミンB_1と結合して糖質の代謝を高める。その他、血栓の予防、血圧や血糖値を下げる効用があるとされる。栄養素では、余分な塩分を排出するカリウム(510mg/100g以下同)、抗酸化作用のあるカロテン(3500μg)、血行をよくするビタミンE(2.5mg)が豊富。

ニラギョーザ

ニラを生で刻んで主役にした焼きギョーザ。ニンニクを入れなくても味わい深い。

材料(4人分)
ニラ100g　細ネギ50g　豚ひき肉(適度に脂身のあるもの)100g　塩適宜　こしょう少々　酒大さじ1　ギョーザの皮普通サイズ1袋(24枚)　サラダ油大さじ2　ラー油・酢・しょうゆ各適宜

作り方
①ニラと細ネギは小口から細かく刻み、塩小さじ¼をふり、軽くもんで水分を出す。
②豚ひき肉に塩少々、こしょう、酒を入れて粘りが出るまでよく混ぜる。①を汁ごと加えて、さらによく混ぜ、水分をすべてひき肉に含ませる。
③ギョーザの皮に、②を適量のせ、端に水をつけ、ひだを寄せて閉じる。
④フライパンでサラダ油を熱し、③をすき間なく並べる。底に焼き色がついたら水約50mℓを入れて蓋をし、中火弱で焼く。水気がなくなり、乾いた音がしてきたら蓋を取り、水分を飛ばしてパリッとさせ、器に盛る。
⑤ラー油、酢、しょうゆを好みで合わせ、たれとする。

●保存ヒント

収穫後は洗って水気を拭き、紙に包み、ポリ袋に入れて冷蔵し、2〜3日で使いきる。

若取りはエシャレット、収穫後は酢漬けで楽しむ

ラッキョウ Rakkyo

中国原産といわれる多年草。分けつが盛んで、初夏に葉鞘基部が肥大して長卵形の鱗茎を形づくる。この時期の小鱗茎を収穫して食用にする。性質が強く痩せ地でもよくできるので、開墾地や砂丘地でも栽培されている。秋に紫色の美しい花が咲くと、ラッキョウ畑は一面花壇のようになる。春先の若どりをエシャレットと呼び、生食する。収穫した鱗茎は、主に酢漬けで利用される。ニンニク同様、においのもとの硫化アリルがビタミンB_1の吸収を助けるので、スタミナ食品として人気がある。1年目で収穫せず、そのまま畑に置き、翌年収穫すると、鱗茎が小球化し品質のよい花ラッキョウとなる。

科名：ユリ科
利用部位：鱗茎
難易度：中
日照の条件：日当たり良
連作障害：あり　1〜2年あける
栽培地域：日本全国
必要な広さ：畝幅60cm
株間20cm

病害虫防除：
さび病（カリグリーン）
白色疫病（フロンサイド水和剤）
アブラムシ（オレート液剤）
ネダニ（ネマトリンエース粒剤）
お薦め品種：
らくだ、八房、玉ラッキョウ（台湾系統）

栽培一口ポイント
- 種球は毎年新しいものを使うと大きくなる。
- 約３年の放任栽培で花ラッキョウができる。
- 若どりするとエシャレットが収穫できる。

栽培カレンダー

1	2	3	4	5	6	7	8	9	10	11	12月
							▬	植えつけ			
		▬	追肥・土寄せ				追肥・土寄せ	▬	▬	▬	▬
		▬	若どり収穫 エシャレット		▬	収穫					

1 土づくり
植えつけの1週間前までに

植えつけの2週間前までに苦土石灰100〜150g/㎡を散布して、よく耕す。

①植えつけの1週間前に畝幅60cmとし、畝の中央に深さ20cmの溝を掘る。

②溝に堆肥2kg/㎡、化成肥料100g/㎡を施して土を戻し、高さ10cmの畝を立てる。

2 植えつけ
8月下旬〜9月中旬

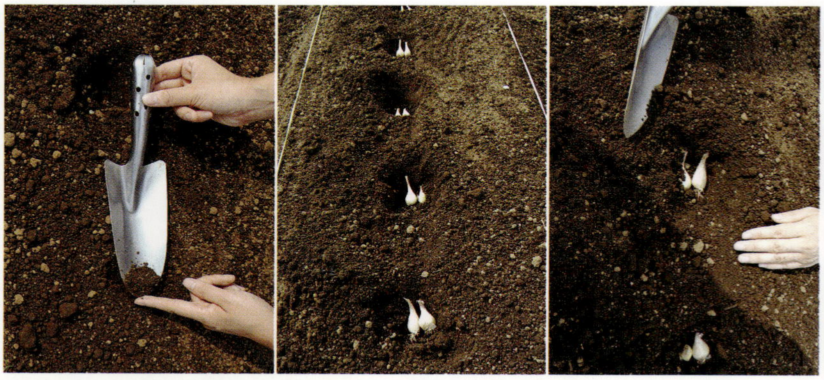

①株間20cmとし、移植ゴテなどで深さ5cm、幅5cmの植え穴を掘る。
②種球を2球ずつ、細い方を上にして植え穴に入れる。
③覆土する。

3 追肥・土寄せ①②③

植えつけ後、1ヵ月毎に3回行う

畝の側方に化成肥料を追肥し、除草も兼ねて土寄せする。植えつけ後、年内に3回行う。

①化成肥料30g/㎡を畝の側方にすじ状に施す。

②ホーで株元に土寄せする。

③草丈が30cm位の頃に年内最後の追肥・土寄せを行う。

4 追肥・土寄せ④

3月上旬～中旬

春先に最後の追肥・土寄せを行う。

①化成肥料30g/㎡を畝の側方にすじ状に追肥する。

②鍬やホーで株元に土寄せする。

5 若どり

3月下旬～4月上旬

エシャレットが収穫できる。

手で必要量を引き抜いて収穫する。

6 収穫

6月中旬～7月上旬

地上部が枯れてきたら、晴天の日にまとめて収穫する。

①株元から離れたところにスコップを差し込み、掘り上げる。

②手で地上部をつかんで引き抜く。

③収穫したラッキョウ。

とれたて野菜レシピ

●料理ヒント＆効能

ネギ類と同じ刺激成分（硫化アリル類）を含み、ネギ類より刺激性が強いので生食は控え目にしたい。普通は塩漬け、甘酢漬けにする。加熱すると刺激的な辛味が消え、シャキシャキした歯ごたえがアクセントになる。栄養面ではビタミンB_1の吸収率を高め、血液をサラサラにし、血糖値の低下、血圧の上昇を抑える働きがある。水溶性の食物繊維を豊富に含むことから動脈硬化の予防にも役立つ。

牛肉とラッキョウのオリーブ油炒め

ラッキョウをエシャロット感覚で利用し、牛肉と炒めた。シャキシャキした歯ごたえが味にリズムを刻み、肉に旨味を添える。

材料（約2個分）

牛肩ローズ肉薄切り150g　生ラッキョウ10個　ローズマリー少々　塩・こしょう各適宜　オリーブ油大さじ2　白ワイン大さじ2

作り方

①牛肉はひと口サイズに切り、塩、こしょう各少々で下味をつける。ラッキョウは縦4つ割りにする。

②オリーブ油でラッキョウを軽く炒めて香りを出し、牛肉を入れて中火で炒めて火を通す。

③ローズマリーをふり、白ワインを加えて煮つめ、塩、こしょうで味を調える。

●保存ヒント

洗って水気を拭き、茎を束ねて陰干しにすれば1～2ヵ月保存できる。翌年まで保存するには手軽な塩漬けがおすすめ。よく水洗いし、根と茎の端を切り落として汚れた皮を除く。熱湯を回しかけ、湯をよく切り、清潔な果実酒用の容器に入れ、溶かして冷ました10%塩水を口元まで注ぐ。蓋をして冷暗所に置く。熱湯をかけると甘味が出て、歯ざわりもよくなる。1ヵ月後から食べられる。塩気が強いので適度に塩抜きする。甘酢に漬け直すこともできる。

雄株が雌株より、20％収量が多い

アスパラガス Common asparagus

南ヨーロッパ～ロシア南部原産の雌雄異株のユリ科多年草である。栽培的には、雄株の方が雌株に比較し20～30％程収量が多い。１度植えると10年程度収穫でき、栽培管理も除草と追肥のみ。苗の植えつけは、春3～4月か秋10～11月に行う。植えつけ1～2年目は収穫せず、株の養成に努め、収穫は3年目の春から行う。本格的な収穫は4年目からである。暖地では茎枯れ病が発生しやすいので注意する。緑色のグリーンアスパラガスと軟白したホワイトアスパラガスがあるが、栄養価はグリーンアスパラガスの方が高く、タンパク質と糖質に富み、カロテン、ビタミンC、食物繊維も豊富である。

科名：ユリ科
利用部位：若い茎
難易度：中
日照の条件：日当たり良
連作障害：あり　3～4年あける
栽培地域：日本全国
必要な広さ：畝幅1m
株間40cm

病害虫防除：
茎枯れ病（ダコニール1000）
アブラムシ（オレート液剤）
ヨトウムシ（アディオン乳剤）
お薦め品種：
メリーワシントン、ウエルカム

栽培一口ポイント
- １～２年目は収穫を控え、本格的な収穫は３年目以降に。
- 収穫は４～６月にし、以後は株の養生に努める。
- 秋に茎葉が枯れたら、お礼肥えに堆肥を施す。

栽培カレンダー

	1	2	3	4	5	6	7	8	9	10	11	12月
（1年目）			（春）━	━	植えつけ					（秋）━	━	植えつけ
					━	━	━ 追肥・土寄せ			お礼肥え（堆肥）		━
（2年目）					━	━	━ 追肥・土寄せ			お礼肥え（堆肥）		━
（3年目以降）			収穫	━	━	━	━	追肥・土寄せ		お礼肥え（堆肥）		━

1 土づくり

植えつけの1週間前までに

①植えつけの2週間前までに苦土石灰100～150g/㎡を散布して、よく耕す。1週間前に畝幅1mとし、畝の中央に深さ20cmの溝を掘る。
②溝に堆肥2kg/㎡、化成肥料100g/㎡を施し、根株を植える場合は5cm位の厚さに土を埋め戻しておく。苗を植える場合は畝を立てる。

2 植えつけ

春：3月中旬～4月中旬　秋：10月下旬～11月

苗を購入するか株分けした根株を株間40cmで植える。
①根株を植える場合
根株はよく広げて植え、土を戻し、水やりする。
②苗を植える場合
植え穴を掘り、穴に水を注ぎ、水が引いたら植える。植えつけ後は株元を軽く手で押さえる。

3 追肥・土寄せ①
植えつけの1ヵ月後

①化成肥料30g/㎡を株間に追肥する。
②畝の両側から鍬などで株元に土寄せする。

4 支柱立て
植えつけの2ヵ月後

株が生長して風で倒れないように150cm位の支柱をしっかり立てて畝を囲み、支柱にひもを張りながら巻きつける。

5 追肥・土寄せ②
植えつけの2ヵ月後

化成肥料30g/㎡を株間に追肥し、株の両側から鍬などで株元に土寄せする。

6 冬越し
植えつけの7～8ヵ月後

冬の防寒対策と株の養生を兼ねて行う。
①茎葉が枯れてきたら、枯れた株を株元から刈り取る。
②堆肥3～4kg/㎡を株が隠れるように畝全体にかける。

7 株分け
2～3月

株をスコップで掘り取り、2～3等分する。

8 収穫（3年目）
植えつけ3年目の春

本格的な収穫は3年目以降に行う。
①収穫適期を迎えた株。
②長さ30cm位の所を手で折り取る。

とれたて野菜レシピ

●料理ヒント＆効能

地面からいきなりニョキニョキ伸びてくる若い茎には感動を覚える。最盛期には日に5～6cmも伸びることもあり、それは穂先に多く含まれるアスパラギン酸による。アスパラギン酸は生長を助ける他、糖質の代謝やタンパク質の合成、皮膚の新陳代謝などを高め、血行をよくし、鉄の吸収を促進するなど多彩な機能が知られている。さらに穂先には高血圧や動脈硬化の予防に役立つといわれるルチンも多い。中国薬膳では疲労回復、余分な体熱を除く、利尿作用などがあるとされる。

アスパラガスのアンチョビーソース

色よく、歯ごたえが残るようにさっとゆで、自然に冷まし、温かみのあるうちに食べると、ほっくりと甘味も増して感じられる。すぐに食べない場合は、冷やしておく。

材料（2人分）

グリーンアスパラガス8本　ソース＜アンチョビーフィレ2枚　ケッパー（塩漬け）小さじ2　タマネギ（みじん切り）小¼個　こしょう少々　酢大さじ1　EX オリーブ油大さじ3＞

作り方

①ソースを作る。ケッパーを粗く刻んでボウルに入れ、アンチョビーを加え、フォークでほぐし、残りの材料を加えてよく混ぜる。
②アスパラガスはピーラーなどで根元から半分くらいまで皮をむく。
③たっぷりの沸騰湯で①を色よくさっとゆで、ざるに広げて冷ます。
④まだ温かいうちに皿に盛り、ソースを適宜かける。ソースは、好みで補うとよい。

●保存ヒント

収穫後も生長が盛んなので、できるだけ早く冷蔵する。このとき横に寝かせると、穂先が上に伸びようとしてエネルギーを使い、養分を消耗するので立てて保存する。適当な長さに切ってさっとゆで、小分けにして冷凍してもよい。

わさび醤油でシャキッとした歯ざわりを

オカヒジキ Salt-wort

アカザ科の一年草で、別名ミルナ。日本の海岸で自生している。オカヒジキの名前は、外見が海藻のヒジキに似ていることに由来する。野菜としてオカヒジキを栽培利用しているのは日本だけ。自生地は塩類濃度の高い内陸の乾燥地や海岸であるが、野菜としての栽培適地は肥沃であまり乾燥しない砂壌土である。他のアカザ科野菜同様、酸性土壌には弱く、生育不良を起こすため、土の pH は6.5〜7.0の範囲に調整する。

科名：アカザ科
利用部位：若い茎と葉
難易度：易
日照の条件：日当たり良
連作障害：
少ないが、1〜2年あける
栽培地域：日本全国
必要な広さ：
畝幅60cm、株間10cm
病害虫防除：
アブラムシ（オレート液剤）
お薦め品種：
品種分化なし

栽培一口ポイント
- 種まきは、遅くなると花がつきやすくなるので４〜５月に。
- 刈り取り収穫すれば、再生して３回収穫できる。

栽培カレンダー

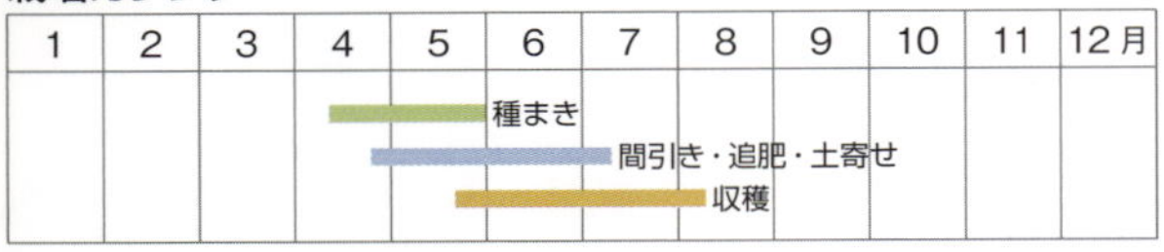

1 土づくり
種まきの1週間前までに

種まきの2週間前までに苦土石灰150〜200g/㎡を散布し、よく耕す。1週間前に畝幅60cmとして堆肥2kg/㎡、化成肥料100g/㎡を全面に施してよく耕し、高さ10cmの畝を立てる。

2 種まき
4月中旬〜5月下旬

種まきは、できるだけ早めに行う。株が広がるので、畝幅60cmの時は1条まきとする。種まき後は発芽するまで水を切らさない。
深さ1cmの溝をつくり、種を1cm間隔でまき、覆土し、軽く手で押さえる。

3 間引き①
種まきの2週間後

本葉が出始めた頃に間引きを行う。
①3〜4cm間隔に1本となるように間引く。
②指で軽く土寄せする。

4 間引き② 追肥・土寄せ
種まきの1ヵ月後

本葉が3〜4枚になったら間引きし、追肥・土寄せを行う。
①5〜10cm間隔に1本となるように間引く。
②化成肥料30g/㎡を株元に追肥する。
③ホーなどで周囲の土を株元へ土寄せする。

5 収穫
種まきの40〜50日後、5月下旬〜

収穫後に追肥すると再生し、3回収穫できる。
①若い茎と葉を10cmの長さで収穫する。
②収穫後、化成肥料30g/㎡を追肥する。

葉柄のカラフルな色彩は畑の七色の虹

スイスチャード Swiss chard

アカザ科のフダンソウの仲間で、生育適温は15～20℃であるが、暑さに極めて強く、夏の高温期でも十分に育ち、ホウレンソウが少なくなる夏期にその代用として重宝されている。葉や葉柄の色の美しさやカラフルさが最大の特徴で、春から秋まで畑で野菜として栽培できるだけでなく、花壇材料としても庭を美しく彩ることができる。種まき後20～25日の若い葉（ベビーリーフ）はサラダなどで利用する。

科名：アカザ科
利用部位：若い茎葉
難易度：易
日照の条件：日当たり良
連作障害：
あり　1～2年あける
栽培地域：日本全国
必要な広さ：
畝幅60cm
株間4～5cm（小株どり）
株間30cm（大株どり）
病害虫防除：
比較的少ないので、無農薬栽培可能
お薦め品種：
アイデアル、ブライトライト

栽培一口ポイント
- 大株に育てたい場合は、本葉が5～6枚に生長した頃に株間を30cm にする。
- 下葉を必要量だけかき取って収穫する方法をとってもよい。

栽培カレンダー

1	2	3	4	5	6	7	8	9	10	11	12月
			━	━	━	━	━	━	━	種まき	
				━	━	━	━	━	━	━	収穫

1 土づくり・種まき
土づくり＝種まきの1週間前までに　種まき＝4月上旬～10月上旬

①種まきの2週間前までに苦土石灰200g/㎡を施してよく耕す。1週間前に畝幅60cmとし、堆肥2kg/㎡、化成肥料100g/㎡を施してよく耕し、高さ10cmの畝を立てる。
②条間30cmの2条まきとし、種の間隔を1～2cmですじまきして覆土する。覆土後は軽く手で押さえて、たっぷり水やりする。

2 間引き
種まきの1～2週間後

発芽後、本葉が展開した頃に株間が4～5cm 間隔に1本となるように間引きする。本葉が2～3枚になった頃に8～10cm 間隔に間引く。大株どりの場合は、本葉5～6枚の頃に株間30cm になるように間引く。

3 追肥・土寄せ①
種まきの3週間後

草丈が8～10cm になったら、化成肥料30g/㎡を追肥し、ホーなどで軽く土寄せする。

4 追肥・土寄せ②
種まきの4～5週間後

1回目の土寄せの後、生育状況を見て、必要であれば収穫までにもう1回、追肥・土寄せを行う。
①株元に化成肥料30g/㎡を追肥する。
②中耕を兼ねて、株の周りの土を鍬などで株元に土寄せする。

5 収穫
種まきの40～50日後

草丈が20～30cm になったら収穫適期。
①株ごと収穫する時は、地際を包丁やハサミで切り取る。
②収穫したスイスチャード。色とりどりの葉柄が美しい。

クセのない柔らかい茎葉を摘み取って利用

オカノリ Curled mallow

フユアオイの変種で、名前の由来は、乾かした葉を揉むとノリ状になることによる。原産地は中国の温帯から亜熱帯地域と推定されており、暑さ、寒さに強い。

種まきは、4月～10月上旬まで可能で、草丈が20～30cmに伸びた頃の若い茎葉を摘み取り、以後側枝を次々収穫する。葉や茎の柔らかさが身上なので、肥切れと畑の乾燥には気をつける。

科名：アオイ科
利用部位：若い茎葉
難易度：易
日照の条件：日当たり良
連作障害：
あり　1～2年あける
栽培地域：日本全国
必要な広さ：
畝幅60cm
株間30cm
病害虫防除：特になし
お薦め品種：
品種分化なし

栽培一口ポイント
- 養水分が不足すると、茎葉が硬くなりやすいので注意する。
- 草丈が20～30cmに伸びたら、順次収穫する。

栽培カレンダー

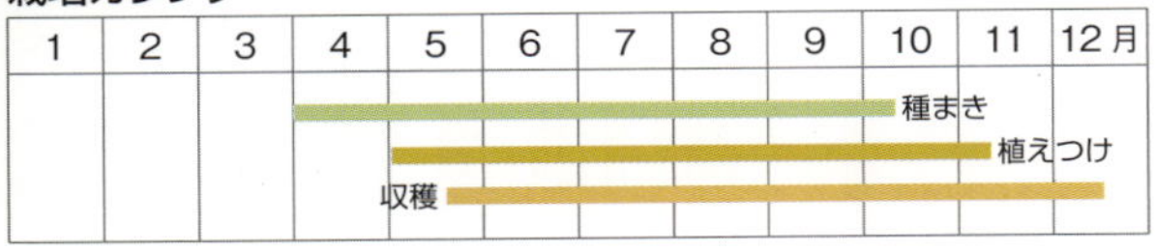

1 苗づくり
4月上旬～10月上旬

①ポットに培養土を入れて、種を4～5粒ずつまく。
②本葉2～3枚になったら、生育のよい株2本を残し、他は間引く。
③本葉が5～6枚になったら植えつける。

2 土づくり・植えつけ
植えつけの1週間前までに

①植えつけの2週間前までに苦土石灰100g/㎡を散布し、1週間前に堆肥2kg/㎡、化成肥料100g/㎡を施してよく耕し、高さ10cmの畝を立てる。
②株間30cmとして植え穴を掘り、水を注ぎ、水が引いたら植える。
③植えつけ後、株元を手で押さえる。

3 追肥・土寄せ
植えつけの1ヵ月後

月に1回、追肥・土寄せを行う。
①株元に化成肥料30g/㎡を追肥する。
②鍬などで株の周りの土をよくほぐし、株元に寄せる。

4 収穫
5月下旬～12月中旬

収穫した葉は軽くあぶると海苔のような食感が楽しめる。
①地際からハサミで切り取って収穫する。
②収穫したオカノリ。

つる先を摘んで利用、日本唯一のツルナ科植物

ツルナ New Zealand spinach

ザクロソウ科（ツルナ科）の多年草。霜に弱く冬枯れしてしまうので菜園では一年草として栽培する。日本では海岸に野生するのでハマヂシャとも呼ばれる。3月下旬～7月が種まきの適期で、発芽まで15日以上かかるので、種を1昼夜水につけてから種まきするとよい。病害虫も少なく、暑さにも強いので、真夏の葉菜として菜園に栽培しておくと重宝する。

科名：ザクロソウ科
利用部位：若い茎と葉
難易度：易
日照の条件：日当たり良
連作障害：
少ないが1年あける
栽培地域：日本全国
必要な広さ：
畝幅60cm
株間5～10cm
病害虫防除：少ない
お薦め品種：
品種分化なし

栽培一口ポイント
●病虫害が少ないので無農薬でつくれる。
●水、肥料を切らさず順調に生育させるとやわらかい。

栽培カレンダー

1	2	3	4	5	6	7	8	9	10	11	12月
							種まき				
										収穫	

1 土づくり
種まきの1週間前までに

種まきの2週間前までに苦土石灰150～200g/㎡を散布し、よく耕す。1週間前に畝幅60cmとし、堆肥2kg/㎡、化成肥料100g/㎡を施してよく耕し、高さ10cmの畝を立てる。

2 種まき
3月下旬～7月

深さ1cmの溝をつくり、種を1～2cm間隔でまき、覆土して軽く手で押さえる。種まき後は、たっぷり水やりする。

3 間引き①・②追肥・土寄せ①
種まきの1週間後と3週間後

2回目の間引き後は追肥もする。
①双葉が展開したら3～4cmの間隔に1本となるように間引き、土寄せする。
②本葉が2～3枚の頃に5～10cmの間隔に1本となるように間引き、株元に化成肥料30g/㎡を追肥し、軽く土寄せする。

4 追肥・土寄せ②
種まきの5週間後

①化成肥料約30g/㎡を株元に追肥する。
②鍬などで周囲の土を株元へ土寄せする。

5 収穫
種まきの6～7週間後

収穫しても次々に再生して再び収穫できる。
上から10cmの柔らかい茎と葉をハサミで切り取って収穫する。

代表的な青汁用野菜、あの不味さが体によい

ケール Kale

地中海沿岸地域原産のアブラナ科のキャベツの仲間で、非結球の2年生もしくは多年生草本。観賞用のハボタンもこの仲間に含まれる。以前は生産量はごくわずかであったが、カロテン、ビタミンB、Cならびにカルシウムの含量が多く、胃の働きがよくなる、また野菜ジュースとして飲用すると健康によいといわれ生産者が増加している。

科名：アブラナ科
利用部位：葉
難易度：中
日照の条件：日当たり良
連作障害：
あり　2〜3年あける
栽培地域：日本全国
必要な広さ：
畝幅60cm
株間40〜50cm
病害虫防除：
アオムシ、コナガ（BT水和剤）
アブラムシ（オレート液剤）
お薦め品種：
コラード、青汁用ケール、ハイクロップ

栽培一口ポイント
- 栽培初期のネット栽培で害虫を防除する。
- 肥厚した外葉から順次収穫し、その後追肥を行い再生を促す。

栽培カレンダー

1	2	3	4	5	6	7	8	9	10	11	12月
		(春) 植えつけ							(秋) 植えつけ		
					(春) 収穫						
							(秋) 収穫				

1 土づくり
植えつけの1週間前までに

①植え付けの2週間前までに苦土石灰150g/㎡を散布してよく耕す。
②1週間前に畝の中央に深さ20cmの溝を掘り、堆肥2kg/㎡、化成肥料100g/㎡を施して耕し、土を戻して高さ10cmの畝を立てる。

2 植えつけ
春：5月　秋：7月中旬〜9月中旬

①株間50cmとし、移植ゴテで植え穴を掘る。
②植え穴にたっぷり水を注ぎ、水が引いたら苗を植えつける。
③植えつけ後、株元を軽く手で押さえ、水やりする。

3 追肥・土寄せ
植えつけの2〜3週間後から月に2回

①株が小さいうちは、株間に化成肥料30g/㎡を追肥し、株が大きくなったら畝の側方に同量の化成肥料を追肥する。
②追肥後、株元に鍬などで軽く土寄せする。

4 収穫
植えつけの50〜60日後

ケールの葉は、ビタミンが多く栄養価が高いので、青汁としてよく利用されている。
①葉の長さが30cm位に生長したものから、順次収穫する。
②収穫したケールの葉。

今日収穫しても明日には新しい葉が生長

アシタバ 英名なし

セリ科の多年草で、古くから伊豆諸島などで栽培されている日本原産の野菜。生育が旺盛で「今日収穫しても明日には新しい葉が伸びる」ことから明日葉と名づけられた。苗を購入して4月～6月上旬に植え、2か月後から収穫開始。越冬後の翌年5月からも収穫できる。栽培は4～5年続くので、元肥には堆肥などの有機物を多めに施す。カロテン、ビタミンC、ミネラルが豊富な葉菜である。

科名：セリ科
利用部位：葉
難易度：易
日照の条件：日当たり良
連作障害：
あり　2年あける
栽培地域：日本全国
必要な広さ：
畝幅60cm、株間40cm
病害虫防除：
アブラムシ(オレート液剤)
ヨトウムシ(BT 剤)
病気は少ない
お薦め品種：
品種分化なし

栽培一口ポイント
- 1度植えると、数年間栽培できる宿根草なので、場所を選んで植えつける。
- 定期的な追肥と土寄せで、肥切れしないよう育てる。

栽培カレンダー

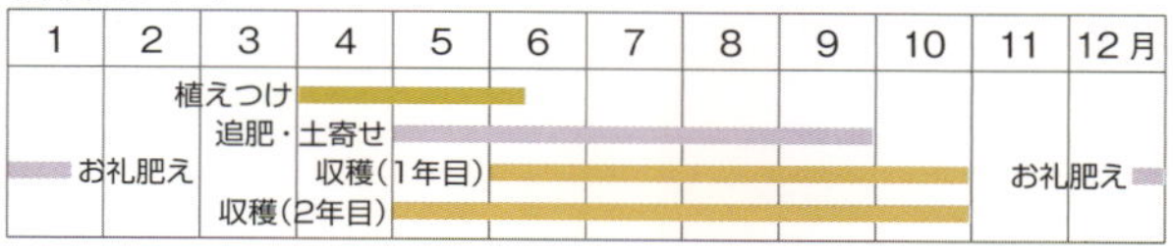

1 土づくり
植えつけの1週間前までに

植えつけの2週間前までに苦土石灰100g/㎡を散布してよく耕し、1週間前に畝の中央に深さ20cmの溝を掘る。堆肥2kg/㎡、化成肥料100g/㎡を施して土を戻し、高さ10cm の畝を立てる。

2 植えつけ
4月～6月上旬

①株間40cm とし、移植ゴテなどで植え穴を掘り、水を注ぐ。水が引いたら苗を植えつける。
②植えつけ後、株元を手で軽く押さえ、たっぷり水やりする。

3 追肥・土寄せ①
植えつけの1ヵ月後

植えつけの1ヵ月後、化成肥料30g/㎡を株間に追肥し、鍬などで株元に土寄せする。

4 収穫
植えつけの2ヵ月後～

①株が大きくなってから、葉が展開したばかりの若い葉を株元からハサミで収穫する。
②収穫したアシタバ。

5 追肥・土寄せ②
収穫直後から2週間に1回

収穫直後から2週間に1回、株元に化成肥料30g/㎡を追肥し、軽く土寄せする。

6 お礼肥え
12月下旬～1月

12月下旬～1月にかけて、地上部が枯れてきた頃に、堆肥3kg/㎡を畝に施す、お礼肥えを施す。

独特の芳香と風味が実は健康によい

セロリ Celery

地中海沿岸地域が原産のセリ科の葉菜。生育適温は15～20℃と冷涼な気候を好み、25℃以上の高温条件では生育が不良となる。畑は、有機質に富み、適度に湿っている土壌を好み、乾燥を嫌う。種まきから収穫まで5～6か月の長期間を必要とし、低温条件で花芽分化するため、5～6月種まき、10月下旬以降収穫の「初夏まき、秋冬取り」が基本作型である。つくりやすいスープセロリや独特のセロリアックなども仲間である。

科名：セリ科
利用部位：葉および葉柄
難易度：中～難
日照の条件：日当たり良
連作障害：
あり　2～3年あける
栽培地域：日本全国
必要な広さ：
畝幅60cm、株間30cm
病害虫防除：
アブラムシ(サンクリスタル乳剤)
軟腐病(ビスタイセン水和剤)
お薦め品種：
トップセラー、コーネル619

栽培一口ポイント
- 軟白する場合は、厚紙などで株を巻いて栽培する。
- 家庭菜園では、トップセラー(緑色系)を栽培すると、ミニセロリとして収穫できる。

栽培カレンダー

1	2	3	4	5	6	7	8	9	10	11	12月
			種まき			植えつけ					
						追肥・土寄せ					
									収穫		

1 土づくり

植えつけの1週間前までに

①植えつけの2週間前までに苦土石灰100g/㎡を散布してよく耕す。1週間前に畝幅80cmとし、堆肥2kg/㎡、化成肥料100g/㎡を施してよく耕す。
②高さ10cmの畝を立て、マルチを張る。

2 植えつけ

種まき＝5月～6月　植えつけ＝8月中旬～9月上旬

①条間40cm、株間30cmの2条植えとする。
②マルチに移植ゴテなどで穴をあけて植え穴に水を注ぎ、水が引いたら苗を植えつける。
③植えつけ後、株元を軽く手で押さえ、たっぷり水やりする。

3 追肥

植えつけの2週間後～月1、2回

植えつけの2週間後から、株元に化成肥料ひとつまみを追肥する。株元から出ている雑草は早めに除草する。

4 収穫

ミニセロリ＝植えつけの60日後　大型セロリ＝100日後

①ミニセロリは植えつけ後60日、草丈40cm以上になったら収穫する。
②株元を包丁で切り取って収穫する。
③収穫したミニセロリ。

長い葉柄を収穫、ジャムやお菓子に利用！

ルバーブ Rhubarb

和名は食用大黄、シベリア南部原産のタデ科の多年草で、30～50cmに伸びた根生葉の葉柄を利用。栽培は、実生と株分けによって行われ、いずれも1年目は株の養成に努め、2年目の時から収穫開始となる。酸味とえぐ味があるので、砂糖で煮てジャムやお菓子に利用することが多い。カリウム、カルシウムなどのミネラル、カロテン、ビタミンCの含量が多い。

科名：タデ科
利用部位：葉柄
難易度：中
日照の条件：日当たり良
連作障害：
あり　2～3年あける
栽培地域：日本全国
必要な広さ：
畝幅80cm、株間40cm
病害虫防除：
比較的少なく、無農薬栽培可能
お薦め品種：
マイアッツビクトリア、バレンタイン、マクドナルド

栽培一口ポイント
- 収穫は植えつけ２年目から行う。
- 植えつけたら、数年間は栽培できるので、株が弱らないように収穫を調整する。

栽培カレンダー

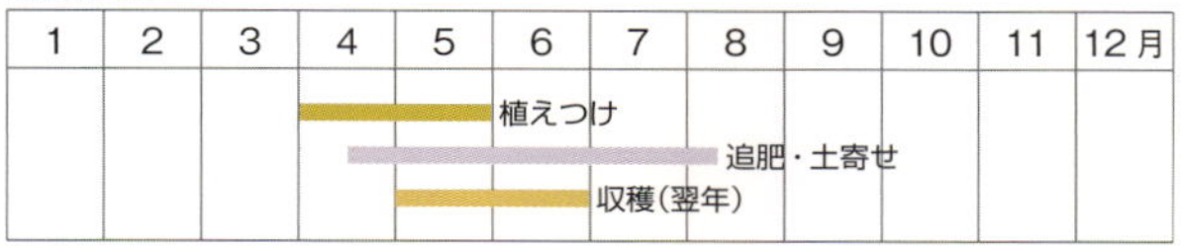

1	2	3	4	5	6	7	8	9	10	11	12月
					植えつけ						
							追肥・土寄せ				
						収穫（翌年）					

1 土づくり・植えつけ
4月～5月

①植えつけの2週間前までに苦土石灰100g/㎡を散布し、よく耕す。1週間前に畝幅80cmとして堆肥2kg/㎡、化成肥料100g/㎡を施して高さ10cmの畝を立てる。
②株間40cmとし、植え穴を掘って水を入れ、水が引いたら苗を植えつける。植えつけ後、株元を軽く手で押さえ、たっぷり水やりする。

2 追肥・土寄せ①
植えつけの3週間後

①株元に化成肥料30g/㎡を追肥する。
②追肥後、株元に鍬などで軽く土寄せする。

3 追肥・土寄せ②
植えつけの2ヵ月後

①最初の追肥以降、月に1回の割合で、株元に化成肥料30g/㎡を追肥する。
②追肥後は、株元に鍬などで軽く土寄せする。

4 収穫
5月～6月（翌年）

収穫は、翌年5月から始まる。
①長さ30～50cmに生長したルバーブの葉柄を根元からハサミで切り、収穫する。
②7月以降は株の養成のため収穫を控え、株の充実を図る。

切り花にしても美しい野菜の花

アーティチョーク Artichoke

アーティチョークは、別名チョウセンアザミ。地中海沿岸地域原産のキク科の大型多年生植物である。年平均気温が13～18℃の地帯が適地なので、日本の7～8月は生育が衰え、1～2月の厳寒期には地上部が枯れてしまう。宿根草で、株張り、草丈とも1m以上になるので堆肥等の有機物を多く施し、苗を植える場所にも注意する。

科名：キク科
利用部位：花蕾
難易度：中
日照の条件：日当たり良
連作障害：
あり　2～3年あける
栽培地域：日本全国
必要な広さ：
畝幅1m、株間50cm
病害虫防除：
アブラムシ(オレート液剤)
お薦め品種：
グリーングローブ

栽培一口ポイント
- 株がかなり大きくなるので、畝幅は 1m と広く取る。
- 開花前のやわらかい蕾を収穫する。

栽培カレンダー

1	2	3	4	5	6	7	8	9	10	11	12月
			植えつけ	植えつけ							
					追肥・土寄せ	追肥・土寄せ					
					収穫(翌年)						

1 土づくり
植えつけの1週間前までに

植えつけの2週間前までに苦土石灰100g/㎡を散布してよく耕す。1週間前に畝の中央に深さ20cmの溝を掘り、堆肥2kg/㎡、化成肥料100g/㎡を施して畝幅1m、高さ10cmの畝を立てる。

2 植えつけ
4月下旬～5月下旬

株間50cmとし、植え穴を掘る。水を注ぎ、水が引いたら苗を植えつけて株元を軽く手で押さえ、たっぷり水やりする。

3 追肥・土寄せ
植えつけの2ヵ月後

①株元に化成肥料30g/㎡を追肥する。
②株元に鍬などで軽く土寄せする。
以降2ヵ月に1回、追肥・土寄せする。

4 冬越し
12月～3月

①1月上旬のアーティチョーク。この頃、枯れた茎や葉を片付け、株元に堆肥2kg/㎡を施す。
②3月中旬の様子。この頃、化成肥料30g/㎡を施す。

5 収穫
翌年6月上旬～

開花前の蕾が柔らかい時期に収穫する。
①蕾の下の花梗部をハサミで切り取り、収穫する。
②収穫したアーティチョーク。花のガクや内部を茹でて軟らかくして利用する。

若い根と葉柄を食べるゴボウ！

葉ゴボウ Leaf burdock

葉ゴボウは、若い根と葉柄を利用するもので、白茎系品種が利用されている。ゴボウの葉柄の基部が赤いものを赤茎と呼ぶが、硬いため食用には不向きである。

一方、着色していないものは白茎で、柔らかく食べられる。越前白茎ゴボウ、萩ゴボウなどの専用品種がある。果皮に発芽抑制物質があるので、一晩水につけてから種まきすると発芽が良好となる。

科名：キク科
利用部位：葉柄と若い根
難易度：中
日照の条件：日当たり良
連作障害：
あり　4～5年あける
栽培地域：日本全国
必要な広さ：
畝幅60cm、株間5～10cm
病害虫防除：
アブラムシ(オレート液剤)
根コブセンチュウ類(連作をしない)
お薦め品種：
越前白茎、早生白茎

栽培一口ポイント
- 株間を狭くし、葉を軟らかく育てる。
- 養水分を切らさずに、できるだけ短期間に育てると、葉柄が柔らかい。

栽培カレンダー

1 土づくり
種まきの1週間前までに

種まきの2週間前までに苦土石灰150g/㎡を散布し、よく耕す。1週間前に畝幅60cmとし、堆肥2kg/㎡、化成肥料100g/㎡を施してよく耕す。高さ10cmの畝を立てる。

2 種まき
春：3月下旬～5月　秋：9月中旬～10月中旬

畝の中心に支柱で1本のまき溝をつくり、1cm間隔になるように種をまき、覆土して軽く手で押さえ、たっぷり水やりする。

3 間引き①②・追肥・土寄せ①
種まきの10日後　　種まきの3週間後

①発芽して本葉が展開した頃に、3～4cm間隔に1本となるように間引く。
②種まきの3週間後に5～6cm間隔になるように間引く。
③株元に化成肥料30g/㎡を追肥して、ホーなどで軽く土寄せする。

4 追肥・土寄せ②
種まきの5週間後

①化成肥料30g/㎡を、畝の側方に追肥する。
②鍬などで株元に土寄せする。

5 収穫
種まきの60～70日後（越冬栽培：3月中旬～4月中旬）

若い葉と葉柄、根の部分が食べられる。葉を取り除いた茎と根を、天ぷらや炒め物で食べる。
①草丈20～30cmになったら収穫適期。
②収穫は、株ごと引き抜く。

漬け物の辛味と風味がたまらない

タカナ Chinese mustard

タカナの仲間は中国南部から東南アジアで発達したもので、三池タカナ、長崎タカナ、大葉タカナなどの品種があり、日本では九州地方での栽培が多い。葉は濃緑色から赤紫色のものまで色々あり、病気や寒さに強く収量も多い。タカナの葉は、葉柄と中肋が多肉質でねじれたり縮れていたりするものが多く、特有の辛味があり、漬け物にした場合独特の風味を楽しむことができる。栽培は比較的簡単で、9月～10月中旬に種まきする。

栽培一口ポイント
- 大株にして外側の葉から順次収穫する。
- 間引きで株間を確保し株を充実させる。

栽培カレンダー

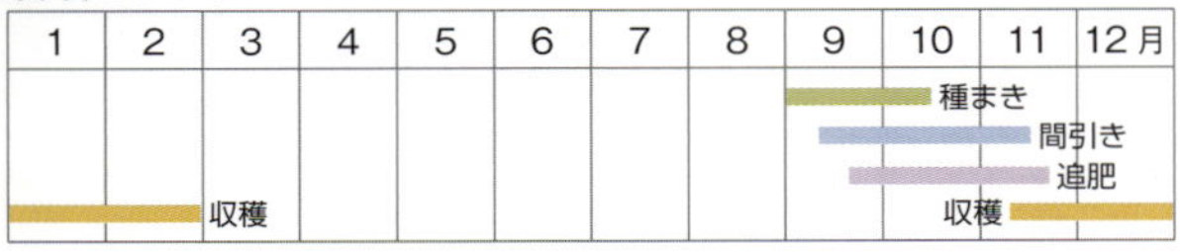

科名：アブラナ科
利用部位：葉
難易度：易
日照の条件：日当たり良
連作障害：
あり　1～2年あける
栽培地域：日本全国
必要な広さ：
畝幅60cm、条間30cm
病害虫防除：
アオムシ、コナガ(BT水和剤)
アブラムシ(オレート液剤)
根コブ病(連作をしない、フロンサイド粉剤を種まき前に土に混ぜる)
お薦め品種：
三池大葉縮緬高菜、柳川大縮緬高菜、赤大葉高菜

1 土づくり・種まき

土づくり＝種まきの1週間前までに　種まき＝9月上旬～10月中旬

①種まきの2週間前までに、畝幅60cmとし、苦土石灰100～150g/㎡を散布してよく耕す。1週間前に畝の中央に深さ20cmの溝を掘り、堆肥2kg/㎡、化成肥料100g/㎡を施し、土を戻して高さ10cmの畝を立てる。
②条間30cmとしてまき溝を2本つくり、溝に1cm間隔になるように種をまいて覆土し、たっぷり水やりする。

2 間引き①

種まきの7～10日後

①発芽後、双葉が完全に展開したら、3cm間隔に1本となるように間引く。
②間引きの後、株元に軽く手で土寄せする。

3 間引き②③・追肥・土寄せ

種まきの20日後、30日後

①本葉が3～4枚の頃に10cm間隔に1本となるように間引く。
②条間に化成肥料30g/㎡を追肥し、株元に土寄せする。最終間引きは30cm間隔にする。以後、2週間に1回、同量の化成肥料を追肥し、土寄せする。

4 収穫

種まきの70日後

①草丈が40～50cmに生長してきたら、外側の葉から折り取って収穫する。
②収穫したタカナ。開花するまで順次収穫する。

浅漬けのピリッとした辛味でごはんが進む

カラシナ Mustard

カラシナの仲間は、カラシ油配糖体のシニグリンを含んでいるので、独特の辛味を有している。中国北部を中心に栽培され、日本でも東北、北海道で多く栽培されている。葉に欠刻があり、毛《もう》じを持つものが多い。とう立ちした茎葉を利用するものや葉を摘んで利用するものがある。土壌適応性が広く、寒さにも強いので作りやすい。種まきは9～10月中旬、収穫は11月下旬～3月に行う。

科名：アブラナ科
利用部位：葉
難易度：易
日照の条件：日当たり良
連作障害：
あり　1～2年あける
栽培地域：日本全国
必要な広さ：
畝幅60cm、条間30cm
病害虫防除：
アオムシ、コナガ(BT水和剤)
アブラムシ(オレート液剤)
根コブ病(連作を避ける、フロンサイド粉剤を種まき前に土とよく混ぜる)
お薦め品種：
葉からし菜、黄からし菜、さがみグリーン

栽培一口ポイント
- 種まき時期を守り、順調な生育をさせる。
- 間引きをしっかりと行い、株間をしっかり取る。

栽培カレンダー

1	2	3	4	5	6	7	8	9	10	11	12月
									種まき		
										間引き	
										追肥	
			収穫							収穫	

1 土づくり・種まき
土づくり＝種まきの1週間前までに　種まき＝9月上旬～10月中旬

①種まきの2週間前までに、畝幅60cmとし、苦土石灰100～150g/㎡を散布してよく耕す。1週間前に堆肥2kg/㎡、化成肥料100g/㎡を施してよく耕し、高さ10cmの畝を立てる。
②条間30cmとしてまき溝を2本つくり、溝に1cm間隔になるように種をまいて覆土し、たっぷり水やりする。

2 間引き①②
種まきの7～10日後、種まきの17～20日後

①双葉が完全に展開したら、3cm間隔に1本となるように間引きする。間引き後は、株元に手で軽く土寄せする。
②本葉が2～3枚になったら、10cm間隔に間引く。

3 間引き③　追肥・土寄せ
種まきの30日後

①草丈が10cm位に生長したら、30cm間隔に間引く。
②間引き後、条間に化成肥料30g/㎡を施して、ホーなどで株元に土寄せする。

4 収穫
種まきの70日～90日後

①草丈が30～40cmに生長したら収穫する。収穫方法はタカナと同様に、外側の葉から収穫するか、株元をハサミで切り取って収穫する。
②収穫したカラシナ。

花茎はアスパラガスに似た風味と甘さ！

オータムポエム Autumun poem

中国野菜のコウサイタイとサイシンをもとに育成した新しい野菜で、とう立ちした花茎、花蕾、葉を利用する。別名アスパラ菜。アスパラガスと同じように甘みがあり、おいしい。種まきは8月下旬～9月が適期で、トンネル栽培なら3月まきも可能である。よい花茎を多く出すためには土づくりが重要で、完熟堆肥を多く施す。

科名：アブラナ科
利用部位：花蕾と若い茎葉
難易度：易
日照の条件：日当たり良
連作障害：
あり　1～2年あける
栽培地域：日本全国
必要な広さ：
畝幅60cm、株間30cm
病害虫防除：
アオムシ、コナガ(BT水和剤)
アブラムシ(オレート液剤)
ハモグリバエ類(カスケード乳剤)
お薦め品種：
とう立ちした花蕾と茎葉を食べる同じような品種には、サイシン、コウサイタイがある。

栽培一口ポイント
- とう立ちする前にしっかり追肥し、大株に育てると、収量も増える。
- 夏から秋は害虫が多発するので、ネット栽培などで害虫を防除する。

栽培カレンダー

1	2	3	4	5	6	7	8	9	10	11	12月
							種まき				
							間引き				
							追肥・土寄せ				
									収穫		

1 土づくり・種まき
土づくり＝種まきの1週間前までに　種まき＝8月下旬～9月下旬

①種まきの2週間前までに畝幅60cmとして苦土石灰100～150g/㎡を散布してよく耕す。1週間前に堆肥2kg/㎡、化成肥料100g/㎡を施してよく耕し、高さ10cmの畝を立てる。
②畝の中央に株間30cmとして空き缶の底などで種まき穴をつくる。穴に6～7粒を点まきし、覆土後、たっぷり水やりする。

2 間引き①
種まきの7～10日後

①発芽し、双葉が完全に展開して本葉が1～2枚の頃。
②生育のよい苗を3本残し、他は間引く。
③間引き後、株元に軽く土寄せする。

3 間引き②・追肥・土寄せ
種まきの3週間後、追肥・土寄せは2週間後

①本葉5～6枚になるまでに間引き、1本立ちにする。
②間引き後、株間に化成肥料30g/㎡を追肥する。
③追肥後、株元に土寄せする。

4 収穫
種まきの60～70日後

①とうが立ってきて、花が1～2輪開花し始めた頃、長さ20cm位の柔らかい所からハサミで切って順次収穫する。
②収穫したオータムポエム。茎も柔らかく、アスパラガスのような風味がする。

春の旬とほろ苦さを味わう

ナバナ Rape blossom

ナバナとして利用する種類には、在来ナタネと洋種ナタネの2種類がある。在来ナタネは、葉が黄緑色で柔らかいのが特徴。一方、洋種ナタネは葉色が濃く、葉が

厚い。いずれも甘味とほろ苦さがあり、春の旬を感じる野菜である。種まきは9～10月、アブラナ科野菜を2～3年栽培していない場所を選ぶ。

科名：アブラナ科
利用部位：花蕾、および茎葉
難易度：中
日照の条件：日当たり良
連作障害：あり　2～3年あける
栽培地域：日本全国
必要な広さ：畝幅60cm、条間10cm
病害虫防除：アオムシ、コナガ(BT 剤) アブラムシ(オレート液剤)
お薦め品種：早陽一号、秋華、冬華、早春なばな

栽培一口ポイント
- 適期に種まきし、株を大きく育てると収量もあがる。
- 根コブ病予防のため、アブラナ科の連作を避ける。

栽培カレンダー

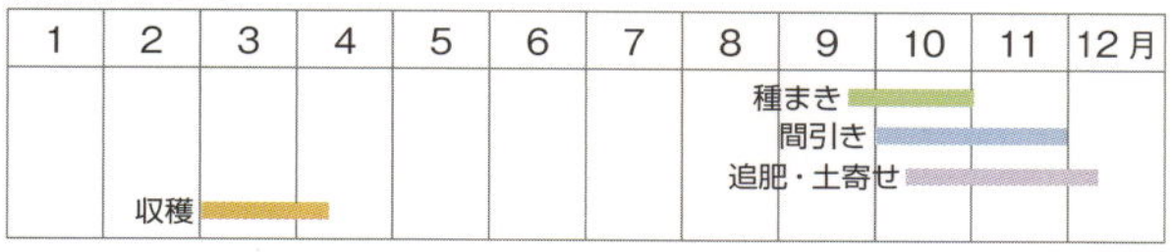

1 土づくり・種まき
土づくり＝種まきの1週間前までに　種まき＝ 9月下旬～10月下旬

①種まきの2週間前までに畝幅60cm として苦土石灰100～150g/㎡を散布してよく耕す。1週間前に堆肥2kg/㎡、化成肥料100g/㎡を施してよく耕し、高さ10cm の畝を立てる。
②畝の中央に支柱などでまき溝をつくり、種を1cm 間隔ですじまきしたら覆土して、軽く手で押さえ、たっぷり水やりする。二条まきの場合は条間30cm とする。

2 間引き①
種まきの7～10日後

①発芽し、双葉が完全に展開したら、3cm 間隔に1本となるように間引く。
②間引き後、手で株元に軽く土寄せする。

3 間引き②・追肥・土寄せ
種まきの20～25日後

①本葉が2～3枚の頃に、6cm 間隔に1本となるように間引く。
②間引き後、化成肥料30g/ ㎡を追肥し、土寄せする。同様に本葉が5～6枚の頃に、10～20cm 間隔に間引き、その後追肥し、ホーなどで軽く土寄せする。

4 収穫
3月上旬～4月上旬

①開花する前に、ハサミで長さ20cm 位の柔らかい所で茎を切り、収穫する。
②収穫したナバナ。春の旬とほろ苦さが楽しめる。

オカヒジキのアンチョビー炒め

ベーコンとアンチョビーの塩気を調味料代わりにした温サラダ。オカヒジキの歯ごたえがシャキシャキと快い。

材料（2人分）
オカヒジキ100g　アンチョビーフィレ2切れ　ベーコン½枚　サラダ油小さじ1　ニンニク（薄切り）小1片　こしょう少々　白ワイン大さじ2

作り方
①オカヒジキは硬い茎を除き、適当にザク切りにする。ベーコンは細切りにし、アンチョビーは細かくたたく。
②フライパンにサラダ油と①のベーコン、ニンニクを入れ、弱火で炒める。ベーコンがカリッとしたら、①のアンチョビーを加えてなじませ、オカヒジキを入れて炒める。
③こしょう、白ワインをふり、軽く煮つめながらオカヒジキに火を通す。

●料理ヒント＆効能
アクが強いので生食には向かない。さっとゆでて塩、こしょう、レモン汁とオリーブ油で和えたサラダが、イタリアのローマでは春の味として親しまれている。和え物、炒め物にもよい。栄養素では不足しがちな鉄（1.3mg /100g 以下同）、カルシウム（150mg）、ビタミンE（1mg）のよい給源になり、風邪の予防、美容によい。

◉

スイスチャードのお浸し　薬味添え

茎にほんのりした甘味があり、さらしネギ、辛味ダイコンで味にアクセントを添えた。

材料（2人分）
スイスチャード2株　割りじょうゆ<だし大さじ4　薄口しょうゆ大さじ2>　白ネギ5㎝　辛味ダイコンおろし適宜

作り方
①スイスチャードは茎の硬いところを切り取り、茎と葉に分けて洗う。ネギはせん切りにし、水にさらして水気をよく切る。
②①のスイスチャードを水気を切らずに鍋に入れ、蓋をして中火にかける。煮立ってきたら、火を止めて1〜2分蒸らす。
③ざるに広げて風を送って早く冷まし、食べやすい長さに切り、割りじょうゆに浸す。15分ほどおいて味を含ませ、①のネギと辛味ダイコンを添え、食べるときに和える。

●料理ヒント＆効能
黄、紅、赤紫とカラフルな茎の色が楽しい野菜。堅いので生食には向かない。洗って水気を切らずに鍋に入れて蓋をし、中火で蒸すようにすると色も養分も抜けにくい。塩、こしょう、レモン汁、オリーブ油で和えるだけでもおいしい。炒め物、煮込み料理にも向く。栄養素はカリウム、鉄、カロテン、ビタミンE・B_2、食物繊維が豊富。

◉

オカノリのトマト和え

トマトに酢とゴマ油で味をつけ、ゆでたオカノリを和えた、和風サラダ。かむほどにとろりとして喉越しがよい。

材料（2人分）
オカノリ100g　完熟トマト中1個　タマネギ（みじん切り）小½個　塩小さじ½　薄口しょうゆ小さじ1　酢小さじ2　ゴマ油（生搾り）小さじ1　サラダ油大さじ1

作り方
①オカノリは硬い茎を取り、さっとゆで、冷水にとる。水気を絞り、4㎝長さに切る。
②トマトはヘタをくり抜き、皮をむいて小角に切り、ボウルに入れる。タマネギを加え、塩、薄口しょうゆ、酢、ゴマ油、サラダ油で調味し、①を入れて和える。

●料理ヒント＆効能
名が示すように葉を干すと、焼き海苔《のり》のような香りがする。たくさんとれたら干して保存するのもよい。ゆでて刻むとヌメリが出て、ご飯にのせておかかとしょうゆをかければとろろ飯風になる。クセがないので、お浸し、和え物、汁の実、炒め物などによい。原種のフユアオイについては江戸時代の『農業全書』に、利尿効果があると紹介され、中国ではその種子を冬葵子《とうきし》と呼び、尿や乳の出をよくし、便秘の薬に使われる。

◉

太刀魚《たちうお》のムニエル　ツルナ添え

太刀魚の焼き汁でツルナを炒めて付け合わせに。魚の旨味を含んで香ばしく、歯ごたえもよい。

材料（2人分）
太刀魚2切れ　ツルナ200g　塩小さじ1　こしょう少々　小麦粉適宜　サラダ油大さじ2　酒大さじ2　レモンの輪切り2枚

作り方
①ツルナは硬い茎を除き、約4㎝長さに切る。
②太刀魚に塩小さじ½、こしょう少々をふり、約15分おく。水気を拭き、皮目に細かく切り込みを入れ、小麦粉をごく薄くふる。
③フライパンにサラダ油を入れて熱し、②を入れて焼く。焼き色がついて七分どおり火が通ったら裏返して火を通す。
④太刀魚を取り出し、①を入れて軽く炒め、酒をふり、残りの塩、こしょうで調味する。
⑤器に炒めたツルナを敷き、焼いた太刀魚を盛り、レモンをのせる。

●料理ヒント＆効能

ゆでると特有の風味があり、お浸し、和え物、炒め物、てんぷらなどがよい。栄養素は鉄(3mg /100g 以下同)、カロテン(2700μg)、ビタミンE(1.3mg)・B_2(0.3mg)のよい給源。

◉

ケールと豆のスープ

コトコト煮たケールの旨味と白インゲン豆の上品な甘味が融合し、素朴ながら滋味深く、満足感のある味わいになる。

材料（2人分）

ケールの葉4枚　ゆでた白インゲン豆200g　タマネギ(みじん切り)小½個　サラダ油大さじ1　塩小さじ½　こしょう少々　白ワイン大さじ2　鶏スープ400mℓ　EX オリーブ油大さじ1～2

作り方

①ケールは2cm角に切る。

②サラダ油にタマネギを入れて弱火で炒め、しんなりしたら①を入れて塩、こしょう各少々をふり、炒める。

③ケールがしんなりしたら白ワインをふって煮つめる。鶏スープを加えてケールが柔らかくなるまで煮て、白インゲン豆を入れ、約10分煮る。

④塩、こしょうで味を調えて器に盛り、EXオリーブ油を好みに落とす。

メモ　白インゲン豆は水に浸して一晩ふやかし、香味野菜(ニンジン・セロリ・タマネギ各少々)、ベイリーフ1枚を加えて強火で煮立て、アクを取り、弱火で柔らかくなるまでゆでる。水煮缶や冷凍品を利用してもよい。

●料理ヒント＆効能

キャベツの原種で野性的な苦味があり、生食には向かない。煮込んだりスープにすると、チリメンキャベツのような甘味と旨味が出る。栄養素は、カリウム、カルシウム、カロテン、ビタミンE・C、食物繊維が豊富で野菜中トップクラス。

◉

アシタバのかき揚げ

小えび、小柱とかき揚げにし、塩とこしょうでシンプルに。ご飯にのせ、てんつゆをかけて丼にするのもよい。

材料（2人分）

アシタバ2～3本　小えび・小柱各50g　酒大さじ1　衣＜小麦粉・冷水各大さじ2＞　小麦粉・揚げ油各適宜　塩・こしょう各少々

作り方

①アシタバは硬い茎を取り、葉を適当な大きさに切り、茎は2cm長さに切る。

②小えびは殻と背ワタを除き、小柱と合わせて酒をふって洗い、水気を切る。これに①の茎、葉を少し加えて小麦粉を薄くまぶし、合わせた衣を薄く絡めておく。

③①の葉に衣を薄くつけ、②は小分けにして160℃の揚げ油に入れる。全体が固まって浮いてきたら裏返し、中まで火を通してカラリとさせ、油をきる。塩とこしょうを添え、好みにふる。

●料理ヒント＆効能

春先の若葉は柔らかでアクも少ないのでさっとゆでてお浸し、和え物に最適。ゆでるとややヌメリが出て口当たりがよくなる。てんぷらにすると香ばしく、豊富なカロテン(5300μg /100g 以下同)とビタミンE(2.6mg)の吸収率が高まる。その他、カリウム、鉄、ビタミンB_1・B_2・C、食物繊維も多い。茎を折ると出る黄色い汁にはカルコン類が含まれ、抗菌、抗酸化、抗潰瘍、血圧降下、血栓予防など多岐にわたる機能性のあることが知られている。葉を乾燥して保存し、お茶にして飲むとよい。

セロリのトマト煮

トマトの酸味とサラミの旨味を含んだセロリが柔らか。余ったソースはパスタやリゾットに利用できる。

材料（4人分）

セロリ4本　サラミソーセージ50g　完熟トマト1個　タマネギ(みじん切り)¼個　ニンニク(みじん切り)小1片　サラダ油大さじ2　塩・こしょう各適宜　白ワイン50mℓ

作り方

①セロリは筋を取り、5～6cm長さに切る。サラミソーセージは5mm角の棒状に切る。

②トマトはヘタをくり抜き、皮を湯むきし、ザク切りにする。

③サラダ油にタマネギとニンニクを入れ、弱火で炒めて香りを出し、①を加えて炒める。油がなじんだら塩小さじ1、こしょう少々、白ワインをふって軽く煮つめる。

④トマトを加えて中火で煮つめ、ほぼ煮つまったら塩、こしょうで味を調える。

●料理ヒント＆効能

独特のさわやかな香りと歯ごたえが魅力なので、生でサラダがお奨め。小口切りにすると繊維が切断されるので口に当たらず食べやすい。セロリの香りは肉類と相性がよく、肉のスープストックや煮込み、ソースを作るときに、タマネギ、ニンジンとともに香味野菜として欠かせない。その他、鶏肉や豚肉と炒めてもおいしい。

栄養素は多くないがバランスよく含んでいる。西洋では17世紀頃からスタミナがつくとして常用されるようになり、中国薬膳では体内の余分な熱を除き、肝機能を整え、血圧を下げるなどの効用があるとされる。茎より葉に栄養素が多いので、捨てずに利用したい。ジャコとの炒め煮、スープや煮込みの香りづけによい。

ルバーブのクランブル

粉、バター、砂糖、卵でそぼろを作り、砂糖をまぶしたルバーブと重ねて焼き上げた素朴なケーキ。焼き型はパイ皿でもよい。

材料（深さ4㎝のキャセロール）

ルバーブ200g　グラニュー糖50g　ラム酒大さじ1　生地<薄力粉100g　バター（食塩不使用）50g　グラニュー糖40g　卵30g>　バター適宜

作り方

①生地の材料を冷蔵庫でよく冷やす。

②生地を作る。ボウルに粉を入れ、冷たいバターを細かく刻んで加え、パイカッターでバターに粉を絡めながら米粒大に刻む。冷蔵庫で冷やしてから、ほぐした卵を混ぜ、砂糖を加えて混ぜてそぼろ状にする。バターを溶かさないように冷たい状態を維持して短時間に仕上げ、冷蔵しておく。

③ルバーブは1㎝の小口切りにし、砂糖、ラム酒を絡める。

④キャセロールにバターを多めに塗り、②の生地半量を敷き、③を入れて平らにし、残りの②を重ねる。予熱した250℃のオーブンで5分焼き、200℃で10分、180℃で10〜15分焼く。焼き時間はオーブンによるので、生地に焼き色がついてカリッとするまで焼く。粗熱をとり、スプーンなどで取り分ける。

●料理ヒント & 効能

生には強い酸味があり、砂糖で煮ると繊維が崩れてゼリー状になり、よいジャムになる。鮮やかな紅色は皮に集中しているのでむかずに利用する。ザクザク刻んで砂糖をたっぷりかけてタルトのフィリングにしたり、バターでソテーして砂糖で甘味を補い、羊肉や鴨料理の付け合わせにもよい。硬く青い茎はさっと湯に通してからピクルスにしてもよく、冷蔵すれば3〜4ヵ月もつ。栄養素は多くないが、クエン酸、リンゴ酸などの有機酸類が疲労回復、便秘の予防などに役立つ。

◉

アーティチョークのマリネ

ケッパー、オリーブとともに酢で軽く蒸し煮にしたマリネ。前菜、ゆで肉や魚のソテーの付け合わせにもよい。冷蔵すれば1週間楽しめる。

材料（4人分）

アーティチョーク4個　レモン½個　A<ケッパー（塩漬け）小さじ1　黒オリーブ8個　塩小さじ½　白ワインビネガー50㎖　白こしょう少々>　EXオリーブ油大さじ3

作り方

①アーティチョークは硬いがくを取り外し、内側のがくはナイフでそぎ取る。すぐにレモン汁とレモンを入れた水に放し、アク止めする。

②鍋に水100㎖とAを入れて煮立て、①の水気を切って入れ、蓋をして弱火で5〜6分蒸し煮にする。アーティチョークに串が楽に通ればでき上がり。冷まして味を含ませ、EXオリーブ油をかける。

●料理ヒント & 効能

がくの根元と蕾の内部を食べる。アクが強く、空気に触れると変色するため、すぐにレモン水につけて変色を防ぐ。若い蕾ならさっとゆでてレモン汁とオリーブ油をかけるだけでおいしく、竹の子の姫皮に似た味わい。茎をつけて丸ごと揚げるユダヤ風アーティチョークはローマの伝統料理。その他、サラダ、詰め物、グラタン、リゾットなどに。保存はゆでて酢漬け、オリーブ油漬けにするとよい。栄養素ではカリウムと食物繊維を多く含み、利尿作用がある。消化不良・高脂血症を改善する働きもある。

葉ゴボウの当座煮

葉も根も一緒に、チリメンジャコと昆布の旨味でしょうゆ煮に。酒の肴、お弁当のおかずにもよい。冷蔵庫で4〜5日もつ。

材料（6人分）

葉ゴボウ2株（約500g）　チリメンジャコ（乾燥品）20g　昆布10㎝　ゴマ油（生搾り、またはサラダ油）大さじ1　酒大さじ3　みりん大さじ1　薄口しょうゆ大さじ2

作り方

①葉ゴボウは葉と根に分け、それぞれ5〜6㎝長さに切る。根の太いものは半分に切る。昆布は細切りにする。

②ゴマ油でチリメンジャコを軽く炒め、葉ゴボウの根、葉の順に入れて軽く炒める。

③湯50㎖、昆布、酒、みりんを入れてひと煮し、薄口しょうゆを入れて煮つめる。

●料理ヒント & 効能

葉を食べる野菜だが、細い根はゴボウ特有の香りを秘めて柔らかく、捨てずに利用したい。さっとゆでてお浸し、ゴマ和え、炒め煮、味噌汁の実によい。

栄養成分のデータはないが緑の葉にはカロテンやビタミンCが期待でき、根を利用すればカリウム、食物繊維の給源になる。保存は葉と根を切り離し、葉は冷蔵し、根は紙に包んでポリ袋に入れて冷暗所で。

◉

タカナの浅漬け

塩漬けにすると身が締まって歯ざわりが心地よく、香りも勝る。冷蔵庫を利用して手軽にできる浅漬け。

材料（作りやすい分量）

タカナ1株　5%塩水（水1ℓなら塩50g）適宜　赤トウガラシ1本

作り方

①タカナは根元を切り落として葉をばら

し、よく洗って水気を切る。密封容器に合わせて長さを切る。
②容器にタカナを詰め、赤トウガラシを入れて5%塩水をかぶるまで注ぎ、皿を重石代わりにして蓋をする。室温で1日おき、翌日冷蔵庫に入れる。1週間位で塩がなじむ。軽く塩抜きして刻む。

●料理ヒント＆効能
あめ色に発酵した古漬けの味わいは格別で、昔から漬け物に利用されてきた。若い葉は生でサラダにできる。その他、炒め物、汁の実にもよい。栄養素では、カリウム(300mg/100g 以下同)、鉄(1.7mg)、カロテン(2300μg)、ビタミンC(69mg)が豊富。中国薬膳では痰《たん》を除き、利尿、便秘によいとされる。

◉

カラシナのゴマ和え

ゴマの香ばしさとコクがカラシナの辛味を和らげて食べやすくなる。

材料(4人分)
カラシナ2株(約300g)　だし割りじょうゆ<だし大さじ6　しょうゆ大さじ2>　煎りゴマ大さじ3　ゴマ油小さじ1

作り方
①カラシナは硬い茎を除き、色よくゆでて冷水にとり、水気を絞り、5cm長さに切る。
②ゴマをすり鉢ですり、だし割りじょうゆ大さじ2、ゴマ油でのばす。
③残りのだし割りじょうゆに①を約10分浸して味を含ませる。汁気を切って②で和え、器に盛る。

●料理ヒント＆効能
ピリッとシャープな辛味が特徴。若い葉は辛味が少ないので生でサラダにできる。保存を兼ねて塩漬けにするとよいが、辛味とともに特有の旨味もあり、ゆでてお浸し、炒め物、汁の実にして味わうのもよい。栄養素は葉菜類ではトップクラス、カリウム(620mg/100g以下同)、鉄(2.2mg)、カロテン(2800μg)、ビタミンE(3mg)・C(64mg)、食物繊維(3.7g)のよい給源。中国薬膳では、体を温めて風邪を治し、肺や胃腸を整えるとされる。

◉

オータムポエムとえびのショウガ炒め

ショウガのさわやかな辛味とエビの甘味を含み、オータムポエムがひと味深みを増す。

材料(2人分)
オータムポエム200g　むきえび100g　ショウガの薄切り3〜4枚　ネギ(斜め薄切り)5cm　サラダ油大さじ2　塩小さじ½　こしょう少々　酒大さじ1½

作り方
①オータムポエムは硬い茎を取り、茎のほうから束ねて5cm長さに切る。
②えびは背ワタを取り、酒大さじ½を絡めておく。
③サラダ油にショウガ、ネギを入れて中火でしんなりするまで炒め、②と①の茎を入れて軽く炒め、塩、こしょう、残りの酒で調味する。
④穂先と葉を加えて強火で炒め、葉の色が冴えたら器に盛る。

●料理ヒント＆効能
ナバナ風とアスパラガス風の二つの味が楽しめる欲張り野菜。アブラナ科特有の旨味があり、ゆでる、炒めるなどのシンプルな調理法で持ち味を生かしたい。
新顔のため栄養成分のデータはないが、ナバナ同様にミネラル、ビタミン、食物繊維が豊富と思われる。

◉

ナバナのスパゲッティ

スパゲッティと一緒にゆで、ニンニクソースでシンプルに味わう春らしいパスタ。

材料(2人分)
スパゲッティ(細め)160g　ナバナ100g　サラミソーセージ(薄切り)50g　ニンニク(せん切り)小1片　赤トウガラシ(種を取る)小1本　サラダ油大さじ2　塩・こしょう・EXオリーブ油各適宜

作り方
①湯1.5ℓを沸かし、塩小さじ2を入れ、スパゲッティをゆで始める。
②ナバナは硬い茎を取り、5cm長さに切る。
③サラダ油にニンニク、赤トウガラシを入れて弱火で焦がさないように炒めて香りを出し、サラミを入れて軽く炒める。
④スパゲッティがゆで上がる直前に②を入れて色よくゆでる。ざるにとり、湯を切って③に入れて和え、塩、こしょうで味を調える。EXオリーブ油をふり、器に盛る。

●料理ヒント＆効能
鮮やかな緑とほろ苦さが春を感じさせる。ゆでてお浸し、和え物、炒め物によい。ミネラル、ビタミンの豊富さは葉菜類ではトップクラス、特に鉄(2.9mg/100g)、ビタミンE(2.9mg)・C(130mg)、食物繊維(4.3g)のよい給源。中国薬膳では、苦味成分は体内の炎症、気の高ぶりを鎮め、水分の代謝をよくし、解毒作用などがあるとされる。

甘みと歯切れのよさで サラダ野菜の定番

玉レタス Head lettuce

レタスは、地中海沿岸地域から中近東に広く分布するキク科の *Lactuca seriola* から発達したものといわれ、結球する玉レタス、半結球のサラダナ、非結球のリーフレタス、立ち性のコスレタス、茎を利用するステムレタスなどがある。玉レタスは、固く結球した葉をサラダ等に利用するが、歯切れがよくとれたては甘みも多い。生育適温は、15～20℃と冷涼な気候を好み、春と秋によく育ち、土壌適応性も広く、比較的つくりやすい。一方暑さに弱く、25℃を超えると発芽不良となり、また、長日条件ではとう立ちする性質があるので、夏の平地での栽培は困難である。

科名：キク科
利用部位：結球葉
難易度：易
日照の条件：日当たり良
連作障害：あり　1～2年あける
栽培地域：日本全国
必要な広さ：畝幅60cm
株間30cm

病害虫防除：
アブラムシ（DDVP 乳剤50）
ヨトウムシ（スピノサド水和剤）
ベト病（ダコニール1000）
お薦め品種：
ファルコン、マリア、シスコ、オリンピア

栽培一口ポイント
- 街灯や夜間照明のそばで栽培すると、とう立ちするので注意。
- 肥切れすると結球が小さくなるので、追肥をしっかり行う。

栽培カレンダー

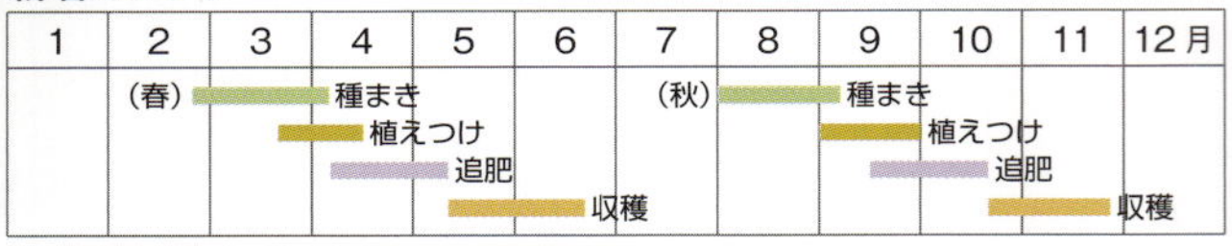

1 苗づくり

春：2月下旬～4月上旬　秋：8月上旬～9月上旬

①シードパンに培養土を入れ、5cm間隔にまき溝をつくる。
②種は1cm 間隔でまく。
③種まきから10日位で、双葉が完全に展開したら、ポリポットか連結ポットに移植する。
④割り箸で1本ずつ丁寧に移植する。
⑤連結ポットに移植した苗。
⑥種まきの3週間後、本葉が4～5枚になったら植えつけ適期。

2 土づくり
植えつけの1週間前までに

①植えつけの2週間前までに苦土石灰100g/㎡を散布してよく耕す。1週間前に堆肥2kg/㎡、化成肥料100g/㎡を施して、よく耕す。
②畝幅60cm、高さ10cmの畝を立てる。

③マルチの一端を土に埋め、反対側にマルチを伸ばす。伸ばしたマルチの端を土で埋め、鍬でマルチを切る。
④マルチの両サイドも土で埋める。中央に1mおきに土を乗せ、重石とする。

3 植えつけ
春：3月下旬～4月中旬　秋：9月上旬～下旬

本葉が4～5枚になったら植えつける。
①条間、株間とも30cmとして、マルチに移植ゴテで穴をあけて植え穴を掘る。
②穴に水を注ぎ、水が引いたら苗を植えつける。

4 追肥
植えつけの2～3週間後

株の直径が15cm位になったら、株元に化成肥料ひとつまみを追肥する。

5 収穫
植えつけの50～60日後

①手で玉を触って、硬くしまってきたら収穫適期。
②外葉を1～2枚つけて、包丁で地際から収穫する。

③収穫した玉レタス。重さは1玉400～500gが目安。

とれたて野菜レシピ

●料理ヒント＆効能

生でサラダにすることが多いが、加熱すると歯ごたえがシャキシャキして食べやすくなる。さっとゆでてお浸し、炒め物、汁の実、鍋の具にするとおいしく、たくさん食べられる。栄養素は総じて少ないが、洗ってちぎるだけで手軽に利用でき、クセがなく食べやすいので多いに利用し、ビタミン、ミネラルの給源にしたい。切り口から出る乳汁には神経をリラックスさせる鎮静作用や催眠作用があるといわれている。

玉レタスの腐乳炒め

レタスは炒めると口当たりがしなやかになり、歯ごたえはシャキシャキと快く、クセになるおいしさがある。腐乳は豆腐を塩漬けにして発酵させた中国の調味料で、独特の旨味がレタスによく合う。

材料（2人分）

玉レタス小1個　ニンニク（みじん切り）小½片
サラダ油大さじ1　腐乳小さじ2　酒大さじ2
塩・こしょう各少々

作り方

①レタスは4つ割りにして根元を切り離し、大きくザク切りにする。手で一口大にちぎってもよい。
②サラダ油にニンニクを入れて弱火で炒めて香りを出し、腐乳を加えて溶かし、①を入れ、強火にして炒める。
③レタスがしんなりしたら、酒を鍋肌から回し入れ、塩、こしょうで味を調え、器に盛る。

●保存ヒント

収穫後も生命活動が盛んなので、できるだけ早く冷やして休眠状態にし、冷蔵すると、3～4日は元気。

苗から 30 日で収穫、家庭菜園の入門野菜

リーフレタス Leaf lettuce

非結球レタスの仲間で、苗の植えつけ後30日（種まき後60日）で収穫できる作りやすさと葉肉が薄く柔らかいこと、赤葉品種（サニーレタスと呼ばれている）に代表されるように、葉形や葉色がバラエティーに富んでいることから近年人気が急上昇中。日の長い条件化ではとう立ちし、品質が低下するので、育苗や栽培する場所は、ベランダ・玄関の外灯や道路の街灯の側は避ける。

栽培一口ポイント
- 黒マルチで雑草防除と泥の跳ね返りを防ぐ。
- 収穫は一気に収穫する場合と、外側から葉を摘んでいく 2 つのやり方がある。

栽培カレンダー

科名：キク科
利用部位：葉
難易度：易
日照の条件：日当たり良
連作障害：
あり　1〜2年あける
栽培地域：日本全国
必要な広さ：畝幅60cm、株間30cm、条間30cm
病害虫防除：
アブラムシ（モスピラン粒剤）
ヨトウムシ（スピノサド水和剤）
菌核病（トップジン M 水和剤）
お薦め品種：
サニーレタス系はレッドファイヤー、レッドウェーブ、リーフレタス系はグリーンウェーブ、ダンシング

1 苗づくり

春：2月下旬〜4月中旬　秋：8月下旬〜9月中旬（種まきは、玉レタス参照）

①②シードパンに培養土を入れて種をすじまきし、薄く覆土する。発芽して双葉が展開したら、5×5の連結ポットに培養土を入れ、割り箸で移植する。
③移植後、本葉が4〜5枚になったら植えつけ適期。

2 土づくり・植えつけ

土づくり／植えつけの1週間前までに　植えつけ／春：3月下旬〜5月中旬　秋：9月中旬〜10月中旬

①植えつけの2週間前までに苦土石灰100g/㎡を散布してよく耕し、1週間前に堆肥2kg/㎡、化成肥料100g/㎡を施して高さ10cm、畝幅60cm の畝を立てマルチを張る。
②条間、株間を30cm とし、移植ゴテで植え穴をあけて苗を植えつける。

3 追肥

植えつけの2週間後

株の直径が10〜15cm の大きさになったら（植えつけの2週間後）、株元に化成肥料ひとつまみを追肥する。

4 収穫

植えつけの30日後

①苗を植えてから30日後、株の直径が25〜30cm の大きさになったら、地際からハサミや包丁で収穫するか、外葉を順に摘みとって収穫する。
②収穫したサニーレタス。
③収穫したグリーンウェーブ。

焼き肉の味を引き立たせるリーフレタス

チマサンチュ Cutting lettuce

日本の風土に適応しており、耐暑性、耐病性ともに強く育てやすい。春作（3〜4月まき）と秋作（8〜9月まき）が栽培しやすく、播種後60日程度で収穫できる。収穫した葉は、焼肉を包んで食べるだけでなく、茹でても炒めても美味。ちなみに、チシャ（乳草）の名前は、収穫すると切り口から白い乳液が出ることに由来する。学名の *Lactuca* の *Lac* も「乳」を意味する。

科名：キク科
利用部位：葉
難易度：易
日照の条件：日当たり良
連作障害：
あり　1〜2年あける
栽培地域：日本全国
必要な広さ：
畝幅60cm
株間30cm
病害虫防除：
アオムシ、コナガ(BT水和剤)、
アブラムシ(オレート液剤)
お薦め品種：
青葉チマサンチュ、チマサンチュ、赤葉チマサンチュ

栽培一口ポイント
- 葉の長さが20〜25cmの頃、外側の葉をかきながら収穫すると長く収穫可能。
- 黒マルチは雑草や泥の心配がなく、病気が軽減される。

栽培カレンダー

1	2	3	4	5	6	7	8	9	10	11	12月
	(春)		種まき			(秋)		種まき			
				植えつけ					植えつけ		
					追肥				追肥		
						収穫				収穫	

1 苗づくり

春：2月下旬〜4月上旬　秋：8月中旬〜9月中旬　（種まきは、玉レタス参照）

①②シードパンに培養土を入れて種をすじまきし、薄く覆土する。発芽して双葉が展開したら、5×5の連結ポットに培養土を入れ、割り箸で移植する。
③移植後、本葉が4〜5枚になったら植えつけ適期。

2 土づくり・植えつけ

土づくり／植えつけの1週間前までに　植えつけ／3月下旬〜5月中旬、9月上旬〜10月上旬

①植えつけの2週間前までに苦土石灰100g/㎡を散布してよく耕し、1週間前に堆肥2kg/㎡、化成肥料100g/㎡を施して高さ10cm、畝幅60cmの畝を立て、マルチを張る。
②条間、株間を30cmとし、移植ゴテで植え穴をあけて苗を植えつける。

3 追肥

植えつけの2週間後

株の直径が10〜15cmの大きさになったら、2週間後株元に化成肥料ひとつまみを追肥する。

4 収穫

植えつけの30日後

①苗を植えてから30日後、株の直径が25〜30cmの大きさになったら、株元をハサミや包丁で収穫するか、外葉を順に収穫する。
②収穫したチマサンチュ。
③収穫した赤葉チマサンチュ。

種まきから60日で収穫できる半結球レタス

サラダナ Butterhead lettuce

バターヘッド型と呼ばれる半結球型レタスの仲間で冷涼な気候を好む。春は2月下旬～4月種まき、4月下旬～6月収穫、秋は8月中旬～9月中旬種まき、10月中旬～11月中旬収穫。生育期間が60日位と短いので、肥料は元肥を中心に施す。追肥は早めに施し、肥切れや水分不足にならないように注意する。サラダやサンドイッチなどに利用されている。

科名：キク科
利用部位：葉
難易度：易
日照の条件：日当たり良
連作障害：
あり　1～2年あける
栽培地域：日本全国
必要な広さ：
畝幅60cm、株間30cm
病害虫防除：
アブラムシ（オレート液剤）
菌核病（トップジンＭ水和剤）
ヨトウムシ（スピノサド水和剤）
お薦め品種：
サマーグリーン、岡山サラダ菜

栽培一口ポイント
- 苗を植えつければ、30日程度で収穫できる。
- 寒冷紗等で覆って栽培すると、無農薬でも育てられる。

栽培カレンダー

1 苗づくり

植えつけの1ヵ月前　春：2月下旬～4月中旬　秋：8月中旬～9月中旬　（種まきは、玉レタス参照）

①シードパンに培養土を入れて種をすじまきし、薄く覆土する。双葉が展開したら、移植適期。
②5×5の連結ポットに割り箸で移植する。
③移植後、本葉が4～5枚になったら植えつけ適期。

2 土づくり・植えつけ

土づくり／植えつけの1週間前までに　植えつけ／春：3月下旬～5月中旬　秋：9月中旬～10月中旬

①植えつけの2週間前までに苦土石灰100g/㎡を散布してよく耕し、1週間前に堆肥2kg/㎡、化成肥料100g/㎡を施して高さ10cm、畝幅60cmの畝を立ててマルチを張る。条間、株間とも30cmとし、移植ゴテで植え穴をあけて苗を植えつける。
②植えつけ後、たっぷり水やりする。

3 追肥

植えつけの2週間後

①植えつけから2週間が経ち、苗が生長してきた頃。
②株元に化成肥料ひとつまみを追肥する。

4 収穫

植えつけの30～40日後

①植えつけ後30～40日経過し、株の直径が25～30cmになったら、地際から包丁で収穫する。
②収穫したサラダナ。

シーザーサラダに欠かせない、シャキシャキの食感！

コスレタス Romain lettuce

地中海沿岸諸国で多く栽培されている種類で、別名ローメインレタス、「立ち性で、結球部がタケノコ型の半結球」となるのが特徴である。日本ではコスレタスの栽培が少なく、品種分化はほとんど進んでいないが、病気に強く作りやすい、クセがなく食味がよいなどの特性を考えると、家庭菜園向きの種類といえる。土壌も選ばないので、お奨めである。

科名：キク科
利用部位：葉
難易度：易
日照の条件：日当たり良
連作障害：
あり　1〜2年あける
栽培地域：日本全国
必要な広さ：
畝幅60cm、株間30cm
病害虫防除：
アブラムシ(オレート液剤)
ハスモンヨトウ(アファーム乳剤)
菌核病(トップジンＭ水和剤)
お薦め品種：
コスタリカ4号

栽培一口ポイント
- 春と秋の栽培適期に、育苗して植えつける。
- 街灯のそばではとう立ちしやすいので注意する。

栽培カレンダー

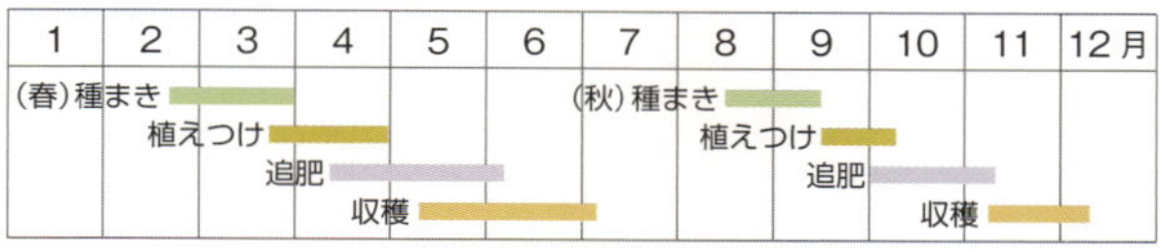

1 苗づくり
植えつけの1ヵ月前　（種まきは、玉レタス参照）

①シードパンに培養土を入れて種をすじまきし、薄く覆土する。双葉が展開したら、移植適期。
②5×5の連結ポットに培養土を入れ、割り箸で移植する。
③移植後、本葉が4〜5枚になったら植えつけ適期。

2 土づくり・植えつけ
土づくり／植えつけの1週間前までに　植えつけ／春:3月下旬〜4月下旬　秋:9月中旬〜10月上旬

①植えつけの2週間前までに苦土石灰100g/㎡を散布してよく耕し、1週間前に堆肥2kg/㎡、化成肥料100g/㎡を施して高さ10cm、畝幅60cmの畝を立ててマルチを張る。条間、株間とも30cmとし、移植ゴテで植え穴をあけて苗を植えつける。
②植えつけ後、たっぷり水やりする。

3 追肥
植えつけの2週間後

①植えつけから2週間が経ち、苗が生長してきた頃。
②株元に化成肥料ひとつまみを追肥する。

4 収穫
植えつけの50〜60日後

①草丈が20〜30cmになり、半結球したら収穫適期。地際から包丁で収穫する。シーザーサラダや炒め物に向いている。
②収穫したコスレタス。

太った茎を食べるレタス

山クラゲ Stem lettuce

太った茎を食用とするレタスで、茎レタス、別名アスパラガスレタス。中国を中心に栽培・利用され、わが国に古くから伝来した在来のカキチシャは、この仲間に分類される。育苗する場合、高温期は一晩水につけ、冷蔵庫等で催芽させてから種まきすると発芽率がよい。山くらげは、茎を乾燥したもので、コリコリした独特の食感があり、漬け物などに利用される。

科名：キク科
利用部位：葉・茎
難易度：中
日照の条件：日当たり良
連作障害：
あり　1〜2年あける
栽培地域：日本全国
必要な広さ：
畝幅60cm、株間30cm
病害虫防除：
アブラムシ(オレート液剤)
菌核病(トップジンＭ水和剤)
ヨトウムシ(スピノサド水和剤)
お薦め品種：
ケルン、ステムレタス

栽培一口ポイント
- 茎が 30cm に伸びた頃に下葉をかいて収穫する。
- 肥切れしないように、しっかり追肥する。

栽培カレンダー

1	2	3	4	5	6	7	8	9	10	11	12月
		(春)	種まき			(秋)		種まき			
				植えつけ					植えつけ		
					追肥					追肥	
						収穫					収穫

1 苗づくり

春:3月中旬〜4月上旬　秋:8月上旬〜9月上旬　(種まきは、玉レタス参照)

①シードパンに培養土を入れて種をすじまきし、薄く覆土する。双葉が展開したら、移植適期。
②5×5の連結ポットに割り箸で移植する。
②移植後、本葉が4〜5枚になったら植えつけ適期。

2 土づくり・植えつけ

土づくり／植えつけの1週間前までに　植えつけ／春:4月中旬〜5月上旬　秋:9月上旬〜10月上旬

①植えつけの2週間前までに苦土石灰100g/㎡を散布してよく耕し、1週間前に堆肥2kg/㎡、化成肥料100g/㎡を施して高さ10cm、畝幅60cm の畝を立ててマルチを張る。
②条間、株間とも30cm とし、移植ゴテで植え穴をあけて苗を植えつける。

3 追肥

植えつけの2週間後

2週間に1回、株元に化成肥料ひとつまみを追肥する。

4 収穫

植えつけの50〜60日後

①株元から包丁で切って収穫する。
②下の葉は不要なので、かきとる。
③かきとった葉もサラダなどに利用できる。

形がユニークで暑さに強いほろ苦野菜

エンダイブ Endive

地中海沿岸地域原産のキク科の葉菜で、和名はニガチシャ。独特のほろ苦さが特徴である。葉縁の切れ込みや葉の縮れ、葉色などの葉の形態は品種によってさまざま。苦味を軽減するために、外葉を結束し、内部を軟白する栽培方法もある。生育適温は15～20℃と冷涼な気候を好む。栄養的には、カロテン、ビタミンC、カリウムや鉄分が豊富に含まれている。

科名：キク科
利用部位：葉
難易度：易
日照の条件：日当たり良
連作障害：
あり　2～3年あける
栽培地域：日本全国
必要な広さ：
畝幅60cm、株間30cm
病害虫防除：
病害虫は少ないので、無農薬栽培可能。
お薦め品種：欧米では、葉の縮れや葉縁の切れ込みによってさまざまな品種があるが、日本ではエンダイブとして1種類のみ販売されている。

栽培一口ポイント
- 外葉を束ねて内葉を軟白すると苦味が減る。
- 黒マルチを使い、管理作業を簡略化する。

栽培カレンダー

1 苗づくり

種まき＝春:3月中旬～4月　秋:8月～9月上旬　（種まきは、玉レタス参照）

①シードパンに培養土を入れて種をすじまきし、薄く覆土する。双葉が展開したら、移植適期。
②5×5の連結ポットに割り箸で移植する。
③移植後、本葉が4～5枚になったら植えつけ適期。

2 土づくり・植えつけ

春:4月中旬～5月　秋:9月～10月上旬

①植えつけの2週間前までに苦土石灰100g/㎡を散布してよく耕し、1週間前に堆肥2kg/㎡、化成肥料100g/㎡を施して高さ10cm、畝幅60cm の畝を立ててマルチを張る。
②条間、株間とも30cm とし、移植ゴテで植え穴をあけて苗を植えつける。

3 追肥

植えつけの2週間後

①植えつけから2週間が経ち、苗が生長してきた頃。
②2週間に1回、株元に化成肥料ひとつまみを追肥する。

4 収穫

植えつけの40～45日後

①地際に包丁を入れ、切りとる。
②収穫した新鮮なエンダイブ。苦味を少なくするには外葉で内葉を包んで軟白する。

鮮やかな赤紫色と白色のコントラスト

トレビス Treviso

日本でトレビスと呼んでいるのは、分類上はチコリー*(Cicorium intivus)*と同種の「葉色が赤紫色で白色の葉脈」が特徴の結球タイプである。「トレビス」の名前は、イタリア北部の産地がその由来である。地中海沿岸地域原産のキク科の葉菜で、チコリーやエンダイブと同様の苦味を持ち、葉色の鮮やかさでサラダを美しく彩る。

科名：キク科
利用部位：葉
難易度：易
日照の条件：日当たり良
連作障害：
あり　1〜2年あける
栽培地域：日本全国
必要な広さ：
畝幅60cm、株間30cm
病害虫防除：
病害虫は少なく、無農薬栽培可能
お薦め品種：
トレビスビターなど

栽培一口ポイント
- 結球開始期までに、できるだけ株を大きく育てる。
- 玉を手で押して、締まってきたら収穫を開始する。

栽培カレンダー

1 苗づくり

春:3月上旬〜下旬　秋:8月上旬〜9月上旬

①直径7.5cm位のポリポットに、培養土を入れ、種を6〜7粒まく。
②覆土し、水やりする。
③発芽したら、生育のよいものを残して間引きし、植えつけ適期の本葉5〜6枚になるまでに1本立ちにする。

2 土づくり・植えつけ

土づくり／植えつけの1週間前までに　植えつけ／春:4月上旬〜下旬　秋:9月上旬〜下旬

①植えつけの2週間前までに苦土石灰100〜150g/㎡を散布してよく耕し、1週間前に堆肥2kg/㎡、化成肥料100g/㎡を施してよく耕す。高さ10cm、畝幅60cmの畝を立て、マルチを張る。株間30cmとして移植ゴテで穴をあけて水を注ぎ、水が引いたら苗を植えつける。
②植えつけ後、株元を軽く手で押さえて、たっぷり水やりする。

3 追肥

植えつけの2〜3週間後

植えつけの2週間に1回、株元に化成肥料ひとつまみを追肥する。

4 収穫

植えつけの60〜70日後

①結球した部分を押して、堅くしまってきたら、収穫適期。
②地際を包丁で切り取って収穫する。
③赤紫の葉色と白い葉脈の対比が美しい。少々苦味があり、サラダなどに利用される。

若葉を刈り取って何回も収穫

ベビーリーフ Baby leaf

いろいろな野菜の若い葉を収穫したもので、ベビーリーフという品種ではない。スイスチャード、グリーンマスタード、レッドマスタード、ミズナ、ルッコラなどを単独で栽培する場合と、レタスの仲間やアブラナ科の野菜の種をミックスして栽培する方法がある。種まき後17〜20日で収穫でき、厳寒期を除けば周年で栽培できる。イタリアやフランスでは、ムスクランと呼ぶ。

科名：キク科・アブラナ科・アカザ科などさまざまな種類を混合して使用する。
利用部位：若い葉
難易度：易
日照の条件：日当たり良
連作障害：
あり　1〜2年あける
栽培地域：日本全国
必要な広さ：
最小で50cm四方の広さがあれば栽培可能
病害虫防除：
アブラムシ(オレート液剤)
アオムシ、コナガ(BT水和剤)
お薦め品種：
(レタス系)ガーデンレタスミックス(アブラナ科系)ベビーサラダミックス(アカザ科)スイスチャードのアイデアル、ほうれん草のサラダあかり

栽培一口ポイント
- ばらまきよりも条間を狭めて、すじまきにしたほうが管理しやすい。
- 収穫後、追肥し、葉の再生を促す。

栽培カレンダー

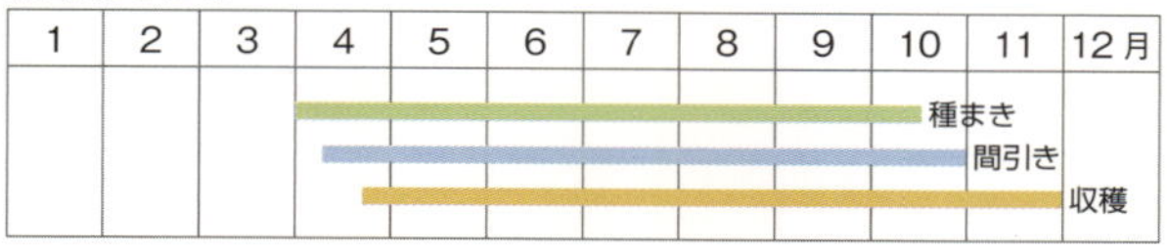

1 土づくり・種まき

土づくり／種まきの1週間前までに　種まき／4月上旬〜10月中旬（真夏は避ける）

枠をつくりその中に種まきの2週間前までに苦土石灰100g/㎡を散布してよく耕し、1週間前に堆肥2kg/㎡、化成肥料100g/㎡を施してよく耕す。

①今回は80cm四方の枠をつくり、その中を4等分して、条間10cmのまき溝を縦・横交えてつくった。

②まき溝に種を1cm間隔にまき、覆土して軽く手で押さえ、水やりする。

2 間引き

種まきの10日後

発芽し、双葉が完全に展開したら、3cm間隔に1本となるように間引く。

3 収穫

種まきの17〜20日後

①草丈が10cm位になってきたら収穫適期。

②地際より、やや上のところからハサミで収穫する。

③収穫したベビーリーフ。若い葉は柔らかく、クセや苦味もないので、サラダに向いている。

4 追肥

収穫開始以後

①収穫した条間に、化成肥料30g/㎡を追肥して、葉の再生を促す。

②収穫後、追肥して回復してきたベビーリーフ。

リーフレタスと砂肝のスパゲッティ

リーフレタスの緑色とさわやかな歯ざわりがアクセント。

材料（2人分）
リーフレタス1個　砂肝（硬い筋を除いたもの）100g　ニンニク（薄切り）小1片　タマネギ（みじん切り）大さじ2　赤トウガラシ（種を取り、半分に切る）1本　オリーブ油大さじ2　塩適宜　こしょう少々　スパゲッティ 160g

作り方
①湯を1.5ℓ沸かし、塩小さじ2を入れ、スパゲッティをゆで始める（ゆで時間は表示を目安にし、少し早めにゆで上げる）。
②リーフレタスは適当にちぎる。
③オリーブ油にニンニク、タマネギ、赤トウガラシを入れて弱火で炒めて香りを出し、砂肝を入れ、塩一つまみ、こしょうをふり、中火で炒めて火を通す。
④スパゲッティがゆで上がったら湯をよく切り、③に加える。リーフレタスを入れて炒め、塩、こしょうで味を調える。

●料理ヒント＆効能
葉が柔らかでクセがなく、生で食べやすく、サラダに最適。加熱しても歯ごたえがあり、さっとゆでてお浸し、和え物、パスタの具などにもよい。栄養素では、カリウム、鉄、カロテン、ビタミンE・Cがサラダナに次いで多く、よい給源になる。

◉

チマサンチュとたこのピリ辛和え

一度に大収穫のときはさっとゆでて和え物に。ゆでだこはゆで直すと、歯ごたえがよくなる。ピリ辛だれはコチュジャンをベースにした韓国風。ご飯にも合うが、酒の肴にもなる。

材料（2人分）
チマサンチュ 100g　ゆでだこの足1本　ピリ辛だれ＜コチュジャン・紹興酒・しょうゆ各大さじ1　練りゴマ小さじ1　おろしショウガ・おろしニンニク各小さじ1＞　煎りゴマ適宜

作り方
①ゆでだこはさっとゆで直し、冷水で冷やし、薄切りにする。
②チマサンチュは半分の長さにちぎり、さっとゆで、冷水にとり、水気を軽く絞る。
③ピリ辛だれ適量で①と②を和え、煎りゴマをふる。

メモ　コチュジャンはトウガラシ入りの韓国の甘味噌。

●料理ヒント＆効能
熱に強いことから焼肉を包んで食べるのが一般的だが、生食の他、ゆでてお浸し、和え物、炒め物、汁の実にもよい。
　収穫したものは洗って水気をよく切り、ポリ袋に入れて冷蔵庫で保存し、早く使いきる。

◉

マグロのたたき　サラダナ巻き

わさび、しょうゆ、オリーブ油で和えたマグロを、サラダナと青ジソに巻いて食べる、おつまみ。キュウリのせん切りが、さわやかな歯ごたえを添える。

材料（2人分）
サラダナ1個　マグロ（中トロ）100g　わさび（せん切り）5g　しょうゆ小さじ2　EX オリーブ油大さじ1　キュウリ1本　青ジソ6枚

作り方
①マグロは粗く刻んで軽くたたき、わさび、しょうゆ、EX オリーブ油を混ぜる。
②サラダナは葉をばらして洗い、水気をよく切る。キュウリはせん切りにする。
③サラダナに青ジソを重ね、①とキュウリ適宜をのせて巻いて食べる。

●料理ヒント＆効能
葉の大きさがほどよく、巻く、包む、挟むのに便利。栄養素はレタスの中では最も優れ、カリウム、鉄、カロテン、ビタミンE・Cなどが豊富。たくさんとれたときは、ゆでてお浸し、和え物、スープなどによい。

◉

コスレタスと卵のサラダ

コスレタスで半熟卵を包んでもよいし、崩して絡めてもよい。パンを添えて朝食に。卵のゆで加減はお好みで。

材料（4人分）
コスレタス小1個　卵4個　ケッパー（塩漬け）小さじ1　塩小さじ ½　こしょう少々　酢小さじ2　EX オリーブ油大さじ2〜3　パルミジャーノ・レッジャーノ（すりおろす）大さじ4〜5

作り方
①コスレタスは根元を切って葉をばらし、大きい葉は適当に切り、洗って水気を切り、ペーパータオルに包み、冷蔵庫でよく冷やす。こうすると葉がパリパリになる。
②卵は、沸騰した湯に入れ、弱火で8分ゆでる。冷水にとり、殻をむき、半分に切る。
③コスレタスとゆで卵を器に盛り、ケッパーを散らし、塩、こしょう、酢、EX オリーブ油、チーズをふる。

●料理ヒント＆効能
パリパリした歯ごたえが魅力で、クルトン、チーズと合わせたシーザーサラダがおなじみ。炒め物、スープにも向く。栄養素は、玉レタスより少し多い程度。

山クラゲと貝柱のさっと煮

透明感のある翡翠色を生かし、貝柱の旨味を含ませてさっと煮た。コリコリした歯ごたえとともに上品な味わい。

材料（4人分）
山クラゲ2本　干し貝柱4～5個　酒大さじ2　塩小さじ¼　白こしょう少々　片栗粉小さじ1

作り方

①干し貝柱は水200mℓに浸し、電子レンジ（600W）で約3分加熱してもどす。鍋に移し、弱火で柔らかくなるまで煮て、ほぐす。煮ている途中で水分がなくなるようなら適当に足す。

②山クラゲは皮をむき、約8cm長さに切り、約1cm角の棒状に切る。

③②を①に入れ、酒、塩、白こしょうを加えて中火で煮る。山クラゲの歯ごたえが残る程度に火を通し、水大さじ2で溶いた片栗粉を入れて手早く混ぜてとじ、塩味を調える。

●料理ヒント＆効能

茎を食べるチシャの仲間、コリコリした歯ざわりが魅力。皮の下に硬い繊維があるので厚めにむいてサラダ、酢味噌和え、炒め物、煮物、漬け物に向く。保存は乾燥がよい。皮をむいて細長く切り、天日下で短時間に干し上げる。乾燥剤と缶などで保存する。水でもどし、和え物、炒め物に。

◉

エンダイブのサラダ ベーコンソース

香ばしいベーコンと、エンダイブの苦味がバランスよく融合。

材料（4人分）
エンダイブ½個　ニンジン½本　ベーコン2枚　タマネギ（みじん切り）大さじ2　塩小さじ½　こしょう少々　酢小さじ2　EXオリーブ油大さじ2

作り方

①エンダイブは茎から葉を摘み、冷水にさらしてパリッとさせ、水気を切る。ニンジンはピーラーで細くそぐ。

②ベーコンは細切りにし、アルミ箔に並べ、オーブントースターの弱でカリッと焼く。

③ボウルでタマネギ、塩、こしょう、酢、EXオリーブ油を混ぜ、ニンジンと②を入れて和え、エンダイブを加えて和える。

●料理ヒント＆効能

ほろりとした苦味と特有の旨味がある。茎から葉を摘んで冷水にさらすとカールして花のようになる。生でサラダにするほか、ブレゼー（蒸し煮）やスープ煮などにも向く。栄養素ではカリウム（270mg/100g以下同）、カロテン（1700μg）が多い。

◉

トレビスのグリル

塩をふって軽くグリルし、レモン汁と上質のオリーブ油をかけるだけだが、トレビスの味が堪能できる。一緒に肉をグリルして、付け合わせにしてもよい。

材料（4人分）
トレビス2個　塩小さじ½～1　こしょう少々　サラダ油少々　レモン汁大さじ1　EXオリーブ油大さじ2～3

作り方

①トレビスは根元を切り、葉をばらす。

②グリルパンをよく焼きならし、サラダ油を薄く塗り、①を並べ、塩、こしょう各少々をふり、表面に軽く焼き目をつける。器にとり、レモン汁、EXオリーブ油をふって和える。調味料は好みで加減する。

●料理ヒント＆効能

その色合いと、ほろ苦さ、身の締まった歯ごたえを楽しむには生でサラダがお奨め。加熱すると苦味は増すが、甘味も出るのでグリルの他、ソテー、ブレゼー、リゾットにも向く。

栄養素は多くないが、紫の色素はアントシアニン（ポリフェノールの一種）で、抗酸化作用がある。

◉

ベビーリーフとカッテージチーズのサラダ

カッテージチーズと、歯ごたえのよいラディッシュと合わせて、味わいと栄養を充実。

材料（2人分）
ベビーリーフ100g　カッテージチーズ50g　ラディッシュ2個　ドレッシング<塩小さじ½　こしょう少々　レモン汁小さじ1　酢大さじ1　EXオリーブ油大さじ3>

作り方

①ベビーリーフは洗って水気を切る。

②ラディッシュは葉と根に分け、根は薄輪切りにし、葉は食べやすくちぎる。

③器に、①と②を盛り、カッテージチーズを適当に散らし、ドレシング適量で和える。

●料理ヒント＆効能

色も形もさまざまな幼葉のミックス、見るだけでも楽しく、どんな味がするのかと食欲をそそる。生でサラダや付け合わせに。たくさんとれたときは、つまみ菜感覚で汁の実、さっとゆでてお浸しなどに。

栄養素はリーフレタスに準ずると思われる。保存は洗って水気を拭き、ポリ袋で冷蔵する。水気があると傷みやすい。

根菜

地下部を利用する根菜は、大きく分けると真っ直ぐに伸びた根を利用する直根類と、地下茎などが肥大したイモ類に分けられる。直根類には、ダイコン、カブ、ニンジンなどがあり、イモ類には、サツマイモ、ジャガイモ、サトイモの御三家に、アピオス、ヤーコンなどの健康イモ類などがある。根菜を収穫する瞬間は、掘り取るまでその全景が見えないだけに、大人も子どももドキドキわくわくする。大きなイモが収穫できたときの心からの喜び、思いっきりの笑顔——。そこには、純心な子ども時代に戻った、本当の自分の姿がある。

守口から桜島まで－日本が世界に誇る野菜－

ダイコン Japanese radish

日本人に最もなじみ深い野菜で、練馬、三浦、桜島、聖護院、守口など、その品種の多様さには驚くべきものがある。生育適温は17～20℃と冷涼な気候を好むが、10℃以下の低温では花芽分化を起こし、根の肥大が妨げられるので、種まきの適期（秋作では８月下旬～９月上旬）を守ることが重要である。種まきは直まきのみで、岐根を防ぐためにも「深耕と精耕」がキーワードとなる。栄養的には、ビタミンＣや消化酵素のジアスターゼを含む健康野菜で、特に葉には、カロテン、ビタミンＢ、Ｃ、Ｄ、Ｅが多量に含まれ、タンパク質も多く、最近ではダイコンの葉を収穫対象とする品種も登場している。

科名：アブラナ科
利用部位：根・葉
難易度：易
日照の条件：日当たり良
連作障害：少ないが1～2年あける
栽培地域：日本全国
必要な広さ：畝幅60cm
株間30cm

病害虫防除：
アブラムシ（オレート液剤）
アオムシ、コナガ（BT水和剤）
キスジノミハムシ（DDVP乳剤75）
お薦め品種：
青首系ではYRくらま、冬自慢など
ミニダイコンでは雪美人、ころ愛
中太系では竜神三浦2号

栽培一口ポイント
- 30cm間隔の点まきとし、一箇所４～５粒ずつまく。
- 早まき遅まきを避け、各地域の種まき適期を守る。
- 土は深くよく耕し、石や堆肥の塊などがないようにする。

栽培カレンダー

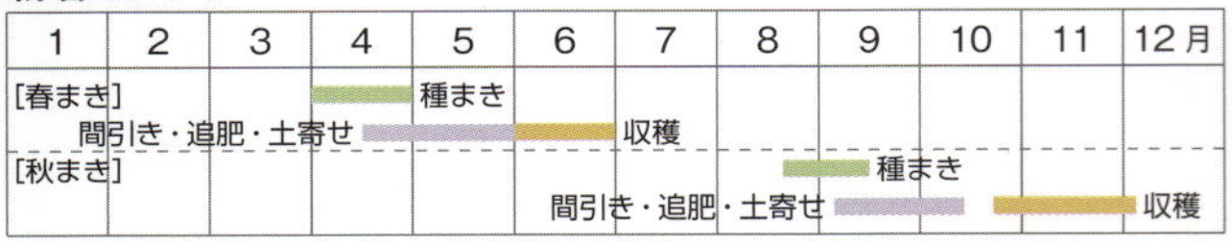

1 土づくり

種まきの1週間前までに

まっすぐなダイコンをつくるために石や土、堆肥などの塊がないようにしっかり耕す。

①鍬などで畑全体を耕し、土中の塊を取り除く。
②種まきの2週間前までに苦土石灰100～150g/㎡を散布し、よく耕す。
③種まきの1週間前に畝幅60㎝とし、堆肥2kg/㎡を施す。
④化成肥料100g/㎡を施し、よく耕す。
⑤高さ10㎝の畝を立てる。
⑥レーキなどで表面のゴミを取り除きながら、畝を平らにする。

2 種まき

春まき：4月上旬〜4月下旬　秋まき：8月下旬〜9月上旬

①株間30㎝とし、空き缶などで深さ1㎝の穴をつくる。
②1ヵ所に4〜5粒ずつ点まきする。
③種をまいたら、覆土する。
④覆土後は、軽く手で押さえる。
⑤覆土した上に、土が隠れる位にモミガラを乗せる。
⑥たっぷり水やりする。

3 間引き①（3本立ち）

種まきの7〜10日後

①発芽して、双葉が展開したら、生育のよい苗を3本残し、他は間引く。
②間引き後は、株元へ軽く手で土寄せして株を安定させる。

4 間引き②（2本立ち）

種まきの17〜20日後

①本葉2〜3枚の頃、1ヵ所につき2本となるように間引く。
②間引き菜は、食卓に利用できる。

5 追肥・土寄せ①

2回目の間引き後

①2回目の間引き後、株間に化成肥料30g/㎡を追肥する。
②鍬などで株元へ軽く土寄せする。

6 間引き③（1本立ち）

種まきの30日後

①種まきから30日後、本葉が6〜7枚の頃。
②大きい株を手で押さえ、小さい株を手で引き抜いて1本に間引く。
③間引き後の株。

7 追肥・土寄せ②
間引き③終了後

①1本立ちにした後、畝の側方に化成肥料30g/㎡を追肥する。
②鍬などで株元へ軽く土寄せする。

8 ダイコンの抽根《ちゅうこん》
種まきの50日後

青首ダイコンは、生長すると地上に根が飛び出る。このことを抽《ちゅう》根《こん》という。

9 収穫
種まきの60日後

①種まきから60日後、地上部が15㎝以上抽根《ちゅうこん》してきたら、収穫適期となる。
②根の直径が6～7㎝のものから葉の根元を持ち、一気に引き抜く。
③ダイコンの葉が食べられるのも家庭菜園ならではである。

また根ダイコン

写真のようなダイコンを、また根《ね》ダイコン、岐根《きこん》という。また根ができる原因としては、①土の中に石がある。②種を堆肥の真上にまいてしまった。③間引きの際、誤って引き抜いてしまった。④風で苗が倒れた。⑤苗を移植したなどのケースでよく見られる。この意味からも、ダイコン栽培のポイントが深く耕す、よく耕す、の2点にあることがわかる。

葉ダイコン

古くから、ダイコンの葉にはカロテン、ビタミンCならびにミネラル、食物繊維などが豊富に含まれていることが知られており、ダイコンの葉を食卓に利用してきた。ダイコンの葉と根の部分の栄養を比較すると、カロテンやCの含有量は、成分によっては10倍くらいの差がある。地上部は緑黄色野菜、地下部は淡色野菜に分類できる。その栄養に注目してつくられたのが葉ダイコンであり、種まき後30日位で収穫でき、柔らかい葉が食べられる。

とれたて野菜レシピ

●料理ヒント＆効能

生でサラダや浅漬け、すりおろして薬味や和え物、炒め物、煮物、汁の実などどんな料理にも向く。煮る時は、皮の下に硬い繊維層があるのでここを除くように厚めにむいて使うとよい。

水分が約95%を占め栄養素は少ないが、ご飯などデンプンの消化を助けるアミラーゼ（別称ジアスターゼ）、発がん物質を解毒するオキシダーゼ、肝臓の解毒作用を助けるイソチオシアネート（辛味成分）などの酵素類が健康に役立つ。アミラーゼは熱に弱いので、すりおろして薬味、和え物にすると力を発揮する。

葉はビタミン、ミネラル、食物繊維の宝庫。カロテン（体内でビタミンＡに転換）、ビタミンＣ・Ｅとの共存により、ガンや老化を抑制する抗酸化作用が強まる。芯葉や茎からしごいた柔らかい葉を、炒め物、汁の実、煮物、鍋物などに利用するとよい。

ダイコンと葉の即席漬け

とれたてのダイコンはみずみずしく、刻んで塩をふるだけでもおいしいが、半日おいて塩がなじんだ味も魅力的。柔らかい芯葉の香りと辛味が、さわやかなアクセントを添える。

材料（作りやすい分量）

ダイコン½本　芯葉4～5本　塩適宜　しらす干し適宜　酢小さじ1～2

作り方

①ダイコンは皮を厚めにむき、せん切りにする。芯葉を小口切りにして合わせ、重さの1.5%の塩をまぶし、皿2枚を重石にして半日おく。

②水気を絞り、しらす干しと合わせ、酢を絡めて器に盛る。

メモ　密封容器で冷蔵すれば、1週間は楽しめるので多めに作るとよい。芯葉でなく葉を利用してもよく、その場合は茎から葉をしごきとり、細く刻む。

柚ダイコン

軽く乾かしてから漬けると、歯ざわりがよい。柚の皮は香りと苦味が強いので控えめにするほうが上品な風味に仕上がる。

材料（作りやすい分量）

ダイコン1本　昆布3cm1枚　赤トウガラシ（小）1本　粗塩・柚の皮（そぎ切り）各適宜

作り方

①ダイコンは5cm長さ、1cm角の拍子木に切り、ざるに並べて半日乾かす。この後ダイコンの重さの2%の粗塩をまぶし、水少々をふりかけ、皿2枚を重石にして1日室温で漬ける。

②翌日水分を捨てて密封容器に移し、表面を拭いた昆布、種を取り除いた赤トウガラシ、柚の皮を加え、冷蔵庫で一晩漬け、昆布を取り出す。

メモ　冷蔵すれば2週間位楽しめる。

ダイコンと牛すね肉の和風ポトフ

牛すね肉を昆布だしで柔らかく煮、その旨味の出た汁でダイコンを煮る。ダイコンの辛味がほどよく残り、さっぱりした味わい。煮汁も滋養たっぷり、残さずに。

材料（4人分）

ダイコン（細め）1本（正味800g）　牛すね肉200g　昆布5cm　ニンニク1片
パセリの軸2～3本　酒大さじ3　薄口しょうゆ大さじ2～3　しょうゆ少々

作り方

①ダイコンは3cm厚さの輪切りにし、皮を厚めにむく。牛すね肉は3cm厚さに切り、熱湯を回しかける。

②深鍋に、牛すね肉、昆布、ニンニク、パセリの軸を入れ、水5カップを加え、強火にかける。煮立ったら、昆布を取り出してアクをすくい、弱火にしてすね肉が柔らかくなるまで煮込む。

③ダイコン、酒、薄口しょうゆ大さじ2を加え、ダイコンが柔らかくなるまで煮て、残りの薄口しょうゆとしょうゆで味を調える。さっとゆでたダイコンの葉を青みに添えてもよい。

●保存ヒント

収穫後すぐに洗い、葉が根の水分、養分を奪うので葉を切り離す。それぞれ紙に包み、冷暗所で保存。泥付きだと土が乾いて落ちにくくなる。煮物などでむいた皮は細切りにし、ざるに広げて干しダイコンに。ポリ袋に入れて冷蔵すれば2～3ヵ月もつ。使う時は水につけもどし、さっと熱湯に通して湯を切り、だし割りじょうゆ（同割りなど好みで）に漬けて半日以上おくと歯ごたえのよい浅漬けになる。油揚げと煮てもおいしい。

純白の丸い根の柔らかさと甘味に感動！

コカブ Turnip

カブは原産地の地中海沿岸から各地に伝わり、世界的には、ヨーロッパ系とアジア系品種が成立している。日本での栽培の歴史は、野菜としては最古の部類に属し、『日本書紀』には、五穀の助けとして「蕪菁《かぶら》」を栽培することを奨励した記録がある。以来、形、色、大きさなど地方色豊かな品種が各地で多彩に育成されてきた。生育適温は15～20℃と冷涼な気候を好み、春まき（3～4月）と秋まき（9～10月）がつくりやすく、コカブでは種まき後45～50日で収穫可能。主に浅漬け、酢漬けなどの漬け物で親しまれる。栄養的にはビタミンCを多く含む。葉の方が栄養豊富で、浅漬けにも彩りを兼ねて葉を一緒に漬け込む例が多い。

科名：アブラナ科
利用部位：根・葉
難易度：易
日照の条件：日当たり良
連作障害：あり　2年位あける　CR品種を使う
栽培地域：日本全国
必要な広さ：畝幅60cm　株間10～12cm

病害虫防除：
アブラムシ（オレート液剤）
アオムシ、コナガ（BT水和剤）
キスジノミハムシ（DDVP乳剤75）
根コブ病（連作を避ける、CR品種を用いる）

お薦め品種：
たかね、耐病ひかり、スワン、根コブ病抵抗性品種はCRもちばななど

栽培一口ポイント
- 株間が10～12cmになるように、間引きをしっかり行う。
- 秋まきは虫害が多いので、トンネル栽培などで防ぐ。
- 根コブ病の被害を避けるために、連作は避ける。

栽培カレンダー

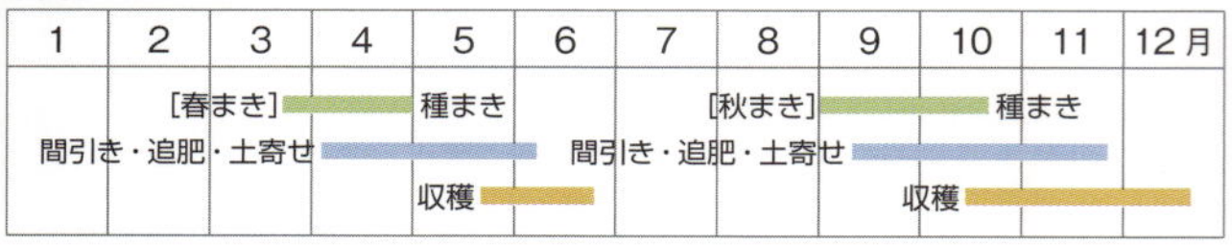

1 土づくり

種まきの1週間前までに

①種まきの2週間前までに苦土石灰150g/㎡を散布し、よく耕す。
②1週間前に畝幅60cmとし、堆肥2kg/㎡、化成肥料100g/㎡を施してよく耕す。
③高さ10cmの畝を立てる。

2 種まき

春まき：3月下旬～4月　秋まき：9月上旬～10月中旬

①畝の中央に支柱などで深さ1cmのまき溝をつくる。
②種を1cm間隔にまいて覆土し、軽く手で押さえる。その後、たっぷり水やりする。

3 間引き①
種まきの7～10日後

①発芽して、双葉が完全に展開したら、生育のよいものを3cm間隔に1本となるように間引く。
②間引き後は、株元に軽く土寄せする。

4 間引き②
種まきの14～17日後

①本葉が2～3枚の頃に生育のよいものを6cm間隔に1本となるように間引く。
②間引き後、株元に軽く土寄せする。

5 間引き③追肥・土寄せ①
種まきの21～25日後

①本葉が5～6枚の頃に、10～12cm間隔に間引く。
②畝の側方に化学肥料30g/m²を追肥し、ホーなどで株元へ軽く土寄せする。

6 追肥・土寄せ②
種まきの35～40日後

畝の側方に化成肥料30g/m²を追肥し、鍬などで株元へ軽く土寄せする。

7 収穫
種まきの45～50日後

①根の直径が5～6cmになったら、収穫適期。
②葉を持って引き抜く。
③収穫したコカブ。葉も新鮮なので漬け物などにも利用できる。

とれたて野菜レシピ

●料理ヒント＆効能

コカブは繊維がしなやかで甘味があり、口当たりのよさが魅力。とれたては生でサラダ、酢の物がよい。薄味で油揚げと煮たり、スープ煮やクリーム煮にしてもおいしい。葉にはさわやかな香りがあり、刻んで酢の物、サラダに加えるとアクセントになる。

栄養素では葉のほうに軍配が上がり、特に鉄(2.1mg /100g 以下同)カロテン(2800μg)、ビタミンE(3.1mg)、C(82mg)が多いので捨てずに利用したい。

菊花カブ

細かい切り込みを入れて菊の花のように仕立てた甘酢漬け。突き出し、漬け物代わり、焼き魚のあしらいにも重宝。

材料（5人分）

コカブ5個　甘酢＜酢100mℓ　塩5g　砂糖10g＞
赤トウガラシ(輪切り)1本　塩適宜

作り方

①コカブは皮をむき、底から4～5mm残すように深い切り込みを縦横に入れる。箸を平行に置いて切ると深さが一定する。
②約1.5% の塩水(水1ℓに塩大さじ1)を作り、①を入れてしんなりするまで漬ける。
③甘酢の材料を温めて溶かし、冷まして赤トウガラシを入れ、水気を軽く絞った②を漬ける。1時間程で味がなじむ。ビンに入れて冷蔵すれば1ヵ月位もつ。彩りに、食用ギクの甘酢漬けと菊の葉を添える。

●保存ヒント

葉に養分が奪われるのでコカブと葉は切り離し、別々にしてポリ袋に入れて冷蔵する。3～4日はもつが、長く保存したい場合は浅漬け、甘酢漬けにするとよい。浅漬けはくし形に切って重さの3% の塩をまぶし、2倍重量の重石をする。水が上がったら重石を軽くし、1週間後から食べられる。

収穫まで30日の小型のダイコン

ラディッシュ Radish

別名「ハツカダイコン（二十日大根）」。30日前後の短期間で収穫できる小型のダイコンである。比較的冷涼な気候を好むので、春（3月中旬～5月）と秋（9月～10月）が種まきの適期である。直根類なので、直まきし、根を肥大させるためには適正な株間をとることが大切で、3～4cm間隔に間引くとよい。夏季は、害虫が多発するので、寒冷紗等でトンネル状に覆って栽培するとよい。畑から抜いたラディッシュの鮮やかな赤色は収穫の喜びを倍増させる。また、生育日数が短いので、空いた畑に次作までの間作として一作栽培すると畑の有効利用になる。収穫が遅れると、すが入り、品質が低下するので注意する。

科名：アブラナ科
利用部位：根
難易度：易
日照の条件：日当たり良
連作障害：あり　1～2年あける
栽培地域：日本全国
必要な広さ：畝幅60cm
株間3cm

病害虫防除：
アオムシ、コナガ（BT水和剤）
アブラムシ（オレート液剤）
ネキリムシ（ダイアジノン粒剤3）
お薦め品種：
赤丸タイプのレッドチャイム、コメットなど

栽培一口ポイント
- 間引きを適期に行い、高温期はやや株間を広めにする。
- 害虫多発の季節には、ネット栽培で害虫を防ぐ。
- 直径2～3㎝が収穫適期。遅れると品質が落ちる。

栽培カレンダー

1	2	3	4	5	6	7	8	9	10	11	12月
	[春まき]				種まき		[秋まき]			種まき	
間引き・追肥・土寄せ					間引き・追肥・土寄せ						
			収穫					収穫			

1 土づくり
種まきの1週間前までに

①種まきの2週間前までに苦土石灰100g/㎡を散布しよく耕す。
②1週間前に畝幅60cmとし、堆肥2kg/㎡、化成肥料100g/㎡を施してよく耕し、高さ10cmの畝を立てる。

2 種まき
春まき3月下旬～5月　秋まき9月～10月

①支柱などで条間30cm、深さ1cmのまき溝を2本つくり、2条まきにする。
②1cm間隔に種をまく。
③軽く覆土して手で押さえ、たっぷり水やりする。

3 間引き
種まきの7〜10日後

①発芽し、双葉が展開したら、生育のよいものを残して3〜4cm間隔に1本となるように間引く。
②間引き後は、株元に軽く土寄せし、株を安定させる。

4 追肥・土寄せ
種まきの17〜20日後

①本葉が4〜5枚の頃に条間に化成肥料30g/㎡を追肥する。
②ホーなどで株元に軽く土寄せする。

5 収穫
種まきの 28 〜 30 日後

収穫適期を逃すと裂根するので早めに収穫する。
①ラディッシュの直径が2〜3cm になったら収穫適期。
②葉の付け根を持って引き抜く。
③収穫したラディッシュ。

いろいろなラディッシュ

最近、ラディッシュにもいろいろな品種が増えてきた。写真左上の青首ダイコンがそのまま小さくなった白長品種の「雪小町」は一夜漬けやサラダにぴったり。左下は上下が赤と白に分かれた「紅白」、右は1つの品種の中に白から赤までの色が混在する「カラフルファイブ」で、いろいろな種類が収穫できる品種。どれも収穫が非常に楽しみな品種なので是非つくってみてほしい。

とれたて野菜レシピ

●料理ヒント & 効能

鮮やかな赤紫色と葉付きの愛らしい形を生かし、そのまま料理のあしらいにしてもよく、バターやクリームチーズを添えて突き出しにもなる。煮たり、漬け物にすると色は褪色するが、気にしなければコカブと同じような料理に応用できる。葉にはわずかな辛味とゴマに似た香ばしさがあり、ハーブ感覚で利用できる。

根の部分の栄養素はダイコンと同様だが、葉にはカロテン、ビタミンＣが豊富。

ラディッシュのソーセージ炒め

ソーセージの旨味を含ませ、色と歯ごたえが残るようにさっと炒める。葉を加えてもよい。

材料（4人分）
ラディッシュ 16個　ソーセージ(粗挽きポーク) 2本　サラダ油小さじ1　塩・こしょう各少々　マスタード小さじ1

作り方
①ラディッシュは葉を切り落とし、4つまたは8つのくし形に切る。
②ソーセージは斜め2cm幅に切り、熱したサラダ油で表面をこんがり焼く。①を加えて軽く炒め、塩、こしょう、マスタードで調味する。葉を彩りに添えたり、一緒に炒めてもよい。

●保存ヒント

時間差をつけて育て、食べ頃を収穫してその日に利用するのが一番。たくさん収穫できたときは、葉と根を切り離し、別々にポリ袋に入れて冷蔵する。根は4〜5日もつが、葉はすぐに黄ばむので早く使う。色を気にしなければピクルス(27ページ)にして冷蔵すると1ヵ月位楽しめる。

カロテンの語源、健康野菜のエース！

ニンジン Carrot

英名carrot、文字どおり発ガン予防作用のあるカロテン(ビタミンA)を多く含む代表的な緑黄色野菜。調理の用途も広く、最近では野菜ジュースの原料としても注目されている。生育適温は15～20℃と冷涼な気候を好み、生育初期は暑さや寒さに強いが、生長が進むと高温条件で病害が発生しやすくなる。春と秋が生育適期だが、7月まきで11月以降の秋冬どりが温度的に最も栽培しやすい。根の長さで、短根種(長さ15～20cm)と長根種(長さ60～70cm)に分けられるが、短根種の方がつくりやすい。栽培期間は100～120日と割合に長く、株間を10～12cmとして、肥切れしないように育てる。

科名：セリ科
利用部位：肥大した根、(葉)
難易度：中
日照の条件：日当たり良
連作障害：あり　1年あける
栽培地域：日本全国
必要な広さ：畝幅50～60cm
株間10～12cm

病害虫防除：
根頭がんしゅ病(連作を避ける)
ウドンコ病(カリグリーン)
キアゲハの幼虫(捕殺、マラソン乳剤)
ネコブセンチュウ(ボルテージ粒剤6)
お薦め品種：向陽2号(春・夏)、夏蒔鮮紅五寸(夏)、ベーターリッチ(春・秋)、紅あかり(夏)

栽培一口ポイント
- 種まき後の覆土は薄くし、モミガラや腐葉土をかける。
- 発芽まで水を切らさない。
- 種まき後 1ヵ月は除草を念入りに行う。

栽培カレンダー

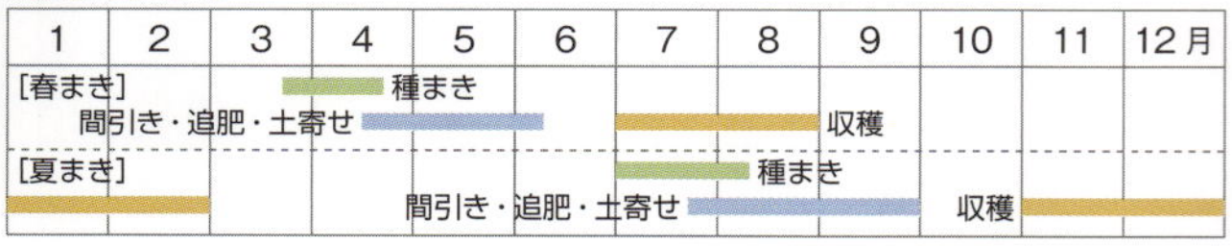

1 土づくり

種まきの1週間前までに

土を、丁寧に耕して、二股になるのを防ぐ。
種まきの2週間前までに苦土石灰100～150g/㎡を散布し、よく耕す。1週間前に畝幅60cmとし、堆肥2kg/㎡、化成肥料約100g/㎡、ヨウリン50～60g/㎡を施してよく耕し、高さ10cmの畝を立てる。

2 種まき

春まき：3月中旬～4月　秋まき：7月上旬～8月上旬

覆土後は乾燥や土の硬化、雑草防除などのため、モミガラをかける。
①支柱などで条間30cm、深さ1cmのまき溝をつくる。
②1cm間隔に1粒ずつ種をまく。
③薄く覆土し、鍬の背で軽く押さえる。
④土が隠れる位にモミガラをかけ、たっぷり水やりする。

3 間引き①
種まきの10日後

双葉が展開する頃から本葉が1枚の頃までに間引きを行う。
3cm 間隔に1本となるように間引きし、その後、株元に軽く土寄せする。

4 間引き② 追肥・土寄せ①
種まきの3週間後

本葉が2～3枚の頃に間引きと追肥・土寄せを行う。
①6cm 間隔に1本となるように間引く。
②畝の側方に化成肥料30g/㎡をすじ状に追肥し、鍬やホーで株元へ軽く土寄せする。

5 間引き③ 追肥・土寄せ②
種まきの40日後

本葉が6～7枚の頃に間引きと追肥・土寄せを行う。
①10～12cm 間隔になるように間引く。
②間引き菜は柔らかく、栄養もあるので、おひたしや炒め物に利用するとよい。
③畝の側方に化成肥料30g/㎡をすじ状に追肥し、鍬やホーで株元へ軽く土寄せする。

6 収穫
種まきの100～120日後

①地上部に出ている部分の直径が4～5cm になったら収穫適期。
②葉を持って引き抜く。
③収穫したニンジン。

とれたて野菜レシピ

●料理ヒント＆効能
特有の甘味があり、これを嫌う人もいるが、酢漬け、ピクルス、糠漬けにすると甘味が隠れて食べやすくなる。生をすりおろすとビタミンＣを壊す（酸化）酵素が働くが、体内で元の形のビタミンＣに戻るので問題ない。バターで煮るグラッセは肉や魚料理のつけ合わせの定番。サラダ、炒め物、煮物、スープ、揚げ物などどんな料理にも向く。

トレードマークの朱色は主にカロテンにより、100g中9100μg（ビタミンＡ当量760μg）含み、1日の推奨量（男性750μg、女性600μg）が軽くクリアでき、油で調理すると吸収率がよくなる。

ニンジンともやしのゴマ味噌和え

ニンジンともやしは、歯ごたえの違いを楽しみたいので、硬めにゆでるとよい。

材料（4人分）
ニンジン中1本　もやし1袋　信州味噌大さじ2　練りゴマ小さじ2　プレーンヨーグルト大さじ4～5　半ずりゴマ大さじ1

作り方
①ニンジンは4㎝長さに切り、縦に3～4㎜角の細切りにする。
②もやしは時間が許すなら根を取り除く。
③鍋に水1カップと①を入れて蓋をし、強火にかける。煮立ったら中火にして1分ゆで、もやしを入れてさらに1分ゆで、冷水で冷まし、水気をよく切る。
④味噌と練りゴマを合わせ、ヨーグルトを加えてのばし、半ずりゴマを混ぜる。
⑤食べる直前に③を適量の④で和える。

●保存ヒント
葉茎を切り落として紙に包み、冷暗所で保存する。洗ったものは水気を拭き、ポリ袋に入れて冷蔵する。水気があると傷みやすいので注意。ピクルス（27ページ）にも向く。輪切り、乱切り、拍子木切りにしてさっとゆでて冷凍してもよい。

食物繊維の宝庫、独特の歯ごたえを楽しむ

ミニゴボウ Edible burdock

ゴボウは、ユーラシア大陸北部原産のキク科の直根類である。食用として利用しているのは日本ぐらいで、外国、特にヨーロッパでは雑草にすぎない。連作障害（主にネマトーダ）を避けるために、4～5年休栽した耕土の深い、排水性のよい場所を選ぶ。また、酸性土壌に弱いので苦土石灰による酸度調整をしっかり行う。生育適温は20～25℃と温暖な気候を好むので、春まき栽培（3～4月播種）が主流である。根長が30～40cmのミニゴボウは、生で食べられるサラダ用で、作りやすく家庭菜園向きである。

科名：キク科
利用部位：根
難易度：中
日照の条件：日当たり良
連作障害：あり　4～5年あける
栽培地域：日本全国
必要な広さ：畝幅60cm
株間10～15cm

病害虫防除：
黒斑病（連作を避ける）、
アブラムシ（オレート液剤）
ネグサレセンチュウ（ネマトリンエース粒剤）
お薦め品種：
サラダむすめ、ダイエットなど

栽培一口ポイント
- 地中深く伸びるので、土を深くよく耕す。
- 初心者には「ミニゴボウ」のほうが栽培しやすい。
- 収穫の時には、株元からしっかり土を掘り上げる。

栽培カレンダー

1	2	3	4	5	6	7	8	9	10	11	12月
								種まき			
									間引き・追肥・土寄せ		
				収穫							

1 土づくり
種まきの1週間前までに

①種まきの2週間前までに苦土石灰100～150g/㎡を散布してよく耕し、1週間前に畝幅60cmとし、堆肥2kg/㎡、化成肥料100g/㎡を施す。②鍬でよく耕して、高さ10cmの畝を立てる。

2 種まき
3月下旬～9月上旬

好光性種子なので、薄く覆土する。
畝の中央に支柱などで深さ1cmのまき溝をつくり、1cm間隔に種をまく。その後、薄く覆土して軽く手で押さえ、水やりする。

3 間引き①
種まきの10日後

双葉が展開したら、3cm間隔に1本となるように間引き、株元へ軽く土寄せする。

4 間引き② 追肥・土寄せ①
種まきの20～25日後

①本葉が3～4枚の頃に間引き、追肥・土寄せする。
②株間が10～15cm間隔に1本となるように間引く。

③株元に化成肥料30g/㎡を追肥する。
④鍬などで株元へ軽く土寄せする。

5 追肥・土寄せ②
種まきの45日後

①株元に化成肥料30g/㎡を追肥する。
②鍬などで株元へ軽く土寄せする。

6 生育状況
種まきの60日後

種まき後60日の生育状況。草丈は40～50cmになる。

7 収穫
ミニ品種：種まきの70～100日後から　普通品種：種まきの120日後から

①収穫適期のミニゴボウ。
②傷つけないように鍬などで周りの土を掘る。
③茎を持って収穫する。

とれたて野菜レシピ

●料理ヒント＆効能

ミニゴボウのアクは少ないが、生食する時は切ったら酢水に軽くさらすと、味がすっきりし、変色も防げる。サラダの他、さっとゆでてゴマ酢和えや、きんぴら、歯ごたえが残る程度にさっと煮てもおいしい。

栄養面で注目したいのは食物繊維が100g中5.7gと、豊富なこと。そのなかで不溶性食物繊維のイヌリンは血糖値の急激な上昇を防ぎ、リグニンには血中コレステロールを下げる作用がある。

さばゴボウ

ゴボウがさばの臭みを消し、ゴボウにはさばの旨味がしみておいしくなる。

材料（4人分）

ミニゴボウ4本　さばの切り身4切れ　赤味噌100g　酒100㎖　みりん大さじ2　砂糖大さじ2　小麦粉・サラダ油各適宜

作り方

①ミニゴボウは葉を切り、根を5cm長さに切り、太いものは縦半分に切り、軽くゆでる。
②さばに小麦粉をまぶし、余分な粉をはらい落とし、熱したサラダ油で焼いて焦げ目をつける。
③鍋に、味噌、砂糖、みりんを合わせてよく混ぜ、酒と水1カップを入れて泡立て器でのばす。中火にかけて煮立て、①と②を入れて煮る。
④アクをすくいながら中火弱で軽く煮つめ、①を加え、歯ごたえが残る程度に煮あげる。さっとゆでたゴボウの葉を加えてもよい。

●保存ヒント

葉を落として紙に包み、蒸れないように筵《むしろ》などで覆い、冷暗所で保存する。洗ったものは水気を拭き、ポリ袋に入れて冷蔵する。アクが回るので2～3日で使いきるとよい。ゴマ酢（すった煎りゴマ大さじ2に、酢と薄口しょうゆ各小さじ1）で和えたり、きんぴらにして冷蔵すれば1週間位もつ。

輪紋が美しく、ボルシチの赤紫を演出

テーブルビート Table beet

カブのように肥大した根は、鮮やかな真紅をしており、切り口は輪紋状で美しく、ロシア料理のボルシチの材料として有名。また酢漬けや茹でてサラダの彩りとして利用される。地中海沿岸地方が原産のアカザ科の根菜で、生育適温は15〜21℃と冷涼な気候を好み、耐寒性は強いが、暑さにやや弱い。有機質に富み、排水のよい場所が適し、酸性土壌では発芽不良、生育不良となるので、pHが6.2〜6.5となるように石灰で調整する。栄養的には、糖質の含量が約9%と高いことが特徴で、ベタシアニンの赤紫色、ほのかな甘味、独特の食感を楽しむ野菜といえる。

科名：アカザ科
利用部位：根
難易度：中
日照の条件：日当たり良
連作障害：あり　1〜2年あける
栽培地域：日本全国
必要な広さ：畝幅60cm
株間10〜12cm

病害虫防除：
ヨトウムシ（BT 水和剤）
アブラムシ（オレート液剤）
お薦め品種：
デトロイト・ダークレッドなど

栽培一口ポイント
- 種球に種が2〜3個入っているので、2cm間隔でまく。
- 酸性土壌に弱いので、pH6.2〜6.5に酸度調整する。
- 株間が狭いと根の肥大に影響が出るので注意する。

栽培カレンダー

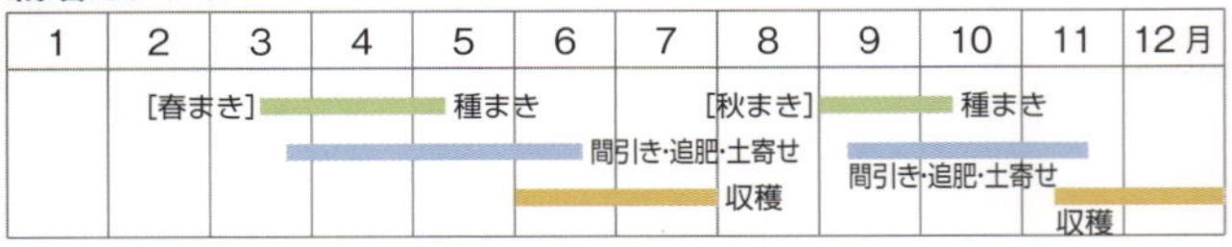

1 土づくり
種まきの1週間前までに

①種まきの2週間前までに苦土石灰150〜200g/㎡を散布し、よく耕す。
②1週間前に畝幅60cmとし、堆肥2kg/㎡、化成肥料100g/㎡を施してよく耕し、高さ10cmの畝を立てる。

2 種まき
春まき：3月中旬〜5月上旬
秋まき：9月上旬〜10月上旬

条間30cmで2条まきにする。
支柱などで深さ1cmの溝をつくる。2cm間隔に1粒となるように種をまいて覆土し、軽く手で押さえる。その後、たっぷり水やりする。

3 間引き①
種まきの10日後

双葉が展開した頃に間引きを行う。
株間が3〜4cm間隔に1本となるように間引き、軽く手で土寄せする。

4 間引き② 追肥・土寄せ①
種まきの17〜20日後

①本葉が3〜4枚の頃に、株間が5〜6cm 間隔に1本となるように間引く。

②条間に化成肥料30g/㎡を追肥し、ホーなどで株元へ軽く土寄せする。

5 間引き③ 追肥・土寄せ②
種まきの35〜40日後

本葉が6〜7枚の頃に間引きと追肥・土寄せを行う。
①株間が10〜12cm になるように間引き、株間に化成肥料30g/㎡を追肥する。
②ホーなどで株元へ軽く土寄せする。
③畝に周囲の土を寄せる。

6 収穫
種まきの70日後から

直径が6〜7cm になったら収穫適期。
①葉を持ち、引き抜く。
②収穫したテーブルビート。

③テーブルビートの断面。同心円状に輪紋が入っている。

とれたて野菜レシピ

●料理ヒント＆効能
砂糖ダイコンの仲間だけに加熱すると甘味が出る。皮ごとゆでてからむき、サラダ、酢漬け、肉と煮込んでボルシチなどに。甘味成分のベタインは胃液の酸度を調整し、脂肪の燃焼を促進するといわれる。赤紫色のベタシアニンには、抗酸化力があり、老化、ガンなどの予防に役立つ。栄養素ではカリウムと食物繊維が多い。

テーブルビートと牛肉のスープ煮

コラーゲン豊富な牛すね肉のスープでテーブルビートを煮た、具を食べるスープ。

材料（4人分）
テーブルビート小2個　牛すね肉300g　ニンニク2片　香味野菜（ニンジン・タマネギ各 ¼ 個　セロリ ¼ 本）　芽キャベツ4〜6個　マッシュルーム8個　塩小さじ1　こしょう少々　ベイリーフ1枚　白ワイン50mℓ

作り方
①牛すね肉は大きめに切り、ザク切りにしたニンジン、タマネギ、セロリ、薄皮をむいたニンニク、水1ℓと鍋に入れて強火にかける。煮立ったら弱火にしてアクを取り、牛すね肉が柔らかくなるまで煮る。
②テーブルビートは皮ごと蒸し器に入れ、竹串が楽に通るまで中火で30〜40分蒸す。冷まして皮をむき、大きめのくし形に切る。
③芽キャベツは縦半分に切り、さっとゆでる。マッシュルームは石づきをそぎ、汚れを落とす。
④牛すね肉が柔らかくなったら、香味野菜を取り除き、ベイリーフ、芽キャベツ、マッシュルーム、②、白ワインを入れ、塩、こしょうし、30分煮て味をなじませる。好みでサワークリームを添える。

●保存ヒント
葉茎を切り落とし、根を紙に包み、冷暗所におけば1ヵ月もつ。蒸して酢漬け（酢500mℓ、水300mℓ、塩大さじ2、粒こしょう、パセリの茎、ニンニクなど各少々）にするのもよい。

春の菜園ライフは、ジャガイモの植えつけから

ジャガイモ Potato

南米アンデス高地原産のナス科の根菜類で、食用部位(イモ)は、地下茎の先端が肥大した塊茎。生育適温が20℃前後と冷涼な気候を好むため、栽培適期は春作(3月～6月)と秋作(8月下旬～11月下旬)となる。土壌適応性が広くつくりやすい、家庭菜園では人気の野菜だ。種イモは、ウイルス病に感染していない健全なものを購入。また土寄せ不足や収穫後日に当てることによって緑化したイモには、有毒物質のソラニンが含まれるので注意。デンプンが主体だが、ビタミンCや食物繊維を豊富に含み、特にイモのデンプンがビタミンCを保護する働きがあり、加熱による破壊が少ない。

科名：ナス科
利用部位：イモ(塊茎)
難易度：易
日照の条件：日当たり良
連作障害：あり 2～3年あける
栽培地域：日本全国
必要な広さ：畝幅 60～70cm
株間 30cm

病害虫防除：
アブラムシ、テントウムシダマシ類(オルトラン水和剤)
疫病、軟腐病(ビスダイセン水和剤)
お薦め品種：
ダンシャク、メークイーン、キタアカリ、アンデス赤、インカのめざめ

栽培一口ポイント
- 間引きをしっかり行い、一つ一つのイモを大きくする。
- イモが緑化すると品質が低下するので、土寄せはしっかりと行う。
- 石灰の施し過ぎは、ソウカ病を誘発するので注意する。

栽培カレンダー

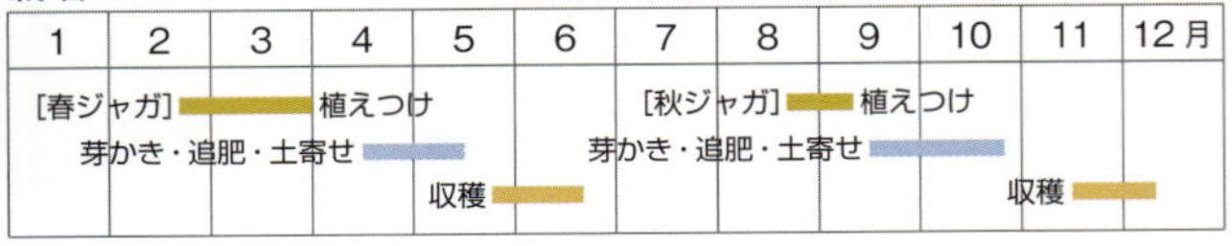

1 タネイモ準備

春ジャガ：2月中旬～3月　秋ジャガ：8月中旬～9月上旬

①ウイルス病に感染していない無病の種イモを種苗店などで購入し、スーパーや八百屋で売っている食用のイモは避ける。
②植えつけ前に1片が30～40gなるように、芽が多く付いている方を上にして縦に切る。

2 植えつけ準備

春：2月下旬～3月　秋：8月下旬～9月上旬

①植えつけの1週間前までに畝幅60cmとして間縄を張り、苦土石灰50～100g/㎡を畑全体に散布し、よく耕す。ただし、pH6.0以上の場合は石灰散布しなくてよい。
②鍬などで深さ20cmの溝をしっかりと丁寧に掘る。

3 植えつけ
春：2月下旬～3月　秋：8月下旬～9月上旬

①種イモの切り口が乾いていることが大事。春ジャガは心配ないが、秋ジャガだと腐りやすいので乾かすこと。
②株間30cmとし、種イモの切り口を下にして置いていく。

③イモとイモの間に堆肥を移植ゴテ2杯分を置く。
④イモとイモの間に化成肥料を一握りずつ施す。
⑤イモの上に6～7cm覆土し、表面をならす。

4 芽かき
春：4月中旬～下旬　秋：9月中旬～下旬

植えつけから1ヵ月位で芽が3～4本出てくる。そのまま放任すると収穫時のイモが小さくなってしまうので1株1～2本を残し、他はかき取る。
①芽が10～15cmになったら芽かきの適期。
②生育のよい芽を選び、残す芽を押さえて他はかき取る。

5 追肥・土寄せ①
春：4月中旬～下旬　秋：9月中旬～下旬

①芽かき後、株元に化成肥料30g/㎡を追肥する。
②鍬などで株元へ軽く土寄せする。

6 追肥・土寄せ②
春：5月上旬～中旬　秋：10月上旬～中旬

①1回目の追肥・土寄せから2～3週間後、2回目の追肥・土寄せする。畝の側方に化成肥料30g/㎡を追肥する。
②鍬などで株元へ軽く土寄せする。

ジャガイモの実

最近、「ジャガイモにミニトマトができた」という電話を何度もいただく。10年位前のダンシャク、メークイーンが主流の時代なら珍しいことで、本州以南では開花しても着果することがほとんどないからである（唯一、冷夏時には着果することもある）。ところが、ここ数年でジャガイモの市販品種が増加し、実の着きやすい品種（例：インカのめざめ、キタアカリなど）が登場し、家庭菜園でもジャガイモの実が見られるようになった。

7 収穫

春：5月下旬〜6月　秋：11月下旬〜12月上旬

①茎葉が黄色くなってきたら収穫適期。
②株元から20〜30cm 離れた所にスコップを入れる。
③イモを掘り上げる。
④イモを手で取る。
⑤収穫後、日陰で表面を乾かす。

いろいろな品種を楽しもう

かつては、ダンシャクとメークイーンの２品種が主流であったジャガイモ品種も、ここ数年で流通する品種数が一気に増え、品種のバラエティーが実に豊富になった。ジャガイモの魅力は、イモ類の中では植えつけから収穫までの期間が短くつくりやすいこと（70〜90日）、調理適性の幅の広さ、収穫時の何ともいえないドキドキ感、病害虫が少なく無農薬でつくれることなどである。ここで紹介する品種は個性派ぞろいで色や形、味、用途もさまざま。是非挑戦して新しい自分好みのジャガイモを見つけて欲しい。

ダンシャク
日本で一番の栽培面積が広い品種。食味は日本人に親しまれており、粉ふきイモは天下一品。

メークイーン
細長い形が特徴。肉質はやや粘質で煮くずれが少ない。おでんやカレーなどの煮込み料理に向く。

とうや
黄褐色の皮色で、肉色は黄色。球形で早期肥大性がある。煮物やサラダに向く。

トヨシロ
ポテトチップに向く加工食品用品種。イモの形はやや扁平、皮色は淡い黄褐色で、肉色は白色。

ユキラシヤ
ソウカ病抵抗性が強い品種。皮をむいた時の真っ白な肉色は、実に感動もの。

ワセシロ
食用と加工食品用（ポテトチップ）の兼用品種。早期肥大性で、イモも大きく、収量も多い。

キタアカリ
肉色の濃い黄色がトレードマーク。ビタミンＣを豊富に含み、食味も優れた品種。

ベニアカリ
赤皮で肉色は白色。デンプン価が食用品種で最も高く、コロッケ、マッシュポテトなどに向く。

さやか
ジャガイモシストセンチュウの抵抗性が強く、イモも大きく収量も多い。サラダ、蒸しイモに向く。

インカのめざめ
アンデスの栗ジャガともいわれ、独特の風味と濃黄色の肉色が特徴。お菓子の材料に向く。

●料理ヒント & 効能

デンプンの性質によりホクホク系とねっとり系があり、どちらに属するかで料理法が違ってくる。ホクホク系は肉じゃが、粉吹き芋、マッシュしてピューレ、ニョッキ、スープ、コロッケなどによい。ねっとり系は煮崩れしないので煮物、スープ煮、あるいはさっとゆでてシャキシャキした歯ごたえを生かすのもよい。

　栄養素では米、小麦と同じく炭水化物のよい給源だが、穀物との違いは水分が多いので低エネルギーであり、ビタミンC(35㎎ /100g)を含むこと。

ポテトのたらこ和え

ジャガイモをさっとゆでて、ケッパー風味のたらこで和えたサラダ。ジャガイモのシャキシャキした歯ごたえが新味。

材料 (4人分)

ジャガイモ中2個　生たらこ(生食用の甘塩)小1はら　ケッパー(塩漬け)小さじ1　レモン汁小さじ2　こしょう少々　EXオリーブ油大さじ2

作り方

①ジャガイモは皮をむき、せん切りにして水にさらす。

②生たらこは薄袋から中身を出し、レモン汁、こしょう、EXオリーブ油を混ぜる。

③ケッパーは表面の塩を洗って、みじん切りにし、②に加えて混ぜ、水気を切った①を和える。

ポテトのパンケーキ

ジャガイモをすりおろして焼くとむっちりとふくらんで甘く、口当たりのよいパンケーキになる。

材料 (2人分)

ジャガイモ中3個　タマネギ小1個　卵小2個　小麦粉大さじ2　塩小さじ ½
サラダ油・粒マスタード各適宜

作り方

①ジャガイモとタマネギは皮をむき、適当に切る。

②フードプロセッサーに①入れてスイッチを入れてピューレ状にし、ボウルに移し、卵、小麦粉、塩を混ぜる。

③フッソ樹脂加工のフライパンを温めてサラダ油を薄く塗り、なじんだら、②の ¼ 量を円形に薄く流し、弱火で焼く。

④表面に小さな穴があき、生地の周囲が乾いてきたら裏返し、中まで火を通す。残りの生地も同様に焼き、粒マスタードを添える。

ポテトミートグラタン

蒸してマッシュしたジャガイモとミートソースを重ね、オーブンで焼いたグラタン。主食とメインディシュを兼ねた一皿。

材料 (4人分)

ジャガイモ中4個　塩小さじ⅔　こしょう少々　ミートソース＜合いびき肉200g　タマネギ(みじん切り)中1個　ニンニク(みじん切り)1片　サラダ油大さじ2　完熟トマト(皮をむいてざく切り)中1個　赤ワイン100㎖　塩小さじ1　ナツメグ・こしょう各少々　パセリ（みじん切り）大さじ1>　パルミジャーノ・レッジャーノ(おろす)大さじ4〜5　バター少々

作り方

①ミートソースを作る。サラダ油でニンニクを炒めて香りを出し、タマネギを加えて薄く色づくまで炒める。ひき肉を入れてポロポロに炒め、残りの材料を加えて煮つめる。

②ジャガイモは蒸して皮をむき、熱いうちにポテトマッシャーでつぶすか裏ごしし、塩とこしょうで薄く下味をつける。

③耐熱皿にバターを薄く塗り、②の半分を平らに敷き、①を入れ、残りの②を詰めて平らにする。

④パルミジャーノ・レッジャーノをふり、予熱した200℃のオーブンでチーズが溶けてきつね色になるまで焼く。

●保存ヒント

表面が湿っているとカビたり、腐りやすいのでよく乾かしてから、ダンボール箱に余裕をもって詰め、風通しのよい冷暗所で保存する。

食物繊維、ビタミンCが豊富なヘルシーなイモ

サツマイモ Sweet potato

食用、飼料用、デンプン・アルコールなどの原料として世界的に重要な作物の一つ。中央アメリカ原産のヒルガオ科の多年生植物で、肥大した塊根を利用する。生育適温は25〜30℃と高温を好み、酸性土壌でもよく育つ。イモの肥大が良い土壌は、通気性がよく、水はけのよい砂質土である。また、窒素肥料が多いと「つるぼけ」となり、イモが太らないので注意する。連作の害が少ないといわれているが、長期間にわたって連作すると地力が低下し、土壌病害虫の発生も多くなる傾向があるので、輪作を心がける。マルチ栽培により、地温が高まり、初期の生育が促進され、収量も増加する。

科名：ヒルガオ科
利用部位：根　**難易度**：中
日照の条件：日当たり良
連作障害：少ないが1〜2年あける
栽培地域：東北地方以南
必要な広さ：畝幅60〜70cm
株間30〜40cm

病害虫防除：
黒あざ病（排水のよい場所でつくる。または高畝にする）
コガネムシの幼虫（ダイアジノン粒剤）
ネコブセンチュウ（ネマトリンエース粒剤）
お薦め品種：
ベニアズマ、高系14号、コガネセンガン、アヤムラサキ

栽培一口ポイント
- 苗は、生長点を埋めずに長さの¾まで（3〜4節）植える。
- 窒素肥料が多いとつるぼけになる。
- カリ分の肥料が多いと収量が増加する。

栽培カレンダー

1 土づくり

植えつけの1週間前までに

①畝幅60cmとし、堆肥2kg/㎡を畝の中央に施す。

②米ぬか100g/㎡を施す。

③窒素分の少ない、サツマイモ専用の肥料（N:P:K=3:7:10）100g/㎡を施す。

④畝の両側から肥料の上に土を寄せる。

⑤高さ30cmの高畝を立てる。

2 植えつけ
5月中旬〜6月中旬

ななめ植え
①長さ30cmの棒を用意して株間30cmを測り、棒を斜め45度で土に差し込む。
②棒を抜きながら穴に苗の3〜4節までを植えて、上から土をしっかり押さえ、水やりする。

舟底植え
①手で土を掘り、深さ5〜6cmに舟底のような形に苗を置く。
②苗の3〜4節までを植えて覆土し、上から土をしっかり押さえ、水やりする。

3 管理
植えつけの3週間後

つるが伸び始める頃に、畝の表面の除草と中耕を兼ねて、鍬などで株元へしっかりと土寄せする。

4 生育のようす
植えつけの2ヵ月後

生長して隣の畝までつるが伸びてきたら、畑の空いている方へつるを動かす、つる返しをする。

5 収穫
9月下旬〜11月中旬

初霜の前には収穫を終わらせる。
茎や葉が黄色くなり始めたら収穫適期。ベニアズマのような早生品種は、早めに収穫することを心がける。

①茎を地際から15cmの所でハサミや鎌などで切り離す。
②株元から15〜20cm離れた所にスコップを入れて掘り上げる。
③つるの付け根を持って引き抜く。収穫後4〜5日陰干しすると甘味が増しておいしくなる。

とれたて野菜レシピ

●**料理ヒント＆効能**
紅アズマは粉質でホクホクとして甘味も強い。焼きイモは低温(70〜80℃)でゆっくり加熱すると、でんぷん分解酵素が活発になり、甘味がさらに増す。てんぷら、煮物、イモ汁、大学イモ、裏ごししてきんとん、チップスなど料理法は幅広い。

栄養素としては炭水化物が多く、よいエネルギー源となる。その他、カリウム、ビタミンE・C、食物繊維が多く、高血圧、便秘の予防になる。炭水化物のうち消化・吸収されにくいものが少し含まれており、これがガスの原因ともいわれる。皮に含まれるミネラルに糖質の異常発酵を抑える効果があり、またバターなどの脂肪分を一緒にとるとガスの発生が軽減される。

サツマイモのリンゴ煮

とれたては皮が薄いので皮ごと煮ると彩りがきれい。リンゴの酸味でサツマイモの甘味がすっきりする。

材料(4人分)
サツマイモ(紅アズマ)中1本　リンゴ(紅玉など)中1個　レモンの薄切り2〜3枚　砂糖60g　シナモンスティック½本

作り方
①サツマイモは3cm厚さの輪切りにし、水にさらす。リンゴは皮をむき、6〜8つ割りにして芯を取る。
②鍋に水1カップと①を入れて強火にかける。煮立ったら弱火にし、レモン、砂糖、シナモンスティックを加え、イモが柔らかくなるまで煮る。

●**保存ヒント**
サツマイモは低温障害を起こすので冷蔵は避ける。貯蔵の適温は13〜15℃で、逆に温度が高いと発芽してしまう。晴れた日に掘り上げて陰干しし、紙に包み、発泡スチロールの箱に入れ、10℃以下にならない場所で保存するとよい。

秋の風物詩「イモ煮」を自家製で

サトイモ Taro

熱帯アジア原産の多年草で、古くから日本でも栽培されていた。生育適温は25〜30℃と高温を好み、日当たりがよく、雨の多い環境に向くため、乾燥するような場所ではイモの肥大が悪い。従って、地温を上げるとともに除草の手間も省くマルチ栽培で収量が多い。食べる部分は、茎が球状に肥大したもの。株の中心に大きな親イモ、その周囲に子イモがつく。子イモを利用する品種が多いが、親子兼用の品種や葉柄をズイキとして利用する品種もある。草丈が100cm以上と大きくなるので畝幅は広めに取り、土寄せは少しずつ数回に分けて行うと、イモの肥大がよい。収穫は降霜前に終えるようにする。イモの主成分はデンプンで、少量のタンパク質も含む。独特の粘りはムチンで、多糖類が主成分と考えられている。

科名：サトイモ科
利用部位：球茎
難易度：中
日照の条件：日当たり良
連作障害：あり　3〜4年あける
栽培地域：東北地方以南
必要な広さ：畝幅1m
株間45cm

病害虫防除：
アブラムシ（DDVP 乳剤50）
ハスモンヨトウ（トレボン乳剤）
黒斑病（トップジン M 水和剤）
お薦め品種：
子イモ用品種…石川早生、蓮葉芋
親子兼用品種…赤芽、八つ頭

栽培一口ポイント
- 収穫量を増やすには、夏の乾燥期にしっかりと水やりすること。
- 先端から芽が出ている種イモは生育がよい。
- 収穫は霜の降りる前に行う。

栽培カレンダー

1	2	3	4	5	6	7	8	9	10	11	12月
			植えつけ（4〜5）								
				追肥・土寄せ（5〜9）							
									収穫（10〜11）		

1 土づくり
植えつけの1週間前までに

施肥は植えつけ時に行う。
植えつけの1週間前までに畝幅100cmとし、苦土石灰100g/㎡を散布して、よく耕す。

2 植えつけ
4月上旬〜5月中旬

生育期間が長いので、たっぷりと肥料を施す。
①芽の出ている種イモを選ぶ。
②鍬で深さ・幅とも、15cmの溝を掘り、45cm間隔に植える。移植ゴテが約30cmなので、1.5倍の位置に植えるとよい。
③種イモと種イモの間に堆肥を移植ゴテ1杯、化成肥料を一握りずつ施す。
④土を戻して、鍬の背で軽く押さえる。

3 追肥・土寄せ①

植えつけの1ヵ月後

草丈が10〜15cm の頃に追肥・土寄せを行う。

①株間に化成肥料を一握りずつ追肥する。

②鍬などで周囲の土を株元へ土寄せする。

草丈が30〜40cm の頃に追肥・土寄せを行う。

①畝の側方に化成肥料を一握りずつ追肥する。

②鍬などで周囲の土を株元へたっぷり土寄せする。

4 追肥・土寄せ②

植えつけの2カ月後

5 追肥・土寄せ③

植えつけの3ヵ月後

追肥・土寄せは、収穫までに3〜4回行い、イモが緑色になるのを防ぐために、たっぷりと土寄せする。

①株間に化成肥料を一握りずつ追肥する。

②鍬などで周囲の土を株元へ土寄せする。

③地上部の葉柄が隠れる位にたっぷりと土寄せする。

6 収穫

10月上旬〜11月中旬

追肥・土寄せは、3回目の後、もう1回行ってもよい。

①葉が枯れ始めたら、収穫適期。

②鎌などで葉柄を切り取る。

③株元から15cm 位離れた所にスコップを入れ、掘り上げる。

④土を除きながら親イモ、子イモを分ける。

とれたて野菜レシピ

●料理ヒント＆効能

小イモは皮ごと蒸して塩、味噌などで食べると、大地の滋味が伝わってくる。その他、煮物、けんちん汁、田楽、揚げ物、炒め物などに。特有のぬめりはマンナン、ガラクタン、ムチンなどによる。マンナン、ガラクランは食物繊維で、便秘、肥満、糖尿病の予防、血中コレステロールの低下などに役立つ。ムチンには胃の粘膜を保護し、細胞を活性化する働きもあるといわれる。ぬめりによって味がしみにくいため、塩でもんだり下ゆでするが、軽く除く程度にとどめたい。手に塩水をぬると痒みが軽減する。

サトイモのみたらしあん

蒸したサトイモに、甘辛味のあんを絡めた。サトイモの甘み、滋味が伝わってくる。お茶請けにもなる。

材料

サトイモ(小)適宜　みたらしあん(作りやすい分量)　＜しょうゆ・水各大さじ4　砂糖大さじ2　片栗粉小さじ2＞

作り方

①サトイモは中火の蒸し器で、20〜25分蒸す(串を刺して抵抗なく通るまで)。

②みたらしあんは、材料を合わせて小鍋で煮てとろみをつける。

③蒸したサトイモの皮をむき、みたらしあんを絡める。

●保存ヒント

モミガラを入れたダンボール箱に、イモの茎を下にして埋め、新聞紙などをかぶせて蓋をし、冷暗所で保存すると、春までもつ。皮をむいて蒸すかゆでて冷まし、冷凍してもよい。半解凍して煮物、汁物などにそのまま使える。

オリゴ糖を豊富に含む、畑のナシ！

ヤーコン Yacon

南米アンデス原産のキク科の多年生植物で、サツマイモに似た塊根を利用する。生で食べるとナシのようなシャキシャキした歯ざわりと甘味があり、加熱して（茹でる、炒めるなど）サラダ等にも添えられる。繁殖は、塊根ではなく、塊茎状になった地下茎を用いる。生育は旺盛で、草丈は200cm近くまで伸び、10月にヒマワリに似た黄色の花を開花する。収穫は、11月中旬の降霜前に行う。無農薬で十分栽培できるので、家庭菜園でも取り組んでみたいイモ類の一つ。塊根に含まれるフラクトオリゴ糖の整腸作用等の健康効果が知られ、栽培のしやすさも考えると、今後の注目株である。

科名：キク科
利用部位：塊根
難易度：中
日照の条件：日当たり良
連作障害：あり　2～3年あける
栽培地域：東北地方以南
必要な広さ：畝幅80～100cm
株間50cm

病害虫防除：
無農薬栽培可能
お薦め品種：
導入されて日が浅いので、品種の分化はあまり見られない。

栽培一口ポイント
- 株間 50 cmを守り、追肥・土寄せして株を充実させる。
- 病害虫に強いので、無農薬栽培が可能。
- 収穫作業は霜が降りる前に終える。

栽培カレンダー

1	2	3	4	5	6	7	8	9	10	11	12月
			植えつけ	植えつけ							
				追肥・土寄せ	追肥・土寄せ	追肥・土寄せ	追肥・土寄せ	追肥・土寄せ			
										収穫	

1 土づくり
植えつけの1週間までに

①植えつけの2週間前までに苦土石灰100g/㎡を散布してよく耕す。1週間前に畝幅80cmとして畝の中央に深さ20cmの溝を掘る。
②溝に堆肥2kg/㎡、化成肥料100g/㎡を施す。
③土を戻して、高さ10cmの畝を立てる。

2 植えつけ
4月下旬～5月中旬

株間50cmとし、移植ゴテなどで植え穴を掘り、水を注ぐ。水が引いたら苗を植えつけ、株元を軽く手で押さえる。

3 追肥・土寄せ①
植えつけの2週間後

株間に化成肥料30g/㎡を追肥し、鍬などで株元に土寄せする。

4 追肥・土寄せ②
植えつけの6週間後

①月に1回、畝の側方に化成肥料30g/㎡を追肥する。
②鍬などで株元へ軽く土寄せする。

5 生育状況
7月下旬以降

この時期になると土が乾きやすくなり生育が鈍るが、水やりをしっかり行うと旺盛に生育する。

6 収穫
植えつけの5～6ヵ月後、10月下旬～11月中旬

①10月下旬～11月中旬に収穫を始め、霜が降りる前に収穫を終える。
②地上部を20cm位残して鎌などで茎葉を刈る。

③株元から15cm位離した所にスコップを深く入れる。
④スコップを起こして掘り上げる。
⑤収穫したヤーコン。

とれたて野菜レシピ

●料理ヒント＆効能

ナシかレンコンのようなシャキシャキした歯ざわりとほのかな甘味がある。とれたては特にアクが強いので、切ったらすぐに水にさらして変色を防ぐ。歯ざわりを生かしてさっとゆで、サラダ、和え物、炒め物によい。ヤーコンは火を通すと甘味が増すので、味つけは甘味を控え、酢を隠し味に加えると味がすっきりする。

栄養面で注目したいのはフラクトオリゴ糖とイヌリンを多く含み、共に難消化性のため低エネルギーであること。フラクトオリゴ糖は腸内のビフィズス菌を増やし、便秘、高脂血症の改善、血糖値の抑制などの効用が知られている。イヌリンも腸内細菌の餌となり、血糖値を抑制する作用がある。

ヤーコンと豚肉のかき油炒め

豚肉の旨味を絡めながら歯ざわりよく炒め上げる。酢で甘味がすっきりする。

材料（4人分）

ヤーコン大2本　豚肩ロース肉（薄切り）100g　ゴマ油小さじ1　塩・こしょう各少々　酒大さじ2　かき油小さじ2　酢小さじ1

作り方

①ヤーコンは皮をむき、1cm厚さの半月切りにし、水にさらす。
②豚肉は3～4cm長さに切り、塩一つまみ、こしょう、酒、かき油を絡める。
③ゴマ油を熱して②を炒め、肉の色が変わったら水気を切った①を加えて炒める。
④ヤーコンの歯ごたえが残る位に火を通し、酢、塩、こしょうで味を調える。

●保存ヒント

フラクトオリゴ糖は収穫後徐々に蔗糖、果糖、ブドウ糖などに分解されて、甘味が増す。この分解は低温では遅く、高温で速くなるため、フラクトオリゴ糖を温存させるには低温で保存するとよい。保存中乾きやすいので少し湿らせてポリ袋に入れて発泡スチロールの箱に入れ、冷暗所に置く。

多糖類イヌリンを含む健康野菜

キクイモ Jerusalem artichoke

北アメリカ原産のキク科の多年生植物で、肥大した塊茎を利用する。10月頃からキクのような花を開花させることから「キクイモ」と名づけられた。イモの主成分が、血糖値を下げる効果があるという多糖類のイヌリンであることから、健康食品として注目されている。植えつけは、種イモないし苗で行う。生育旺盛で、無農薬で十分栽培可能である。

草丈が2～3mになるので、倒伏防止のため株の周囲に支柱を立て、ひもで囲う。収穫は11月、降霜前に行う。イモを畑に残すと雑草化するので注意が必要である。収穫したイモは、味もクセもないので漬け物や炒め物などに利用される。

科名：キク科
利用部位：塊茎
難易度：中
日照の条件：日当たり良
連作障害：あり　1～2年あける
栽培地域：日本全国
必要な広さ：畝幅70～80cm
株間50cm

病害虫防除：
無農薬栽培可能
お薦め品種：
品種分化なし

栽培一口ポイント
- 草丈が 200cm を超えるので支柱で囲って栽培する。
- 収穫は、霜の降りる前に行う。
- 収穫後、塊茎を放置すると雑草化しやすいので注意。

栽培カレンダー

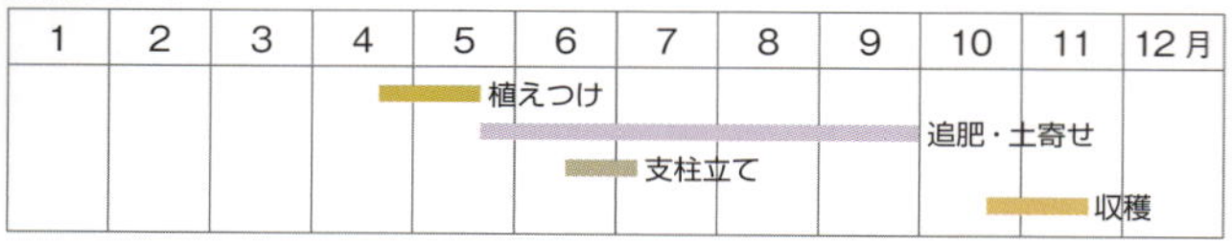

1 土づくり

植えつけの1週間前までに

①植えつけの2週間前までに苦土石灰100g/㎡を散布してよく耕す。
②1週間前に畝幅80cmとして畝の中央に深さ20cmの溝を掘る。
③溝に堆肥2kg/㎡、化成肥料100g/㎡を施して土を戻し、高さ10cmの畝を立てる。

2 植えつけ

4月下旬～5月中旬

園芸店などで販売されている種イモを植えて栽培することもできる。
①株間を50cmとし、移植ゴテなどで植え穴を掘り、たっぷり水を注ぐ。水が引いたら植えつけ、株元を軽く手で押さえる。
②植えつけ後、たっぷり水やりする。

3 追肥・土寄せ①
植えつけの1ヵ月後

①化成肥料30g/㎡を株間に追肥する。
②ホーや鍬などで株元へ軽く土寄せする。

4 追肥・土寄せ②
植えつけの2ヵ月後

以後、1ヵ月に1回追肥・土寄せを行う。
①化成肥料30g/㎡を株間に追肥する。
②ホーや鍬などで株元へ軽く土寄せする。

5 支柱立て
植えつけの2ヵ月後

①長さ240cmの支柱を畝の周囲に立て、30cm間隔にひもを張り、株を囲む。
②その後1ヵ月も経つと写真のように生長する。

6 開花
植えつけの4ヵ月後

キク科独特の花が咲く。

7 収穫
10月下旬以降

①株元を20cm残して鎌などで茎を切る。
②株元から30cm位離れた所にスコップを入れて掘り上げる。

③収穫したキクイモ。
貯蔵して次年度の種イモとして利用することができる。

とれたて野菜レシピ

●料理ヒント＆効能

イモとは名ばかりで、香りはゴボウ、口当たりはアーティチョークに似てえぐみがあり、加熱すると甘味が出る。フランスやイタリアでもよく利用され、生でサラダ、マッシュしてパスタのソースやスープなどにする。日本では主に漬け物に利用されている。その他、しょうゆ煮、味噌煮、てんぷらにするのもよい。

デンプンはほとんど含まず、難消化性多糖類のイヌリンを多く含む低エネルギー食品。イヌリンには血液中のコレステロールや中性脂肪を低下させる作用や、血糖値抑制作用があり、これを多く含むキクイモは糖尿病のコントロール食にも利用されている。

キクイモのきんぴら

軽く火を通してシャキシャキした歯ごたえに仕上げるのがコツ。

材料（4人分）
キクイモ200g　赤トウガラシ（種を除き、半分に切る）1本　サラダ油大さじ2　酒大さじ2　みりん小さじ1　薄口しょうゆ小さじ2　しょうゆ小さじ1

作り方
①キクイモは縦半分に切り、薄切りにする。
②サラダ油を温め、赤トウガラシを軽く炒め、①を加えて炒める。
③油がなじんだら、酒、みりん、薄口しょうゆで調味して煮つめ、香りづけにしょうゆを絡めて火を止める。

●保存ヒント

土から掘り出して時間が経つと皮が茶色に変色するので、使うときに掘り上げるのが理想的。掘り出したらすぐに洗い、水気を拭いて紙に包み、ポリ袋で冷蔵し、早めに使いきる。漬け物にして保存するのもよい。塩（重さの3%）で下漬けをしてから、酒やみりんでのばしたしょうゆまたは味噌に漬ける。

掘り取りが楽しみ、数珠つなぎのイモ

アピオス Ground-nut

アメリカ大陸原産のマメ科のつる性のイモ類で、和名がアメリカホドイモ、数珠つなぎになったイモが放射状に伸びる。収穫時の掘り取りが楽しい種類の一つである。栄養価の高いことが知られ、カルシウム、鉄分、食物繊維が特に多く含まれている。栽培は、5月に種イモか苗を購入し植えつける。つる性なので、支柱を立てネットなどに誘引する。

7月頃に開花するアピオスの花は、意外と美しいが、イモを太らせるために摘花する。霜が降りる前の11月中旬頃から順次収穫を始め、必要なだけ収穫し3月頃まで楽しむ。素揚げや汁の具、蒸すなどの調理法がある。

科名：マメ科
利用部位：塊根
難易度：中
日照の条件：日当たり良
連作障害：あり　3〜4年あける
栽培地域：日本全国
必要な広さ：畝幅60cm
株間50cm
病害虫防除：
害虫の被害は少ない
お薦め品種：
品種分化なし

栽培一口ポイント
- 春先に苗を購入するか、貯蔵の種イモを栽培する。
- つる性なので支柱にネットを張り、誘引する。
- 花が咲いたら摘み取って、株を疲れさせない。

栽培カレンダー

1 土づくり

植えつけの1週間前までに

①植えつけの2週間前までに苦土石灰100g/㎡を散布してよく耕す。1週間前に幅60cmの畝2本の中央にそれぞれ深さ15cmの溝を掘り、堆肥2kg/㎡、化成肥料50g/㎡ずつを施す。
②土を戻し、高さ10cmの畝を立てる。

2 植えつけ

5月中〜下旬

①株間50cmとして植え穴を掘り、たっぷり水を注ぐ。
②水が引いたら苗を植えつける。
③植えつけ後、株元を軽く手で押さえ、水やりする。

3 ネット張り・誘引
植えつけ時

①高さ150cm位のアーチ型支柱を立てる。
②アーチの頂点と中程に支柱を渡して、ひもでしっかりと固定する。
③2cm角位の目の細かいネットをかけ、支柱にひもで数ヵ所、しっかり結ぶ。

④苗にひもをかけ、8の字のよりを2〜3回つくってネットに誘引する。

4 追肥・土寄せ
植えつけの1.5ヵ月後から毎月

①株元に化成肥料30g/㎡を追肥する。
②鍬などで土寄せする。

5 摘花
植えつけの2ヵ月後

開花した花は、随時摘み取る。
花をつけたままにしておくと、株が疲れるので摘花する。

6 収穫
10月下旬〜11月中旬

茎葉が枯れてきたら、霜が降りる前に収穫する。
①茎葉が枯れてきたら、収穫適期。
②株元から30cm位離れた所にスコップを入れて株ごと掘り上げる。
③収穫したアピオス。

アピオスは寒さに強いので、収穫したものは2〜3月まで土中で保存できる。

とれたて野菜レシピ

●料理ヒント＆効能
皮に独特の香りがあり、加熱するとホクホクしてほんのり甘い。根を切り落として洗い、丸ごと素揚げにして塩をふると、ピーナッツのようでビールのつまみによい。甘辛煮、けんちん汁、味噌で煮るのもよい。大きく育ったものは約160℃のオーブンでゆっくり焼くとおいしい。皮をむいて加熱すると崩れてしまうので注意。

栄養成分の公式データはないが、日本にアピオスを広めた東北大学教授の故星川清親氏によると、アピオスに傷をつけると出る白い汁（サポニンの一種）には抗エイズウイルス、抗肥満の働きがあり、カルシウムが多く100g中150㎎含んでいる。

アピオスの甘辛ゴマ風味

ほっくり香ばしい、簡単おつまみ。お茶にも合う。

材料（4人分）
アピオス100g　サラダ油大さじ1　みりん・薄口しょうゆ各小さじ1〜2　酒大さじ3　煎り白ゴマ大さじ1

作り方
①アピオスは皮ごとよく洗い、水気を拭き、大きめのものは皮ごと半分に切る。
②サラダ油を熱して①をこんがり炒め、酒をふり、みりん、薄口しょうゆで調味して煮つめ、煎りゴマをふる。

●保存ヒント
使う分だけ掘り出すのが理想。掘り出したら洗って水気を拭き、紙に包み、ポリ袋に入れて凍らない程度の冷暗所で保存すると1ヵ月位もつ。皮ごと蒸してから冷まし、冷凍してもよい。自然解凍してから料理に利用する。

独特にくびれた塊茎、お節料理の定番

チョロギ Japanese artichoke

中国原産のシソ科の多年草で、中国名が草石蚕、地蚕。蚕のような独特のくびれた形の塊茎を利用する。チョロギは、長老喜と当て字され、梅酢で赤色に染めた漬け物は正月のお節料理の一品として欠かせないものである。栽培は比較的簡単で、塊茎の植えつけは3～4月に行い、様子を見ながら追肥・土寄せを行ってゆく。収穫は、茎葉が枯れる11月中旬～12月に行う。塊茎が土中に残されると雑草化してしまうので、掘り取りは丁寧に行う。翌年の種イモ用の塊茎は、土中に埋めておくと簡単に貯蔵できる。イモの利用は、漬け物の他、粕漬けや炒め物、シチューなどの材料に用いる。

科名： シソ科
利用部位： 塊茎
難易度： 中
日照の条件： 日当たり良
連作障害： あり　2～3年あける
栽培地域： 日本全国
必要な広さ： 畝幅60cm
株間50cm

病害虫防除：
アブラムシ（オレート液剤）
お薦め品種：
品種分化なし

栽培一口ポイント
- ●追肥・土寄せをしっかり行いイモの肥大を助ける。
- ●栽培期間が長いので、堆肥などを元肥として多めに施す。
- ●収穫は、茎葉が枯れた 11 月以降に行う。

栽培カレンダー

1	2	3	4	5	6	7	8	9	10	11	12月
					植えつけ（苗）						
									追肥・土寄せ		
											収穫

1 土づくり

植えつけの1週間前までに

①植えつけの2週間前までに苦土石灰を100～150g/㎡散布し、畑全体をよく耕す。
②植えつけの1週間前に畝幅60cmとし、畝の中央に深さ20cmの溝を掘り、堆肥2kg/㎡を施す。
③化成肥料100g/㎡を施す。
④土を戻し、高さ10cmの畝を立てる。
⑤畝の表面をレーキでならし、石などを取り除く。

2 植えつけ

種イモの場合：3月下旬～4月　苗の場合：4月下旬～5月

①株間50cmとし、移植ゴテなどで植え穴を掘る。
②植え穴に水を注ぐ。
③水が引いたら苗を植えつける。
④植えつけ後、株元を軽く手で押さえる。

3 追肥・土寄せ

植えつけの1ヵ月後から月に1回

①畝肩の側方化成肥料30g/㎡を追肥する。
②鍬などで株元へ軽く土寄せする。

4 生育状況

植えつけの3ヵ月後

植えつけ後、3ヵ月もすると、茎葉が茂り、倒れやすくなるので、必要に応じて支柱を立て、結束する。

5 収穫

11月中旬～

①茎葉が枯れ始めたら、収穫適期。
②株元を押さえて引き抜く。塊茎が四方八方に広がっているので、取り残しのないよう注意する。

③収穫したチョロギ。塊茎を一つ一つ取りはずし、水洗いして利用する。

とれたて野菜レシピ

●料理ヒント＆効能

味は淡白で、サクサクとした歯ごたえが特徴だが、加熱するとほっくりして甘く、ゆり根のような味わいになる。アクが強いので、掘り出したらすぐに洗い、水にさらすかさっとゆでておくとよい。甘酢漬けにしておせちの黒豆やなますのあしらいにする他、和え物、炒め物、揚げ物、煮物、茶碗蒸しの具にもよい。フランスでは普段の食材としてクリーム煮やサラダなどに利用される。

原産地とされる中国では、元代の薬膳の原典「飲膳正要《いんぜんせいよう》」に、五臓（肝・心・脾・肺・腎）の緊張を和らげ、気を鎮め、心を静かに保つ効用が記され、古くから利用されてきたことがわかる。

チョロギと根菜のきんぴら

ベーコンで旨味を添え、サクサクとした歯ごたえが残るように炒める。

材料（4人分）

チョロギ・ニンジン各50g　ゴボウ80g　ベーコン（薄切り）1枚　赤トウガラシ（種を取り、半分に切る）1本　サラダ油大さじ1　酒・しょうゆ各大さじ1　みりん小さじ1

作り方

①チョロギは洗って水気を拭く。ニンジン、ゴボウは4cm長さにせん切りにし、ゴボウは水にさらす。ベーコンは5mm幅に切る。
②サラダ油に赤トウガラシとベーコンを入れて軽く炒め、チョロギ、ニンジン、水気を切ったゴボウを加えて炒める。油がなじんだら酒をふって軽く煮つめ、みりん、しょうゆで調味し、煮絡める。

●保存ヒント

収穫後はすぐに洗って水気を拭き、その日に使わない分はさっとゆで、漬け物にするとよい。漬け物は、甘酢、梅酢、味噌、しょうゆなど味を変えて漬けると利用範囲が広がる。

中国野菜

1972年の日中国交正常化の頃から普及し始めたチンゲンサイ、パクチョイ、ターサイなどの野菜を、中国野菜と呼んでいる。特に、チンゲンサイ、エンサイ（別名：空芯菜）などは、最近ではすっかり食卓に定着し、私たちの生活になじんでいる。本章では、13品目の中国野菜を取り上げているが、いずれも育てやすく、家庭菜園で取り組みやすいものばかりである。注目は、エンサイ、ツルムラサキ、カイラン、ヒユナなど暑さに強い葉菜。温暖化の進む日本の暑い夏の、貴重な青ものになるに違いない。

倒卵形の葉と葉柄の尻張りがユーモラス

チンゲンサイ

今や中国野菜の代名詞、葉は倒卵形で淡緑色、葉柄が緑色で尻張りが良く、草丈が20〜30cm位で立ち性という独特の草姿が可愛らしく人気である。生育適温は、20℃前後と冷涼な気候を好むが、一方で暑さや病気にも強く、土壌適応性も広いので、厳寒期を除けば年中栽培可能で重宝な野菜である。しかし、早春まきの場合、とう立ちの危険があるので注意する。ただし、根コブ病を予防するために、アブラナ科の連作には注意する。また、害虫の発生しやすい時期には、寒冷紗等でトンネル状に覆う、ネット栽培を行えば被害をかなり軽減できる。

科名：アブラナ科
利用部位：葉
難易度：易
日照の条件：日当たり良
連作障害：あり　1〜2年あける
栽培地域：日本全国
必要な広さ：畝幅60cm
株間10〜15cm

病害虫防除：
根コブ病（フロンサイド粉剤）
アブラムシ（オレート液剤）
コナガ（BT 水和剤）
お薦め品種：
シャオパオ（ミニ）、長陽

栽培一口ポイント
- 株間をとって尻（腰）の張りをしっかりさせる。
- アブラナ科の連作を避け、石灰を多めに施す。
- とう立ちしやすい早春まきは、トンネル栽培がおすすめ。

栽培カレンダー

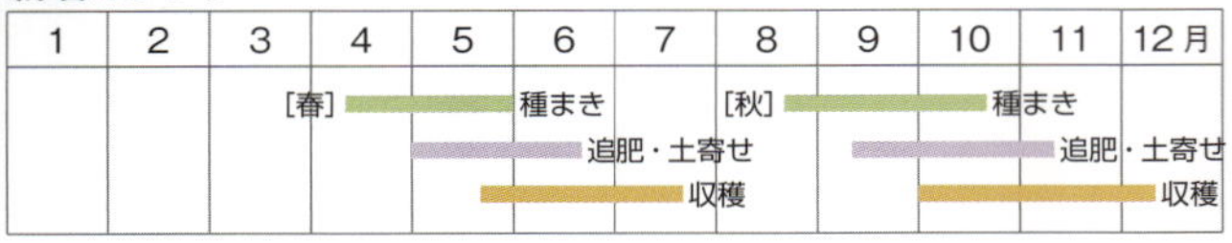

1 土づくり

種まきの1週間前までに

種まきの2週間前までに苦土石灰100〜150g/㎡を散布し、よく耕す。1週間前に畝幅60cmとし、堆肥2kg/㎡、化成肥料100g/㎡を施してよく耕し、高さ10cmの畝を立てる。

2 種まき

春：4月上旬〜5月　秋：8月下旬〜10月中旬

①条間30cmの2条まきとし、支柱などで深さ1cmのまき溝をつくる。
②種を1cm間隔になるようにまく。
③覆土後、手で軽く押さえ、その後たっぷり水やりする。

3 間引き①
種まきの7～10日後

①双葉が展開したら、間引きの適期。
②株間が3～4cm間隔に1本となるように間引き、株元へ軽く手で土寄せする。

4 間引き②
種まきの20日後

本葉が4～5枚の頃に株間が10～15cmになるように間引く。

5 追肥・土寄せ
種まきの20日後

①条間に化成肥料30g/m^2を追肥する。

②中耕を兼ねて鍬などで株元へ軽く土寄せする。

6 収穫
種まきの40～45日後

①草丈が15～20cmになったら収穫適期。

②地際からハサミなどで切り取り、収穫する。

①収穫したチンゲンサイ(上)とミニチンゲンサイ(下)。

とれたて野菜レシピ

●料理ヒント＆効能

さっとゆでるとほんのり甘味が出て、口当たりもやさしくなる。料理にもよるが、ゆでる際に湯にサラダ油を少し落とすと、緑が冴え、風味が増す。お浸しの他、和え物、炒め物、クリーム煮、鍋物、汁の実などにもよい。

栄養素では、ビタミン、ミネラルをバランスよく含み、余分な塩分を排出するカリウム(260mg/100g 以下同)、骨を丈夫にするカルシウム(100mg)、抗酸化作用のあるカロテン(2000μg)が豊富。中国薬膳では、余分な体熱を鎮め、胃腸を整え、利尿作用があり、便秘の予防によいとされる。

チンゲンサイと豆モヤシの和え物

しょっつる(魚醤)とゴマ油でアクセントをつけたショウガじょうゆ和え。

材料(4人分)

チンゲンサイ4株　豆モヤシ1袋(100g)　ショウガじょうゆ＜ショウガ汁大さじ2　しょうゆ大さじ1　しょっつる(ナムプラーでもよい)小さじ1　酢小さじ2　ゴマ油小さじ2＞

作り方

①チンゲンサイは根元を少し切り落として葉を1枚ずつにばらす。
②鍋に水1カップと①を入れて蓋をし、強火にかける。煮立ったら弱火にして1分ゆで、冷水で冷まし、水気を軽く絞る。
③豆モヤシもチンゲンサイと同様にゆでて冷まし、ざるで水気をよく切る。
④ショウガじょうゆの材料を混ぜる。
⑤器に、豆モヤシを敷き、チンゲンサイをのせ、④を適量かける。和えてから器に盛ってもよい。

●保存ヒント

収穫後はできるだけ早く洗い、水気を切り、紙に包み、ポリ袋に入れて冷蔵する。3～4日は鮮度が保てる。葉をばらして硬めにゆで、小分けにして冷凍してもよい。

寒さで甘味が増し、葉も柔らかくなる

ターサイ

アブラナ科の中国野菜の一つで、濃緑色の葉が地を這うように同心円状に広がる独特の草姿を有している。日本の漬け菜では、キサラギナに近く、葉面の縮みが特徴的である。生育適温は、18～20℃と冷涼な気候を好むので、8月下旬～10月が種まき適期である。また、耐寒性が強く、特に冬から春の寒冷期は、寒さで甘味が増し、葉も柔らかくなるので、格別なおいしさがある。栽培時期によって、株間を変えて栽培しており、夏から秋では株間10cm位、冬どりの場合は20～30cmとする。栄養的にはカロテンを多く含んでおり、炒め物、スープなどに利用されている。

科名：アブラナ科
利用部位：葉
難易度：易
日照の条件：日当たり良
連作障害：あり　1～2年あける
栽培地域：日本全国
必要な広さ：畝幅60cm
株間20～30cm

病害虫防除：
病気はあまり見られない
アブラムシ（オレート液剤）
コナガ（BT水和剤）
お薦め品種：
緑彩二号、タアツァイ

栽培一口ポイント
- 株間をしっかりとり、葉を大きく育てる。
- 降霜期の葉が厚くなった頃が甘く、収穫適期となる。
- 順次間引きを行うが、間引き菜も食用となる。

栽培カレンダー

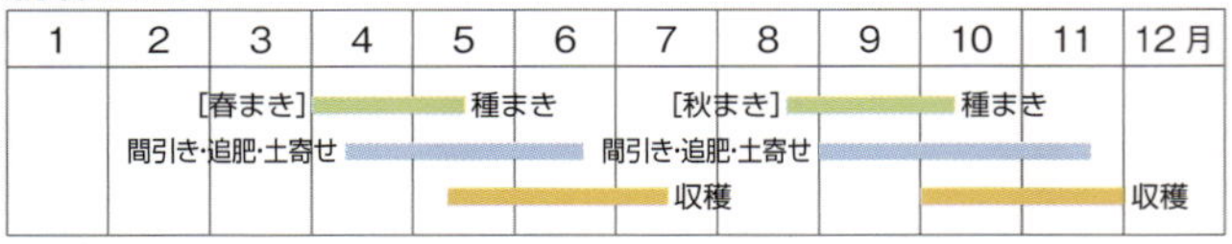

1 土づくり

種まきの1週間前までに

①種まきの2週間前までに苦土石灰100g/㎡を散布し、よく耕す。
②1週間前に畝幅60cmとし、堆肥2kg/㎡、化成肥料100g/㎡を施してよく耕し、高さ10cmの平畝を立てる。
③畝の表面のゴミなどをレーキで取り除き、平らにならす。

2 種まき

春：4月上旬～5月中旬、秋：8月下旬～10月上旬

①条間30cmの2条まきとし、畝に支柱などで深さ1cmのまき溝をつくる。
②種を1cm間隔になるようにまく。
③覆土後、手で軽く押さえ、その後たっぷり水やりする。

3 間引き①
種まきの7〜10日後

①双葉が展開したら、間引きの適期。
②株間が3〜4cm 間隔に1本となるように間引く。
③株元へ軽く手で土寄せする。

4 間引き② 追肥・土寄せ①
種まきの17〜20日後

①本葉が3〜4枚の頃に10〜15cm 間隔に1本となるように間引く。
②間引き後、条間に化成肥料30g/㎡を追肥し、鍬などで株元へ軽く土寄せする。

5 間引き③ 追肥・土寄せ②
種まきの30〜35日後

本葉が5〜6枚の頃に20cm 間隔に1本となるように間引く。間引き後、条間に化成肥料30g/㎡を追肥し、鍬などで株元へ軽く土寄せする。

6 収穫
種まきの40〜50日後

①直径が25〜30cm の頃が収穫適期。
②地際からハサミなどで切り取る。

③収穫したターサイ。

とれたて野菜レシピ

●料理ヒント＆効能

葉の緑が濃く、一見苦そうだが、クセのないやさしい味で、繊維も柔らかい。若採りは生でサラダにできる。お浸し、和え物、炒め物、鍋の具などに向く。栄養素ではカリウム（430mg／100g　以下同）、カルシウム（120mg）、カロテン（2200μg）、ビタミンE（1.5mg）・C（31mg）が豊富。

ターサイの牛肉巻き煮

ターサイの茎を牛肉で巻いて煮込み、煮汁で軽く火を通した葉と盛り合わせた。こうすると茎は柔らかくなり、葉の緑色と歯ざわりが生かせる。

材料（4人分）

ターサイ1株(200g)　牛ロース肉(シャブシャブ用薄切り)8枚(160g)　塩・こしょう各少々　紹興酒大さじ2　しょうゆ大さじ1　みりん小さじ1　ゴマ油小さじ1　サラダ油大さじ1

作り方

①ターサイは茎と葉に切り分ける。
②牛肉は2枚1組にして少し重ねて縦長に広げ、塩、こしょう各少々をふり、4等分して束ねた茎を芯にして巻く。
③ゴマ油とサラダ油を合わせて温め、②をころがして表面に焼き目をつける。紹興酒をふって煮つめ、しょうゆとみりんで調味し、軽く煮て取り出す。この後、残しておいた葉を入れてひと煮して味を含ませる。
④器に葉を敷き、茎の牛肉巻きを盛り、残った煮汁をかける。

●保存ヒント

根が水分と養分を奪うので、洗った後に切り落とす。水気をよく切り、ポリ袋などに包んで冷蔵すると、2〜3日は元気。茎と葉に分けてさっとゆでて冷凍してもよい。賞味期間は1〜2ヵ月位。

夏の暑さでも平気で生長する、これから注目の葉菜

エンサイ

熱帯アジアが原産で、別名アサガオナ、ヨウサイ、空芯菜。ヒルガオ科に属するつる性の一年生葉菜類。中国南部～東南アジア～インドを中心として栽培され、高温多湿下でよく生長し、中国では葉類不足の夏期に、ホウレンソウの代用として重宝される。収穫後も次々にわき芽が伸びて連続で収穫でき、挿し芽で簡単に増殖できる。サツマイモと同じ仲間だが、イモはできないので窒素を多めに施して過繁茂にしてもよい。日本では、5月に種まきすれば、10月まで収穫できる家庭菜園向きの野菜で、クセがなく油炒めやゴマ和えに向く。寒さに弱く、10℃以下では生育が止まり、霜にあうと枯死する。

科名：ヒルガオ科
利用部位：若い茎葉
難易度：易
日照の条件：日当たり良
連作障害：少ないが1～2年あける
栽培地域：東北地方以南
必要な広さ：畝幅60cm
株間30cm

病害虫防除：
病害虫は少ないので無農薬栽培可能
お薦め品種：
品種分化なし

栽培一口ポイント
- 草丈が約30cmになったら折り取り収穫をするとよい。
- 高温を好むので、青菜の少ない6月以降でもつくれる。
- 病虫害が少ないので無農薬栽培が可能。

栽培カレンダー

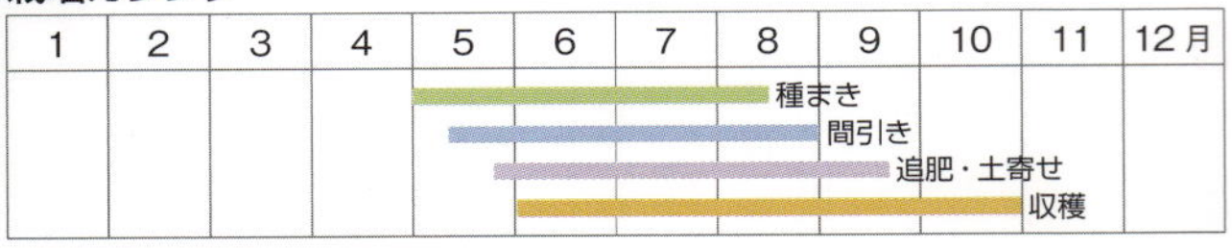

1 土づくり
種まきの1週間前までに

茎葉を食べるので肥料は多めに施す。
①種まきの2週間前までに苦土石灰100～150g/㎡を散布し、よく耕す。畝幅60cmとし、畝の中央に深さ20cmの溝を掘る。
②1週間前に溝へ堆肥2kg/㎡、化成肥料100g/㎡を施し、土を埋め戻して高さ10cmの畝を立てる。

2 種まき
5月上旬～8月中旬

発芽を促すため、種まきの前日から種を水に浸しておくとよい。
①株間30cmとし、空き缶の底などで深さ1cmのまき穴をつくる。
②まき穴に種を3粒ずつ点まきする。
③覆土後、軽く手で押さえ、その後たっぷり水やりする。

3 間引き
種まきの7～10日後

双葉が展開したら間引きを行い、生育のよい苗を2本残す。
①生育の悪い株を1株選ぶ。
②指で引き抜く。
③株元へ軽く手で土寄せし、株を安定させる。

4 追肥・土寄せ①
種まきの2～3週間後

草丈が7～8cm の頃に追肥・土寄せを行う。
①株間に化成肥料30g/㎡を追肥する。
②鍬などで株元へ軽く土寄せする。

5 追肥・土寄せ②
種まきの4週間後

草丈が15cm 位の頃に追肥・土寄せを行う。
①株間に化成肥料30g/㎡を追肥する。
②鍬などで株元へ軽く土寄せする。

6 収穫
種まきの30～45日後

暑い時期は30日、気温の低い時期は40～45日で収穫できる。草丈が30cm 位の頃が目安。
①先端から20cm 位の所をハサミで切るか、手で折り取る。
②茎は中空になっている。

③収穫したエンサイ。
2週間に1回追肥すると、10月まで収穫できる。

とれたて野菜レシピ

●料理ヒント＆効能

茎がストローのように空洞になっていることから空芯菜とも呼ばれ、ベトナム、タイなど東南アジア圏では身近な野菜。葉にはわずかにぬめりがあり、茎はシャキシャキとして独特の旨味がある。このもち味を生かすにはシンプルに炒めるのがよい。栄養素ではカロテンが豊富で100g食べれば(ビタミンＡ当量360μg)、1日の推奨量(600～750μg)の半分を満たすことができる。その他、鉄(1.5mg)、ビタミンＥ(2.2mg)・B_1(0.1mg)・B_2(0.2mg)のよい給源。中国薬膳では体の余分な熱を除き、解毒作用があるとされる。

エンサイの塩炒め しいたけ風味

アクがないので下ゆでせずに、直に強火で炒めるとよい。しいたけの香りと相性がよく、エンサイの旨味を深めてくれる。茎を先に、葉は後から加えて時間差をつけ、同時に炒め上げるのがコツ。

材料（2人分）

エンサイ150g　生しいたけ1～2個　ニンニク(軽くつぶす)小1片　赤トウガラシ(種を除く)1本　サラダ油大さじ2　塩少々　酒大さじ2

作り方

①エンサイは葉と茎に分け、それぞれ5cm長さに切る。生しいたけは薄切りにする。
②サラダ油に塩二つまみとニンニク、赤トウガラシを入れて弱火で炒めて香りを出し、生しいたけとエンサイの茎を入れて強火で炒める。油がなじんだら葉を入れて酒をふり、塩味を調え、手早く炒めあげる。

●保存ヒント

外気や冷気に当たると葉が萎《しお》れやすい。収穫したらできるだけ早く、冷水で洗い、紙とポリ袋に包み、冷蔵庫の野菜室で保存し、できるだけ早く使いきる。漬け物には向かないので、収穫時期をずらして少量生産するとよい。

色合いの美しい熱帯野菜、観賞用にも

ツルムラサキ

熱帯アジア原産のツルムラサキ科の葉菜で、別名、セイロンホウレンソウ。東南アジアから中国南部までの地域で古くから野菜として栽培されている。赤茎種と青茎種があり、日本では観賞用、染料としての利用が主であったが、暑さに強く、かつ育てやすく、ビタミンやミネラルなどの栄養に富むことから、栽培が広がっている。霜の心配のなくなった頃から秋まで長期間栽培可能で、若い茎葉を摘んで利用する。日当たりのよい、肥沃な畑がよく、乾燥しやすい畑では生育が遅れるので、肥料や水やりはしっかりと行う。つる性で、フェンスや支柱にからませると日除けにもなる。

科名：ツルムラサキ科
利用部位：若いつる（茎葉）
難易度：易
日照の条件：日当たり良
連作障害：あり　1～2年あける
栽培地域：東北地方以南
必要な広さ：畝幅60cm
株間30cm
病害虫防除：
アブラムシ（オレート液剤）
お薦め品種：
青茎系、赤茎系（観賞用にも）

栽培一口ポイント
- 青茎系と赤茎系を混ぜて栽培すると、見た目がきれい。
- 早めに摘み取り収穫を始めると収穫期間が長くなる。
- 支柱を立てると見た目がよいが、なくても栽培は可能。

栽培カレンダー

1	2	3	4	5	6	7	8	9	10	11	12月
						種まき					
						間引き					
							追肥・土寄せ				
									収穫		

1 土づくり
種まきの1週間前までに

①種まきの2週間前までに苦土石灰100g/㎡を散布し、よく耕す。1週間前に畝幅60cmとし、畝の中央に深さ20cmの溝を掘る。
②堆肥2kg/㎡、化成肥料100g/㎡を施し、土を戻して高さ10cmの畝を立てる。

2 種まき
5～6月

①株間30cmとし、空き缶の底などで深さ1cmのまき穴をつくる。
②まき穴に種を3粒ずつ点まきする。
③覆土後、軽く手で押さえ、その後たっぷり水やりする。

3 間引き①
種まきの7～10日後

双葉が展開した頃に間引きを行う。
①生育の悪い株を1株選ぶ。
②指で引き抜き、株元へ軽く手で土寄せする。

4 追肥・土寄せ①
種まきの3週間後

本葉3～4枚の頃に、追肥・土寄せを行う。
①条間に化成肥料30g/㎡を追肥する。
②鍬などで株元へ軽く土寄せする。

5 摘芯（収穫始め）
種まきの4～5週間後

草丈が20～30cmの頃が摘芯の目安。摘芯後はわき芽が伸びる。
先端から15～20cmをハサミで切り取り、収穫する。

6 追肥・土寄せ②
種まきの4～5週間後

①条間に化成肥料30g/㎡を追肥する。
②鍬などで株元へ軽く土寄せする。

7 支柱立て
種まきの4～5週間後

つる性の育ち方を生かすために、支柱を立てて栽培する方法もある。

8 収穫
種まきの50日後

①先端から15～20cmをハサミで切り取り、わき芽を伸ばす。
②収穫したツルムラサキ。

とれたて野菜レシピ

●料理ヒント＆効能

アクはあまりないが、ゆでたり、炒めたりすると独特のにおいとぬめりが出る。蕾のついたつる先は料理のあしらいやてんぷらにするとよい。その他、お浸し、和え物、炒め物、スープなどによい。

栄養素では、カルシウム(150mg /100g以下同)は牛乳を超え、抗酸化作用のあるカロテン(3000μg)、ビタミンE(1.1mg)・C(41mg)が揃って多く、老化やガンの予防に役立つ。ぬめり成分のムチンには胃の粘膜を保護したり、肝臓の機能を助けるなどの働きがあるとされる。

ツルムラサキのかき油和え

ゆでてかき油としょうゆを絡めて冷ますだけ。ツルムラサキのクセが和らぎ、ミョウガの香りがきいてさわやかな味になる。

材料（4人分）
ツルムラサキ200g　ミョウガ1個　かき油小さじ1　しょうゆ大さじ1

作り方
①ツルムラサキは茎から葉を摘み、茎は3cm長さに切る。
②沸かした湯に茎を入れ、一呼吸おいてから葉を入れ、色よくさっとゆでる。
③湯を切り、ボウルに入れ、かき油、しょうゆを加えて絡めて冷ます。
④ミョウガは小口から薄切りにし、水にさらして砂などを落とし、水気をよく切る。
⑤冷めたら③を器に盛り、④を添える。

●保存ヒント

鮮度が落ちやすいので、利用する日に摘み取るのがよい。最盛期が終わる頃に、さっとゆでて小分けにし、冷凍しておくとよい。

エンドウの若芽を摘んで食べる

トウミョウ

エンドウの若芽を摘んで、食用にするのがトウミョウ（豆苗）である。中国野菜には欠かせないポピュラーな野菜で、炒め物、天ぷら、汁の具などに利用される。春まきと秋まきがつくりやすく、種まき後40～50日で収穫が始まる。酸性土壌に弱いので苦土石灰による酸度調整をしっかり行い、pHを6.5～7.0にする。また、連作障害を避けるために5年位栽培していない畑で栽培する。葉や若い芽を利用するので、窒素肥料は多めに施してもよい。収穫は、茎の基部を3節残して摘んでいく。

科名：マメ科
利用部位：若いつる（茎葉）
難易度：中
日照の条件：日当たり良
連作障害：あり　4～5年あける
栽培地域：日本全国
必要な広さ：畝幅60cm
株間30cm

病害虫防除：
ハモグリバエ（寒冷紗で防ぐ）
立ち枯れ病（連作を避ける）
お薦め品種：
豆苗（とうみょう）、サヤエンドウの種で代用

栽培一口ポイント
- マメ科の野菜なので、連作を避ける。
- 長さ10cm位の若いつるを収穫する。
- ネット栽培でつるを誘引すると育てやすい。

栽培カレンダー

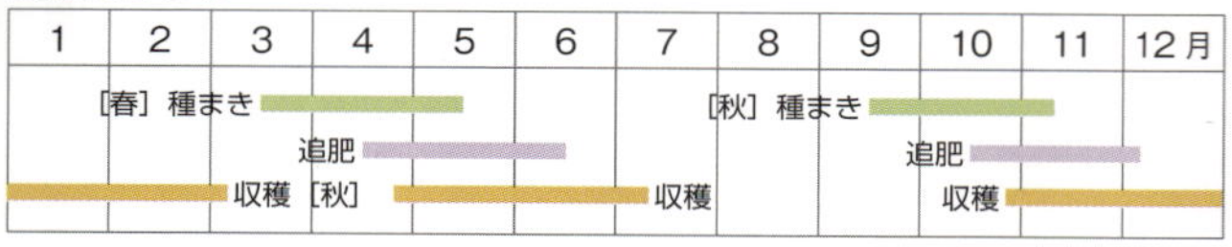

1 土づくり

植えつけの1週間前までに

植えつけの2週間前までに苦土石灰150g/㎡を散布し、よく耕す。1週間前に畝幅60cmとし、堆肥2kg/㎡、化成肥料50g/㎡を施してよく耕し、高さ10cmの畝を立てる。

2 植えつけ

春：3月中旬～5月中旬　秋：9月中旬～11月上旬　（育苗方法は、サヤエンドウ参照）

①株間30cmとし、移植ゴテなどで植え穴を掘る。
②植え穴に水を注ぎ、水が引いたら苗を植える。
③植えつけ後、株元を軽く手で押さえる。その後、たっぷり水やりする。

3 ネット張り
植えつけの1ヵ月後

草丈20〜30cmの頃に、畝の四隅に長さ150cm位の支柱を立て、10cm角の目のネットを張る。

4 追肥・土寄せ
植えつけの1ヵ月後

①株元に化成肥料30g/㎡を追肥する。
②鍬などで株元へ軽く土寄せする。

5 摘芯（収穫始め）
植えつけの40〜50日後

①草丈が40〜50cmになったら順次収穫する。この頃から2週間に1回の割合で化成肥料30g/㎡を追肥し、土寄せする。

摘芯すると、わき芽が伸び、1〜2ヵ月間収穫が続く。

6 収穫
植えつけの60〜70日後

①さらに生長し、わき芽が伸びてくる。

②先端から15〜20cmをハサミで収穫する。

③収穫したトウミョウ。

とれたて野菜レシピ

●料理ヒント＆効能

青臭みがあるので、生食には向かないがさっと火を通すと独特の旨味が出る。ゆでてお浸し、あるいは炒め物、てんぷら、汁の実などに向く。

栄養面では低エネルギーでビタミン、ミネラルをバランスよく含む優等生。中でも貧血を防ぐ鉄(1.0g/100g 以下同)、抗酸化作用のあるカロテン(4700μg)、ビタミンE(2.8mg)・C(74mg)、便秘を予防する食物繊維(3.1g)が多く、老化を防ぎ、美容によい。

トウミョウのニンニク炒め

旨味があり、アクも少ないので生を手早く炒め、歯ごたえよく色よく仕上げる。フライパンが小さい場合は2回に分けて炒めるとシャキッと仕上がる。

材料（4人分）
トウミョウ200g　ニンニク小1片　サラダ油大さじ3　塩小さじ1/3　白こしょう少々　酒大さじ2

作り方
①トウミョウは長いものは4〜5cmに切り、ニンニクは薄切りにする。
②フライパンにサラダ油とニンニクを入れ、弱火で炒めて香りを出す。
③①を入れて強火にして炒め、塩、白こしょう、酒で調味し、色よく炒め上げる。好みで香りづけにしょうゆ少々を落としてもよい。

●保存ヒント

育ち過ぎると繊維が硬くなるので、若い茎葉を摘み取る。鮮度が落ちやすいので使う分だけ収穫するのが理想的。

別名ジャワホウレンソウ、暑さに強い葉菜

ヒユナ

熱帯アジア原産のヒユ科に属する1年生の葉菜で、別名、ジャワホウレンソウ、またはバイアム。東南アジアをはじめ世界の熱帯～亜熱帯地域で広く栽培されている。草丈15～20cm の若い株を収穫するか、大株にして若い芽を摘み取り収穫するか、栽培方法は二つある。葉は柔らかく、おひたしや汁の実などに利用する。種は、食用や鳥のえさになる。

科名：ヒユ科
利用部位：若い茎葉
難易度：易
日照の条件：日当たり良
連作障害：
少ないが、1～2年あける
栽培地域：日本全国
必要な広さ：
畝幅60cm
株間5～6cm
病害虫防除：
病害虫は少ないので、無農薬栽培可能
お薦め品種：
品種分化なし

栽培一口ポイント
- 草丈 15cm 位の若い茎葉を収穫する。
- 高温性の野菜なので、暖かくなってから種をまいたほうが発芽しやすい。

栽培カレンダー

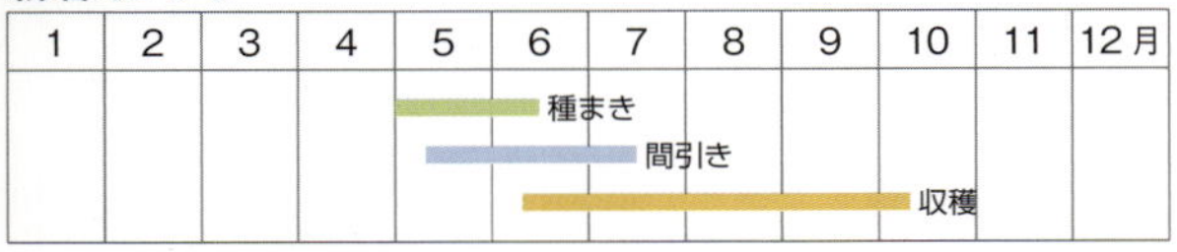

1 土づくり
種まきの1週間前までに

種まきの2週間前までに苦土石灰100g/㎡を散布し、よく耕す。1週間前に畝幅60cm とし、堆肥2kg/㎡、化成肥料100g/㎡を施してよく耕し、高さ10cm の畝を立てる。

2 種まき
5月上旬～6月中旬

条間30cm の2条まきとして支柱などで畝にまき溝をつくり、種を1cm 間隔でまいて覆土し、軽く手で押さえる。その後水やりする。

3 間引き①
種まきの10日後

双葉が展開した頃に、株間が3cm 間隔に1本となるように間引きし、株元へ軽く手で土寄せする。

4 間引き② 追肥・土寄せ①
種まきの3週間後

本葉が3～4枚の頃、5～6cm 間隔に1本となるように間引き、化成肥料30g/㎡を追肥する。鍬などで株元へ軽く土寄せする。

5 追肥・土寄せ②
種まきの4週間後

①条間に化成肥料30g/㎡を追肥する。
②鍬などで株元へ軽く土寄せする。

6 収穫
種まきの40～50日後

①草丈が15～20cm になったら、収穫適期。
②葉を残すと、わき芽が出てきて収穫が長く続く。

蕾と若い花茎を利用、ブロッコリーの原型

カイラン

地中海沿岸地帯から伝わったブロッコリーの原型種が、中国～東南アジアで栽培・改良されて「カイラン（芥藍）」が誕生したと考えられる。亜熱帯の気候条件に適応して耐暑性が強く、5月～9月中旬頃まで種まきでき、真夏の高温期でも栽培可能。収穫した花茎は、炒め物などに利用する。キャベツの仲間では珍しい白色の花も意外と美しい。

栽培一口ポイント
- 花が1輪開花する頃、先端から20cmの手で折れる所から収穫する。
- 株間は15～20cmとし、大株にならないように注意。

科名：アブラナ科
利用部位：花蕾と茎
難易度：易
日照の条件：日当たり良
連作障害：
あり　2～3年あける
栽培地域：日本全国
必要な広さ：
畝幅60cm
株間15～20cm
条間30cm
病害虫防除：
アオムシ、コナガ（BT水和剤）
アブラムシ（オレート液剤）
お薦め品種：
品種分化なし

栽培カレンダー

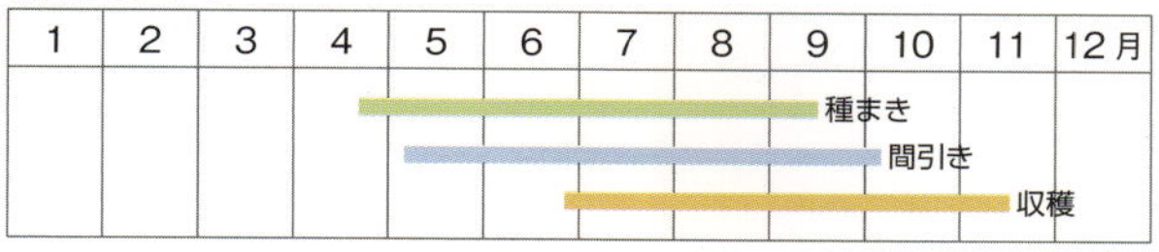

1 土づくり
種まきの1週間前までに

種まきの2週間前までに苦土石灰100g/㎡を散布し、よく耕す。1週間前に畝幅60cmとし、堆肥2kg/㎡、化成肥料100g/㎡を施してよく耕し、高さ10cmの畝を立てる。

2 種まき
4月～9月中旬

株間15cmとして空き缶の底などでまき穴をつくり、1ヵ所に種を5～6粒点まきにする。その後、覆土して、水やりする。

3 間引き①
種まきの7～10日後

発芽し、双葉が完全に展開したら、1ヵ所に3本となるように間引き、株元へ軽く手で土寄せする。

4 間引き②
種まきの3週間後

本葉が2～3枚になった頃、生育のよい苗を2本選び、1本は間引く。

5 間引き③ 追肥・土寄せ
種まきの4週間後

本葉が4～5枚の頃に1本立ちにする。
①条間に化成肥料30g/㎡を追肥する。
②鍬などで株元へ軽く土寄せする。

6 収穫
種まきの60～70日後

①種まき後、蕾が見え、花が1輪咲く頃が収穫適期。手で折れる柔らかい部分から、ハサミで切り取って収穫する。
②収穫したカイラン。茎や葉や蕾が食べられる。

葉柄の白さと葉の濃い緑色が美しい

パクチョイ

パクチョイ（白梗菜）は、チンゲンサイ（青梗菜）と同種で、違いは葉柄の色が淡緑色（チンゲンサイ）か白色（パクチョイ）かによる。原産地は中国で、昭和50年代に日本に導入されたが、パクチョイの普及はとどまっている。しかし生育旺盛で暑さに強く栽培期間も短い。炒め物や漬け物、スープなど調理適性も広いので、家庭菜園でも栽培を奨めたい。

科名：アブラナ科
利用部位：葉
難易度：中
日照の条件：日当たり良
連作障害：
あり　1～2年はあける
栽培地域：日本全国
必要な広さ：
畝幅60cm
株間15～20cm
条間30cm
病害虫防除：
アオムシ、コナガ(BT水和剤)
アブラムシ(オレート液剤)
お薦め品種：
品種分化なし

栽培一口ポイント
- 株間を15～20cmとり、一株一株がっしり育てる。
- 寒冷紗で覆って栽培すれば、無農薬栽培も可能である。

栽培カレンダー

	1	2	3	4	5	6	7	8	9	10	11	12月
種まき					━	━	━	━	━			
間引き・追肥・土寄せ					━	━	━	━	━	━		
収穫						━	━	━	━	━	━	

1 土づくり
種まきの1週間前までに

①種まきの2週間前までに苦土石灰150g/㎡を散布し、よく耕す。1週間前に畝幅60cmとし、堆肥2kg/㎡、化成肥料100g/㎡を施す。
②鍬でよく耕し、高さ10cmの畝を立て、畝の表面をレーキで平らにならす。

2 種まき
5月～9月

①条間30cmの2条まきとして支柱などで深さ1cmのまき溝をつくる。
②種を1cm間隔にまいて覆土し、軽く手で押さえる。その後水やりする。

3 間引き①
種まきの7～10日後

①発芽して双葉が展開した頃に間引きする。
②株間が3cm間隔に1本となるように間引き、株元へ軽く手で土寄せする。

4 間引き②③ 追肥・土寄せ
種まきの17～20日後、28日後

①本葉が2～3枚の頃、10cm間隔に1本となるように間引き、条間に化成肥料30g/㎡を追肥して株元へ軽く土寄せする。
②本葉が5～6枚になったら、20cm間隔に1本となるように間引き、同量の化成肥料を追肥し、鍬などで株元へ軽く土寄せする。

5 収穫
種まきの40～60日後

高温期では収穫までに40日前後、低温期では60日位かかる。
①草丈が15～20cmになったら地際からハサミで切り取り、収穫する。
②収穫したパクチョイ。

独特の辛味が漬け物の風味を増す

セリフォン

カラシナの仲間で、独特の辛味が漬け物を風味豊かなものにするため人気が高い。セリフォンは中国原産のアブラナ科の葉菜で、カラシナより葉縁に切れ込みがある。耐寒性、耐暑性が強く、また乾燥にも強い。収穫した葉は、漬け物、おひたし、汁の具、炒め物、サラダなどに利用する。ビタミンやミネラルに富む野菜である。

栽培一口ポイント	●株間を15〜20cm取り、一株一株をしっかり育てる。 ●収穫は、草丈25〜30cm位で若取りで収穫する。

栽培カレンダー

科名：アブラナ科
利用部位：葉
難易度：中
日照の条件：日当たり良
連作障害：
あり　1〜2年あける
栽培地域：日本全国
必要な広さ：
畝幅60cm
株間20cm
条間30cm
病害虫防除：
アブラムシ(オレート液剤)
アオムシ、コナガ（BT水和剤）
お薦め品種：
カラシナの仲間には、黄からし菜、葉からし菜などがある。

1 土づくり
種まきの1週間前までに

①種まきの2週間前までに苦土石灰150g/㎡を散布し、よく耕す。1週間前に畝幅60cmとし、堆肥2kg/㎡、化成肥料100g/㎡を施してよく耕す。
②鍬で高さ10cmの畝を立て、畝の表面をレーキで平らにならす。

2 種まき
5月〜10月上旬

①条間30cmの2条まきとして支柱などで深さ1cmのまき溝をつくる。
②種を1cm間隔にまいて覆土し、軽く手で押さえる。その後水やりする。

3 間引き①
種まきの7〜10日後

①双葉が展開した頃に間引きする。
②株間が3cm間隔に1本となるように間引き、株元へ軽く土寄せする。

4 間引き② 追肥・土寄せ
種まきの17〜20日後

①本葉が3〜4枚の頃に、10cm間隔に1本となるように間引く。
②条間に化成肥料30g/㎡を追肥し、株元へ軽く土寄せする。その後本葉が6〜7枚の頃に20cm間隔に間引き、同量の化成肥料を追肥し、土寄せする。

5 収穫
種まきの60日後

①草丈が25cm位に生長したら、地際からハサミで切り取り、収穫する。
②カラシナの仲間で、ぴりっとした辛味と風味があり、漬け物に向く。

折り取った花茎は、アスパラガスの味

サイシン

中国語で菜苔、とう立ちした花蕾と花茎を利用するアブラナ科の葉菜。菜の花に似た黄色の花と緑色の照り葉、季節を問わずとう立ちするのが特徴である。種まきは3月中旬～9月中旬まで可能だが、高温期は害虫の発生が多く、寒冷紗による被覆栽培を行うなどの工夫が必要。下葉3枚残して収穫し、化成肥料を追肥すると長期間収穫を楽しむことができる。

栽培一口ポイント

- 3月から9月まで、いつでも種まき可能。春まきはとう立ちが早いので、土づくりをよくしておく。
- 種まき後、50～60日で収穫する。

科名：アブラナ科
利用部位：とう立ちした若茎と花蕾
難易度：中
日照の条件：日当たり良
連作障害：あり　1～2年あける
栽培地域：日本全国
必要な広さ：畝幅60cm 株間15～20cm
病害虫防除：アオムシ、コナガ（BT水和剤）アブラムシ（オレート液剤）
お薦め品種：品種分化なし サイシンと書いてあるものを使う

栽培カレンダー

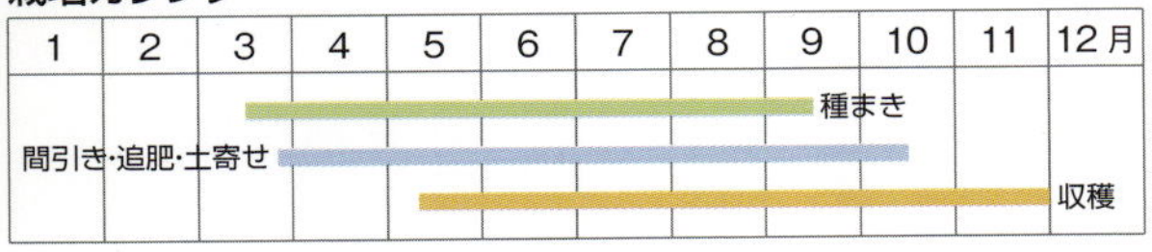

1 土づくり
種まきの1週間前までに

①種まきの2週間前までに苦土石灰150g/㎡を散布し、よく耕す。1週間前に畝幅60cmとして畝の中央に深さ20cmの溝を掘り、堆肥2kg/㎡、化成肥料100g/㎡を施して土を戻す。
②鍬で高さ10cmの畝を立てる。

2 種まき
3月中旬～9月中旬

①株間30cmとして空き缶の底などで深さ1cmのまき穴をつくる。
②1ヵ所に種を5～6粒点まきして覆土する。その後、モミガラを1つかみずつ乗せ、たっぷり水やりする。

3 間引き
種まき後7～10日

①発芽して、双葉が展開したら、生育のよい苗を3本残し、他は間引き、株元へ土寄せして株を安定させる。
②その後、本葉2～3枚で2本立ち、本葉5～6枚で1本立ちにし、2回目の間引きから化成肥料30g/㎡を追肥し、土寄せする。

4 追肥・土寄せ
種まきの1ヵ月後

収穫終了まで、2週間に1回、同量の化成肥料を追肥し、土寄せする。
①株元に化成肥料30g/㎡を追肥する。
②鍬などで株元に軽く土寄せする。

5 収穫
種まきの50～60日後

①とう立ちして茎が伸び始めたら、花が1～2輪咲く頃に、ハサミで長さ15cm位で切って収穫する。
②収穫したサイシンの若い茎や葉は、炒め物や、おひたしに利用する。

葉と茎の鮮やかな赤紫色も茹でると緑色に

コウサイタイ

花蕾と花茎を利用する中国原産のアブラナ科の葉菜。堆肥などの有機物を多めに施し、アブラナ科の連作は避ける。9月中旬～10月上旬に種をまき、翌1月～3月まで収穫する。手で折れる所から収穫すると柔らかくておいしい。収穫後、株元に化成肥料を追肥するとわき芽の伸長を助ける。茹でると赤紫色が緑色に変わり、ナバナより甘味がある。

科名：アブラナ科
利用部位：とう立ちした若茎と花蕾
難易度：中
日照の条件：日当たり良
連作障害：
あり　1～2年あける
栽培地域：日本全国
必要な広さ：
畝幅80cm
株間30～40cm
条間60cm
病害虫防除：
アオムシ、コナガ(BT水和剤)
アブラムシ(オレート液剤)
お薦め品種：
品種分化なし
コウサイタイ（紅菜苔）といわれるものを使う

栽培一口ポイント
- 9月中旬～10月上旬に種まきし、収穫は12月半ばから。開花直前の茎をハサミで折り取って収穫する。
- アブラナ科の連作障害、根コブ病に注意する。

栽培カレンダー

1	2	3	4	5	6	7	8	9	10	11	12月
								種まき			
								間引き・追肥			
収穫	収穫	収穫									収穫

1 土づくり
種まきの1週間前までに

①種まきの2週間前までに苦土石灰150g/㎡を散布し、よく耕す。1週間前に畝幅80cmとして畝の中央に深さ20cmの溝を掘り、堆肥2kg/㎡、化成肥料100g/㎡を施して土を戻す。
②鍬で高さ10cmの畝を立てる。

2 種まき
9月中旬～10月上旬

①条間30cmの2条まきとして支柱などで深さ1cmのまき溝をつくる。
②種を1cm間隔にまいて覆土し、軽く手で押さえる。その後水やりする。

3 間引き①
種まきの7～10日後

①発芽して双葉が展開した頃に、間引きする。
②株間が3cm間隔に1本となるように間引き、株元へ軽く手で土寄せする。

4 間引き②③ 追肥・土寄せ
種まきの20日後

本葉が5～6枚になったら株間30cmに間引きして、化成肥料30g/㎡を追肥し、株元へ土寄せする。
①本葉が3枚位の頃に、株間10cm間隔に1本となるように間引く。
②化成肥料30g/㎡を追肥する。
③ホーなどで株元へ土寄せする。

5 収穫
12月中・下旬～翌1～3月

収穫は、12月中・下旬から可能であるが、年内は株を大きくすることに努めてもよい。
①開花前の柔らかい茎をハサミで切り取って収穫する。
②収穫したコウサイタイ。

内部まで緑色、大根おろしも美しい緑色に

江都青長ダイコン

江都《こうと》青長《あおなが》ダイコンは、中国で栽培されている緑色と白色の対比が美しい品種であり、収穫時の大きさが、太さ6〜7cm、長さ25cmの円筒形。ダイコンの1/2以上が地上に出ており、その内部まで緑色に着色する。収穫は、根元の太さ（直径）が6〜7cmになった頃が適期。収穫したダイコンの緑色部位を大根おろしにすると、緑色の美しいおろしができる。

科名：アブラナ科
利用部位：根
難易度：中
日照の条件：日当たり良
連作障害：
あり　1〜2年あける
栽培地域：日本全国
必要な広さ：
畝幅60cm
株間25〜30cm
病害虫防除：
モザイク病
（アブラムシを防除）
アオムシ、コナガ（BT水和剤）
キスジノミハムシ
（エルサン乳剤）
アブラムシ（オレート液剤）
お薦め品種：
中国大根では黄河紅丸

栽培一口ポイント
- 適期の間引きと追肥・土寄せを行い、株を充実させる。
- 収穫のタイミングを逃さないようにする。

栽培カレンダー

	1	2	3	4	5	6	7	8	9	10	11	12月
種まき								━	━			
間引き・追肥・土寄せ									━	━		
収穫										━	━	

1 土づくり

種まきの1週間前までに

①種まきの2週間前までに苦土石灰150g/㎡を散布し、よく耕す。1週間前に畝幅60cmとし、堆肥2kg/㎡、化成肥料100g/㎡を施す。
②鍬でよく耕し、高さ10cmの畝を立てる。

2 種まき

8月下旬〜9月上旬

①株間30cmとして空き缶の底などで深さ1cmのまき穴をつくる。
②1ヵ所に種を4〜5粒点まきして覆土する。その後、モミガラを1つかみずつ乗せ、たっぷり水やりする。

3 間引き①②

種まきの7〜10日後、17〜20日後

①本葉が1〜2枚の頃に生育のよい苗を3本残し間引く。
②本葉が3〜4枚の頃に間引いて2本立ちにし、株元に化成肥料30g/㎡を追肥して鍬などで軽く土寄せする。

4 間引き③ 追肥・土寄せ

種まきの25日後

本葉が6〜7枚の頃に間引き、追肥・土寄せを行う。
①生育のよい苗を1本残して間引く。
②株元に化成肥料30g/㎡を追肥し、鍬などで軽く土寄せする。

5 収穫

種まきの60〜65日後

①地上に10〜15cm伸び、直径が6cm位の頃が収穫適期。
②収穫した江都青長ダイコン。縦に割ると、中まで緑になっていて、おろし金ですりおろすと緑色のダイコンおろしになる。

地上部は緑色、地下部は白色、内部は紅桃色

北京紅心ダイコン

北京周辺の地域でつくられている紅丸ダイコンの改良種で、収穫時の大きさは根の直径が10〜13cm、地上に飛び出している部分の表皮は緑色、地下部は白色、肉色は紅桃色である。種まきの適期は、9月上旬〜下旬で、種まき後60〜80日で収穫適期を迎える。真っ直ぐに根を肥大させるためには土づくりが重要で、堆肥や化成肥料を施し、30cm の深さまで耕すことが大切である。害虫の防除は早めに行い、被害を最小限に抑える。

科名：アブラナ科
利用部位：根
難易度：中
日照の条件：日当たり良
連作障害：
あり　1〜2年あける
栽培地域：日本全国
必要な広さ：
畝幅60cm
株間25〜30cm
病害虫防除：
モザイク病
(アブラムシを防除)
アオムシ、コナガ(BT水和剤)
アブラムシ(オレート液剤)
お薦め品種：
中国大根では春京赤長水など

栽培一口ポイント
- 適期の間引きと追肥・土寄せを行い、株を充実させる。
- 収穫のタイミングを逃さないようにする。

栽培カレンダー

作業	1	2	3	4	5	6	7	8	9	10	11	12月
種まき									━			
間引き・追肥・土寄せ									━	━		
収穫											━	━

1 土づくり
種まきの1週間前までに

①種まきの2週間前までに苦土石灰150g/㎡を散布し、よく耕す。1週間前に畝幅60cmとし、堆肥2kg/㎡、化成肥料100g/㎡を施してよく耕す。
②鍬で高さ10cmの畝を立てる。

2 種まき
9月上旬〜9月下旬

①株間30cmとして空き缶の底などで深さ1cmのまき穴をつくる。
②1ヵ所に種を4〜5粒点まきして覆土する。その後、モミガラを1つかみずつ乗せ、たっぷり水やりする。

3 間引き①②
種まきの7〜10日後、17〜20日後

①本葉が1〜2枚の頃に生育のよい苗を3本残し、ほかは間引く。
②本葉が3〜4枚の頃に間引いて2本立ちにし、株元に化成肥料30g/㎡を追肥して鍬などで軽く土寄せする。

4 間引き③ 追肥・土寄せ
種まきの25日後

本葉が6〜7枚の頃に間引き、追肥・土寄せを行う。
①生育のよい苗を1本残して間引く。
②株元に化成肥料30g/㎡を追肥し、鍬などで軽く土寄せする。

5 収穫
種まきの60〜80日後

①直径が10〜13cmで丸々と太ったものが収穫適期。
②縦に割ると、中まで紅色になっている。

ヒユナとしめじのお浸し

さっぱりしたお浸しに、軽くローストしたクルミで香ばしさとコクをプラス。

材料（2人分）
ヒユナ150g　しめじ1パック（100g）　クルミ3粒　調味だし<だし大さじ5　酒・みりん・しょうゆ各大さじ1>

作り方

①ヒユナは硬い茎を除き、さっとゆで、水にとって冷まし、水気を軽く絞る。
②しめじは石づきを切り落として1本ずつに裂き、さっとゆで、ざるで冷ます。
③調味だしの材料を煮立てて冷ます。
④クルミはオーブントースターで軽くローストし、薄切りにする。
⑤ボウルに①と②を合わせ、③を加えて15分程浸す。軽く汁気を切り、器に盛り、④を散らす。

●料理ヒント＆効能

若い葉はクセがなくて繊維も柔らかで、加熱するとぬめりが出る。ゆでてお浸し、和え物、汁の実、油で炒めてもおいしい。やや育ち気味の葉はてんぷらなどに。

　栄養成分の公式データはないが、カロテン、ビタミンCなどが期待できそう。中国薬膳では、体の余分な熱を除き、利尿作用があるとされる。保存は青菜と同様にポリ袋に入れて冷蔵し、早く使いきる。

◉

カイランの腸詰炒め

腸詰は中国のソーセージ、甘味があり、野菜と炒めるとよいだし代わりになる。

材料（2人分）
カイラン200g　ネギ10cm　中国の腸詰2本　ショウガ（みじん切り）小さじ1　サラダ油小さじ2　ゴマ油小さじ1　紹興酒大さじ2　塩小さじ⅓　こしょう少々

作り方

①カイランは葉と茎に分け、茎は4～5cm長さの斜め切りにする。ネギは縦半分に切り、小口から薄切りにする。腸詰は斜め薄切りにする。
②サラダ油とゴマ油を温め、ネギとショウガを炒めて香りを出し、腸詰とカイランの茎を入れて軽く炒め、葉を加えて中火で炒める。色が冴えたら紹興酒、塩、こしょうで調味し、歯ごたえよく炒め上げる。

●料理ヒント＆効能

若葉と蕾は炒め物や揚げ物に、茎は歯ごたえがよく、アスパラガスのような使い方もできる。その他、和え物、サラダ、汁の実、漬け物にもよい。

　栄養面ではブロッコリーの原型種なのでブロッコリーに準じた効用が期待できる。保存はポリ袋に入れて冷蔵し、早く使いきる。さっとゆでて冷凍してもよい。

◉

パクチョイのさっと煮

生しいたけの香りと旨味を含んだパクチョイが甘く、シャキシャキして美味。

材料（4人分）
パクチョイ2株　生しいたけ3個　焼きちくわ小1本　サラダ油大さじ2　酒大さじ2　薄口しょうゆ小さじ2

作り方

①パクチョイは根元を切って葉をばらし、葉と茎に分けて4cm長さに切る。
②生しいたけは薄切りにする。焼きちくわは斜め5mm幅に切る。
③サラダ油を温め、生しいたけを炒めて香りを出し、焼きちくわとパクチョイの茎を入れて軽く炒める。葉を加え、酒、薄口しょうゆで調味し、ひと煮する。

●料理ヒント＆効能

純白の茎と葉の深い緑の美しいコントラストと、淡く上品な味を生かし、味つけは塩か薄口しょうゆでシンプルに。お浸し、さっと煮、炒め物、スープなどがお奨め。

　栄養素では特にカリウム（450mg/100g 以下同）、カルシウム（100mg）、カロテン（1800μg）、ビタミンC（45mg）のよい給源になる。中国薬膳では、体内の炎症や余分な熱、水分を取り除き、胃腸を整え、便秘の予防に役立つとされる。保存は紙に包み、ポリ袋に入れて冷暗所で。

◉

セリフォンのじゃこ炒め

ちりめんじゃこの旨味と塩味を利用した炒め物。セリフォンの辛味と香りが生きて、素朴な味。

材料（2人分）
セリフォン2株　ちりめんじゃこ（乾燥品）15g　ネギ½本　サラダ油大さじ1½　酒大さじ2　しょうゆ少々

作り方

①セリフォンは葉と茎に分け、茎は4～5cmに切る。ネギは斜め薄切りにする。
②サラダ油を温めてネギを軽く炒め、ちりめんじゃこ、セリフォンの茎を入れて炒める。油がなじんだら、葉を加え、酒をふって煮つめ、香りにしょうゆを少々落とす。

●料理ヒント＆効能

爽快な香りと辛味があり、漬け物に向くが、油で炒めてもおいしい。一夜漬けでも古漬けでも、漬け物にするときは、さっと熱湯にくぐらせると、辛味が増して色が冴える。

栄養素はカラシナに近いと推測される。中国では雪里紅《シュエリフォン》と呼ばれ、消化を助け、気管支炎や神経痛の緩和、痰を取り除く効用があるとされる。

◉

サイシンとひじきのゴマ油炒め

ゴマ油で炒めたひじきの旨味とサイシンの辛味が絶妙。

材料（4人分）
サイシン200g　生ひじき100g　ゴマ油(生搾り)大さじ1　塩小さじ½　こしょう少々　紹興酒大さじ2

作り方

①サイシンは4cm長さに切る。
②生ひじきは熱湯をかけ、湯をよく切る。
③ゴマ油を熱して②を炒め、油がなじんだら塩、こしょう、紹興酒で調味する。
④①を加えて炒め、歯ごたえが残る程度に炒め上げる。
※ひじきは生がなければ乾燥品10gでもよく、水につけてもどして使う。

●料理ヒント＆効能

葉は青臭く、蕾には苦味があり、生食には向かない。ゆでる際に湯に油を少し落とすと色よく上がる。お浸し、和え物、油炒め、汁の実などによい。茎はてんぷらにするとほっくり甘味が出る。

栄養素はナバナに近いと推測される。中国では油菜《ユウツァイ》、菜苔《ツァイタイ》と呼ばれ、体を温め、血液の流れをよくし、浮腫の解消、解毒作用などがあるとされる。保存は水気をよく切り、紙に包み、ポリ袋で冷蔵する。さっとゆでて冷凍してもよい。

◉

コウサイタイのすき焼き風

牛肉を甘辛く煮て、その汁に絡めるようにしてコウサイタイをさっと煮る。コウサイタイはアクが少ないので、ゆでずに直接煮て色と歯ごたえを生かすとよい。

材料（2人分）
コウサイタイ200g　牛肉すき焼き用(薄切り)200g　サラダ油小さじ1　酒・みりん各大さじ1　砂糖小さじ1　しょうゆ大さじ2

作り方

①コウサイタイは4～5cm長さに切る。
②サラダ油を熱して牛肉を炒め焼き、酒、みりん、砂糖、しょうゆで調味する。
③牛肉を端に寄せ、あいたところに①を入れてさっと煮て味を含ませて火を止める。

●料理ヒント＆効能

赤紫色のナバナで、茎はアスパラガスのような食感がある。アクが少ないので、さっとゆでるか油で炒めるだけでも美味しい。加熱すると赤紫色が緑に変わってしまうのが惜しい。栄養素はナバナと同様にビタミン、ミネラルのよい給源になる。

◉

白子の江都青長ダイコン和え

江都青長ダイコンのさわやかな辛味で、白子の臭みが消えてすっきり上品に味わえる。

材料（4人分）
江都青長ダイコン200g　たらの白子200g　柑橘だれ＜すだち4～5個　しょうゆ大さじ2　煮きりみりん小さじ1＞

作り方

①白子は筋を取り、さっとゆで、氷水に取って冷やす。ざるで水気をよく切っておく。
②江都青長ダイコンはよく洗って水気を拭き、緑の皮ごとすりおろし、目の細かいざるにのせて自然に水気を切る。
③すだちを半分に切って果汁を搾り、調味料と合わせて柑橘だれを作る。すだちの酸味により、しょうゆを加減する。
④器に②を敷き、①をのせ、別器で柑橘だれを添え、食べるときにかけて和える。

●料理ヒント＆効能

一般の青首ダイコンに比べて緑色が濃くて鮮やか。辛味がほどよく、さわやかなので、おろしダイコンに最適。揚げ物などに添えるとさっぱりして消化にもよい。普通のダイコンと同様に利用できるが、生でサラダ、和え物、漬け物などがお奨め。

◉

北京紅心ダイコンのカナッペ

薄くスライスして、揚げた鶏をのせ、すりおろして薬味にと、二役に活用。

材料（4人分）
北京紅心ダイコン小½個　鶏胸肉200g　塩・こしょう各少々　小麦粉・溶き卵・パン粉・揚げ油各適宜

作り方

①鶏胸肉はひと口大に切り、塩二つまみ、こしょう少々で下味をつける。小麦粉、溶き卵、パン粉の順に衣をつけ、160℃の油できつね色に揚げて火を通す。
②北京紅心ダイコンは半月に薄切りにして8～12枚用意し、残りの部分を半カップ程すりおろす。
③半月に切った北京紅心ダイコンに、①を1切れずつのせ、すりおろした北京紅心ダイコンを天盛りにする。好みで、しょうゆを落としてもよい。

●料理ヒント＆効能

肉質が緻密で繊維が柔らかく、辛味も強くないので生で食べられる。加熱すると色が褪せるので、生でサラダ、和え物、漬け物などにお奨め。

香味野菜
ハーブ

野菜は、ビタミンやミネラル、食物繊維の供給源として人間の健康を支えてくれるだけではなく、色や香り、その成分で我々の食卓を鮮やかに豊かにしてくれる。日本では、シソ、ミョウガ、ミツバなどを香味野菜として栽培してきたが、近年、欧米からさまざまなハーブ類が導入され、食用（料理、香味）、薬用、染料などに利用されている。本章では、香味薬味野菜としておなじみの日本的ハーブと利用度の高い西洋的ハーブを併せて24種類取り上げている。ハーブの香り、辛味、甘味、苦味などに親しんでいただきたい。

世界三大香辛料の一つ、カプサイシンが魅力

トウガラシ Red pepper

中南米原産のナス科の代表的な香辛野菜。高温性で、果菜類の中でも暑さに強く、病害虫も少ないため栽培は比較的易しいが、輪作に努め、4〜5年ナス科野菜を休栽した畑に栽培する。青トウガラシから完熟させた真っ赤なもの、紫、オレンジ、黄色などさまざまな色がある。赤い色素はカプサンチンで、健康増進に効果がある。辛味成分はカプサイシンで、血行をよくし、消化を助け、食欲を増進させるなどの効果が注目されている。またカロテンやビタミンCも豊富に含んでいるが、辛味が強いので多くは摂取できない。また、激辛の品種も多く登場し、世界のトウガラシを自分の畑で栽培できる。

科名：ナス科
利用部位：若い果実、完熟果実
難易度：中
日照の条件：日当たり良
連作障害：あり　4〜5年あける
栽培地域：日本全国
必要な広さ：畝幅60cm
株間50cm

病害虫防除：
ウドンコ病（カリグリーン）
アブラムシ（オレート液剤）
ハダニ（粘着くん液剤）
お薦め品種：
タカノツメ、ハバネロ、
羅帝、スピノーザ

栽培一口ポイント
- 赤い完熟果実は辛味が強い。
- 栽培期間が長期にわたるので、肥料不足とならないようにする。
- 完熟したらこまめに収穫。最後に葉トウガラシもとれる。

栽培カレンダー

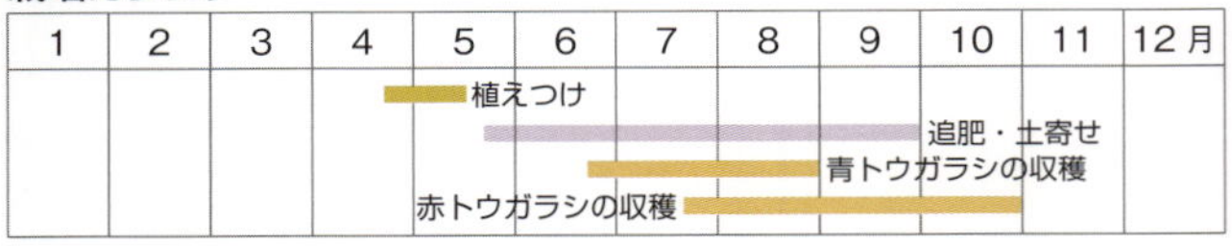

1 土づくり
植えつけの1週間前までに

植えつけの2週間前までに、苦土石灰100〜150g/㎡を散布し、よく耕す。1週間前に畝の中央に深さ20cmの溝を掘り、堆肥2kg/㎡、化成肥料100g/㎡、ヨウリン50g/㎡を施す。土を戻して、畝を立て、マルチを張る。

2 植えつけ・仮支柱立て
4月下旬〜5月中旬

植えつけ後、仮支柱を立てて株が風で倒れないようにする。
①マルチに穴をあけて土を掘り、水をたっぷり注ぎ、水が引いたら植えつける。
②長さ60〜70cmの仮支柱を斜めに立て、ひもで8の字に茎と仮支柱を結ぶ。

3 本支柱立て・追肥①
植えつけの1ヵ月後

草丈が50cmになったら本支柱を立てる。
長さ150cmの本支柱を立て、地際から30cmの所で株をひもで結ぶ。株元に化成肥料ひとつまみを追肥する。

4 追肥②・土寄せ

植えつけの2ヵ月後

この時期から、青トウガラシを収穫することができる。

①マルチのすそをあけ、畝の側方に化成肥料30g/㎡を追肥する。

②鍬などで株元へ軽く、土寄せし、再びマルチを戻す。

5 収穫

植えつけの3ヵ月後

収穫が始まってからも、9月まで月に1～2回、畝に化成肥料30g/㎡を追肥する。

①収穫適期。8月上旬、赤くなり始めたものから、収穫する。

②ヘタをハサミで切り取る。③収穫したトウガラシ。

世界一激辛というハバネロ

激辛ブームに合わせて日本に導入されたのが、ピーマンに似たハバネロ。中南米、特にキューバでよく栽培されているといわれる。果実は緑から赤ないし黄色になり、熟すにつれてより辛味が強まってくる。これは、辛味物質であるカプサイシンが増えていくため。

なお、ピーマンの隣に植えるとピーマンが辛くなるというが、そのようなことはない。

激辛ブームで注目されているハバネロ。

とれたて野菜レシピ

●料理ヒント＆効能

暑い国では暑気払いに、寒い国では体を温めるために、そして食欲増進、便秘を解消するなど、古来から薬用に使われてきた。それらの効能をもたらすのは主に辛味成分のカプサイシン。外用としても神経痛などに対する緩和効果が知られ、ドイツのコミッションE（薬用植物の評価委員会）や米国のFDA（食品医薬品局）でも治療目的での使用が認められている。しかし、体脂肪を燃やすとして、やせる目的での過剰摂取は健康を害するので避けたい。

えびのタイ風辛味スープ

タイの代表的なスープ、トム・ヤム・クンを手軽にアレンジ。トウガラシの辛味でたっぷり汗をかくと、身体にこもった熱が抜けてすっきりする。

材料（4人分）

えび(中)20尾　エリンギ(中)2本　青ネギ1/2本　赤トウガラシ3～4本　コリアンダー1株　ショウガ(薄切り)1枚　バイ・マックルー(こぶみかんの葉)2枚　ナム・プラー(タイの魚醤)小さじ2～3　砂糖一つまみ　レモン汁大さじ2

作り方

①えびは頭、殻、背ワタを除く。青ネギはぶつ切り、エリンギは3cm長さの棒切り、赤トウガラシは種を除いて3つに切る。コリアンダーは葉を摘む。

②鍋にえびの頭と殻、青ネギ、コリアンダーの茎と根、水1ℓを入れて煮立て、アクを取りながら中火で15分煮出してこす。

③②のスープに赤トウガラシ、ショウガ、バイ・マックルー、エリンギを入れてひと煮して香りを移し、ナム・プラー、砂糖で味を調え、えびを入れて軽く煮て火を通す。火を止めてレモン汁を加えて器に盛り、コリアンダーの葉を散らす。

●保存ヒント

束ねて陰干しにし、湿気のない場所に吊り下げておく。あるいはさやをざるに広げて干し、ビンなどで保存する。

輪作が決め手、世界の重要な香辛野菜

ショウガ Ginger

ショウガは独特の香りと辛味がもたらす食欲増進効果や殺菌作用が珍重され、古くから生食、漬け物、薬用として世界中で利用されている香辛野菜である。ショウガ科の多年生草本植物で、別名はハジカミといい、肥大した根茎を食用として利用する。熱帯アジア原産で、生育適温が25〜30℃と高温多湿を好む。しかし、寒さには弱く10℃以下の低温では根茎が腐りやすくなるので注意が必要である。また、連作を嫌う代表的な野菜なので、4〜5年間作付けしたことのない場所を選び植える。夏季の乾燥期には水やりやマルチの効果が高い。収穫時期によって、葉つきの若い根茎を利用する筆ショウガ、葉ショウガ、降霜前に収穫する根ショウガに分類される。

科名：ショウガ科
利用部位：根茎　**難易度：**中
日照の条件：日当たり良
連作障害：あり　4〜5年あける
栽培地域：東北地方以南
必要な広さ：畝幅60cm
株間20〜30cm

病害虫防除：
根茎腐敗病(無病の種ショウガを選ぶ)
アワノメイガ(パダン SG 水溶剤)
お薦め品種：
大ショウガ：おたふく、インド。中ショウガ：らくだ、房州。小ショウガ：谷中、三州

栽培一口ポイント
- 乾燥防止と雑草対策の目的で敷きワラを敷く。
- 栽培期間は長いが途中で「葉ショウガ」を楽しめる。
- 連作を嫌うので、輪作などで必ず防止する。

栽培カレンダー

1 土づくり

植えつけの1週間前までに

①植えつけの2週間前までに苦土石灰100g/㎡を散布してよく耕し、1週間前に畝幅60cmとして畝の中央に深さ20cmの溝を掘り、堆肥2kg/㎡を施す。
②化成肥料100g/㎡を施して土を戻し、鍬の背で平らにする。

2 植えつけ

4月下旬〜5月中旬

①種ショウガは、芽を2〜3個つけてそれぞれ切り分ける。
②移植ゴテの長さを目安とし、株間30cmとする。
③芽を上に向けて置き、3〜5cm覆土し、たっぷり水やりする。

3 追肥・敷きワラ
植えつけの1ヵ月半後

ワラがない場合は敷き草で代用してもよい。以後、月に1回追肥を行う。
除草後、化成肥料約30g/㎡を追肥し、土が見えなくなるまでワラを敷く。

4 筆ショウガの収穫
植えつけの2ヵ月後、7月上旬

①葉が5～6枚の頃に筆ショウガが収穫できる。
②収穫した筆ショウガ。

5 葉ショウガの収穫
植えつけの3ヵ月後

葉が7～8枚の頃に収穫できるので、手で引き抜く。

6 追肥・土寄せ
8月上旬

月に1回追肥・土寄せを行う。
①ワラの下に化成肥料30g/㎡を追肥する。
②鍬などで株元へ軽く土寄せする。

7 根ショウガの収穫
10月下旬～11月上旬

霜が降りる前に収穫作業を行う。
①株元から10cm 位の所にスコップを入れ、抜きやすくする。
②株を両手で持ち、収穫する。

③収穫したショウガ。根ショウガは新しい「種ショウガ」として利用できる。その下に、種ショウガが「ひねショウガ」として残る。

とれたて野菜レシピ

●料理ヒント＆効能
清涼感のある香りと辛味が魅力。筆ショウガ、葉ショウガは生で、味噌を添えれば酒の肴、薬味、和え物やサラダのアクセントに、甘酢漬け、揚げ物にも向く。根ショウガは魚肉の臭み消し、薬味、料理の香りづけに利用する。

　辛味の正体は主にジンゲロールで、血行をよくし、体を温め冷え症の改善に役立つ。搾り汁を湯で割り、砂糖やハチミツで甘味をつけた、ショウガ湯は、風邪のひきはじめに効果がある。その他、二日酔いや吐き気止め、消化不良の改善、殺菌作用があり、刺身の薬味とするのは理に適っている。

ショウガのゴマ揚げ

香ばしいゴマの衣の中から、新ショウガのさわやかな香りと辛味が顔出す。冷酒、ビールのつまみにおすすめ。

材料（2人分）
筆または葉ショウガ4本　衣＜薄力粉大さじ2 冷水大さじ2　白ゴマ小さじ2＞　揚げ油適宜
抹茶塩＜抹茶と塩を5対1位で混ぜる＞

作り方
①ショウガは茎を1本つけて切り離し、土をよく洗い落とし、水気を拭く。
②衣の材料を混ぜ、①に薄く絡め、160℃の揚げ油でカラリと揚げ、抹茶塩を添える。

●保存ヒント
筆・葉ショーガは茎を5～6cm付けて切り、洗って水気を拭き、ポリ袋に入れて冷蔵庫の野菜室で保存する。さっと湯に通し、甘酢（酢100mℓに対して塩5g、砂糖10g を目安に）漬けにして冷蔵すれば半年は楽しめる。焼き魚のあしらい、薄切り、細切りにして混ぜご飯や散らしずしの具などに重宝する。根ショーガは洗って乾かし、網に入れて冷暗所で保存する。

独特の香りはまさに日本的薬味の王様

シソ Perilla

ヒマラヤ～ミャンマー、中国が原産の1年草で、古くから香辛野菜として日本人に利用されてきた。葉の色が紫色の赤ジソと緑色の青ジソに分類され、さらに葉の表面が平らなもの（平葉）と縮緬《ちりめん》で区別されている。大葉と呼ぶ葉ジソ、発芽した双葉を刺身のつまに利用する芽ジソ（赤ジソのムラメ、青ジソのアオメ）、3割位開花した花穂を利用する穂ジソ、シソの実を漬け物などに利用する扱き穂など、シソの収穫対象は双葉から開花・結実（種子）まで幅広い。生育適温は20℃前後で、霜には弱いが、暑さには比較的強く、また土質もあまり選ばず、家庭菜園向き。

青ジソ　赤ジソ

科名：シソ科
利用部位：葉、穂
難易度：易
日照の条件：日当たり良
連作障害：少ないが1～2年あける
栽培地域：日本全国
必要な広さ：畝幅60cm
株間20～30cm

病害虫防除：
ハダニ（粘着くん液剤）
アブラムシ（オレート液剤）
ハスモンヨトウ（BT 水和剤）
お薦め品種：
青ジソ、赤ジソ、青ちりめん、青大葉ジソ

栽培一口ポイント
- ハダニの被害を受けやすいので、早く捕殺などの対処をする。
- 乾燥が激しい場合は水やりの効果が高い。

栽培カレンダー

1 土づくり
植えつけの1週間前までに

①植えつけの2週間前までに苦土石灰100g/㎡を散布し、よく耕す。
②1週間前に畝幅60cmとし、畝の中央に深さ20cmの溝を掘り、堆肥2kg/㎡、化成肥料100g/㎡を施す。
③土を戻し、高さ10cmの畝を立てる。

2 植えつけ
5月上旬～6月中旬

①株間20cmとし、移植ゴテなどで植え穴を掘り、水を注ぎ、水が引いたら苗を植えつける。
②植えつけ後、株元を軽く手で押さえ、たっぷり水やりする。

3 追肥・土寄せ①
植えつけの2週間後

株元に化成肥料30g/㎡を追肥し、ホーなどで軽く土寄せする。

4 追肥・土寄せ②
植えつけの１ヵ月後

①株元に化成肥料30g/㎡を追肥する。
②鍬などで株元へ軽く土寄せする。

5 収穫
植えつけの40日後

収穫が始まったら、月に2回位、追肥・土寄せを行う。
①草丈が30～40cmに生長した頃が収穫適期。
②展開した柔らかい葉を収穫する。
③収穫した青ジソ。
④収穫した赤ジソ。

穂ジソ

シソには、よく使われる葉ジソの他、発芽したばかりの双葉を刺身のつまなどに利用する芽ジソ、開花した花穂を刺身のつまや天ぷらなどに使う穂ジソがある。
シソは、紫色か白い色の花をつける。開花したものは刺身のつまに、開花し一部が実になったものは天ぷらや漬け物、佃煮の材料に使われている。

とれたて野菜レシピ

●料理ヒント＆効能
青ジソの甘くさわやかな香りは、薬味、サラダのトッピングなど、夏の食卓に欠かせない。赤ジソは梅干しに使う他、ジュースにすると、抗酸化作用のあるアントシアニン（色素）がおいしくとれ、疲労回復、花粉症の改善に役立つ。赤ジソ100gに対して水１ℓを加えて煮立て、弱火で10分程煮出してこし、こし汁に砂糖250～300gを入れて煮溶かす。粗熱を取り、レモン汁２個分を混ぜて冷まし、冷蔵庫で保存し、４倍に薄めて飲む。栄養素ではミネラル、ビタミン、食物繊維を豊富に含むが、１回に食べる量が少ないのでほどほどになる。

シソ巻き揚げ

えびですり身を作り、シソで巻いて揚げた自家製はんぺん。むきえびは塩気があるので、味付けは控えめにする。

材料（4人分）
むきえび200g　酒大さじ2　卵白1個分　塩一つまみ　片栗粉小さじ2　シソの葉12～16枚　揚げ油・おろしショウガ・しょうゆ各適宜

作り方
①むきえびは酒で洗い、水気を切る。卵白、塩、片栗粉とともにフードプロセッサーですり身にする。すり鉢を利用してもよい。
②ボウルに①を移し、12～16等分し、水でぬらした手で棒状にまとめる。
③シソの葉に②をのせてくるりと巻き、約150℃の油で揚げる。すり身がふっくらして揚げ音が静かになったら引き上げ、油を切る。おろしショウガを添え、しょうゆで。

●保存ヒント
使うときに葉を摘むのが理想的。柔らかい葉がたくさんとれたら、スライスしたニンニクとたまり（塩分が少なくて旨味が濃い）漬けにするとよい。おにぎりに巻いたり、刺身を挟んでもおいしい。若い穂と実はさっと湯に通してから塩漬けにしておくと、重宝する。また、穂と葉を枝ごと乾燥させると香りがよく、お茶代わりになる。

葉鞘基部にニンニクに似た側芽球がつく

無臭ニンニク Leek

地中海沿岸地方原産のユリ科の2年草（多年草だが、2年草扱い）で、いわゆるリーキである。リーキは、葉の形がニンニク、葉鞘が軟白した長ネギに似ており、開花後に形成する花茎基部の球（ニンニクの鱗茎に似ている）が、ニンニク臭がしないので無臭ニンニクと呼ばれている。リーキの栽培種には、リーキ、クラト、グレートヘッドガーリックがあり、グレートヘッドガーリックが無臭ニンニクとして日本で栽培されている。鱗茎で増殖するが、増殖率は低い。リーキの栽培は長ネギに似ており、作業は準じる。

科名：ユリ科（ネギ科）
利用部位：鱗茎
難易度：中
日照の条件：日当たり良
連作障害：少ないが1～2年あける
栽培地域：日本全国
必要な広さ：畝幅60cm
株間15cm

病害虫防除：
アブラムシ（オレート液剤）
シロイチモジヨトウ（BT水和剤）
お薦め品種：
品種分化なし

栽培一口ポイント
- ９月から10月に、球根を購入し植えつける。
- 春先から追肥・土寄せを行い、球の肥大を促進する。

栽培カレンダー

1 土づくり

植えつけの1週間前までに

①植えつけの2週間前までに、畝幅60cmとして苦土石灰100g/㎡を散布し、よく耕す。
②1週間前に、畝の中央に深さ15cmの溝を掘り、堆肥2kg、化成肥料100g/㎡を施す。
③土を戻して高さ10cmの畝を立て、畝の表面をレーキで平らにする。

2 植えつけ

9月中旬～10月

①株間20cmとし、深さ3～4cmの植え穴を掘って球根を植えつける。
②植えつけ後、覆土してたっぷり水やりする。

3 追肥・土寄せ①
植えつけの1ヵ月後

発芽し、芽が10cm位伸びたら、株元に化成肥料30g/㎡を追肥し、ホーなどで株元へ軽く土寄せする。

4 追肥・土寄せ②
翌年2〜3月

①翌年の3月に、株元に化成肥料30g/㎡を追肥する。
②鍬などで株元へ軽く土寄せする。収穫までに月に1〜2回追肥してもよい。

5 収穫
6月

①葉が黄変してきたら収穫適期。株元から20cm位の所にスコップを入れる。
②鱗茎を傷つけないように掘り上げる。

③収穫し、根と葉を切った無臭ニンニク。貯蔵する場合は畑で1日位乾かした後、風通しのよい軒下などに吊るしておく。

ニンニク

ニンニクは、世界三大香辛料の一つで、中央アジアが原産の古くから栽培されている野菜である。鱗茎以外に花茎も利用されている。生育適温が18〜20℃で耐寒性、対暑性ともあまり強いほうではない。したがって、寒冷地には寒冷地型の品種、暖地には暖地型の品種を用いるのが栽培成功の秘訣である。ニンニク特有の匂いは、アリシンという物質で、この匂いの少ないものがここで紹介した無臭ニンニク（リーキ）である。ニンニクは、古くから滋養強壮作用があり、重宝されているが、関東地方では栽培がやや難しいため、今回は比較的簡単な無臭ニンニクを栽培した。

とれたて野菜レシピ

●料理ヒント＆効能

リーキのエッセンスが詰まっていて、加熱すると甘味と旨味が増し、炒め物、煮込み、スープなどの味を深めてくれる。においがないので、朝食用にも利用できる。他のネギ類と同様に硫化アリルを含み、体を温めて血行をよくし、食欲増進、疲労回復、抗菌作用などの効用が期待できる。

無臭ニンニクとトマトのオムレツ

無臭なのでタマネギ感覚でたっぷり使ってオムレツに。炒めると甘味が増し、トマトの酸味とよく合い、さっぱりとして上品な味になる。

材料（2人分）

無臭ニンニク（小）1個　トマト（中）1個　オリーブ油大さじ2　卵3個　牛乳大さじ2　塩・白こしょう各少々

作り方

①無臭ニンニクは皮をむき、薄切りにする。トマトはヘタを取り、2cm角に切る。
②オリーブ油に①の無臭ニンニクを入れて弱火で炒め、しんなりしたらトマトを加えて中火で軽く炒め、塩一つまみ、白こしょう少々で調味する。
③卵はざっとほぐして塩二つまみ、白こしょう少々、牛乳を加えて軽く混ぜ、②に流す。卵の周りが固まり始めたら大きくかき混ぜ、半熟状になったら火を止める。

●保存ヒント

通常のニンニクより大きく水分が多いので、収穫後は茎と根を切り、陰干しにしてよく乾かす。ネットに入れて、風通しのよい冷暗所で保存する。保存を兼ねて、しょうゆ漬けにするのもよい。新鮮な無臭ニンニクの皮をむいて1片ずつにばらし、清潔な広口ビンに詰め、しょうゆをかぶるまで注ぎ、蓋をして冷暗所に置く。2週間後から食べられる。漬け物代わりとして、また、しょうゆも含めて料理にも利用できる。

春先の若い葉を酢味噌和えで

アサツキ Chives

日本～中国原産のユリ科の多年草で、葉が細いことから糸葱ともいう。葉と鱗茎を茹でて食用に利用している。8月下旬～9月に鱗茎を植えつけ、秋に収穫した後、地上部は枯れて休眠に入るが、翌春4月に再び萌《ほう》芽《が》するので収穫できる。5～6月に30～40cmの淡紫色の美しい花を開花し、その後休眠に入る。休眠後鱗茎を掘り上げて貯蔵する。

科名：ユリ科
利用部位：葉
難易度：易
日照の条件：日当たり良
連作障害：
少ないが1～2年あける
栽培地域：
中間地～寒冷地
必要な広さ：
畝幅60cm
株間15～20cm
病害虫防除：
ネギハモグリバエ（ベストガード粒剤）
アブラムシ(オレート液剤)
お薦め品種：
品種分化なし

栽培一口ポイント
- 1ヵ所に2球植えで1ヵ所あたりの収量を増やす。
- 再生を促して、順々に収穫ができるようにする。

栽培カレンダー

1	2	3	4	5	6	7	8	9	10	11	12月
						植えつけ	━	━			
						追肥・土寄せ		━	━	━	
			━	━ 収穫(翌年)					━	━	収穫

1 土づくり
植えつけの1週間前までに

植えつけの2週間前までに苦土石灰100～150g/m²を散布し、よく耕す。1週間前に畝幅60cmとして畝の中央に深さ20cmの溝を掘り、堆肥2kg/m²、化成肥料100g/m²を施す。土を戻して高さ10cmの畝を立てる。

2 植えつけ
8月下旬～9月中旬

①株間20cmとし、深さ5cmの植え穴を掘り、種球の細いほうを上に向けて2球ずつ植えつける。
②先端が土から出る位まで覆土し、水やりする。

3 追肥・土寄せ①
植えつけの3週間後

草丈が10cmの頃に追肥・土寄せを行う。
①株元に化成肥料30g/m²を追肥する。
②ホーなどで株元へ軽く土寄せする。

4 収穫
植えつけの40～50日後

①地際から3～4cm残し、ハサミで収穫する。

5 追肥・土寄せ②
収穫時

暖地では20～30日で再生し、さらに2回収穫できる。
化成肥料30g/m²を追肥し、鍬などで株元へ軽く土寄せする。

6 種球の掘り上げ
翌年の6月上旬～中旬

掘り上げた種球は、植えつけ時まで日陰に置いて保存する。

数回の収穫を楽しむ家庭菜園向き薬味野菜

ワケギ Nanking shallot

薬味として鍋物や麺類に欠かせないユリ科の多年草である。近年の研究で、ワケギが、ネギとシャロットの雑種であることが判明したが、原産地は特定されていない。ネギの仲間には、長ネギ（根深ネギ）とワケギ・葉ネギがあり、長ネギが土寄せし軟白した葉鞘を利用するのに対し、ワケギ・葉ネギは主に緑色の葉身部を利用する。繁殖は、種球によって行う。

科名：ユリ科
利用部位：葉
難易度：易
日照の条件：日当たり良
連作障害：
少ないが1〜2年あける
栽培地域：
寒冷地を除く日本全国
必要な広さ：
畝幅60cm
株間15〜20cm
病害虫防除：
マザミウマ、
ネギハモグリバエ(ダイアジノン乳剤)
お薦め品種：
品種分化なし

栽培一口ポイント
- 地際を残して収穫すると、３～４回収穫できる。
- 収穫後には追肥し、再生を促す。

栽培カレンダー

1	2	3	4	5	6	7	8	9	10	11	12月
						植えつけ					
						追肥・土寄せ					
				収穫(翌年)							収穫

1 土づくり
植えつけの1週間前までに

植えつけの2週間前までに苦土石灰100〜150g/㎡を散布し、よく耕す。1週間前に畝幅60cmとして畝の中央に深さ20cmの溝を掘り、堆肥2kg/㎡、化成肥料100g/㎡を施す。土を戻して高さ10cmの畝を立てる。

2 植えつけ
8月下旬〜9月下旬

①株間20cm、深さ5cmの植え穴を掘り、種球を2球ずつ植えつける。
②先端が土から出る位まで覆土し、水やりする。

3 追肥・土寄せ①
植えつけの3週間後

草丈が10cmの頃に追肥・土寄せを行う。
①株元に化成肥料30g/㎡を追肥する。
②鍬などで株元へ軽く土寄せする。

4 収穫
植えつけの40〜50日後

①地際から3〜4cm残し、ハサミで収穫する。

5 追肥・土寄せ②
収穫時

20〜30日で再生し、さらに2〜3回収穫できる。
化成肥料30g/㎡を追肥し、鍬などで株元へ軽く土寄せする。

6 種球の掘り上げ
翌年の6月上旬〜中旬

掘り上げた種球は、植えつけ時まで日陰に置いて保存する。

日本料理にあう日本原産の野菜

ミツバ Japanese honewort

日本原産のセリ科の多年草で、草丈は30～60cm、特有の香りのする葉と葉柄を日本料理に利用する。栽培の仕方や出荷方法で切りミツバ、根ミツバ、糸ミツバ（青ミツバ）に分類される。日当たりの悪い場所でもよく育ち、手がかからないので庭の片隅で育てておくと重宝である。

科名：セリ科
利用部位：葉
難易度：易
日照の条件：半日陰でもよく育つ
連作障害：
あり　1～2年あける
栽培地域：日本全国
必要な広さ：
畝幅60cm、条間30cm
病害虫防除：
ハスモンヨトウ(BT水和剤)
ベト病(アリエッティ水和剤)
アブラムシ(オレート液剤)
お薦め品種：
白茎ミツバなど

栽培一口ポイント
- 覆土はうすく、発芽まで丁寧に水やりする。
- 収穫後は追肥・土寄せを行い、再生を促す。

栽培カレンダー

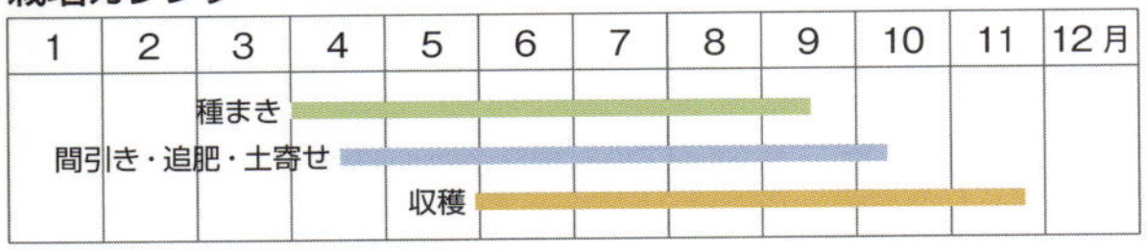

1 土づくり
種まきの1週間前までに

種まきの2週間前までに苦土石灰100～150g/㎡を散布し、よく耕す。1週間前に畝幅60cmとして畝の中央に深さ20cmの溝を掘り、堆肥2kg/㎡、化成肥料100g/㎡を施す。土を戻して高さ10cmの畝を立てる。

2 種まき
4月～9月中旬

条間30cmの2条まきとし、畝に支柱などで深さ1cmのまき溝をつくり、種を1cm間隔にまく。覆土して軽く手で押さえ、たっぷり水やりする。

3 間引き①
種まきの10～14日後

双葉が完全に展開したら、3cm間隔に1本となるように間引く。

4 間引き② 追肥・土寄せ①
種まきの3週間後

①本葉が2～3枚の頃、5～6cm間隔に1本となるように間引く。
②株元に化成肥料30g/㎡を追肥し、軽く手で土寄せする。

5 追肥・土寄せ②
種まきの5週間後

①株元に化成肥料30g/㎡を追肥する。
②ホーなどで株元へ軽く土寄せする。

6 収穫
種まきの60～90日後

①草丈が30cmに伸びたら、地際から4～5cm残し、ハサミで収穫する。
②収穫したミツバ。収穫後は、株元に化成肥料30g/㎡を追肥して、株の再生を促す。

意外な緑黄色野菜、栄養豊富でつくりやすい

パセリ Parsley

地中海沿岸地域が原産のセリ科の葉菜。栽培は比較的簡単で、日当たりのよい場所を選び、排水がよく通気性に優れた土づくりをすれば、庭の片隅に植えておくだけで十分に育つ、大変重宝な野菜である。葉の縮れ具合によって縮葉種と平葉種に分けられ、日本では縮葉種が主流である。

科名：セリ科
利用部位：葉
難易度：易
日照の条件：日当たり良
連作障害：
あり　1〜2年あける
栽培地域：日本全国
必要な広さ：
畝幅60cm、株間30cm
病害虫防除：
ハスモンヨトウ(BT水和剤)
ウドンコ病(カリグリーン)
アブラムシ(オレート液剤)
お薦め品種：
カーリーパラマウント、瀬戸パラマウント

栽培一口ポイント
- 敷きワラをし、乾燥と泥はねから株を守る。
- 高温期は、石灰不足による芯腐れが出やすいので、塩化カルシウム 200 倍を 1 週間おきにかける。

栽培カレンダー

1	2	3	4	5	6	7	8	9	10	11	12月
		追肥 土寄せ 敷きワラ	収穫	植えつけ(春)					植えつけ(秋)		

1 土づくり
植えつけの1週間前までに

植えつけの2週間前までに苦土石灰100〜150g/㎡を散布し、よく耕す。1週間前に畝幅60cmとして畝の中央に深さ20cmの溝を掘り、堆肥2kg/㎡、化成肥料100g/㎡を施す。土を戻して高さ10cmの畝を立てる。

2 植えつけ
春　3月下旬〜5月上旬　秋　8月下旬〜9月中旬

①株間30cmとして移植ゴテなどで植え穴を掘り、水を注ぐ。水が引いたら苗を植えつける。
②植えつけ後、株元を軽く手で押さえ、たっぷり水やりする。

3 追肥・土寄せ
植えつけの2週間後

①株間に化成肥料30g/㎡を追肥する。
②ホーなどで株元へ軽く土寄せする。

4 敷きワラ
植えつけの3週間後

①株が大きくなってきたら、乾燥と泥の跳ね返りを防ぐため、敷きワラをする。
②株元、畝全体にたっぷりワラを敷く。

5 収穫
植えつけの1ヵ月後

①本葉15枚以上になったら収穫適期。外側の葉を、必要な分だけハサミで切り取って収穫する。
②収穫したパセリ。

日陰で育つ日本原産の香辛野菜

ミョウガ Japanese ginger

日陰でもよく育つ日本原産のショウガ科の多年草で、草丈は100cm、花蕾や茎に辛味と独特の芳香があり、薬味として用いられている。花蕾を利用する花ミョウガと新芽を軟化したミョウガタケがある。地下茎は、春先に排水性・保水性に優れた肥沃な場所を選び、植える。3〜4年ごとに株の更新を行うと新しい根が広がり、生育も旺盛となる。

科名：ショウガ科
利用部位：花蕾
難易度：中
日照の条件：日照時間が短くても可
連作障害：植え替え時には連作を避ける
栽培地域：本州以南
必要な広さ：
畝幅60cm、株間20cm
病害虫防除：
葉枯れ病(ダコニール1000)
根茎腐敗病(よい種茎を選ぶ)
お薦め品種：
品種分化なし

栽培一口ポイント
- 収穫は1年目は9月、2年目以降は7月から行える。
- 敷きワラで乾燥と雑草を防ぐと、生育がよくなる。

栽培カレンダー

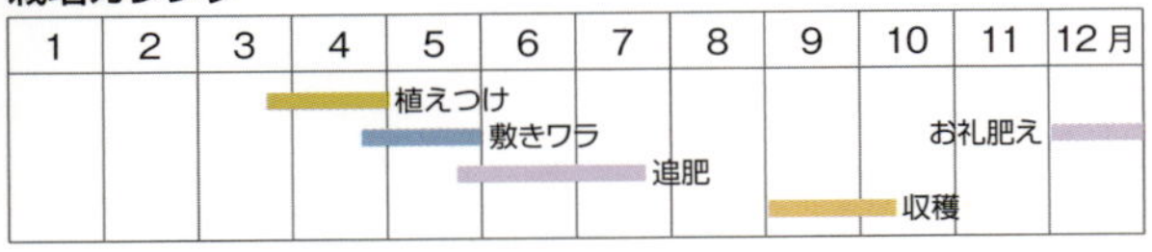

1 土づくり
植えつけの1週間前までに

植えつけの2週間前までに苦土石灰100g/m²を散布し、よく耕す。
①植えつけの1週間前までに畝幅60cmとし、畝の中央に深さ20cmの溝を掘る。
②堆肥2kg/m²、化成肥料100g/m²を施し、土を戻して高さ10cmの畝を立てる。

2 植えつけ
3月下旬〜4月

①深さ10cmの溝を掘り、株間20cmとして種茎(15cmに切った地下茎)を植えつける。
②覆土し、たっぷり水やりする。

3 敷きワラ
植えつけの1ヵ月後

芽が出始めたら敷きワラをする。腐葉土で代用してもよい。
株の周囲を除草し、地面が見えなくなる位にワラを敷き詰める。

4 追肥・土寄せ
植えつけの2ヵ月後

①ワラの上から株元に化成肥料30g/m²を追肥する。
②鍬などでワラの下へ軽く土寄せする。

5 収穫
9月上旬

収穫後、枯れ始めたら地上部を刈り、お礼肥えとして堆肥2kgを畝全体に施すと、翌年7月に収穫できる。
①収穫適期の株。
②収穫したミョウガ。開花前に花蕾を手で折り取る。

ワサビの代用、ローストビーフに欠かせない

ホースラディッシュ Horseradish

東ヨーロッパ原産のアブラナ科の多年草で、和名はセイヨウワサビ。粉ワサビの原料である。耐寒性が強く、日本各地で野生化している。ヨーロッパでは、ローストビーフのつけあわせとして知られ、根茎をすりおろして使う。辛味成分は、アリルイソチオシアネートで、ワサビやからしと同じ成分である。

科名：アブラナ科
利用部位：根
難易度：中
日照の条件：日当たり良
連作障害：植え替え時には連作を避ける
栽培地域：日本全国
必要な広さ：
畝幅80cm、株間30cm
病害虫防除：
病害虫の害が少ないので無農薬栽培可能
お薦め品種：
品種分化なし

栽培一口ポイント
- 宿根草なので深く耕し、堆肥は多めに施す。
- 苗は健全なものを選ぶ。

栽培カレンダー

1	2	3	4	5	6	7	8	9	10	11	12月
					植えつけ						
										追肥・土寄せ	
										収穫	

1 土づくり
植えつけの1週間前までに

①植えつけの2週間前までに苦土石灰100g/㎡を散布し、よく耕す。1週間前に畝幅60cmとし、畝の中央に深さ20cmの溝を掘り、堆肥2kg/㎡、化成肥料100g/㎡を施す。
②土を戻して高さ10cmの畝を立てる。

2 植えつけ
5月上旬～下旬

①株間30cmとして移植ゴテなどで穴を掘り、水を注ぎ、水が引いたら苗を植えつける。
②植えつけ後、株元を軽く手で押さえ、水やりする。

3 追肥・土寄せ
植えつけの1ヵ月後から1ヵ月間隔

①株元に化成肥料30g/㎡を追肥する。
②鍬などで株元へ軽く土寄せする。

4 収穫
11月下旬から

①葉が黄褐色に変わり始めたら収穫適期。
②地際から20cm位の所を鎌で刈る。
③株の周囲にスコップを入れて掘り上げる。
④株が緩んだら、両手で引き抜く。

アサツキのお焼き

ゆでだこを入れた韓国風のお焼き、アサツキの香りと甘味が増して美味しくなる。軽食代わり、酒の肴にもよい。

材料（2人分）
アサツキ50g　ゆでだこ30g　糸トウガラシ少々　生地＜卵小1個＋水で120㎖　薄力粉50g　塩二つまみ＞　ゴマ油少々　たれ＜酢大さじ1　薄口しょうゆ大さじ2　だしか水大さじ2>

作り方
①アサツキは根を切り、10cm長さに切る。
②ゆでだこは洗って水気を拭き、薄く切る。
③ボウルに卵と水を入れてほぐし、塩と薄力粉を加え、よく混ぜて生地を作る。
④フライパンを焼きならし、ゴマ油を薄く引く。①に③の生地を薄く絡めて入れ、広げて厚さを平均にする。②をのせ、生地を全体に薄くかけ、糸トウガラシを散らす。
⑤中火弱で焼き、生地が焼けたら裏返して軽く焼き、取り出す。食べやすい大きさに切り分け、たれを添える。

●料理ヒント＆効能
アサツキはネギの仲間でも辛味が穏やかで、刻んでそのまま薬味にできる。ゆでてお浸し、和え物、肉や魚を炒めるときの風味添えなどによい。ゆでる場合は、さっと火を通し、水に取らずにざるに広げ、風を送って早く冷ます。こうすると色が冴え、水っぽくならない。

　ビタミン、ミネラルをバランスよく含み、食物繊維も100g中3.3gと多い。他のネギ類と同様に辛味成分（硫化アリル）が体を温め、血行促進に役立つ。保存は他のネギ類と同様に。

ワケギとしめじの梅だし

ほろずっぱくて、歯ごたえのよい小鉢。だしの旨味で梅の酸味が和らぎ、ワケギの甘味もふくよかになる。

材料（２～３人分）
ワケギ100g　えのきだけ1袋（約100g）　梅だし<梅干し1個　だし50㎖　しょうゆ小さじ1>

作り方
①ワケギは根を切り、沸かした湯にくぐらせ、ざるに広げて冷ます。冷めたら4cm長さに切る。
②えのきだけは石づきを切り、①の後の湯でさっとゆで、ざるに広げて冷ます。
③梅だしを作る。梅干しは種を除いて果肉を刻み、裏ごしし、だしとしょうゆを混ぜる。梅干しは塩分により、だしで加減する。
④①、②を合わせ、梅だし適量で和える。

●料理ヒント＆効能
ワケギは長ネギとアサツキの中間の太さで、辛味も比較的穏やか。加熱すると甘味が出て、とろりとする。ゆでるときはアサツキと同様に、ざるに広げて早く冷ますのがコツ。アサリなどの貝類との酢味噌和えは、春の味として定番。すき焼き、鍋の具、汁の実、炒め物などによい。

　栄養素では、カロテン（2700μg/100g以下同）、ビタミンE（1.4mg）・C（37mg）、食物繊維（2.8g）のよい給源になる。体を温め、血行をよくする効用や、保存法は他のネギ類と同様である。

ミツバかに玉

かにに似せて加工されたかに棒を利用した手軽なかに玉。たっぷり入れたミツバの香りが味を引き締める。

材料（4人分）
ミツバ100g　かに棒（上質品を）150g　卵5個　塩小さじ½　白こしょう少々　牛乳大さじ2　サラダ油大さじ2～3

作り方
①ミツバは根を切り、3cm長さに切る。
②卵はざっとほぐし、塩、白こしょう、牛乳を混ぜる。
③中華鍋を焼きならし、サラダ油を入れ、かに棒を炒めてほぐし、①を加えて軽く炒めて②を流す。強火で大きくかき混ぜ、半熟状に固まったら火を止める。

●料理ヒント＆効能
畑育ちのミツバは、水耕栽培の切りミツバより、葉の緑が濃い分、香りが強く、栄養価も高い。葉先を摘んでサラダのトッピングにもよいし、ツナやゆで卵、チーズと一緒にパンに挟むなどハーブ感覚で利用することもできる。その他、さっとゆでてお浸し、和え物、肉との炒め物、汁の実、スープなど幅広く使える。

　保存は水気をよく切り、紙に包んでポリ袋に入れ、立てて冷蔵する。鮮度が落ちやすいので、早めに使いきる。

さけのパセリ揚げ

パン粉にパセリのみじん切りをたっぷり混ぜた、さけのフライ。ビタミンとミネラルが美味しく補足できる。

材料（4人分）
生ざけ（切り身）4切れ　塩・こしょう各少々　パセリ（みじん切り）大さじ2　パン粉½カップ　小麦粉・溶き卵・揚げ油各適宜　ソース＜ウスターソース（中濃）大さじ3　トマトケチャップ大さじ1　レモン汁小さじ2　マスタード小さじ1＞　レモン（くし形切り）4切れ

作り方

①生ざけは小骨を抜き、塩、こしょう各少々で下味をつける。パン粉にパセリのみじん切りを混ぜる。

②①のさけに小麦粉、溶き卵、パセリ入りパン粉の順に衣をつけ、160℃の油で揚げる。衣に色がつき、揚げ音が静かになれば火が通っている。レモンを添えて盛る。

③ソースの材料を混ぜ、別器に入れて②に添え、食べるときにかける。

●料理ヒント＆効能

料理の飾りに利用され、残されることが多いが、ビタミン、ミネラルなどの栄養素が凝縮されているので積極的に食べたいハーブ。下味に使えば肉、魚の臭み消しになり、煮込みやスープの香りづけによい。また、枝ごと素揚げにすると香ばしくて食べやすくなり、含まれているカロテン、ビタミンＥの吸収率もよくなる。

　必要なときに摘んで使うのが理想だが、保存は水気をよく切ってポリ袋に入れて冷蔵すれば1週間位もつ。そのまま枝ごと冷凍してもよく、葉がパリパリになり、手で砕くだけでみじん切り状態になる。

ミョウガの当座煮

みりんでほんのり甘味をつけた即席佃煮。冷蔵すれば1週間楽しめる。あまり煮過ぎないほうがミョウガの風味が生きる。

材料（作りやすい分量）
ミョウガ20個（約300g）　酒50㎖　薄口しょうゆ大さじ1　しょうゆ小さじ1　みりん小さじ2

作り方

①ミョウガは斜め薄切りにする。

②鍋に水100㎖を入れ、調味料を加えて煮立て、①を入れる。中火で汁気が三分の一になるまで煮て火を止め、そのまま冷まして味を含ませる。

●料理ヒント＆効能

爽快な香りとほどよい辛味が、めん類、焼きナスなどの薬味にぴったり。薄切りにして浅漬けや和え物、サラダのトッピングにもよい。保存は当座煮の他、さっと湯にくぐらせ、熱いうちに梅酢や甘酢に漬けておくとよい。冷蔵すれば半年位楽しめる。

梅酢漬け

　栄養素はビタミン、ミネラルをバランスよく含んでいるが、さほど多くはない。食欲をそそる効用が大きい。

ささ身のホースラディッシュ和え

鶏ささ身を湯引きし、おろしたホースラディッシュで和えた、鶏わさ風。

材料（2人分）
鶏ささ身3本　ホースラディッシュ（すりおろし）大さじ1〜2　酒大さじ1　塩少々　しょうゆ小さじ1　アサツキ（小口切り）大さじ1

作り方

①鶏ささ身は筋を取り、酒をふり、沸かした湯に入れ、表面が白くなったら氷水に取り、冷やす。水気を拭き、塩を薄くふり、小口から5㎜厚さに切る。

②ボウルに①、アサツキを入れ、ホースラディッシュ、しょうゆで和える。

●料理ヒント＆効能

ワサビに近いシャープな辛味が魅力で、脂ののった肉や魚のステーキに添えると、くどい脂分がすっきりする。刺身、和え物、めん類の薬味、焼肉のたれなどの辛味づけにもよい。

　一度に食べる量は少ないが、カリウム（510㎎/100g 以下同）、カルシウム（110㎎）、鉄（1.0㎎）、ビタミンＣ（73㎎）、食物繊維（8.2g）が豊富。辛味成分のアリルイソチオシアネートには食欲増進、血栓予防などの効用がある。

　収穫は必要なときに掘り出すのがよい。使い残しは乾燥させないように切り口をラップで密着し、冷蔵する。すりおろして、小分けにし、ラップに挟んで平らにして冷凍しておくと便利。自然解凍でそのまま薬味として利用できる。

イタリア料理に欠かせない独特の芳香を持つハーブ

バジル Basil

熱帯アジア原産のシソ科の多年草（日本では1年草）で、別名メボウキ。独特の芳香を持つ葉は、スパゲッティなどイタリア料理に利用されている。蕾が見え始めたら摘蕾し、葉の品質を保つ。日当たりがよく、水はけのよい場所を好み、気温が高くなるにつれて生育も旺盛となる高温期から収量が増えてくるので、収穫したら乾燥か冷凍保存するとよい。

科名：シソ科
利用部位：葉
難易度：易
日照の条件：日当たり良
連作障害：
少ないが、1〜2年あける
栽培地域：日本全国
必要な広さ：
畝幅60cm、株間30cm
病害虫防除：
ハダニ（粘着くん液剤）
アブラムシ（オレート液剤）
お薦め品種：
スイートバジル、ダークオパールバジル、レモンバジルなど

栽培一口ポイント
- 肥料や水を十分に施し、常に柔らかい葉を収穫する。
- 順次収穫し、わき芽を伸ばすようにして育てる。

栽培カレンダー

	1	2	3	4	5	6	7	8	9	10	11	12月
種まき				━	━	━						
植えつけ					━	━	━					
追肥・土寄せ						━	━	━	━			
収穫						━	━	━	━	━		

1 土づくり
植えつけの1週間前までに

①植えつけの2週間前までに畝幅60cmとし、苦土石灰150g/㎡を散布してよく耕す。
②1週間前に畝の中央に深さ20cmの溝を掘り、堆肥2kg/㎡、化成肥料100g/㎡を施し、土を戻して高さ10cmの畝を立てる。

2 植えつけ
5月中旬〜7月

①株間30cmとし、移植ゴテなどで植え穴を掘り、水を注ぐ。水が引いたら苗を植えつける。
②植えつけ後、株元を軽く手で押さえ、水やりする。

3 追肥・土寄せ
植えつけの2週間後

①株間に化成肥料30gを追肥する。
②鍬などで株元へ軽く土寄せする。

4 収穫
植えつけの30〜40日後

①草丈が20cm位になったら順次収穫する。収穫の仕方は、茎をハサミで収穫するか、葉のみ摘み取って収穫してもよい。
②収穫したバジル。収穫後は2週間に1回追肥し、肥切れしないようにする。

ギザギザの葉は独特のゴマの風味

ロケット Rocket

地中海沿岸地域原産のアブラナ科の1年草で、別名はルッコラ（イタリア語）。古代ギリシャ・ローマ時代から食用・薬用として利用されており、近年日本でもイタリアブームを追い風に人気が出てきた。開花した花はサラダの彩りに、若い葉は独特のゴマの風味とピリッとした辛味が特徴で、サラダの材料に利用する。

栽培一口ポイント

- 収穫は必要な分だけ葉を摘み取って収穫すると、長く楽しめる。

栽培カレンダー

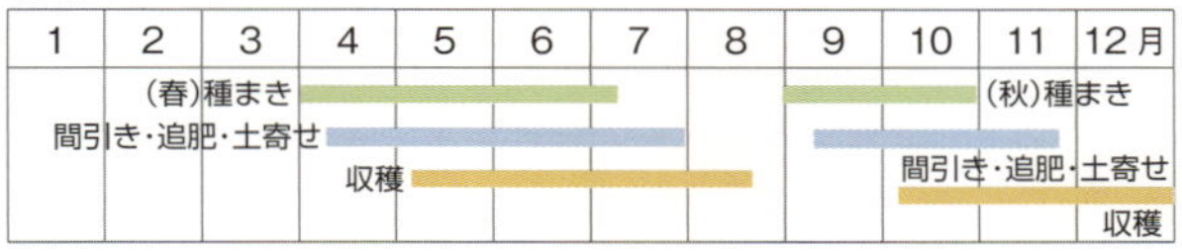

科名：アブラナ科
利用部位：葉、花
難易度：易
日照の条件：日当たり良
栽培地域：日本全国
連作障害：
あり 1〜2年あける
必要な広さ：
畝幅60cm、株間3〜4cm
病害虫防除：
アオムシ、コナガ(BT水和剤)
アブラムシ(オレート液剤)
※害虫の場合は寒冷紗などで種まき直後からネット栽培すると、無農薬栽培も可能。
お薦め品種：
オデッセイ、ロケットサラダ

1 土づくり

種まきの1週間前までに

種まきの2週間前までに苦土石灰100g/㎡を散布し、よく耕す。1週間前に畝幅60cmとし堆肥2kg/㎡、化成肥料100g/㎡を施してよく耕し、高さ10cmの畝を立てる。

2 種まき

春：4月上旬〜7月上旬　秋：9月上旬〜10月

①条間20cmの3条まきとして支柱などで深さ1cmのまき溝をつくる。
②種を1cm間隔にまいて覆土し、軽く手で押さえ、水やりする。

3 間引き

種まきの10日後

発芽して双葉が完全に展開したら、3〜4cm間隔に1本となるように間引く。間引き後、株元へ軽く手で土寄せする。

4 追肥・土寄せ

種まきの3週間後

①草丈が7〜8cmになったら、条間に化成肥料30g/㎡を追肥する。
②ホーなどで株元へ軽く土寄せする。

5 収穫

種まきの5〜6週間後

①草丈が15cm位で収穫適期。
②株ごと抜くか、外側の葉から順次収穫する。
③収穫したロケット。収穫後はお礼肥として化成肥料30g/㎡を追肥する。

パセリの平葉種、サラダやスープなどに

イタリアンパセリ Italian parsley

地中海沿岸地方原産のセリ科の1～2年草で、パセリの仲間のうち葉が平滑な種類をイタリアンパセリという。カロテン、ビタミンC、鉄分などが多い栄養野菜である。栽培方法はパセリと同じで、夏の乾燥に気をつけ、外葉が13枚以上になったら収穫を行う。香りと風味を生かし、サラダ、スープなどに利用する。

科名：セリ科
利用部位：若い葉
難易度：易
日照の条件：日当たり良
連作障害：
あり 1～2年あける
栽培地域：日本全国
必要な広さ：
畝幅60cm、株間30cm
病害虫防除：
アブラムシ(オレート液剤)
キアゲハの幼虫(捕殺)
お薦め品種：
品種分化なし

栽培一口ポイント
- 土が乾燥すると葉の品質が劣るので、敷きワラやマルチで乾燥を防ぐ。
- 収穫後は追肥して肥料を切らさないように栽培する。

栽培カレンダー

1 土づくり
植えつけの1週間前までに

①植えつけの2週間前までに苦土石灰100g/㎡を散布してよく耕す。1週間前に、畝幅60cmとし、畝の中央に深さ15cmの溝を掘り、堆肥2kg/㎡、化成肥料100g/㎡を施す。
②土を戻して高さ10cmの畝を立てる。

2 植えつけ
春：4月～5月　秋：8月下旬～10月上旬

①株間30cmとし、移植ゴテなどで植え穴を掘り、水を注ぐ。水が引いたら苗を植えつける。
②植えつけ後、株元を軽く手で押さえ、たっぷり水やりする。

3 追肥・土寄せ
植えつけの3週間後

①株元に化成肥料30g/㎡を追肥する。
②ホーなどで株元へ軽く土寄せする。

4 収穫
植えつけの1ヵ月後

①本葉が13枚以上に生長したら収穫適期。生育に応じて外側の葉から収穫する。
②収穫開始から2週間に1回、株元に化成肥料30g/㎡を追肥し、土寄せすると、生育が衰えず、順調に育つ。

東南アジアのエスニックなハーブ

コリアンダー Coriander

地中海沿岸地域が原産のセリ科の1～2年草で、和名はコエンドロ。タイではパクチーという。東南アジアのエスニック料理には欠かせないハーブである。葉にはカメムシのような強烈な香りがあるが、慣れると意外と美味。種も収穫する場合は春まきとする。栽培は容易だが発芽が遅いので（10～14日位）、種を一晩水につけてからまくとよい。

科名：セリ科
利用部位：若い葉および花
難易度：中
日照の条件：日当たり良
連作障害：
あり　1～2年あける
栽培地域：日本全国
必要な広さ：
畝幅60cm、株間30cm
病害虫防除：
ハダニ（粘着くん液剤）
アブラムシ（オレート液剤）
お薦め品種：
品種分化なし

栽培一口ポイント
- 移植を嫌うので、直まきかポット育苗した苗を植えつける。
- 日当たりが悪いと育ちが悪いので、日当たり、排水のよい場所に植えつける。

栽培カレンダー

1 土づくり
植えつけの1週間前までに

①植えつけの2週間前までに苦土石灰100g/㎡を散布してよく耕す。1週間前に畝幅60cmとし、畝の中央に深さ15cmの溝を掘り、堆肥2kg/㎡、化成肥料100g/㎡を施す。
②土を戻し、高さ10cmの畝を立てる。

2 植えつけ
4月～5月

①株間30cmとし、移植ゴテなどで植え穴を掘り、水を注ぐ。水が引いたら苗を植えつける。
②植えつけ後、株元を軽く手で押さえ、たっぷり水やりする。

3 追肥・土寄せ
植えつけの3週間後

①株元に化成肥料30g/㎡を追肥する。
②ホーなどで株元へ軽く土寄せする。

4 収穫
植えつけの7～8週間後

開花したら、花もサラダなどに利用できる。
①若い葉を、ハサミで収穫する。
②収穫後は2週間に1回、株元に化成肥料30g/㎡を追肥する。

若い葉は魚の香味づけ、葉柄はスープに

フェンネル Fennel

地中海沿岸地方原産のセリ科の多年草で、和名はウイキョウ。葉を魚の香味づけに、種はスパイスに、肥大した葉柄はスープやシチューに利用する。特に、肥大した葉柄を利用する変種をフローレンスフェンネルという。とう立ちすると草丈が1.5mとなり、7～8月に美しい傘の形の黄色の花を咲かせる。暑さ寒さにも強いのでつくりやすく家庭菜園向きである。

科名：セリ科
利用部位：葉および肥大した葉柄
難易度：中
日照の条件：日当たり良
連作障害：
あり 1～2年あける
栽培地域：日本全国
必要な広さ：
畝幅60cm、株間30cm
病害虫防除：
キアゲハの幼虫（捕殺）
お薦め品種：
株元が肥大するフローレンスフェンネルと、通常のフェンネル、若い葉がブロンズ色のブロンズフェンネルがある

栽培一口ポイント
●完熟堆肥をしっかり施し、よい土づくりを心がける。
●移植に弱いので、直まきかポット育苗した苗を植えつける。

栽培カレンダー

1 土づくり
植えつけの1週間前までに

①植えつけの2週間前までに、畝幅60cmとして苦土石灰100g/㎡を散布し、よく耕す。
②1週間前に、畝の中央に深さ15cmの溝を掘り、堆肥3kg/㎡、化成肥料100g/㎡を施して土を戻し、高さ10cmの畝を立てる。

2 植えつけ
春：4月～5月　秋：9月

株間30cmとし、移植ゴテなどで植え穴を掘り、水を注ぐ。水が引いたら苗を植えつける。植えつけ後、株元を軽く手で押さえ、水やりする。

3 追肥・土寄せ①②
植えつけの3週間後・5週間後

①株間に化成肥料30g/㎡を追肥。
②鍬などで株元へ軽く土寄せする。
③2週間後、同量の化成肥料を追肥し、土寄せする。

4 収穫
植えつけ8週間後

①株元が肥大してきたら、収穫適期。葉の収穫は随時。株ごと収穫する場合は地際から包丁で切り取る。
②収穫したフェンネル。株元はサラダやスープ、葉は魚の臭い消しに利用する。

マイルドな香りの葉は薬味、花はサラダ

チャイブ Chives

ヨーロッパ〜シベリアが原産のユリ科のネギ類で、アサツキに似た葉はマイルドな香りでスープの浮き身など薬味として重宝である。苗を植えつければ2ヵ月後から収穫できるので、1年間は株を養生し、2年目から収穫してもよい。

科名：ユリ科
利用部位：葉および花
難易度：易
日照の条件：日当たり良
連作障害：
あり 1〜2年あける
栽培地域：日本全国
必要な広さ：
畝幅60cm、株間30cm
病害虫防除：
アブラムシ(オレート液剤)
お薦め品種：
品種分化なし

栽培一口ポイント
- 酸性土壌を嫌うので、苦土石灰などで酸度調整を行う。
- 宿根草だが、数年毎に株分けし別の場所に植え替える。

栽培カレンダー

1 土づくり
植えつけの1週間前までに

①植えつけの2週間前までに畝幅60cmとし、苦土石灰100g/㎡を散布してよく耕す。1週間前に畝の中央に深さ15cmの溝を掘り、堆肥2kg/㎡、化成肥料100g/㎡を施して土を戻す。
②高さ10cmの畝を立てる。

2 植えつけ
春：4月〜5月　秋：9月中旬〜10月中旬

①株間30cmとし、移植ゴテなどで植え穴を掘り、水を注ぐ。水が引いたら苗を植えつける。
②植えつけ後、株元を軽く手で押さえ、たっぷり水やりする。

3 追肥・土寄せ①
植えつけの2週間後

株間に化成肥料30g/㎡を追肥し、鍬などで株元へ軽く土寄せする。

4 収穫
植えつけの7〜8週間後

草丈が20cm以上になったら収穫適期。地際3cm位を残し、ハサミで収穫する。秋までに2〜3回収穫できる。

5 追肥・土寄せ②
収穫直後

収穫後、株間に化成肥料30g/㎡を追肥・土寄せして再生を促す。土が乾いていたら、水やりすると生育がよくなる。

風味豊かな甘い香りの葉を刻んで利用

チャービル Chervil

西アジア～ヨーロッパ原産のセリ科の1年草で、別名セルフィーユ（仏語）。フランス料理によく使用され、甘い香りと風味豊かな葉をサラダ、スープ、オムレツなどに利用する。セリ科植物の連作を避け、明るい半日陰の場所で育てる。種まきから収穫まで短期間なので栽培しやすいハーブである。

科名：セリ科
利用部位：若い葉
難易度：易
日照の条件：日当たり良
連作障害：
あり 2～3年あける
栽培地域：日本全国
必要な広さ：
畝幅60cm、株間30cm
病害虫防除：
キアゲハ（捕殺）
お薦め品種：
品種分化なし

栽培一口ポイント
- 乾燥を嫌うので、乾いた日が続いたらしっかり水やりする。
- こまめに収穫し、株を適正な大きさに保つ。

栽培カレンダー

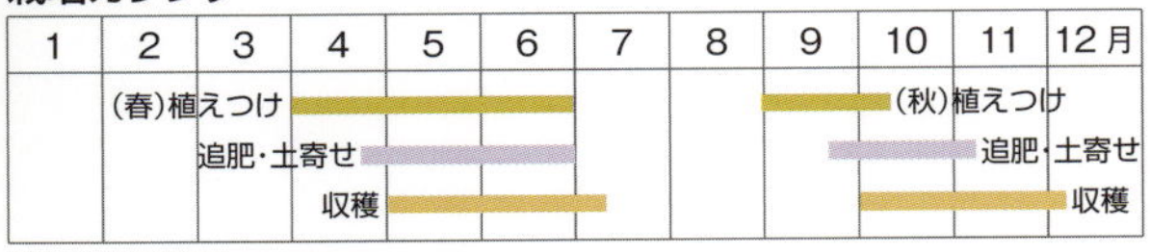

1 土づくり
植えつけの1週間前までに

①植えつけの2週間前までに畝幅60cmとし、苦土石灰100g/㎡を散布してよく耕す。
②1週間前に堆肥2kg/㎡、化成肥料100g/㎡を畝全体に施してよく耕し、高さ10cmの畝を立てる。

2 植えつけ
春：4月～6月　秋：9月上旬～10月上旬

①株間30cmとし、移植ゴテなどで植え穴を掘り、水を注ぐ。水が引いたら苗を植えつける。
②植えつけ後、株元を軽く手で押さえ、水やりする。

3 追肥・土寄せ
植えつけの3週間後

①株元に化成肥料30g/㎡を追肥する。
②追肥後、鍬などで株元へ軽く土寄せする。

4 収穫
植えつけの1ヵ月後

①外側の若い葉から順に収穫する。料理の際にはパセリなどと同じように使える。
②収穫したチャービル。

羽状複葉の新葉をサラダに

サラダバーネット Salad burnet

アジア西部〜ヨーロッパが原産のバラ科の常緑多年草で、和名はオランダワレモコウ。草丈が30〜60cmになり、羽状複葉の新葉をサラダなどに利用する。土質を選ばず、つくりやすいので、一度植えたら毎年楽しめる。春に株分けして増やすこともできる。初夏にはワレモコウに似た色の花を咲かせる。観賞用として庭先に植えてもよい。

科名：バラ科
利用部位：若い葉
難易度：易
日照の条件：日当たり良
連作障害：
あり 1〜2年あける
栽培地域：日本全国
必要な広さ：
畝幅60cm、株間30cm
病害虫防除：
無農薬で栽培可能。
お薦め品種：
品種分化なし

栽培一口ポイント
- 若い柔らかい葉を摘んで、サラダ・肉料理・魚料理に利用する。
- 乾燥に弱いので、水やりをしっかり行う。

栽培カレンダー

1 土づくり
植えつけの1週間前までに

①植えつけの2週間前までに畝幅60cmとし、苦土石灰100g/㎡を散布してよく耕す。
②1週間前に堆肥2kg/㎡、化成肥料100g/㎡を施し、よく耕して高さ10cmの畝を立てる。

2 植えつけ
春：4月〜6月中旬　秋：9月上旬〜下旬

①株間30cmとし、移植ゴテなどで植え穴を掘り、水を注ぐ。水が引いたら苗を植えつける。
②植えつけ後、株元を軽く手で押さえ、水やりする。

3 追肥・土寄せ
植えつけの3週間後

①株間に化成肥料30g/㎡を追肥する。
②鍬などで株元へ軽く土寄せする。

4 収穫
植えつけの1ヵ月後

①外側に伸びた若い葉から収穫する。
②収穫したサラダバーネット。

古くから薬用、香辛料野菜として利用

セージ Sage

地中海沿岸地方原産のシソ科の常緑潅木で、和名が薬用サルビア。ヨーロッパでは古くから薬用植物、また重要な香辛料野菜として利用してきた。葉の香りは肉類の臭みを消す効果が高く、ソーセージに利用されている。風通しと日当たりのよい場所で育て、酸性土壌に弱いので苦土石灰による酸度調整をしっかり行う。繁殖は、種、挿し木、株分けのいずれでもよい。

科名：シソ科
利用部位：葉
難易度：中
日照の条件：日当たり良
連作障害：
あり　2～3年あける
栽培地域：日本全国
必要な広さ：
畝幅60cm、株間30cm
病害虫防除：
ハダニ類（粘着くん液剤）
お薦め品種：
コモンセージ、メキシカンブッシュセージ、パープルセージ、ロシアンセージ、ゴールデンセージ、チェリーセージ

栽培一口ポイント
- 生葉の収穫は、いつでも可能。
- 乾燥葉は、１年目は開花前の収穫を１回とする。

栽培カレンダー

1 土づくり
植えつけの1週間前までに

①植えつけの2週間前までに畝幅60cmとし、苦土石灰100g/㎡をに散布してよく耕す。
②1週間前に畝の中央に深さ20cmの溝を掘り、堆肥2kg/㎡、化成肥料100g/㎡を施し、土を戻して、高さ10cmの畝を立てる。

2 植えつけ
4月中旬～5月下旬

①株間30cmとし、移植ゴテなどで植え穴を掘り、水を注ぐ。水が引いたら苗を植えつける。
②植えつけ後、株元を軽く手で押さえ、水やりする。

3 追肥・土寄せ
植えつけの2週間後

①株元に化成肥料30g/㎡を追肥する。
②鍬などで株元へ軽く土寄せする。

4 収穫
7月～10月

①若い茎葉を、ハサミで収穫する。
②生葉なら、いつ収穫してもよいが、乾燥葉にする場合は開花前に1回、2年目以降は年に2～3回収穫する。

強い香りが肉・魚料理の香りづけに

ローズマリー Rosemary

地中海沿岸地方原産、シソ科の常緑低木で、和名はマンネンロウ。立ち性と匍《ほ》匐《ふく》性がある。強い芳香を持つ葉を肉・魚料理の香りづけ、ポプリなどに利用する。多年生なので、植えつけ前に堆肥などの有機物を多めに施して適宜土寄せを行い、水はけをよくする。また、酸性土壌だと生育不良になるので苦土石灰による酸度調整を行う。

科名：シソ科
利用部位：若い茎葉
難易度：中
日照の条件：日当たり良
連作障害：
あり　2〜3年あける
栽培地域：日本全国
必要な広さ：
畝幅60cm
株間40〜50cm
病害虫防除：
無農薬栽培可能
お薦め品種：
上にまっすぐ伸びる直立性タイプと横に垂れ下がる匍匐性タイプに分けられる。

栽培一口ポイント	●ほぼ周年で収穫可能。定期的にしっかり追肥する。 ●5〜6月頃、若い枝を長めに切り、挿し木繁殖も可能。

栽培カレンダー

1 土づくり
植えつけの１週間前までに

①植えつけの2週間前までに畝幅60cmとし、苦土石灰100g/㎡を全散布して、よく耕す。
②1週間前に畝の中央に深さ20cmの溝を掘り、堆肥2kg/㎡、化成肥料100g/㎡を施す。
③土を戻し､高さ10cmの畝を立てる。

2 植えつけ
4月〜6月

①株間40cmとし、移植ゴテなどで植え穴を掘り、水を注ぐ。水が引いたら苗を植えつける。
②植えつけ後、株元を軽く手で押さえ、水やりする。

3 追肥・土寄せ
植えつけの3週間後

①株間に化成肥料30g/㎡を追肥する。
②鍬などで株元へ軽く土寄せする。

4 収穫
1年目：9月〜　2年目以降：3月〜11月

①若い茎先の新芽10cm位を収穫する。
②収穫したローズマリー。乾燥させる場合は、ざるなどに入れて陰干しで乾燥する。

ピンク色の花も可愛い、料理用ハーブの代表

タイム Thyme

草丈20～40cmの常緑性低木で、地中海沿岸地方原産のシソ科のハーブである。葉に強い芳香があり、魚介類によく合う。立ち性と匍匐《ほふく》性がある。酸性土壌に弱いので酸度調整をしっかり行う。高温多湿期には育ちが悪くなるので、葉を刈り込んで風通しを良くするなど工夫する。収穫は周年ででき、挿し木でも簡単に増やすことができる。

科名：シソ科
利用部位：若い茎葉
難易度：易
日照の条件：日当たり良
連作障害：
あり 2年あける
栽培地域：日本全国
必要な広さ：
畝幅60cm、株間30cm
病害虫防除：
無農薬栽培可能
お薦め品種：
コモンタイム、クリーピングタイム、レモンタイム、オレンジタイム

栽培一口ポイント
- 植えつけ後は月に1回の追肥で肥料分を切らさないようにする。
- 定期的な収穫で、株をこんもりと仕上げる。

栽培カレンダー

1	2	3	4	5	6	7	8	9	10	11	12月
					植えつけ						
										収穫(1年目)	
										収穫(2年目)	

1 土づくり
植えつけの1週間前までに

①植えつけの2週間前までに畝幅60cmとし、苦土石灰150g/㎡を散布し、よく耕す。
②1週間前に、堆肥2kg/㎡、化成肥料100g/㎡を施し、よく耕して高さ10cmの畝を立てる。

2 植えつけ
3月下旬～6月上旬

①株間30cmとし、移植ゴテなどで植え穴を掘り、水を注ぐ。水が引いたら苗を植えつける。
②植えつけ後、株元を軽く手で押さえ、水やりする。

3 追肥・土寄せ
植えつけの3週間後

①株間に化成肥料30g/㎡を追肥する。
②鍬などで株元へ軽く土寄せする。

4 収穫
植えつけの1～2ヵ月後

収穫後に枝が混んできたら、株元まで剪定して再生を促す。
①草丈が20cmになったら収穫適期。
②先端から5cm位を収穫する。
③収穫したタイム。

さわやかなハッカに似た香り

ヒソップ Hyssop

ヨーロッパ〜中央アジアが原産のシソ科の多年生小灌木で、和名はヤナギハッカ。ハッカに似た香りのする細長い葉を肉料理や魚料理などに利用する。6〜8月に咲く青紫色の花は、ポプリ、押し花などに利用される。草丈は60〜70cm位に育つので、混み合った枝は切り詰めて整枝する。

科名：シソ科
利用部位：若い葉、花
難易度：易
日照の条件：日当たり良
連作障害：
あり 1〜2年あける
栽培地域：日本全国
必要な広さ：
畝幅60cm、株間30cm
病害虫防除：
混みあった枝を剪定し、風通しをよくして病害虫防除を心がける。
お薦め品種：
品種分化なし

栽培一口ポイント
- 初期生育が遅いので、ポットに育苗してから植えつける。
- 酸性土壌を嫌うので、苦土石灰で酸度調整して栽培する。

栽培カレンダー

	1	2	3	4	5	6	7	8	9	10	11	12月
植えつけ				━	━	━						
追肥・土寄せ				━	━	━	━	━	━			
収穫					━	━	━	━	━	━	━	

1 土づくり

植えつけの1週間前までに

①植えつけの2週間前までに畝幅60cmとして苦土石灰150g/㎡を散布し、よく耕す。
②1週間前に、堆肥2kg/㎡、化成肥料100g/㎡を施してよく耕し、高さ10cmの畝を立てる。

2 植えつけ

4月〜6月中旬

①株間30cmとし、移植ゴテなどで植え穴を掘り、水を注ぐ。水が引いたら苗を植えつける。
②植えつけ後、株元を軽く手で押さえ、水やりする。

3 追肥・土寄せ

植えつけの2〜3週間後

植えつけの2〜3週間後から、月に1〜2回、株間に化成肥料30g/㎡を追肥し、鍬などで株元へ軽く土寄せする。

4 収穫

植えつけの1ヵ月後

①収穫したら、肉料理・魚料理の臭み消し、サラダやスープなどに利用する。
②新芽10cm位を収穫する。
③収穫したヒソップ。葉の乾燥は、枝を切って、風通しのよい場所で。

青色の星形の花が美しい！

ボリジ Borage

地中海沿岸地域が原産のムラサキ科の1年草で、和名はルリヂサ。草丈30～60cm。白い毛で覆われた葉を野菜としてサラダや煮込み料理に、青色の星形の美しい花を砂糖漬けにして楽しむ。酸性土壌に弱いので苦土石灰による酸度調整をしっかり行う。堆肥を十分に施し、土づくりを心がける。

科名：ムラサキ科
利用部位：花、葉
難易度：易～中
日照の条件：日当たり良
連作障害：
あり　1～2年あける
栽培地域：日本全国
必要な広さ：
畝幅60cm
株間30～40cm
病害虫防除：
ハダニ（粘着くん液剤）
お薦め品種：
品種分化なし

栽培一口ポイント	●高畝にし、株間を適宜にとり、風通しをよくする。 ●移植を嫌うので、直まきかポット育苗を行う。

栽培カレンダー

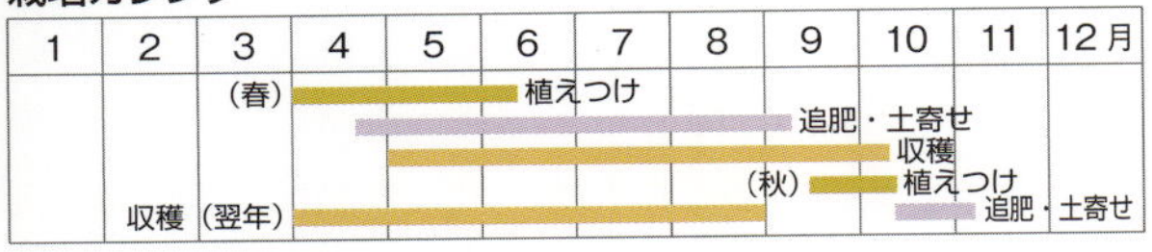

1 土づくり

植えつけの1週間前までに

①植えつけの2週間前までに畝幅60cmとし、苦土石灰100g/㎡を散布してよく耕す。
②1週間前に、畝の中央に深さ15cmの溝を掘り、堆肥2kg/㎡、化成肥料100g/㎡を施して土を戻し、高さ20cmの高畝を立てる。

2 植えつけ

春：4月～6月上旬　秋：9月中旬～10月上旬

①株間30cmとし、移植ゴテなどで植え穴を掘り、水を注ぐ。水が引いたら苗を植えつける。
②植えつけ後、株元を軽く手で押さえ、水やりする。

3 追肥・土寄せ

植えつけの3週間後

①株元に化成肥料30g/㎡を追肥する。
②鍬などで株元へ軽く土寄せする。

4 収穫

植えつけの4週間後

①株ごと収穫する場合もあるが、利用する時に花や葉のみをハサミで収穫する。
②収穫したボリジ。若葉は刻んでサラダ、スープなど、花は砂糖漬けに利用する。

ピクルスや酢との相性抜群！

ディル Dill

西アジア〜地中海沿岸地方が原産のセリ科の1年草で、別名イノンド。若い糸状の葉をピクルス、種をザワークラウト、お菓子の香りづけなどに利用する。草丈は1m以上に生長し、5〜7月に複散形花序の黄色の花を開花する。寒さ暑さに強く、土性も選ばないので栽培しやすい。

科名：セリ科
利用部位：葉・果実・種子
難易度：中
日照の条件：日当たり良
連作障害：
あり　2〜3年あける
栽培地域：日本全国
必要な広さ：
畝幅60cm、株間40cm
病害虫防除：
キアゲハ（捕殺）
お薦め品種：
品種分化なし

栽培一口ポイント
- 日当たりと風通しのよい場所で栽培する。
- 春まきと秋まきができるが、果実が目的の場合4月に種まきをする。

栽培カレンダー

1	2	3	4	5	6	7	8	9	10	11	12月
						植えつけ					
							追肥・土寄せ				
								収穫			

1 土づくり

植えつけの1週間前までに

①植えつけの2週間前までに畝幅60cmとし、苦土石灰100g/㎡を散布してよく耕す。
②1週間前に畝の中央に深さ20cmの溝を掘り、堆肥2kg/㎡、化成肥料100g/㎡を施す。
③土を戻して高さ10cmの畝を立てる。

2 植えつけ

4月〜6月

①株間40cmとし、移植ゴテなどで植え穴を掘り、水を注ぐ。水が引いたら苗を植えつける。
②植えつけ後、株元を軽く手で押さえ、水やりする。

3 追肥・土寄せ

植えつけの2週間後

株元に化成肥料30g/㎡を追肥し、鍬などで株元へ軽く土寄せする。

4 収穫

葉：7月〜随時　花・果実：8〜10月

①収穫適期。
②葉は7月から随時若い葉を摘み取って収穫する。8月上旬頃から乾いた実を収穫する。
③収穫したディル。

トマト、チーズ、バジルのサラダ

モッツァレッラチーズに、トマトとバジルを取り合わせたイタリアンサラダ。バジルは摘みたてをたっぷり添え、モッツァレッラは水牛の乳を使った新鮮なものを選びたい。

材料（4人分）
バジル適宜　トマト小2個　モッツァレッラチーズ(水牛の乳製を)150g　ケッパー(塩漬け)小さじ1　塩・こしょう・レモン汁・EXオリーブ油各適宜

作り方

①バジルは葉を摘み、洗って水気をよく切る。トマトはヘタと皮を除き、輪切りまたはくし形に切る。

②モッツァレッラチーズは食べやすい大きさに切る。ケッパーは表面の塩を洗い落とし、水気を切る。

③器にバジルを敷き、トマトを並べ、チーズをのせ、ケッパーを散らす。

④食卓で、塩、こしょう、レモン汁、EXオリーブ油をかけて取り分ける。

●料理ヒント＆効能

甘い独特の香りが心地よい気分に誘ってくれる。トマト、ニンニクと相性がよくサラダ、マリネ、ピクルス、スープや煮込みの香りづけ、パスタソースにも活躍。

栄養素はビタミン、ミネラルが凝縮されている。保存は酢や油に漬けて香りを移したり、すりつぶしてソースにしておくとよい。ソースはバジルの葉50g、松の実30g、クルミ10g、ニンニク小½片、パルミジャーノ・レッジャーノチーズ30g、塩小さじ½、EXオリーブ油180mℓをフードプロセッサーでペースト状にする。清潔なビンに詰め、EXオリーブ油を薄くかけて空気を遮断し、蓋をして冷蔵する。パスタソースの他、ゆでたポテト、卵にも合う。

ロケットとマッシュルームのサラダ

ほろ苦さとゴマ風味のロケットに、ホクホクした食感のマッシュルームが対照的でリズムを添える。シンプルだが、飽きない味。

材料（2人分）
ロケット2株　マッシュルーム50g　レモン汁大さじ1　ドレッシング＜塩一つまみ　こしょう少々　酢小さじ1　EXオリーブ油大さじ1〜2＞

作り方

①ロケットは根元を少し切って葉をばらし、根元の砂や泥などをよく洗い落とす。水気をよく切り、長さを半分または3等分する。

②マッシュルームは石づきを削り取り、ペーパータオルで残った汚れを拭く。薄切りにし、すぐにレモン汁をかけて変色を防ぐ。

③ボウルに①、②を合わせ、EXオリーブ油大さじ1を絡める。塩、こしょう、酢をふって和え、塩味を調えて器に盛る。残りのEXオリーブ油を好みでかける。

●料理ヒント＆効能

ほろ苦さと香ばしさが程よく、葉の形が愛らしいので、料理のあしらいやトッピングに便利。また、サラダの主役にもなり、ゆでてお浸し、和え物にもよい。

ビタミン、ミネラルが充実しているので、お浸しにするとたくさん食べられ、よい給源になる。時期をずらして育て、必要な分だけ収穫するのがベスト。摘んだものは洗って水気を切り、紙に包み、ポリ袋に入れて冷蔵し、早く使いきる。

◉

イタリアンパセリバター

イタリアンパセリを主体に、相性のよいハーブ3〜4種と合わせて刻み、バターに練り込んだもの。パンに塗る他、ゆで肉やローストした肉のソース、パスタ料理など、使い方はいろいろ。

材料（作りやすい分量）
バター(食塩不使用)100g　イタリアンパセリを7割、残り3割をバジル・ディル・タイム・チャービルなど好みで取り合わせ、合計約30g

作り方

①バターは室温で柔らかくしてからクリーム状に練り、みじん切りにしたイタリアンパセリとハーブを加えて混ぜる。

②ココットなどに詰め、ラップを二重にして覆い、輪ゴムで留めて冷蔵庫で固める。長くおきたいときは、においがつかないように厚手のポリ袋に入れて冷凍する。冷凍しても賞味期間は約3ヵ月。

●料理ヒント＆効能

葉をそのままあるいは刻んで料理に添えたり散らしたりする他、魚、肉の臭み消し、ソース、スープ、煮込みの香りづけに使う。残った茎はたこ糸で束ねて冷蔵または冷凍しておくとよい。ブイヨン、スープ、煮込みの香りづけに利用できる。また、保存を兼ねて酢や油に漬けて利用するのもよい。

栄養素は普通のパセリと同様に充実している。生葉を噛むと、呼気の香りをよくするので、食後にもおすすめ。

◉

砂肝のコリアンダー炒め

コリアンダーは中国では香菜《シアンツァイ》とよばれ、消化促進、清熱、利尿などの効用が知られている。消化のよい砂肝とのコンビで、お腹がすっきりするスピードおかず。

材料（2人分）
砂肝（硬い筋を除いたもの）100g　コリアンダー1株　サラダ油大さじ1　酒大さじ2　塩小さじ¼　こしょう少々

作り方

①コリアンダーは飾り用の葉を摘んで取りおき、残りを3cm長さに切る。
②サラダ油を温めて砂肝を入れ、塩、こしょう各少々をふり、軽く炒める。刻んだ①を加えてさっと炒め、酒をふって軽く煮つめ、塩味を調える。

●料理ヒント＆効能

フレッシュな葉は薬味、トッピング、あしらいになり、特に台湾の屋台そばの薬味に欠かせない。小さな球状の種子は古くからスパイスとして利用され、野菜の蒸し煮、ラタトゥイユ、ソーセージ、カレー、ビスケット、ジャムなどの香りづけによい。

　時期をずらして育て、必要な分を収穫するのがベスト。株ごと水に挿してグリーンとして楽しみながら利用するのもよい。残った茎と根は冷凍保存し、ブイヨン、スープ、ポトフなどの香りづけに使う。

◉

フェンネルとサーモンのサラダ

新鮮なフェンネルは独特の甘い香りとシャキシャキした歯ごたえが魅力。マリネしたサーモンと重ねたオードブルサラダ。

材料（4人分）
フェンネル小1株　サーモン（生食用）200g　塩・白こしょう各適宜　白ワイン・レモン汁各大さじ1　EXオリーブ油大さじ1〜2

作り方

①サーモンは塩二つまみ、白こしょう、白ワインを絡め、フェンネルの葉先を適当にちぎってのせる。ラップで覆い、冷蔵庫で半日マリネする。
②フェンネルの茎は根元を少し切ってばらし、つまみやすい大きさに切り、器に並べて塩、白こしょう各少々、レモン汁、EXオリーブ油をふる。
③①のサーモンを薄くそぎ切りにし、②にのせて、フェンネルの葉を添える。

●料理ヒント＆効能

フェンネルは葉と花はハーブに、種子をスパイス、根元の太い茎は野菜として利用できる。新鮮な茎を塩とオリーブ油だけで素朴に味わうのもよいし、サラダ、パスタ、スープ、煮物、グラタンなど、料理法は幅広い。種子は卵料理、焼き菓子やピクルス、カレー、魚料理の香りづけによい。

　古代ローマ時代には胃腸の調子を整える効用が知られ、中国では茴香《ホォイシァン》と呼ばれ、気の流れをよくして痛みを除き、消化を助け、胃腸を整えるとされる。葉の保存は酢や油に漬けるか乾燥させる。茎はさっとゆでて冷凍することもできる。

◉

帆立貝柱のグリル チャイブ風味

小口切りのチャイブとおろした辛味ダイコンを合わせて薬味にしたもの。焼いて甘味を増した帆立貝柱がキリッと締まって味を深める。

材料（4人分）
帆立貝柱（生食用）12個　塩小さじ⅓　白こしょう少々　サラダ油大さじ1　チャイブ・辛味ダイコン・しょうゆ各適宜

作り方

①チャイブは小口から細かく刻み、辛味ダイコンはすりおろし、合わせて混ぜる。
②帆立貝柱は塩、白こしょうをふる。
③グリルパンを熱してサラダ油を塗り、②を並べ、強火で両面に焼き目をつける。中は生でもよい。
④器に③を盛り、①を適量のせ、食べるときにしょうゆを少しかける。

メモ　辛味ダイコンの代わりにホースラディッシュでもよいし、どちらもないときは普通のダイコンをおろし、軽く水気を切って使う。

●料理ヒント＆効能

ネギの仲間で最も細く、辛味、香りも繊細。サラダ、スープ、サンドイッチのアクセント、刺身、めん類、たれやソースの薬味によい。開花直後の花も利用できる。栄養と効能は葉ネギ類と同様である。保存は酢、油に漬けるか、乾燥させる。

◉

いさきのカルパッチョ チャービル添え

チャービルを薬味にしたイタリア風刺身。清涼感のある甘いチャービルの香りで、いさきの旨味がすっきり上品に感じられる。

材料（4人分）
いさき2尾　チャービル2枝　塩・こしょう各適宜　レモン汁大さじ1　EXオリーブ油大さじ2　レモン（適当に切る）4切れ

作り方

①いさきは三枚におろし、腹骨をすき取り、皮を引き、身を薄くそぐ。
②皿に①を並べ、塩、こしょうを薄くふり、レモン汁、EXオリーブ油をかけ、レモンとチャービルをたっぷり添える。

メモ　いさきに限らず旬の白身魚でよい。店で三枚におろしてもらうのもよい。

●料理ヒント＆効能

レースのような繊細な葉と個性的な甘い香りが、サラダ、野菜、卵、白身魚、スープなどに上品なアクセントを添えてくれる。他のハーブの香りを引き立てる作用があり、ミックスハーブには欠かせない。香りは揮発性なので加熱調理の際は最後に加える。消化を助け、解熱、血液浄化作用などがあるとされる。乾燥、酢漬けにもできるが、使うときに摘むのが理想。

ハチミツチーズ サラダバーネット添え

サラダバーネットは秋の七草の一つ吾亦紅《われもこう》に似て愛らしく、ハチミツをかけたフレッシュチーズに混ぜて香りを楽しむ。フレッシュチーズはプレーンヨーグルトを利用して簡単にできる。

材料（2人分）
プレーンヨーグルト500㎖　ハチミツ大さじ3～4　ブルーベリー70g　サラダバーネット適宜

作り方

①フレッシュチーズを作る。清潔なステンレス製の万能こし器に新しいガーゼを敷き、下にボウルを当てる。この中にプレーンヨーグルトを入れ、周りのガーゼを折り返して覆い、ラップをかけて冷蔵庫で一～二晩おく。水分（乳清）が抜けて固まればでき上がり。
②サラダバーネットは茎から葉を摘む。
③器に①とブルーベリーを盛り、②を添え、ハチミツをかけて和える。サラダバーネット、ハチミツの量は好みで加減する。

メモ　ハチミツの代わりに、塩、こしょう、EXオリーブ油をかけると前菜になる。フレッシュチーズは保存がきかないので翌日までには食べきる。

●料理ヒント＆効能

香りはミントに似た清涼感があり、チーズやバターとも相性がよい。葉の形が愛らしく、サラダに加えたり、スープの浮き実にするとしゃれたアクセントになる。消化促進、利尿などの効用があるとされる。保存は乾燥させるか、酢漬けにするとよい。

◉

即席ソーセージのセージ風味

ひき肉をスティック状にまとめ、セージの葉をのせて焼いた簡単ソーセージ。焼いている間に、セージからよい香りが漂い、食欲をそそる。バーベキューにもおすすめ。

材料（２～４人分）
合いびき肉200g　木綿豆腐（水切りしたもの）50g　塩小さじ¼　こしょう・ナツメグ各少々　セージの葉8枚　小麦粉少々　サラダ油大さじ1　ミニトマト適宜

作り方

①合いびき肉は手でよく練り、粘り気を出し、つぶした豆腐を加えてよく混ぜる。
②塩、こしょう、ナツメグを加えて混ぜ、8等分して丸め、空気を抜くようにして棒状に形を整える。小麦粉を薄くまぶし、セージの葉を1枚ずつ貼りつける。
③フライパンでサラダ油を温め、②をセージを下にして並べ入れる。弱火で焼き、表面に軽く焼き色がついたら裏返し、焦がさないように焼いて火を通す。

●料理ヒント＆効能

セージの香りには気分をリラックスさせる効用があり、長生きをかなえてくれるハーブといわれる。豚肉や鴨と相性がよく、ソーセージの香りづけに好適。加熱すると香りが増し、レバー、さばなどのクセの強い臭いを和らげる作用もある。

口内、咽頭などの炎症を鎮め、殺菌作用、多汗症の改善に役立つとされるが、妊娠・授乳中は控える。保存は乾燥、あるいは酢、油に漬ける。

◉

ラタトゥイユ（ローズマリー）

夏野菜をオリーブ油で炒め、バジルとローズマリーで香りをつけた煮物。たくさん作るほうが美味しくでき、残ったらカレー粉を加えて煮直すと野菜カレーになる。

材料（4人分）
ズッキーニ1本　ナス2個　タマネギ2個　ピーマン1個　ニンニク（軽くつぶす）小1片　白ワイン50㎖　バジル1枝　ローズマリー1枝　ベイリーフ1枚　完熟トマト2個　オリーブ油大さじ4　塩・こしょう・揚げ油各適宜

作り方

①ズッキーニとナスは3㎝の輪切りにし、塩を薄くふり、20分おいてアクを出す。水気を拭き、160℃の油で素揚げにする。
②タマネギは5㎜厚さに切り、ピーマンはヘタと種を取って縦4つ、横半分に切る。
③トマトはヘタと皮を除き、適当に切る。
④オリーブ油でニンニクとタマネギを色づけないようにしんなりするまで炒める。①を入れ、塩、こしょう、白ワインを加えて軽く煮つめる。
⑤③、バジル、ローズマリー、ベイリーフを入れて煮つめ、塩味を調える。

●料理ヒント＆効能

ローズマリーは枝に触れるだけで香りが立ち、すがすがしい気分になる。古くから健胃、血行促進、鎮痛、抗菌作用が知られている。甘く強い香りは肉や魚の臭みを消して風味を添える効果がある。葉は肉やポテトのロースト、煮込み、ブイヨンの香りづけに、花はサラダ、ヨーグルトなどに散らすとよい。

保存用には、開花前に枝ごと切り、束ねて陰干しにし、キッチンに吊り下げておくとよい。よい香りが漂い、空気を浄化する。

◉

ローストチキンのタイム風味

タイムの香りで、いつものローストチキンがひと味グレードアップ。焼いて甘味を増

したタマネギとともよく合う。

材料（2人分）
鶏もも肉（骨付き）2本　タマネギ1個　タイム2〜4枝　塩・こしょう各適宜　サラダ油大さじ1

作り方

①鶏もも肉は裏側の骨に沿って切り目を入れ、皮側には串で数ヵ所穴をあけ、塩小さじ1、こしょう少々をふり、手でなじませる。

②タマネギは薄皮をむき、横半分に切り、塩、こしょう各少々をふる。

③サラダ油を熱し、①と②を中火でソテーし、表面に焼き色をつける。

④耐熱皿に③を移し、タイムをのせ、予熱した200℃のオーブンで30〜40分焼く。鶏肉に串を刺し、澄んだ肉汁が出ればよい。

●料理ヒント＆効能

優雅な香りは“勇気”を与えると信じられ、また、その強い防腐力から、古代エジプトのミイラの保存に利用されるなど古くから親しまれているハーブ。その他、精神的なストレスを和らげ、喉の痛み・咳止め、口内殺菌、消化促進などの効用があるとされる。羊肉、豚肉、鶏肉と相性がよく、ソース、煮込み、スープストックの香りづけに使うが、香りが強いので量は控えめにする。保存は乾燥、酢・油漬けにするとよい。

◉

ソーセージとポテトのヒソップソース

マスタードを酢とオリーブ油でのばし、粗く刻んだヒソップを混ぜたソースはさっぱりしたマヨネーズ風の味。ゆでただけのソーセージとポテトがエレガントな味になる。

材料（4人分）
ソーセージ（太め）4本　ジャガイモ大2個　ヒソップソース＜ヒソップ5g　ディジョンマスタード大さじ1　酢小さじ1　塩小さじ⅔　こしょう少々　EXオリーブ油大さじ3>　ヒソップ適宜

作り方

①ソーセージは半分に切り、ジャガイモは皮をむいて4つに切る。

②鍋に水2カップと①を入れ、蓋をして強火にかける。煮立ったら弱火にし、約15分ゆでる。ジャガイモが柔らかくなればよい。

③この間にソースを作る。ヒソップは葉が小さければそのまま、大きめの場合はザク切りにし、マスタード、調味料と合わせて混ぜる。

④②は湯を切って器に盛り、ソースを添え、食べるときに適量かける。

●料理ヒント＆効能

ミントに似た清涼感のある香りとかすかな苦味がある。抗菌作用、脂肪の消化を助ける作用があり、脂の多い魚や肉、ソーセージの香りづけによい。サラダや野菜スープ、豆料理にも合う。保存は乾燥、酢漬けにするとよい。使う量は少量にとどめ、妊娠中は控える。

◉

ボリジと豆腐のラビオリ風

ボリジの葉を野菜感覚で使ったイタリア風の詰め物パスタ。ギョーザの皮を利用すれば手軽にできる。

材料（2人分）
ボリジの葉約60g　木綿豆腐（水切りしたもの）200g　パルミジャーノ・レッジャーノ20g　ロースハム2枚　ギョーザの皮10枚　塩・こしょう各少々　EXオリーブ油大さじ2

作り方

①ボリジの葉とハムはみじん切りにし、豆腐、チーズと合わせて混ぜる。

②ギョーザの皮で①を適量ずつ包み、端に水をつけて閉じる。

③たっぷりの沸かした湯に②を入れてゆでる。浮いて皮が透明になればざるに上げて湯を切り、器に盛る。

④塩、こしょう、EXオリーブ油をかけ、花と葉（分量外）を散らす。

●料理ヒント＆効能

葉をちぎるとキュウリのようなさわやかな香りが漂う。葉をゆでて炒めたり、パスタの詰め物や肉団子に混ぜるなど野菜感覚で利用できる。星形の愛らしい花は、料理や飲み物に添えたり、花瓶に生けて楽しみたい。花の色はレモンなどの酸味に出合うとピンク色に変わる。

民間療法では解熱、鎮痛、利尿などの効用があるとされる。保存はきかないので、使うときに摘むのがよい。

◉

あじのマリネ　ディル風味

黒パンを添えて前菜にするとよい。

材料（2人分）
あじ（中）2尾　塩・酢・こしょう各適宜　サワークリーム大さじ3　牛乳大さじ3　ディル適宜

作り方

①あじは三枚におろし、腹骨をすき取り、重さの1.5％の塩をふり、30分おく。水で洗い、酢に15分浸す。皮と小骨を除き、ひと口大にそぎ、器に盛る。

②サワークリームを牛乳でのばし、塩、こしょうで薄めに味をつけ、刻んだディル大さじ1を混ぜる。これを①にかけ、ディル適宜を散らす。

●料理ヒント＆効能

甘い独特の香りをもち、あじの他さけ、いわしなどと相性がよく、ポテトサラダ、オムレツにもよく合う。種子は葉より香りが強く、辛味があり、パンやクッキーなどの焼き菓子の香りづけによい。

鎮静、安眠、消化促進などの効用があるとされる。保存を兼ねて野菜とピクルスにするとよい。ピクルスの漬け汁はキュウリ（27頁）を参照。ディルと相性のよい野菜はキュウリの他、青トマト、カリフラワー、ニンジン、セロリ、ハヤトウリなど。

地方野菜

地方に伝わり、その地域独特の郷土料理や家庭の味を生み出してきた野菜は、気候風土によく合う。その意味で、野菜の地方品種は、おふくろの味として、心の故郷として一人ひとりの心に残る、大きな宝物である。現在、野菜のほとんどの品種が一代雑種品種となっている。生育が旺盛で、そろいがよく、栽培しやすいからである。そのため、地域の食文化と密接に関連し、隆盛を極めた地方品種が消失の危機を迎えている。今こそ野菜の地方品種を自分で育て、懐かしいあの味を復活させたいものである。

京野菜の代表、丸型ナスでは日本最大級品種

賀茂ナス

日本におけるナスの栽培は古く、1200年以上の歴史があり、各地の生活文化になじんだ地方品種が多く誕生している。賀茂ナスは、代表的な京野菜の一つで、直径13～15cmの丸型で大型の品種である。京都市北区上賀茂付近が産地で、ヘタに特徴があり、他の品種と異なり三角の三つのヘタを持ち、硬いとげがある。賀茂ナスは、いわゆる固定品種でF_1品種と違い、栽培者によって微妙に形が異なっている。また、なかなか栽培が難しい品種で、植物体全体に鋭いとげがあるので、家庭菜園で栽培する場合は注意が必要である。

科名：ナス科
利用部位：若い果実
難易度：難
日照の条件：日当たり良
連作障害：あり　4～5年あける
栽培地域：日本全国
必要な広さ：畝幅60cm
株間60cm

病害虫防除：
アブラムシ（オレート液剤）
ハダニ（粘着くん液剤）
ウドンコ病（ハーモメイト水溶剤）
お薦め品種：
ナスの地方品種には、十全ナス（新潟）、水ナス（大阪）、長崎長ナス（長崎）など

栽培一口ポイント	
	●土壌障害を避けるため、接ぎ木苗を購入する。 ●堆肥を多めに施し、ふかふかの土づくりを心がける。 ●散水栽培でハダニ、アブラムシを防除する。

栽培カレンダー

1 土づくり

植えつけの１週間前までに

①植えつけの2週間前までに苦土石灰を150g/㎡を散布し、よく耕す。１週間前に畝幅60cmとし、畝の中心に深さ20cmの溝を掘る。
②溝に堆肥2kg/㎡、化成肥料100g/㎡、ヨウリン50g/㎡を施して、土を戻す。
③高さ10cmの畝を立て、マルチを張る。

2 植えつけ・仮支柱立て

4月下旬～5月中旬

節間の詰まったがっしりした苗を園芸店などで購入する。
①株間60cmとし、移植ゴテなどで植え穴を掘り、水を注ぐ。水が引いたら苗を植えつけ、株元を軽く手で押さえる。
②株元から10cmの所に仮支柱を立て、ひもで誘引する。

3 整枝
6月上旬〜中旬

植えつけから1ヵ月後、枝が混み合ってきたら、整枝を行い、3本仕立てにする。
①主枝と生育のよい側枝2本の計3本を選ぶ。
②そのほかの側枝はハサミなどで基部から切り取る。

4 追肥・土寄せ
6月上旬〜9月中旬

植えつけの1ヵ月後から、2週間に1回、追肥・土寄せを行う。
株元に化成肥料30g/㎡を追肥し、軽く土寄せする。

5 本支柱立て
植えつけの1ヵ月後

株の高さが40〜50cm位になった頃に本支柱を立てる。
株から10cmの所に長さ150cmの支柱を立て、ひもで誘引する。

6 収穫
6月中旬〜10月中旬

開花後20〜25日で、直径が13cm位になったら収穫適期。ヘタの上2cm位の所を、ハサミで切り取って収穫する。

泉州水ナス

長卵型の品種で、大阪の代表的な伝統野菜。水ナスの名前のとおり、とれたての果実を握り締めると水分が滴るように出る。主に浅漬けとして利用されている。果肉の柔らかさが特徴で、皮も柔らかく甘味があり、食味は最高である。家庭菜園で栽培する場合は、目標1株30〜40個。追肥は2週間に1回行う。また、乾燥期の水やりは効果が高い。

とれたて野菜レシピ

●料理ヒント＆効能

大きくて身が緻密、加熱すると、とろけるように柔らかくなり、甘味が出る。練り味噌を塗って焼く田楽は、京都の夏を象徴する味。どんな料理にも向くが、油との相性がよく、さっと揚げてから料理すると美しい色が冴える。アクが強く、空気に触れると変色するので、切ったらすぐに調理するか水にさらしてアク止めする。

栄養素は少ないが、抗酸化作用のあるナスニン(アントシアニン系色素)や、クロロゲン酸(アクの成分)などのポリフェノールを含む。中国薬膳では、体の余分な熱を除き、胃腸を整え、利尿作用などがあるとされる。冷え性の人は、控えめにする。

賀茂ナスの田楽

油で素揚げにしてから練り味噌を塗って焼くと、美しいナス色が生きる。とろけるように柔らかで味の濃い賀茂ナスの持ち味が堪能できる。

材料（2人分）
賀茂ナス1個　揚げ油適宜　練り味噌＜赤味噌100g　砂糖大さじ1　みりん・酒各大さじ2　ごま油小さじ1　卵黄1個分＞　煎り白ゴマ少々

作り方
①練り味噌を作る。鍋に赤味噌を入れて砂糖を混ぜ、みりん、酒でのばし、ゴマ油と卵黄を混ぜる。弱火にかけて焦がさないようにして、味噌の元の硬さ位に練り上げる。
②賀茂ナスはヘタを切り落とし、横に4等分し、160℃の油でさっと揚げる。
③②のナスの表面に①の練り味噌を薄く塗り、オーブントースターまたはグリルで焼いて軽く焼き目をつけ、煎りゴマをふる。

●保存ヒント

冷気を嫌い、冷蔵庫に長く入れると皮も身も硬くなる。気温の高い盛夏は例外として、保存は冷蔵庫に入れず、涼しい場所におき、1〜2日で使いきる。

長さ15cm、大型で甘味と香りのよいトウガラシ

万願寺トウガラシ

大正時代末期に京都府舞鶴市で伏見トウガラシと大型種のカリフォルニアワンダーとの交雑から誕生したと推察され、栽培していたのが万願寺地区であったことから「万願寺トウガラシ」と名づけられたという。果実は、長さ15cmと大型で厚みがあり、甘味と香りがよく、種も少なく食べやすい。焼いて鰹節としょうゆで食べると素材の味が生きてうまい。近年人気が上昇し、日本中に広がっている。しかし、

万願寺トウガラシは品質は優れているが、中晩生品種で収穫時期がやや遅くなる特徴があるため、家庭菜園では収穫時期に気をつける。完熟して真っ赤に着色した果実も彩りよく美味である。

科名：ナス科
利用部位：果実
難易度：中
日照の条件：日当たり良
連作障害：あり　3〜4年あける
栽培地域：日本全国
必要な広さ：畝幅70〜80cm
株間50〜60cm

病害虫防除：
アブラムシ（オレート液剤）
ハダニ（粘着くん液剤）
ウドンコ病（カリグリーン）
お薦め品種：
地方品種には、伏見トウガラシ、田中トウガラシなど

栽培一口ポイント
- 開花後の若い果実を収穫するが、完熟果も収穫できる。
- 整枝は、ピーマンと同様、主枝・わき芽2本の3本仕立て。
- 栽培初期は果実の早どりを心がけ、株の充実を目指す。

栽培カレンダー

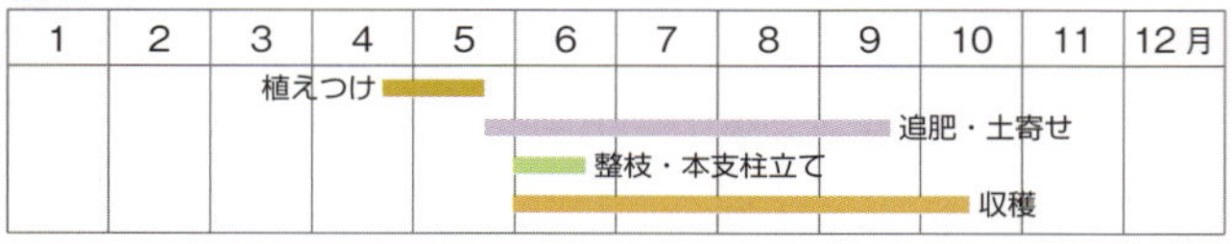

1 土づくり

植えつけの1週間前までに

①植えつけの2週間前までに苦土石灰200g/㎡を散布し、よく耕す。1週間前に畝幅80cmとし、畝の中央に深さ20cmの溝を掘る。
②溝に堆肥2kg/㎡、化成肥料100g/㎡、ヨウリン50g/㎡を施し、土を戻す。
③高さ10cmの畝を立て、マルチを張る。

2 植えつけ・仮支柱立て

4月下旬〜5月中旬

①株間60cmとし、移植ゴテなどで植え穴を掘り、水を注ぐ。
②水が引いたら苗を植えつけ、株元を軽く手で押さえる。
③長さ60cm位の仮支柱を立て、茎にひもをかけて2〜3回よりをつくり、誘引する。

3 追肥・土寄せ
植えつけの1ヵ月後～２週間に１回

株元に化成肥料30g/㎡を追肥し、株の生長を促す。

4 整枝・本支柱立て・誘引
植えつけの40日後

①草丈が50cm 位に生長したら、主枝とわき芽２本の３本仕立てに整枝し、長さ150cm の本支柱を立てる。
②茎にひもをかけ、よりを2～3回つくり、支柱に誘引する。

5 収穫
開花の15～20日、完熟果は50～60日後（６月上旬～）

①長さ10～15cm のものを収穫する。
②収穫は、ヘタをハサミで切り取る。

③収穫した万願寺トウガラシ。
甘味と独特の風味がある。真っ赤になるまで完熟させると、甘味が増して色もとても美しい。

トウガラシ・シシトウの在来品種

トウガラシの地方品種もさまざま。日光トウガラシ(左)は栃木で栽培されており、辛味はやや少なく、緑色の果実と葉を利用する品種。若い果実はシソ巻き加工によく使われ、葉は佃煮に使われている。つくりやすい品種で家庭菜園向き。沖縄で栽培される島トウガラシ(右)は、小ぶりで辛味が大変強く、沖縄ではビン詰めにされて調味料として使われている。

とれたて野菜レシピ

●料理ヒント＆効能

トウガラシとは名ばかりで辛味はない。甘味と特有の風味があり、肉厚だが果肉が柔らかいので、焼いたり、ゆでたりしてたっぷり食べられる。筒状の内部にすり身やひき肉などを詰めて焼いたり、揚げたりすることもでき、炒め物にしたり、佃煮風に煮てもよい。

栄養素はシシトウガラシに準じてカリウム、カロテン、ビタミンE、C、食物繊維が豊富。ピーマンと同様に完熟すると赤くなり、栄養価も高まる。

万願寺トウガラシの包み焼き

筒状の姿を生かし、中に味噌味の鶏ささ身を包んで香ばしく焼いたもの。

材料（２人分）

万願寺トウガラシ６本　鶏ささ身２本　A<味噌大さじ2　酒・みりん各大さじ1>　サラダ油・七味トウガラシ各適宜

作り方

①万願寺トウガラシはヘタを切り、縦半分に切り目を入れて１枚に開く。
②鶏ささ身は筋を取り除き、1本を斜め３等分に切る。
③②の鶏ささ身によく混ぜ合わせたＡを絡め、①の万願寺トウガラシに１切れずつのせて包む。
④ロースターの焼き網をよく空焼きし、サラダ油を塗り、③をのせて焼く。軽く焼き目がつき、鶏ささ身に火が通るまで焼き、七味トウガラシをふる。

メモ　鶏ささ身の代わりに、えび、ソーセージ、魚のすり身も合う。

●保存ヒント

乾燥しやすく冷気に弱いので、ポリ袋に入れて冷蔵し、2～3日で食べきる。ヘタと種を取り、さっとゆでて冷凍してもよい。

1果重がおよそ1kg、食味のよい巨大キュウリ

加賀太キュウリ

石川県金沢市が誇るキュウリの代表的な地方品種。1果重およそ1kgになる。果肉は柔らかく食味がよいので、あんかけやスープ、酢の物や漬け物、炒め物にすると感動ものである。栽培法は、キュウリに準ずるが、節成り性ではなく果実も大きいので、1株当たりの収穫本数は、10果位である。産地での栽培は、ビニールハウスを利用した半促成栽培である。生育が旺盛でつるが伸びるので、株間を広めに取り、子づるを伸ばすように心がける。最近では、ホームセンターなどで苗が簡単に入手できるようになった。石川県の隣の富山県にも「どっこ」という大型キュウリの地方品種がある。

科名：ウリ科
利用部位：若い果実
難易度：中〜難
日照の条件：日当たり良
連作障害：あり　2〜3年あける
栽培地域：日本全国
必要な広さ：畝幅120cm
株間60cm

病害虫防除：
アブラムシ（オレート液剤）
ベト病（サンボルドー）
ウドンコ病（カリグリーン）
お薦め品種：
地方品種には、相模半白（神奈川）、どっこ（富山）、モーウィ（沖縄）など

栽培一口ポイント
- 浅根性なので堆肥を多めに施し、しっかり土づくりをする。
- 果実が大型なので、生育中の追肥をしっかり行う。
- 生育旺盛で、つるが伸びるので、株間を広めにする。

栽培カレンダー

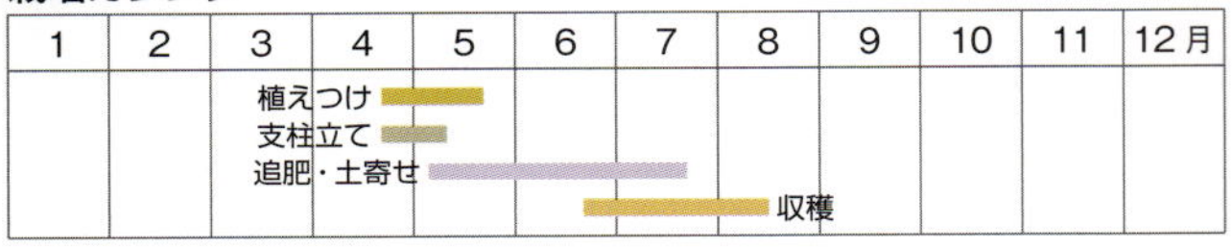

1 土づくり

植えつけの1週間前までに

①植えつけの2週間前までに苦土石灰150g/㎡を散布し、よく耕す。1週間前に畝幅120cmとし、堆肥4kg/㎡、化成肥料100g/㎡、ヨウリン60g/㎡を施す。
②鍬などでよく耕し、高さ10cmの畝を立てる。
③レーキで畝の表面を平にならし、マルチを張る。

2 植えつけ

4月下旬〜5月中旬

園芸店などで苗を購入するか、種を取り寄せて育苗する。
①条間60cm、株間60cmとし、移植ゴテなどで植え穴を掘り、水を注ぐ。水が引いたら、苗を植えつける。
②植えつけ後、株元を軽く手で押さえて株を安定させる。

3 支柱立て
4月下旬～5月上旬

合掌支柱とし、支柱の交差する部分をひもでしっかりと結び、固定する。

4 誘引
1週間に1回（4月下旬～）

①植えつけ後、苗の株元から10cm位の所にひもをかけ、2～3回よりをつくって支柱に誘引する。
②週に1回を目安にし、伸びたつるを支柱に誘引する。

5 追肥・土寄せ
植えつけの2週間後

植えつけ後、2週間に1回、株元に化成肥料30g/㎡を追肥し土寄せする。株が生長してきたら、マルチの裾をあけ、畝の両側に同量の化成肥料を追肥し、マルチを戻す。

6 収穫
6月下旬～8月中旬

果実の直径が7～8cm、長さ25～30cmになったら収穫適期。
①果実をしっかりと支え、ヘタをハサミで切り取って収穫する。
②収穫した加賀太キュウリ。重さは普通のキュウリの7～8倍にもなる。

モーウィ

キュウリの仲間で、沖縄野菜の一つ。別名赤毛瓜といい、成熟して収穫適期になると色が茶色になり、表面にメロンのような網目が現れる。果肉は薄い緑色で、食感はシャキシャキしていておいしい。みそ煮や酢の物として利用されていて、夏の暑い時期の食欲増進にピッタリだ。1果が大きいので、1株から5～6本の収穫を目指そう。

とれたて野菜レシピ

●料理ヒント＆効能

皮が硬いために、生食の場合は皮をむいて使う。薄く刻んで塩もみや酢の物にするとシャキシャキした歯ごたえで涼やか。煮ると冬瓜《とうがん》のように柔らかくなり、汁気を含んでおいしい。栄養面では特筆するものはないが、キュウリと同様に身体にこもった熱を冷まし、喉の渇きを止め、余分な水分を排出する利尿作用などが期待できる。

加賀太キュウリと牛肉のさっと煮

炒めて煮ると皮も柔らかくなり、丸ごと利用できる。牛肉の旨味を含み、こくのある味わいになる。

材料（2人分）
加賀太キュウリ（小）½本　牛肉（切り落とし）100g　肉の下味＜塩・こしょう各少々 酒大さじ1＞　サラダ油大さじ1　豆板醤小さじ½　しょうゆ小さじ1　酒大さじ2　片栗粉小さじ1

作り方
①加賀太キュウリは両端を少し切り落として皮を縞目にむき、縦半分に切り、スプーンなどで種を取り除く。縦4～6つ割りにして5cm長さに切る。
②牛肉は下味を絡めて5分おく。
③油を温めて豆板醤を炒めて香りを出し、牛肉を炒める。肉の色が変わったら、①を入れて中火で炒めて軽く火を通し、しょうゆ、酒をふって煮つめ、水大さじ2で溶いた片栗粉でとじる。

●保存ヒント

皮が硬くしっかりしているので内部保護に役立ち、ポリ袋に入れて立てて冷蔵すれば4～5日は鮮度が保てる。数ヵ月保存したい場合は塩漬けやピクルス（27頁参照）などにするとよい。

果皮の朱色が鮮やかで美しい！

打《うつ》木《ぎ》赤《あか》皮《がわ》カボチャ

加賀野菜の一つである。金沢市打木の篤農家が、昭和8年にカボチャの品種「赤皮栗」を導入し、実が着きやすく色の美しいものを選抜し育成した品種で、戦後に発表された。打木赤皮甘栗カボチャともいい、形は円錐栗型で、果皮が朱色で美しく鮮やか、料理の彩りとして重宝されている。果肉は厚く粘質で味もよく、着果もよい。煮物にすると、出汁がよくなじみ、おいしさが引き立つ。雌花が開花したら、人工受粉を行い、着果を促進する。受粉後40日が収穫の目安。1果の重さはおよそ1kgである。

科名：ウリ科
利用部位：完熟した果実
難易度：中
日照の条件：日当たり良
連作障害：少ないが1～2年あける
栽培地域：日本全国
必要な広さ：2m ×2m

病害虫防除：
アブラムシ（マラソン乳剤）
ウドンコ病（カリグリーン）
ベト病（ダコニール1000）
お薦め品種：
赤皮カボチャには、赤ずきん、赤いぼっちゃんなど

栽培一口ポイント
- 雌雄異花なので、雌花が開花したら午前中に人工受粉を行う。
- 実が生長し始めたら保護するため果実の下に敷きワラをする。
- 開花後 40 日位の完熟果で、ヘタが枯れたものを収穫する。

栽培カレンダー

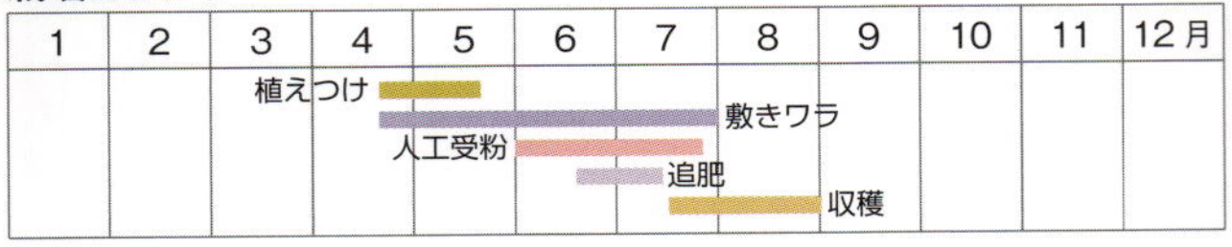

1 土づくり

植えつけの1週間前までに

①1株あたり、2m×2m とし、植えつけの2週間前までに苦土石灰100g/㎡を散布し、よく耕す。1週間前に直径40cm、深さ30cm の穴を掘る。
②穴に堆肥2kg/㎡、化成肥料50g/㎡、ヨウリン30g を施し、土を戻す。
③直径30cm、高さ15cm の円錐形に土を盛り、鞍つきをつくる。

2 植えつけ・敷きワラ

4月下旬～5月中旬

①鞍つきの中央に植え穴を掘り、水をたっぷり注いで、水が引いたら苗を植えつける。
②植えつけ後、株元にワラを敷く。つるが伸び始めたら、つるの下にも敷く。

3 受粉
6月上旬～

受粉した日をラベルに書いて、株の側に立てておく。

①雄花の花弁を取り、受粉しやすいようにおしべを出す。

②朝9時位までにおしべの花粉をめしべにつくように塗り、人工受粉する。

4 追肥
6月中旬

株元や、つるが伸びている辺りまで、化成肥料30g/m^2を追肥する。

5 幼果の敷きワラ
6月中旬

受粉後1週間経過し、握りこぶし大に幼果が生長したら、果実の下にワラを厚めに敷いて汚れを防ぐ。

6 収穫
受粉後40日　7月中旬～

①果実が真っ赤に着色して、ヘタが枯れてきたら収穫適期。ハサミでヘタを切り取って収穫する。

②収穫した打木赤皮甘栗カボチャ。目標は、1株につき4～5個の果実。

鹿ヶ谷カボチャ

京都野菜の代表的な品種で、日本カボチャの一種。ヒョウタンのように、2段に分かれてくびれがある外見が特徴。他のカボチャ同様、4月下旬～5月中旬に苗を植えつけ、打木カボチャと同じ方法で育てる。雌花が咲いたら受粉させ、受粉後35～40日で果実の表面に白い粉が吹いてきたら収穫適期である。収穫後、少し経つと緑色から茶色に変化する。

食用部位は、くびれの下部の、種がある方。日本カボチャと同様、果実がねっとりしているので、煮物に向いている。

とれたて野菜レシピ

●料理ヒント＆効能

肉質は粘質でしっとりし、日本カボチャと西洋カボチャの中間くらいの食感と甘さがある。普通のカボチャと同様に利用できるが、鮮やかな朱色と姿を生かして焼き物、蒸し物がおすすめ。ゼリー、プリンなどお菓子の材料にもなる。

実の色はカロテンにより、体内でビタミンＡに変わり、眼精疲労の改善、粘膜や皮膚の抵抗力を高めて風邪などの予防に役立つ。

打木赤皮カボチャのチーズ焼き

中をくり抜いてチーズ生地を詰めたオーブン焼き。皮の朱色が華やかで、おもてなし料理にもなる。チーズはナチュラルタイプで溶けるものであれば、お好きなもので。

材料（3～4人分）

打木赤皮カボチャ 1個（約700g）　詰め物＜タマネギ（みじん切り）中1/4個　オリーブ油大さじ1　モッツァレッラチーズ100g　パルミジャーノ・レッジャーノチーズ30g　ペコリーノチーズ50g　生クリーム50mℓ　卵2個　ナツメグ・こしょう各少々　セージの葉3～4枚＞

作り方

①カボチャは丸ごと電子レンジに入れ、600Wで約3分加熱する。粗熱を取り、上部1/5くらいを横に切り取り、中の種とワタを取り除く。

②詰め物を作る。タマネギをオリーブ油でしんなりするまで炒め、小さめに刻んだチーズ3種を加え、残りの材料を混ぜる。

③①に②を詰め、切り取った上部で蓋をする。予熱した200℃のオーブンで約40分焼き、蓋をはずして更に180℃で10～15分焼く。粗熱を取り、食卓で切り分ける。

●保存ヒント

丸ごとなら常温で2～3ヵ月もつ。切り分けたものは種とワタを取り除き、ラップできっちり包んで冷蔵庫で保存する。4～5日を目安に使いきる。

幅広の平さや、紫色の縞模様が独特

アキシマササゲ

アキシマササゲという品種名だが、岐阜県飛騨地方名産のつる性のサヤインゲン。草丈は2〜3m前後で、草勢が強く、分枝数も多い。幅広の平さやで斑入りのような紫色の縞模様が特徴である。茹でると、紫色の色素が消え、鮮やかな緑色になるので「湯上り美人」の愛称もある。さやは、柔らかく肉厚で、甘味がありおいしい。5月下旬〜7月上旬に種まきし、7月下旬〜10月に収穫が行われる。連作すると生育不良となるので、3〜4年栽培していない場所を選ぶ。耐暑性、耐病性があり、無農薬でも十分できる。

科名：マメ科
利用部位：若いさや
難易度：中
日照の条件：日当たり良
連作障害：あり 3〜4年あける
栽培地域：日本全国
必要な広さ：畝幅60〜80cm
株間30〜40cm

病害虫防除：
アブラムシ（オレート液剤）
ハダニ（粘着くん液剤）
お薦め品種：
サヤインゲンの地方品種には、左右衛門インゲン（福島）、錦インゲン（愛媛）など

栽培一口ポイント
- 草勢が強く、分枝も多いので、支柱を立てて栽培する。
- 栽培期間が長いので、肥切れ・乾燥に注意する。
- さやの長さが 10 〜 15cm で収穫し、株を疲れさせせない。

栽培カレンダー

1	2	3	4	5	6	7	8	9	10	11	12月
						種まき					
							間引き・支柱立て				
									追肥・土寄せ		
										収穫	

1 土づくり

種まきの1週間前までに

①種まきの2週間前までに苦土石灰100〜150g/㎡を散布し、よく耕す。
②1週間前に畝幅80cmとし、堆肥2kg/㎡、化成肥料50g/㎡を施してよく耕し、高さ10cmの畝を立てる。

2 種まき

5月下旬〜7月上旬

①条間60cm、株間40cmとし、空き缶の底などでまき穴をつくる。
②1ヵ所に3粒ずつ点まきする。
③種まき後、覆土して軽く手で押さえ、たっぷり水やりする。

3 間引き
種まきの1週間後

発芽して、初生葉が展開してきたら、1ヵ所2本に間引く。間引き後は、株元へ軽く手で土寄せする。

4 支柱立て
種まきの2週間後

①草丈が20cm位に伸びてきた頃に、長さ210cmの支柱を立て、つるを誘引する。
②支柱は1ヵ所に1本立て、支柱の上部は横に支柱を渡してひもで固定し、補強する。

5 追肥・土寄せ
種まきの3週間後・月に1〜2回

①草丈が30〜40cmの頃に、株元に化成肥料30g/㎡を追肥する。
②追肥後、鍬などで株元へ軽く土寄せする。

6 つるの生育状況
種まきの1ヵ月後

アキシマササゲは、写真のように生育が旺盛で、支柱につるが次々にからまって生長する。

7 収穫
7月下旬〜10月下旬

さやの長さが10〜15cmになり、紫色の鮮やかな縞模様が出てきたら収穫適期。
①ヘタをハサミで切り取って収穫する。
②収穫したアキシマササゲ。縞模様は、茹でると鮮やかな緑色に変化する。

とれたて野菜レシピ

●料理ヒント＆効能

粋な紫色の縞模様が目を引くが、加熱すると消えて緑色に変わってしまう。甘味と独特の旨味をもち、シャキシャキした歯ごたえが魅力。ゆでてお浸し、和え物、炒め物、てんぷらにするとよい。栄養素はサヤインゲンに準じると思われる。

アキシマササゲのツナ和え

アキシマササゲは、ツナともよく合う。

材料（4人分）

アキシマササゲ200g　ツナソース<ツナ油漬け1缶（正味160g）　タマネギ（みじん切り）小¼個　塩小さじ½　こしょう少々　酢・レモン汁各小さじ2　EXオリーブ油大さじ1〜2>

作り方

①アキシマササゲは筋を取り、歯ごたえが残る程度にゆでて、3cm長さの斜めに切りにする。
②ツナソースの材料を混ぜ、①を和える。

アキシマササゲのチーズフリット

ベーキングパウダー入りの衣でふっくら。

材料（2人分）

アキシマササゲ100g　衣<薄力粉・冷水各大さじ3　ベーキングパウダー小さじ¼　パルミジャーノ・レッジャーノ（おろす）大さじ2〜3>　揚げ油適宜

作り方

①アキシマササゲは両端を少し切り、5〜6cm長さの斜め切りにする。
②衣の材料を箸で混ぜ、①を入れてさっくり絡め、160℃の油に適量ずつまとめて入れる。浮いて、揚げ音が静かになればよい。

●保存ヒント

ポリ袋に入れて冷蔵する。乾燥しなければ4〜5日もつ。さっとゆでて冷凍もできる。

畑のキャビア、秋田の特産品

トンブリ

トンブリは、アカザ科のホウキグサの実を加工したもので「畑のキャビア」とも呼ばれ、プチプチとした食感で人気の「秋田の特産品」である。ホウキグサは、アジア～ヨーロッパ原産の１年草で、草丈は１m位、土壌適応性は広いが、酸性土壌だと生育不良になるので苦土石灰による酸度調整を行う。収穫期の判断がポイントで、種実の熟度を観察しながら収穫する。トンブリは、収穫した種実を煮てから水につけ、水の中で果皮を手でもんではがし調整する。初めてこの作業を行い成功すると感動する。なお、脱穀した茎は乾燥させて、箒《ほうき》として利用されている。

科名：アカザ科
利用部位：種実
難易度：中
日照の条件：日当たり良
連作障害：あり　1～2年あける
栽培地域：日本全国
必要な広さ：畝幅60～70cm
株間30～40cm
病害虫防除：
無農薬で栽培可能
お薦め品種：
品種分化なし

栽培一口ポイント
- 多めの堆肥を施し、健全な生育をはかる。
- 直まきもできるが、育苗し、移植栽培する方がおすすめ。
- 全体が黄化し、種が黄褐色に変わる頃が収穫適期。

栽培カレンダー

1 苗づくり

4月中旬～5月下旬

①ポリポットに培養土を入れて、種を7～8粒まく。
②発芽後、双葉が展開したら生育のよい苗を残して3本に間引く。
③草丈が15cm位になったら植えつけ適期。

2 土づくり

植えつけの1週間前までに

①植えつけの2週間前までに苦土石灰150g/㎡を散布し、よく耕す。１週間前に畝幅70cmとし、畝の中央に深さ20cmの溝を掘って堆肥4kg/㎡、化成肥料100g/㎡を施す。
②土を戻し、高さ10cmの畝を立てる。
③畝の表面をレーキなどで平らにする。

3 植えつけ
5月中旬〜

①株間30cmとし、移植ゴテなどで植え穴を堀り、たっぷり水を注ぐ。水が引いたら苗を植えつけ、株元を軽く手で押さえる。
②植えつけ後、たっぷり水やりする。

4 間引き・追肥・土寄せ①
植えつけの1週間後

①生育のよい株を2本残して間引きし、株間に化成肥料ひと握りを追肥する。
②鍬などで株元へ軽く土寄せする。

5 追肥・土寄せ②
植えつけの1ヵ月後、2ヵ月後

①畝の側方に化成肥料30g/㎡を追肥する。
②鍬などで株元へ軽く土寄せする。以後1ヵ月後、さらに追肥・土寄せする。

6 生育状況
8月

植えつけの2ヵ月後、種実が実ってくる。この頃株が倒れないように、株の周囲をひもで囲ってもよい。

7 収穫
9月下旬〜10月下旬

①葉が黄化し、種が褐色になり始めたら収穫適期。収穫直後に脱穀するか、1〜2日乾燥させてから脱穀する。
②脱穀したばかりの種。
③ゴミを取り、30分位煮立て、水の中でもんで、果皮を取り除いたもの。いわゆるトンブリ。

とれたて野菜レシピ

●料理ヒント＆効能

草色の小さな粒々は見かけも食感もキャビアに近い。しかし、食べられる状態にするにはひと手間かかる。茎から実を外し、ざるなどに広げてカラカラに干した後、たっぷりの湯で1時間程ゆでて薄皮をむき、さらに水を替えながら残った皮を完全に取り除く。こうしてやっと食べられるトンブリになる。味はクセがなく淡白なのでどんな食材とも合う。ただし、ゆでてあるので加熱調理には向かないし、調味して時間が経つと水分が出て、食感を損ねるので注意。

栄養成分の公式データはないが、中国薬膳では実を地膚子《ジフシ》と呼び、体の余分な熱や湿を除き、利尿作用、皮膚湿疹の痒み止めなどの効用があるとされる。

トンブリ納豆

北京紅心ダイコンの辛味、納豆のネバネバにトンブリのプチプチ、賑やかな食感を楽しむ小鉢。酢とオリーブ油を加えたサラダ風の味が、ご飯にも合う。普通のダイコンでもよい。

材料（2人分）

トンブリ（下ごしらえしたもの）大さじ3　小粒納豆小2パック　北京紅心ダイコン50g　しょうゆ・酢各小さじ1　EXオリーブ油小さじ2

作り方

①北京紅心ダイコンは5〜6㎜角に切る。
②納豆は箸で混ぜてネバネバを出し、しょうゆ、酢、EXオリーブ油で調味する。
③器に②を盛り、①とトンブリをのせ、食べるときに混ぜ合わせる。

●保存ヒント

乾燥させたものを乾燥剤と一緒に缶などに入れ、冷暗所で保存する。煮て皮をむいたものはあまりもたないので、密封容器に入れて冷蔵または冷凍する。冷凍したものは、自然解凍すればそのまま利用できる。

茹でて刻んで三杯酢、まるでワカメの食感

金時草《きんじそう》

熱帯アジア原産のキク科の多年草で、沖縄ではハンダマ、熊本ではスイゼンジナ、石川県ではキンジソウと呼ぶ。表が緑色、裏が紫色の柔らかい葉をゆでると、ワカメのようなぬめりが出て、三杯酢で食べるとワカメそのものの食感である。栄養価が高く、カロテン、ビタミンCや鉄分、カルシウム、カリウムなどを豊富に含む。茹で汁は美しい赤紫色となり、これにゼラチンなどを加えれば、美しい健康的なゼリーとなる。繁殖は、種がとれないことが多いので、主に挿し木で行う。最近では地方野菜の栽培が人気となっているので、園芸店などで苗が出回るようになった。

科名：キク科
利用部位：若い茎葉
難易度：易
日照の条件：日当たり良
連作障害：あり 1～2年あける
栽培地域：東北以南
必要な広さ：畝幅60cm
株間30cm

病害虫防除：
アブラムシ（オレート液剤）
お薦め品種：
品種分化なし

栽培一口ポイント
- 苗がない場合は野菜として売られているものを挿し木して使う。
- 植えつけ後、乾燥と泥のはね返りを防ぐために敷きワラを敷く。
- 定期的な追肥でわき芽を伸ばし、収穫量を増やす。

栽培カレンダー

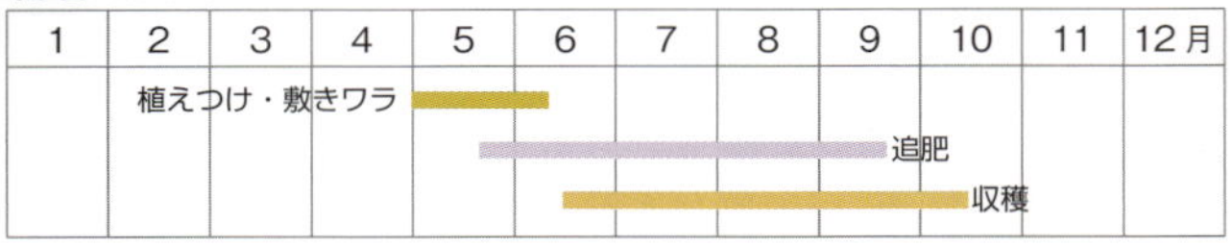

1 土づくり

植えつけの1週間前までに

①植えつけの2週間前までに苦土石灰200g/㎡を散布し、よく耕す。1週間前に畝幅60cmとし、畝の中央に深さ20cmの溝を掘る。
②溝に堆肥2kg/㎡、化成肥料100g/㎡を施す。
③土を戻して、高さ10cmの畝を立てる。

2 植えつけ・敷きワラ

5月上旬～6月上旬

株間30cmとし、霜の心配がなくなる5月頃から植えつける。
①植え穴を掘って水を注ぎ、水が引いたら植えつける。
②植えつけ後、土の乾燥と泥のはね返りを防ぐために、敷きワラをする。

3 追肥①
5月下旬～6月下旬

植えつけ後、3週間経過し草丈が20cm 位になったら追肥を行う。
敷きワラをよけて、株元に化成肥料30g/㎡を追肥する。

4 追肥②
6月中旬～9月中旬

1回目の追肥の後、生長の具合を見ながら月1～2回の割合で追肥する。収穫後も、わき芽の生長を促すために、株元に化成肥料30g/㎡を追肥し、生育を助ける。生育が衰える頃まで続ける。

5 収穫
6月中旬～10月中旬

苗の植えつけ40日後から、収穫できる。
①収穫適期の金時草。
②先端から20cm の所をハサミで切り取る。

③収穫した金時草。
収穫後、順次わき芽が伸びてきたら、収穫する。

金時草の挿し木

種苗店で苗が見つからない場合は、野菜として販売されている金時草を挿し木して育苗し、植えることも可能。金時草は生命力が大変強く、切り取った茎を培養土に挿しておくだけで根が生えてくる。葉が4枚ついた茎を根元から切り取り、20分ほど水に浸してから1本ずつバーミキュライトを入れたポットに挿しておく。この時、葉からの蒸散を防ぐため大きな葉は半分に切るとよい。2～3週間経過すると、ポットに根が回り、苗として利用できる。

とれたて野菜レシピ

●料理ヒント＆効能
ゆでると生ワカメのようなぬめりが出て、葉裏の紫が緑に変わる。若い葉はアクが少ないので生でサラダにもできる。さっとゆでてからお浸し、和え物、汁の実などに。油で炒めると、アクが気にならないので下ゆでする必要はない。

栄養素ではカルシウム（211mg/100g 以下同）、鉄（1.5mg）、カロテン（2450μg）、ビタミンE（2.5mg）が多い（沖縄県農林水産部の資料）。血圧降下作用のあるγ-アミノ酪酸（GABA）（石川県農業総合研究センターの調査）や、抗酸化作用のあるアントシアニン（赤紫色素）を含み、老化、ガン、生活習慣病の予防に役立つ。

金時草と鶏肉の梅和え

ゆでると紫がかった深緑色になる金時草に、えのきだけと蒸し鶏の白と、彩り、味わいともにシックな大人の味。

材料（4人分）
金時草6～7枝　えのきだけ1パック　鶏胸肉1枚（約200g）　塩小さじ½　酒大さじ1　梅だれ<梅干し4個　だし100mℓ　しょうゆ・砂糖各小さじ1>　青ジソ（せん切り）2枚　みょうが（小口切り）1個

作り方
①金時草は枝から葉を摘み、さっとゆでて水に取り、水気をよく切る。葉が大きい場合は適当に切る。えのきだけは石づきを切り、さっとゆで、ざるに広げて冷ます。
②鶏胸肉は蒸し器に入る器に入れて塩と酒をふり、約15分蒸して火を通す。粗熱を取り、手で裂くか包丁で薄切りにする。
③梅だれを作る。梅干しは種を除いて果肉を刻んで裏ごしし、だしと調味料を混ぜる。
④器に、①と②を盛り合わせて③を適量かけ、青ジソ、みょうがを散らす。

●保存ヒント
洗ってよく水切りし、ポリ袋で冷蔵すれば、4～5日もつ。さっとゆでて冷凍もできる。

漬け菜の地方品種

日本の食文化の素晴らしさを表現する、豊かなバラエティー

東京べか菜

半結球山東菜が正式な名前で、淡黄緑色の丸葉で周年で栽培可能である。夏まきで30日、秋まきで40〜50日で収穫可能。

仙台《せんだい》芭蕉《ばしょう》菜《な》

葉の形が芭蕉に似ていることから芭蕉菜と名づけられた。仙台芭蕉菜は在来ナタネから分化したもので、タカナの仲間の芭蕉菜とは「仙台」をつけて区別する。

宮内《みやうち》菜《な》

宮内菜の由来は、群馬県の宮内禎一氏が育成したことによる。昭和47年に農水省名称登録256号に登録。葉色は淡い緑色で、葉縁に浅い切れ込みがある。葉肉はやや厚みがあるが柔らかく、甘味があり、おいしい。

博多かつを菜

福岡市周辺で栽培されている葉をかき取って収穫する菜類。博多の正月菜として雑煮には欠かせない。かつを菜はカラシナ、タカナの仲間で葉の縮みが特徴である。

のらぼう菜

東京、神奈川で栽培されているとう立ちした柔らかい花茎を食べる西洋ナタネの1系統。お浸し、ゴマ和え、味噌汁など甘味がありとてもおいしい。

仙台《せんだい》雪《ゆき》菜《な》

葉肉が厚く、葉柄が長く、葉は丸型で霜に数回当たってから食べると甘味が増す。また苦味もあり、浸し物の風味を増す。

山形青菜《やまがたせいさい》

タカナの仲間で、草丈60cmになる大型の漬け菜で、生育が早く肉厚で歯ごたえがある。青菜漬けは、山形を代表する漬け物で、おにぎりに巻いてもおいしい。

広島菜

広島地方の代表的な漬け菜。濃緑色で表面が滑らかな肉厚の柔らかい葉が特徴である。ハクサイが日本に導入される前は、広島菜のような非結球ハクサイが主流であった。

三陸つぼみ菜

西洋ナタネ（洋種ナバナ）の1品種で、東北地方でつくられている。茎葉は濃緑色で、寒さに強く、お浸し、味噌汁、油炒めなど、いずれの調理方法でもよい。

雪白体菜《せっぱくたいさい》

「別名：シャクシナ」とも呼ばれ、新潟県などで栽培されている葉柄が純白で肉厚の漬け菜である。草丈が45cmにもなり、葉が柔らかいので漬け物に向く。

野沢菜

長野県野沢温泉村原産の漬け菜の代表的品種。「野沢菜漬け」は有名で、今や全国で野沢菜はつくられている。べっ甲色になる長期漬けはご飯のおかずによく合う。

島菜《しまな》

沖縄在来のカラシナ。暑さ寒さに強いのでつくりやすい。香りがよく風味もよい。漬け物、おひたし、炒め物などに向く。

早池峰菜《はやちねな》

岩手県遠野地方の在来種。冬越しして甘味の増した春先の青菜がおいしい。病気に強く、栽培が容易である。

大和真菜《やまとまな》

奈良県の漬け菜の在来種。漬け物、煮物、お浸しなど用途は広い。霜にあうと独特の甘味と風味が出る。

群馬県甘楽郡下仁田地方特産の一本ネギ

下《しも》仁《に》田《た》ネギ

下仁田ネギは、群馬県甘楽郡下仁田町特産の一本ネギで、見た目は「太くてずんぐり」であるが、軟白部は柔らかく、甘味があって美味な品種である。江戸時代からの特産品だけあって、年末年始の贈答用として定着している。軟白部の長さは、15～20cm と長ネギの他品種（40～50cm）よりも短い。太さも直径５～６cm になるものもあり、極めて太い。産地での栽培は、秋10月に種まきし、翌春の４月に仮植え、７月に植えつけ、12月に収穫するため15ヵ月もの長い期間を要する。すき焼き、田楽味噌など加熱すると特に甘味が強くなり、また香りのよさも絶品である。

科名：ユリ科
利用部位：葉
難易度：中～難
日照の条件：日当たり良
連作障害：少ないが1～2年あける
栽培地域：日本全国
必要な広さ：畝幅1m
株間10cm

病害虫防除：
アブラムシ（オレート液剤）
ベト病（ジマンダイセン水和剤）
ヨトウムシ（BT水和剤）
お薦め品種：
類似品種として、雷帝下仁田など

栽培一口ポイント
- 植え溝は、しっかりまっすぐに深くつくる。
- 株間は10cm 位とし、一株一株をがっしり育てる。
- 月に1回の土寄せで、じっくり育てていく。

栽培カレンダー

作業	1	2	3	4	5	6	7	8	9	10	11	12月
植えつけ							━	━				
追肥・土寄せ								━	━	━	━	
収穫	━	━										━

1 植えつけ
7月上旬～8月上旬

7月に、長さ50cm のがっしりした苗を選んで購入する。
①深さ20cm、幅15cm の溝を、鍬でしっかりと掘る。
②南側の溝の壁に、苗をまっすぐ立て、10cm 間隔で並べていく。
③根元を土で押さえる。
④植えつけ後、ワラで押さえる。

2 追肥・土寄せ①
植えつけの1ヵ月後

溝の側に化成肥料30g/㎡を追肥し、葉の分けつ部分を埋めないように、ホーなどで土寄せする。

3 追肥・土寄せ②
植えつけの2ヵ月後

①株元に化成肥料30g/㎡を追肥する。
②鍬などで葉の分けつ部分まで土寄せする。

4 追肥・土寄せ③
植えつけの3ヵ月後

①株元に、化成肥料30g/㎡を追肥する。
②鍬などで葉の分けつ部分まで土寄せする。

5 追肥・土寄せ④
植えつけの4ヵ月後

株元に化成肥料30g/㎡を追肥し、鍬などで株元が隠れる位しっかり土寄せする。

6 収穫
12月中旬〜

①株元の土を鍬などで掘り、ネギを抜きやすいようにする。
②軟白部は20cm 位が目標。

赤ネギ

茨城県那珂川地域で栽培されている地方品種で、葉鞘の外側が赤紫色に着色しているのが特徴。辛味が少なく、柔らかく、鍋物などに向いている。栽培方法は、根深ネギと同じで7月中に植えつけ、月に1回の追肥と土寄せで軟白部を白くしていき、12月中旬に収穫する。赤ネギは鍋物をはじめとして、ぬた、サラダなど幅広く使われている。

とれたて野菜レシピ

●料理ヒント & 効能

生でかじると飛び上がるほど辛いが、加熱すると甘くなる。掘りたてを直火に放り込み、畑で、丸焼きにした味は格別。とろけるように柔らかで甘く、下仁田ネギの持ち味を存分に堪能できる。炒め物やソース、スープストック、煮込みなどの風味づけにも使えるが、単品で網焼き、蒸し煮、グラタンなどにすると存在感がある。

栄養成分や、辛味成分の硫化アリルの機能性については普通の根深ネギに準ずると思われる。

鴨ネギ焼き

鴨と下仁田ネギの網焼き。素朴だが素材の味が伝わってくる。炭火の卓上コンロで焼きながら楽しみたい。

材料（2人分）

鴨ロース肉（薄切り）150g　下仁田ネギ1本　塩・こしょう各適宜　サラダ油大さじ1

作り方

①鴨は塩、こしょうをごく薄くふる。
②下仁田ネギは根を切り、洗う。葉の分かれ目には土などが詰まっているので切り離してよく洗い落とす。5cm長さに切る。
③焼き網を熱し、はけなどでサラダ油を塗り、②を先に焼く。塩、こしょうを薄くふり、黒く焦がさないように回しながら平均に火を通す。
④ネギを焼いた後に①を並べ、表面に軽く焼き目をつける感じでさっと炙り焼く。焼き過ぎると肉が硬くなり、味を損ねる。好みで粉ざんしょうや七味トウガラシをふる。

●保存ヒント

太くて水分が多いため傷みやすい。収穫後は陰干しにして表面の水分を少し乾燥させてから、立てた状態で新聞紙などに包み、冷暗所で保存する。洗って使いかけたものは、葉と茎に分けて紙に包み、ポリ袋に入れて冷蔵し、早く使いきる。

日本の丸ダイコンの代表品種

聖《しょう》護《ご》院《いん》ダイコン

聖護院ダイコンは、江戸時代の文政年間に現在の京都市左京区聖護院で尾張の国の長ダイコンを栽培しながら改良し、つくりやすい丸型の品種を選抜育成したのが始まりとされ、肉質がとても柔らかく、とろけるほどである。根の直径が15cm位、重さ1～1.5kgになったら収穫する。8月下旬～9月上旬に種まきし、早生系統と晩成系統があるが、早生系統は65～70日で収穫でき、晩成系統は直径が20cm、重さが3～4kgに達するものもある。聖護院ダイコンの主産地は今や京都府の南部、久世郡久御山町に移り、聖護院ダイコンの改良品種を栽培し「淀ダイコン」のブランド名で出荷している。

科名：アブラナ科
利用部位：根
難易度：中
日照の条件：日当たり良
連作障害：少ないが1年あける
栽培地域：日本全国
必要な広さ：畝幅60cm
株間30cm

病害虫防除：
アオムシ、コナガ(BT水和剤)
アブラムシ(オレート液剤)
萎黄病(連作を避ける)
お薦め品種：
早生：早太り聖護院
晩生：冬どり聖護院

栽培一口ポイント
- 土を深く、よく耕し、土の塊や石などを取り除く。
- 間引き、追肥を適期に行い、ダイコンの肥大を促す。
- 栽培初期はネット栽培などで、病害虫から守る。

栽培カレンダー

1	2	3	4	5	6	7	8	9	10	11	12月
								種まき			
							間引き				
										追肥・土寄せ	
									収穫		

1 土づくり
種まきの1週間前までに

①種まきの2週間前までに苦土石灰100～150g/㎡を散布し、よく耕す。
②1週間前に畝幅60cmとし、堆肥2kg/㎡、化成肥料100g/㎡を全面に施して、よく耕す。
③高さ10cmの畝を立てる。

2 種まき
8月下旬～9月上旬

①株間30cmとし、空き缶の底などで深さ1cmのまき穴をつくり、種を4～5粒ずつまく。
②覆土し、軽く押さえた後、モミガラをかけ、たっぷり水やりする。

3 間引き①
種まきの7日〜10日後

①双葉が展開したら、生育のよいものを3本残し、間引きする。
②間引き後、株元へ軽く手で土寄せする。

4 間引き②
種まきの14日〜17日後

本葉が2〜3枚の頃、生育のよい2株を残して間引き、2本立ちにし、間引き後は鍬などで株元へ軽く土寄せする。

5 間引き③ 追肥・土寄せ①
種まきの20〜25日後

①本葉が6〜7枚の頃､1本立ちにする。
②間引き後、株間に化成肥料30g/㎡を追肥し、鍬などで株元へ軽く土寄せする。

6 追肥・土寄せ②
種まきの35〜40日後

1本立ちから2週間後に、再度化成肥料30g/㎡を畝の側方に追肥し、土寄せする。

7 収穫
種まきの65〜70日後

①ダイコンの直径が15cm 位に肥大してきたら、収穫適期。
②葉の根元をしっかり持ち、そのまま引き上げると簡単に収穫できる。

③収穫した聖護院ダイコン。

とれたて野菜レシピ

●料理ヒント & 効能

実が緻密で繊維が柔らかく、生でサラダ、漬け物、煮物によい。京都の千本釈迦堂などで暮れに振る舞われる「大根《だいこ》だき」には、地元の聖護院ダイコンが使われる。大釜でじっくり煮込んだ大根は、だしをたっぷり含み、とろけるように柔らかいが煮崩れてはいない。煮物にすると絶品。すりおろして蒸し物にしたり、薄切りにして昆布と塩漬けにする千枚漬けなど、聖護院カブのような使い方もできる。栄養成分、効能などは普通のダイコンに準ずると思われる。

ふわふわ蒸し

聖護院ダイコンをすりおろして卵白と混ぜ、えび、ぎんなんなどの具にかけて蒸した、かぶら蒸し風。体が芯から温まる。

材料（2人分）
聖護院ダイコン200g　卵白小1個分　小えび8尾　鶏胸肉60g　塩二つまみ　酒小さじ2　ぎんなん（薄皮を除く）8個　百合根8片　ぎんあん<葛粉・酒各大さじ1　だし100mℓ　薄口しょうゆ小さじ2>　柚子の皮（せん切り）少々

作り方
①聖護院ダイコンは皮をむいてすりおろす。
②小えびは頭、殻、尾、背ワタを除き、酒小さじ1をふる。鶏肉は一口大に切り、塩と酒小さじ1を絡める。
③器2個に、②ぎんなん、百合根を等分に入れる。卵白を箸で泡立てないようにほぐして①を加えて混ぜ、等分にのせる。蒸気の立った蒸し器に入れ、ふきんをかませて蓋をし、弱火で約15分蒸す。
④ぎんあんを作る。小鍋に葛粉と酒を入れてよく混ぜ、残りの材料を加え、弱火にかけ、かき混ぜながらとろみがつくまで煮る。
⑤蒸し上がった③に④をかけ、柚子の皮を添える。

●保存ヒント

土が凍らない地域なら茎を切って生長を止め、畑の穴で保存すれば春まで保存できる。

ダイコンの地方品種

地域が育んだ伝統の味、見事な品種改良

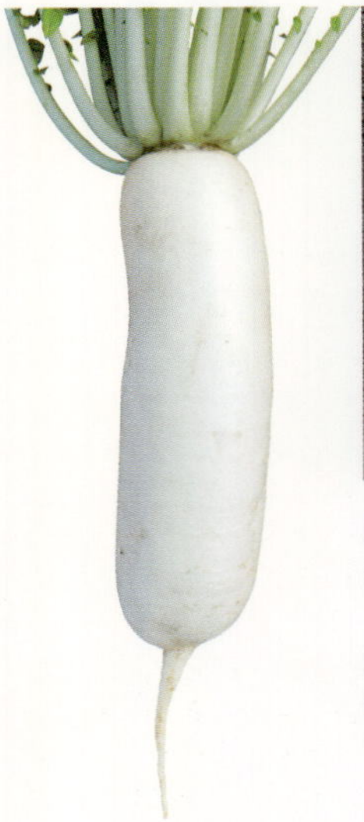

山田ねずみダイコン

滋賀県草津市周辺でつくられていた長さ20〜25cm、太さ5〜6cmの小型の尻づまり品種で、ねずみダイコンに似ている。たくあん用に最適であるが、葉も柔らかく食用に適している。

中之条《なかのじょう》ねずみダイコン

長野県坂城町中之条地区で栽培されている地大根。長さ15cmと短く下ぶくれのダイコンで、葉が細かく切れ込んでいるのが特徴である。辛味があり、おろしやそばの薬味にするとおいしい。

方領《ほうりょう》ダイコン

愛知県甚目寺町方領地区が原産の肉質が緻密で煮物用としては品質極上といわれる品種。水牛の角のように湾曲している形が特徴。

桜島ダイコン

鹿児島県桜島で育成された世界最大のダイコン品種。収穫時の重さが15〜20kgになるという。外観からは想像できないほど肉質は柔らかく、煮物や漬け物に最高である。

練馬ダイコン

東京都練馬区特産のダイコン。白首系で、根の長さが70〜100cm、中央部が太い中太り型である。漬け物、特にたくあん用としてはダイコンの代名詞のような存在。写真は練馬たくあんという品種。

三浦ダイコン

神奈川県三浦半島特産の根の長さ50cm、首の部分は細いが中央より下の部分は太く、重さ3〜4kgの長大なダイコンになる。肉質は柔らかくふろふきダイコンやおでんには三浦が合う。

打木源助《うつぎげんすけ》ダイコン

金沢市打木町で育成された太さ10cm、長さ25cmのずんぐり型のダイコンで、青首である。肉質が柔らかく、おでん、ふろふきダイコン、おろしで食べると格別である。

小瀬菜《こぜな》ダイコン

宮城県小野田町小瀬地区で栽培されていた。葉を主に利用するダイコン。遺伝資源として貴重な存在である。

赤筋《あかすじ》ダイコン

東北地方の地ダイコンで、うっすらと表面に赤い筋が入る。その一つ、会津赤筋ダイコンは煮物や漬け物に最適である。

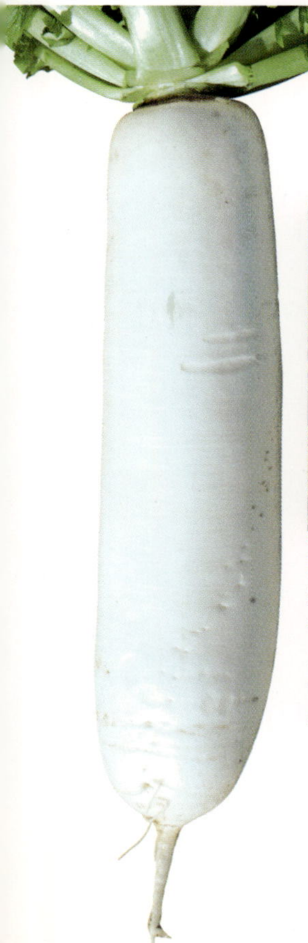

大蔵《おおくら》ダイコン

江戸時代から東京都世田谷区周辺でつくられていた尻づまり型ダイコンの代表品種。煮物用として品質は最高によい。

二年子《にねんご》ダイコン

別名 汐入《しおいり》大根、東京都荒川区南千住周辺が産地のダイコン。寒さに強く、とう立ちも遅いため端境期の早春〜春の収穫を狙った作型で利用される。白首でほっそりとしていて、根は楔《くさび》のような形をしている。

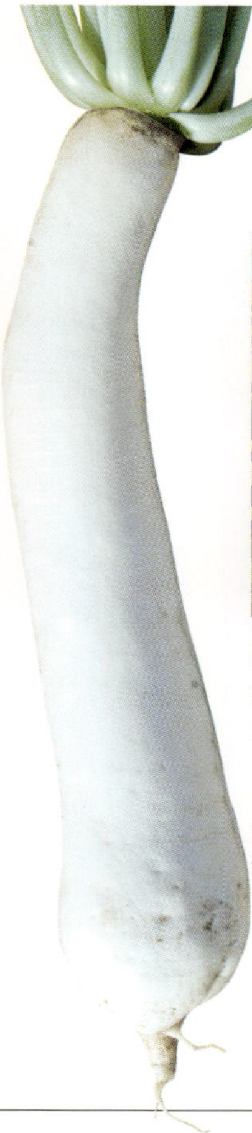

白《しろ》上《あ》がり京ダイコン

京都でお雑煮に入れられたところから「雑煮大根」とも呼ばれ、その色の白さから、「白上がり」の名前がつけられたという。漬け物にしてもおいしい。

強い辛味がそばの薬味として絶品

暮《くれ》坪《つぼ》カブ

岩手県遠野市暮坪に伝わる伝統野菜で、根の太さ4～5cm、長さ20cm位の青首ダイコンに似た長いカブである。地上に露出した部分は緑色に着色している。遠野では元々、漬け物の材料として栽培していたが、非常に辛味が強く、最近、漫画『美味しんぼ』で取り上げられ、おろしてそばの薬味として使う「究極の薬味用カブ」として有名になった。

種まき適期は、9月に種まきし、60～70日で収穫できる。辛味は寒さや土地が痩せているなどのストレス条件によって左右されるので、多肥栽培を避ける。遠野市の産地で栽培するとダイコンの14倍の辛さになるという。

科名：アブラナ科
利用部位：根
難易度：中
日照の条件：日当たり良
連作障害：あり　2年位あける
栽培地域：日本全国
必要な広さ：畝幅60cm
株間20cm

病害虫防除：
アオムシ、コナガ（BT水和剤）
アブラムシ（オレート液剤）
根コブ病（連作を避ける）
お薦め品種：
カブの地方品種には、温海カブ（山形）、寄居カブ（新潟）など多彩

栽培一口ポイント
- 9月～10月上旬の秋まき栽培が比較的楽である。
- 間引きをしっかり行い、株間15～20cmを確保する。
- 2～3年アブラナ科を栽培していない畑で栽培する。

栽培カレンダー

	1	2	3	4	5	6	7	8	9	10	11	12月
種まき									■			
間引き									■	■		
追肥・土寄せ									■	■	■	
収穫											■	■

1 土づくり

種まきの1週間前までに

①種まきの2週間前までに苦土石灰150g/㎡を散布し、よく耕す。
②1週間前に畝幅60cmとし、堆肥2kg/㎡、化成肥料100g/㎡を施す。
③よく耕し、高さ10cmの畝を立てる。

2 種まき

9月上旬～9月下旬

①畝の中央に、支柱などで深さ1cmのまき溝をつくる。
②1cm間隔に種をまき、覆土後、たっぷり水やりする。

3 間引き①
種まきの7日～10日後

①双葉が完全に展開し、本葉が1～2枚の頃までに3cm 間隔に1本となるように間引く。
②間引き後は、株元へ軽く手で土寄せする。

4 間引き②
種まきの14～17日後

①本葉が3～4枚の頃、6cm 間隔に1本となるように間引く。
②間引き後、株元へ軽く手で土寄せする。

5 間引き③・追肥・土寄せ①
種まきの20～25日後

①本葉が5～6枚の頃、株間15～20cm 間隔になるように間引く。
②間引き後、畝の側方に化成肥料30g/㎡を追肥し、鍬などで株元へ軽く土寄せする。

6 追肥・土寄せ②
種まきの35～40日後

最終間引きから2週間後、畝の側方に化成肥料30g/㎡を追肥し、鍬などで株元へ軽く土寄せする。

7 収穫
種まきの60～70日後

①根の直径が4～5cm になったら収穫適期。葉の根元をしっかり持って、引き抜いて収穫する。
②収穫後は、水洗いしておろしをつくり、そばなどに添える。

③収穫した暮坪カブ。

とれたて野菜レシピ

●料理ヒント＆効能

これほど鋭くキレのよい辛味は他に類がなく、幻の辛味ダイコンならぬ、辛味カブ。高級なワサビ感覚で使いたい。刺身、豆腐の薬味にはもちろんだが、そば、そうめん、うどんなどのめん類の薬味に最適。皮ごとすりおろし、しばらくおくと辛味が鋭さを増す。葉と一緒に塩で浅漬けにしてもよい。辛味が幾分穏やかになり、葉の香りもさわやかで、酒の肴にもなる。

　普通のカブのように煮たり、炒めたり、汁の実などにも利用できるが、加熱すると辛味は穏やかになる。暮坪カブの醍醐味は、さわやかな風味とシャープな辛味にあるので、加熱調理はすすめない。

暮坪そうめん

暮坪カブの薬味で味わうそうめんは絶品。そばにも合う。

材料（2人分）
暮坪カブ1本　そうめん2束　めんつゆ＜だし500㎖　酒・薄口しょうゆ各30㎖　みりん20㎖＞

作り方
①めんつゆの材料を合わせて煮立て、アルコール分を飛ばし、軽く煮つめて冷ます。
②たっぷりの湯で、そうめんを好みの硬さにゆで、冷水で洗い、ざるで水切りする。
③暮坪カブはよく洗い、葉茎を切り落とし、切り口から皮ごとすりおろす。
④器に②を盛り、①をはり、薬味に③を添える。薬味は別の小皿で添えてもよい。

●保存ヒント

根と葉茎に分け、別々に紙とポリ袋で包み、冷蔵庫で保存する。使いかけの根は、切り口から水分が抜けないようにラップを密着させて同様にして冷蔵し、早く使いきる。

カブの地方品種

多彩な色や形、大きさのオンパレード！

日野菜《ひのな》カブ

滋賀県日野町在来の長さ25cm、太さ2～3cmの細長いカブで、葉と地上に出た根の⅓位の部分が紫紅色、地下部は白色とコントラストが美しい。塩漬け、ぬか漬けにするとおいしい。

樋ノ口《ひのくち》コカブ

千葉県松戸市周辺で栽培されていた金町コカブ系の腰高のコカブ。浅漬け、汁の具などに利用される。

近江万木《おうみゆるぎ》カブ

万木カブは、滋賀県高島郡安曇川町西万木地方在来の赤カブで鮮やかな紅色に着色し、肉質が柔らかく、漬け物に最適である。写真は万木カブの改良種、近江万木カブ。

聖護院《しょうごいん》カブ

京都市左京区聖護院で栽培が始まった。重さ1～1.5kgになる日本最大の丸カブ。「千枚漬け」の材料として利用されている。

寄居《よりい》カブ

新潟市寄居町で栽培されてきた扁円型の丸カブで、色は白色、漬け物や煮物に向く。葉やとう立ちした茎も柔らかいので利用できるのが特徴である。

大《おお》野《の》紅《べに》カブ

北海道道南地方で栽培されてきた直径10cm、扁円型の鮮赤色の丸カブである。つくりやすく浅漬け、ぬか漬けに最適である。

津田カブ

島根県松江市津田地区で栽培されてきた太さ5〜6cm、長さ20cm、牛の角に似た形のカブである。地上部は紫紅色で、地下部は白色。肉質は緻密で漬け物、煮物でも甘味があり、おいしい。

木曽紅カブ

信州開田村で育まれた扁円形の丸カブで、紫紅色に着色している。開田カブともいわれ、乳酸発酵を利用したすぐき漬け（すんき漬け）に利用される。

金沢青カブ

金沢の代表的な正月料理「かぶら寿司」の原料で、かぶら寿司に挟む寒ブリとの相性も抜群である。直径が10cm、青首の丸型の大カブで、甘味と香りが強い。

温海《あつみ》カブ

山形県温海町一霞地区を中心につくられている丸型の赤カブで、現在も焼畑農法で栽培が続けられている。甘酢漬けでカブの赤い色素が白色の果肉に鮮やかに染まり、漬け上がりが美しい。

紫色の色素アントシアニンを豊富に含むイモ！

種《たね》子《が》島《しま》紫《むらさき》イモ

日本で最初にサツマイモが栽培された種子島には古くから紫イモの品種がある。紫イモは、サツマイモの栄養価に、さらに紫色の色素アントシアニンが加わった健康野菜である。色素をお菓子や加工用に利用する品種が多く、甘味も少ないのであるが、改良された「種子島紫イモ」は、甘味もあり、青果用（蒸かしイモ、焼き芋など）としてもおいしい品種である。苗の植えつけは、5月中旬以降、マルチをして地温を上げてから植えるとよい。サツマイモの花は、本州では主要な品種ではほとんど見ることができないが、本品種は、アサガオにそっくりのピンク色の可愛い花を開花させた。

科名：ヒルガオ科
利用部位：塊根
難易度：中
日照の条件：日当たり良
連作障害：少ないが1年あける
栽培地域：日本全国
必要な広さ：畝幅60～70cm
株間30～40cm

病害虫防除：
黒斑病（種イモの温湯消毒）
ネコブセンチュウ（輪作する）
ハスモンヨトウ（BT水和剤）

お薦め品種：
紫イモの品種としては、パープルスイートロード、種子島紫（白皮）など

栽培一口ポイント
- 植えつけは、5月中旬頃、マルチ栽培をすると除草の心配がない。
- 畝をできるだけ高く盛り上げ、イモの生育を助ける。
- 窒素肥料は控えめに、つるぼけを防止する。

栽培カレンダー

1	2	3	4	5	6	7	8	9	10	11	12月
				植えつけ							
					除草・土寄せ						
										収穫	

1 土づくり
植えつけの1週間前までに

①植えつけの2週間前までに苦土石灰100g/㎡を散布し、よく耕す。
②1週間前に畝幅60cmとし、堆肥1kg/㎡、化成肥料20g/㎡、草木灰100g/㎡を施してよく耕す。
③ひもの両側から高さ30cm位土を盛り上げ、高畝を立てる。

2 植えつけ
5月中旬から6月中旬

節間がつまって茎が太くしっかりした苗を選ぶ。
①株間30cmとし、水平植えで苗は3～4節までを土に埋める。
②植えつけ後、たっぷり水やりし、乾燥に注意する。

3 土寄せ
植えつけの3週間後

植えつけから3週間後、つるが伸び、畝に雑草が出始めたら、畝の両側から中耕を兼ねて土寄せする。

4 つる返し
植えつけの2ヵ月後

植えつけから2ヵ月後、つるが畝全体を覆ってきたら、隣の野菜に被害を及ぼすことがあるので、他の畝に侵入したつるを裏返しにして、株の侵入を防ぐ、つる返しをする。

5 収穫
10月中旬以降

収穫は、10月中旬以降、サツマイモのつるがやや黄変してきた頃から降霜前に行う。
①サツマイモのつるを、草刈鎌で株元から切る。
②畝の片側にスコップを入れ、イモを傷つけないように丁寧に掘る。

③収穫した種子島紫イモの断面。アントシアニンの色素が集積し、鮮やかな紫色になっている。植物のこのような色素は健康によいとされ、注目されている。

鳴戸《なると》金時《きんとき》

肉質は粉質でほくほくしていて、非常に食味がよいことで知られている品種。もともとは、高系14号という人気品種に由来する系統で、サツマイモの中で最高級とされる人気品種である。特に、徳島県、鳴戸の砂地の土で作られる鳴戸金時はとてもおいしいことで有名である。

とれたて野菜レシピ

●料理ヒント＆効能

甘味があっさりとし、そのままでは少々物足りない味。水分が多く、食感はねっとりしている。蒸しイモ、焼きイモ、てんぷらなどの他、淡白な甘味と色を生かし、蒸して裏ごししたものをゼリーや寒天で寄せたり、アイスクリーム、プリン、スポンジ、パンなどの生地に混ぜて使うとよい。

栄養成分は普通のサツマイモに準ずると思われる。紫色の成分はアントシアニン（ポリフェノールの一種）で、老化やガンなどを予防する抗酸化作用が期待できる。

紫イモの水羊羹

蒸して裏ごしし、寒天で寄せた水羊羹。甘味が上品で、さっぱりした味わい。色が染みになるので、食べるときは気をつける。

材料（15㎝角流し缶1個分）
種子島紫イモ2本（正味300g）　粉寒天5g　水500mℓ　砂糖60〜70g（イモの甘味で加減する）

作り方
①種子島紫イモは蒸気の立った蒸し器に入れ、串が楽に通るまで中火で約25分蒸す。粗熱を取り、皮をむき、裏ごしする。
②鍋に粉寒天を入れ、分量の水を加えて混ぜ、中火にかける。煮立ったら2〜3分煮てから砂糖を入れて溶かし、火を止める。
③②に①を入れてよく混ぜ合わせ、内側を水でぬらした流し缶に流し込む。室温まで冷めたら冷蔵庫で冷やして固める。
④流し缶の中敷きごと取り出し、好みの型で抜く。あるいは切り分けてもよい。寒天から水分が分離するので、賞味期間は1〜2日。

●保存ヒント

普通のサツマイモと同様に、天気のよい日に掘り出し、土をはらい落として乾かし、ダンボール箱に入れて冷暗所で保存する。

寒冷地と暖地の栽培カレンダー

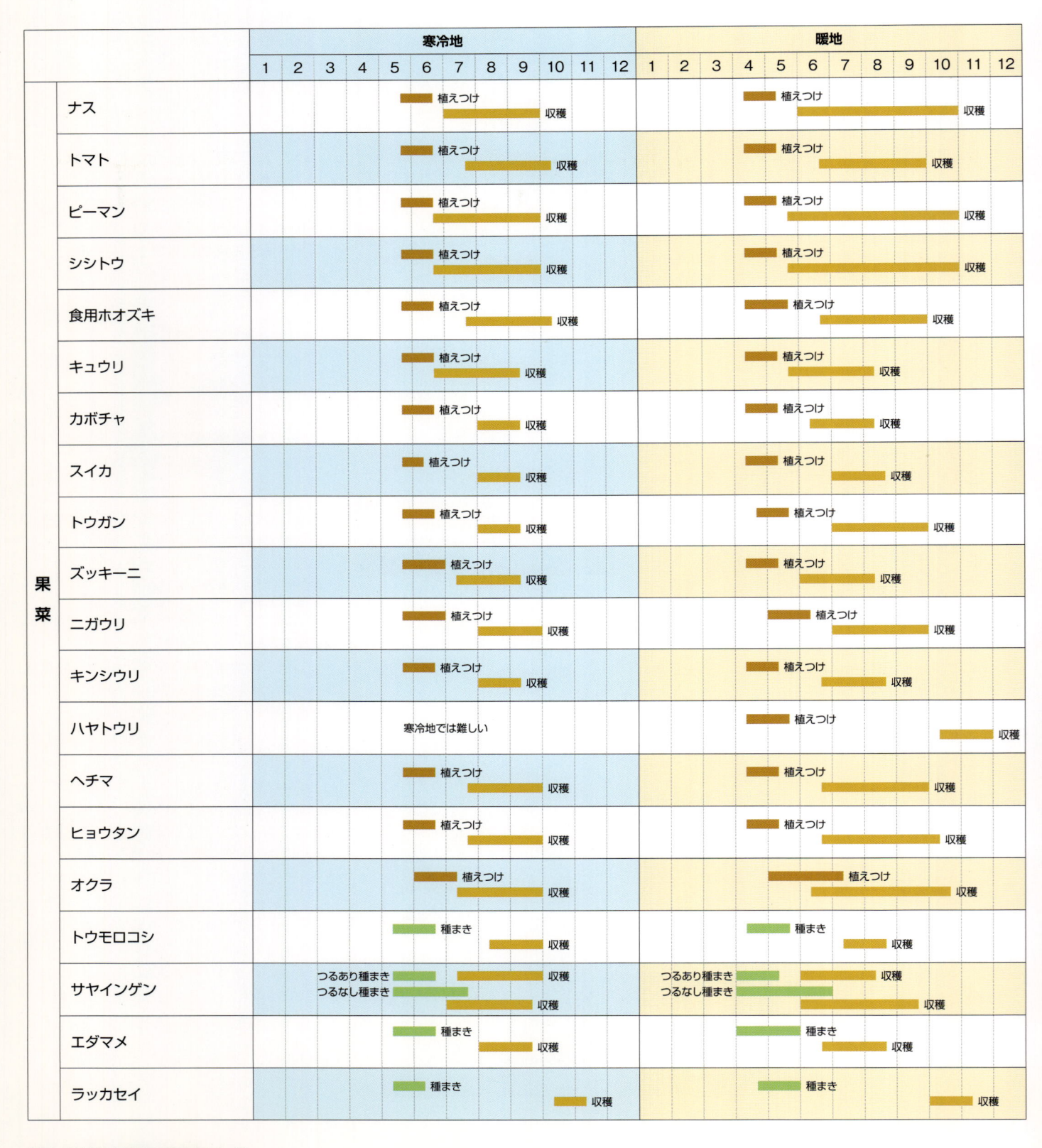

		寒冷地												暖地											
		1	2	3	4	5	6	7	8	9	10	11	12	1	2	3	4	5	6	7	8	9	10	11	12
果菜	ナス						植えつけ				収穫							植えつけ						収穫	
	トマト						植えつけ				収穫							植えつけ					収穫		
	ピーマン						植えつけ				収穫							植えつけ						収穫	
	シシトウ						植えつけ				収穫							植えつけ						収穫	
	食用ホオズキ						植えつけ				収穫							植えつけ					収穫		
	キュウリ						植えつけ			収穫								植えつけ			収穫				
	カボチャ						植えつけ			収穫								植えつけ			収穫				
	スイカ						植えつけ			収穫								植えつけ			収穫				
	トウガン						植えつけ			収穫								植えつけ					収穫		
	ズッキーニ							植えつけ		収穫								植えつけ			収穫				
	ニガウリ							植えつけ			収穫							植えつけ					収穫		
	キンシウリ						植えつけ			収穫								植えつけ			収穫				
	ハヤトウリ					寒冷地では難しい												植えつけ							収穫
	ヘチマ						植えつけ				収穫							植えつけ					収穫		
	ヒョウタン						植えつけ				収穫							植えつけ					収穫		
	オクラ							植えつけ			収穫									植えつけ			収穫		
	トウモロコシ						種まき				収穫							種まき			収穫				
	サヤインゲン			つるあり種まき つるなし種まき						収穫	収穫			つるあり種まき つるなし種まき							収穫	収穫			
	エダマメ						種まき			収穫									種まき		収穫				
	ラッカセイ						種まき					収穫							種まき					収穫	

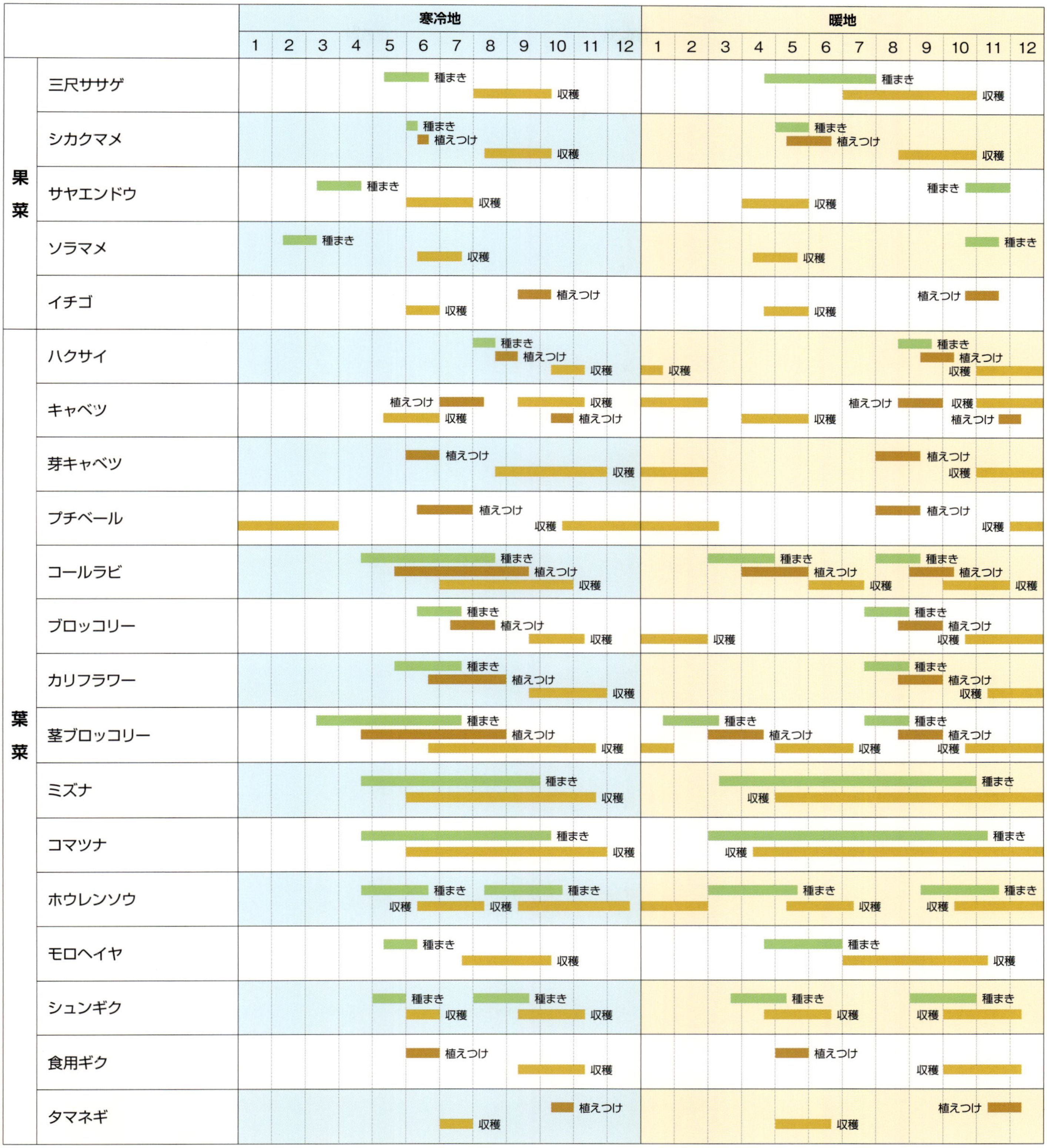
寒冷地
暖地
1 2 3 4 5 6 7 8 9 10 11 12
果菜
三尺ササゲ
シカクマメ
サヤエンドウ
ソラマメ
イチゴ
葉菜
ハクサイ
キャベツ
芽キャベツ
プチベール
コールラビ
ブロッコリー
カリフラワー
茎ブロッコリー
ミズナ
コマツナ
ホウレンソウ
モロヘイヤ
シュンギク
食用ギク
タマネギ
種まき
植えつけ
収穫

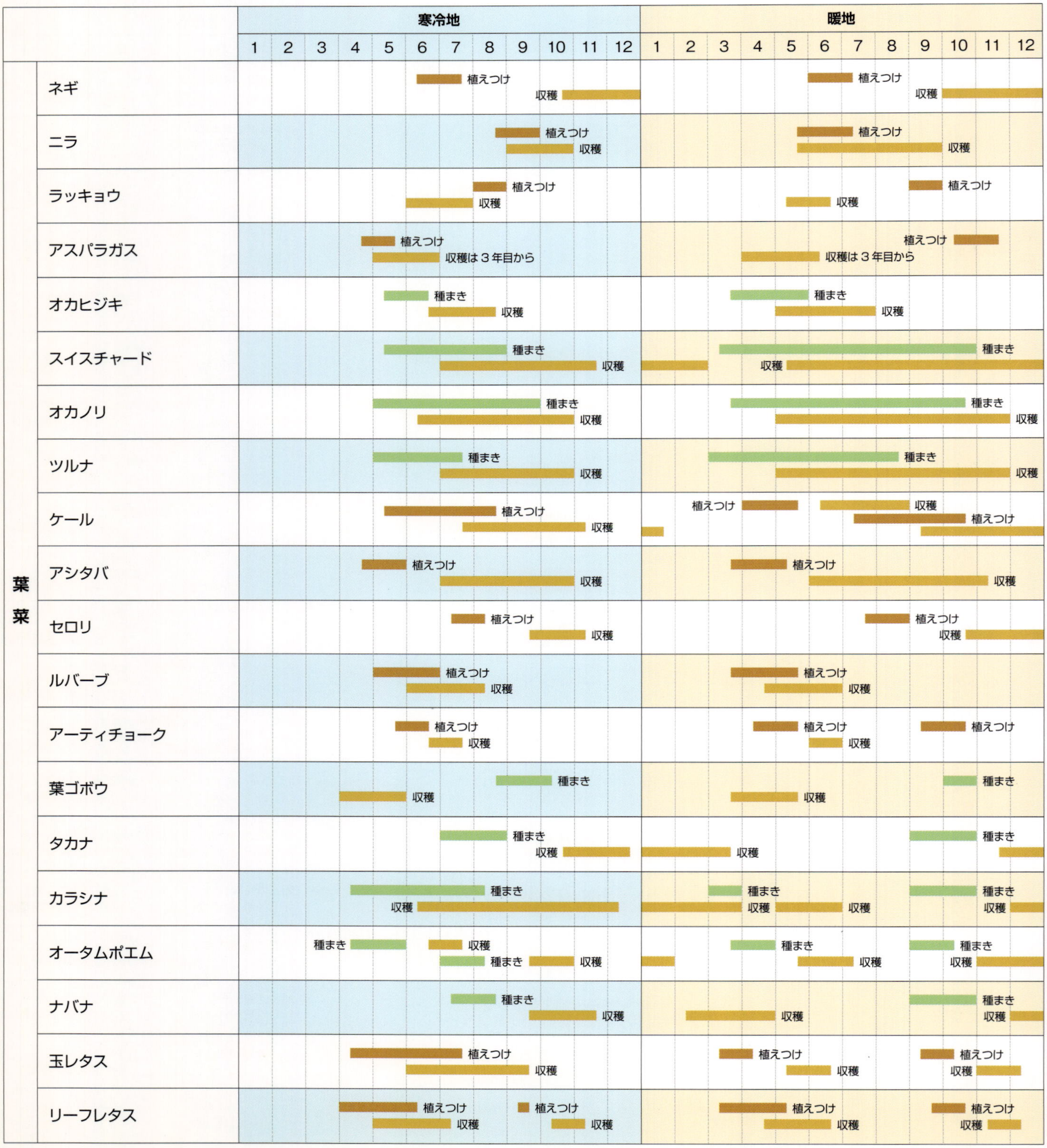
寒冷地
暖地
1 2 3 4 5 6 7 8 9 10 11 12
1 2 3 4 5 6 7 8 9 10 11 12
葉菜
ネギ
植えつけ
収穫
ニラ
植えつけ
収穫
ラッキョウ
植えつけ
収穫
アスパラガス
植えつけ
収穫は３年目から
オカヒジキ
種まき
収穫
スイスチャード
種まき
収穫
オカノリ
種まき
収穫
ツルナ
種まき
収穫
ケール
植えつけ
収穫
アシタバ
植えつけ
収穫
セロリ
植えつけ
収穫
ルバーブ
植えつけ
収穫
アーティチョーク
植えつけ
収穫
葉ゴボウ
種まき
収穫
タカナ
種まき
収穫
カラシナ
種まき
収穫
オータムポエム
種まき
収穫
ナバナ
種まき
収穫
玉レタス
植えつけ
収穫
リーフレタス
植えつけ
収穫

寒冷地
暖地
1 2 3 4 5 6 7 8 9 10 11 12
1 2 3 4 5 6 7 8 9 10 11 12
葉菜
チマサンチュ
植えつけ 収穫 植えつけ 収穫 植えつけ 収穫
サラダナ
植えつけ 収穫 植えつけ 収穫 植えつけ 収穫
コスレタス
植えつけ 収穫 植えつけ 収穫 植えつけ 収穫 植えつけ 収穫
山クラゲ
植えつけ 収穫 植えつけ 収穫 植えつけ 収穫
エンダイブ
植えつけ 収穫 植えつけ 収穫 植えつけ 収穫
トレビス
植えつけ 収穫 植えつけ 収穫 植えつけ 収穫
ベビーリーフ
種まき 収穫 種まき 収穫
根菜
ダイコン
種まき 収穫 種まき 収穫 種まき 収穫 種まき 収穫
コカブ
種まき 収穫 種まき 収穫 種まき 収穫 種まき 収穫
ラディッシュ
種まき 収穫 種まき 収穫 種まき 収穫 種まき 収穫
ニンジン
種まき 収穫 種まき 収穫 収穫 種まき 収穫
ミニゴボウ
種まき 収穫 種まき 収穫
テーブルビート
種まき 収穫 種まき 収穫 種まき 収穫 種まき 収穫
ジャガイモ
植えつけ 収穫 植えつけ 収穫 植えつけ 収穫
サツマイモ
植えつけ 収穫 植えつけ 収穫
サトイモ
植えつけ 収穫 植えつけ 収穫
ヤーコン
植えつけ 収穫 植えつけ 収穫
キクイモ
植えつけ 収穫 植えつけ 収穫
アピオス
植えつけ 収穫 植えつけ 収穫
チョロギ
植えつけ 収穫 植えつけ 収穫

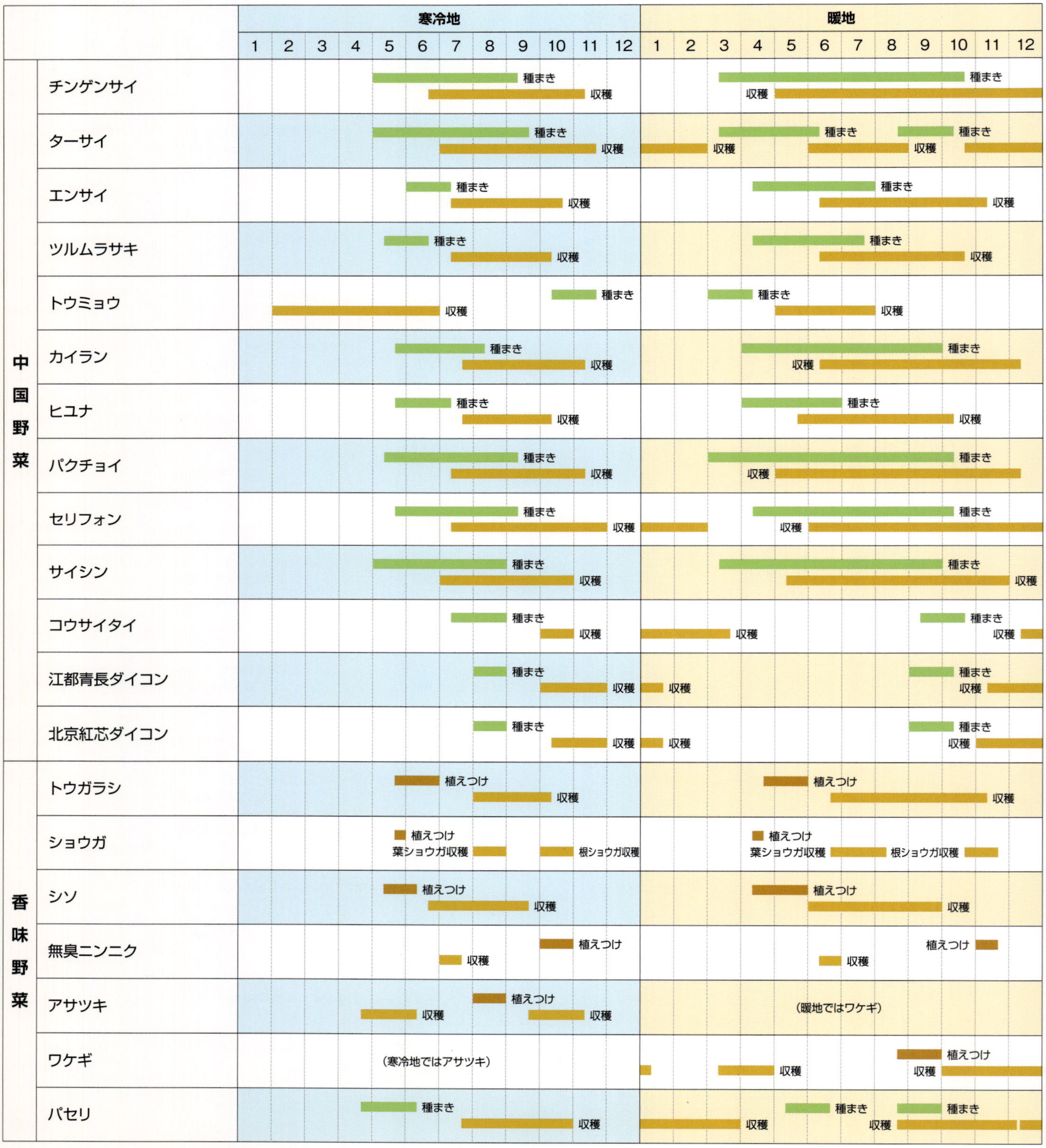
寒冷地
暖地
1 2 3 4 5 6 7 8 9 10 11 12
中国野菜
チンゲンサイ
ターサイ
エンサイ
ツルムラサキ
トウミョウ
カイラン
ヒユナ
パクチョイ
セリフォン
サイシン
コウサイタイ
江都青長ダイコン
北京紅芯ダイコン
香味野菜
トウガラシ
ショウガ
シソ
無臭ニンニク
アサツキ
ワケギ
パセリ
種まき
収穫
植えつけ
葉ショウガ収穫
根ショウガ収穫
（寒冷地ではアサツキ）
（暖地ではワケギ）

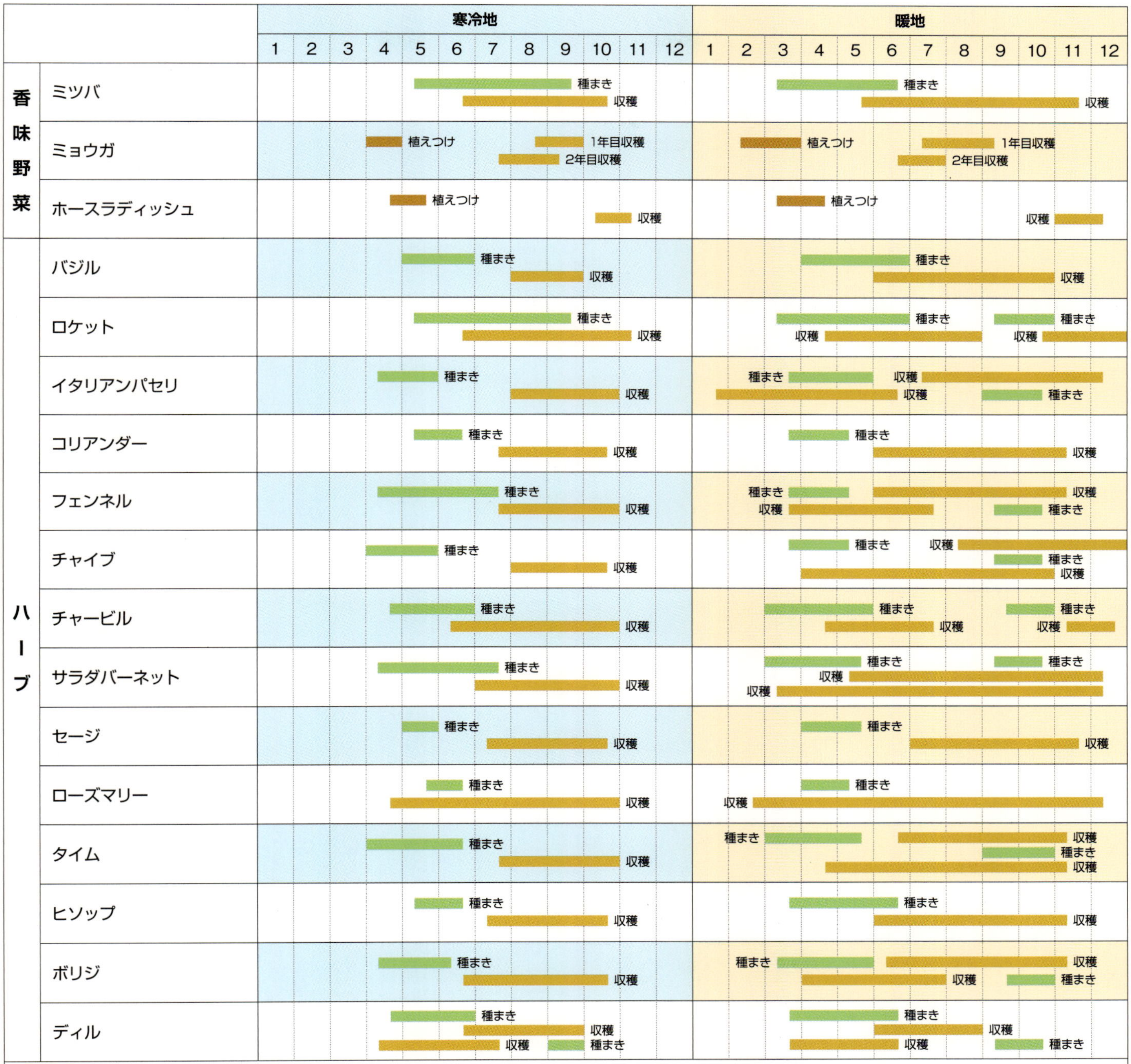

・日本は南北に長く、年間の平均気温も地域によって異なっている。そのため、野菜の栽培時期も北海道・東北・北陸などの寒冷地、関東・関西・中国地方などの中間地、四国、九州、沖縄などの暖地で異なっているのが実情である。
・本文中の栽培カレンダーは、中間地での露地栽培における各種野菜の種まきおよび植えつけ時期、収穫時期、主な管理作業時期などについて記している。
・寒冷地・暖地の場合、栽培カレンダーの作業時期は目安とし、あくまでも各地域毎の気候条件に合った作業暦に従って栽培する。
・地方野菜の寒暖カレンダーについては、原則同じ種類の野菜に準じる。ただし、金時草とトンブリについては、寒冷地では種まき・植えつけの時期を中間地より1ヵ月ほど遅らせ、暖地では半月ほど早める工夫が必要である。

春から夏の
ベジタブルガーデン

家庭菜園には2つの楽しみ方がある。1つは、いわゆる畑で汗を流して畝をつくり、色々な野菜を栽培し、収穫物を調理して食卓を囲んで楽しむ「台所直結菜園」。もう1つは花壇のような菜園をつくり、そのデザイン性を楽しみつつ、手入れをして、収穫物をおしゃれに楽しむベジタブルガーデンである。ベジタブルガーデンは、文字通り野菜を中心に果樹やハーブ、草花を組み合わせて植栽する「装飾菜園」である。単なる野菜畑ではなく、ガーデンの周囲を枕木や板、レンガで囲ったり、管理用の小道をレンガなどで美しくつくり、眺めて楽しめるように野菜の葉、花、実の色、形などを巧みに組み合わせ、調和のとれたデザインにすることがポイントである。ベジタブルガーデンは、普段はあまり見向きもしない野菜の葉の微妙な色合いや形、意外にも艶やかな野菜の花を再認識させてくれる。5月上旬、都心の住宅地の一角に「春から夏のベジタブルガーデン」をつくった。6月になりガーデンは色とりどりの野菜たちで「七色の虹」のように賑やかになり、7月、真っ赤なミニトマト、鮮緑色のキュウリ、赤オクラなどの収穫が始まった。かごに盛ったカラフルな収穫物を眺めながら、私はこのガーデンを「レインボーガーデン」と名づけた。

5月10日

ガーデン全体に苦土石灰100〜150g/㎡を散布し、よく耕す。

ガーデン全体に堆肥2kg/㎡、化成肥料100g/㎡を施し、よく耕す。

設計図に則り、枕木を設置する。

対称的に1m四方に枕木でレイズドベッドを設置する。

キュウリとミニトマト用の支柱を立て、上部を固定させる。

ニガウリ用のラティスを立てる。

苗を置いてデザインを確認し、植えつける。

植えつけ後、たっぷり水やりする。

ガーデンのデザインを考えたら、早速土づくりに取り掛かる。用いる苦土石灰、堆肥、化成肥料は畑で使用するものと同じ。畑との違いは、トレリスやラティスなどのガーデニンググッズを駆使し、種まき・植えつけの前からガーデン自体を美しく飾るところにある。今回のデザインの特徴はシンメトリー（対称）である。

5月24日

1 ミニトマト、バジルなどの「ピザ・パスタセット」コーナー。

2 キュウリ、サニーレタスなどの「サラダセット」コーナー。

3 空いているところへ暑さに強い野菜の種をまくために、再びガーデンを耕す。

4 手前にはミニチンゲンサイ、ラディッシュなどの種をまく。

5 種まきは、管理のしやすさと見栄えを考慮し、すじまきにする。

6 青ジソ、ツルムラサキ、つるなしインゲンの苗を植える。

7 キュウリのつるを支柱に誘引する。

最初の苗の植えつけから2週間後の様子。生長の早いキュウリやミニトマトは1週間ごとに支柱に誘引していく。また、ガーデンの空いている所を耕し、暑さに強い葉菜（スイスチャード、ツルムラサキ、シソなど）や赤オクラ、つるなしインゲンなどの種まきや、苗の植えつけを行う。徐々にガーデンが賑やかになってきた。

6月7日

ガーデンの周囲を長さ180cmの板で囲い、デザイン性を強調する。

長さ40cm位の杭を打ち込む。

囲いの板を挟むように杭で留める。

ラディッシュは本葉が1〜2枚になったら、3〜4cm間隔に1本となるように間引く。

間引き後、条間に化成肥料30g/㎡を追肥する。（写真はミズナ、コマツナなど）

追肥後、中耕を兼ねて株元へ軽く土寄せする。（写真はスイスチャード）

植えつけから1ヵ月後、サニーレタス、キュウリが生長し、収穫期を向かえている。

植えつけから1ヵ月が経過し、ガーデンもサニーレタスやキュウリが収穫期を向かえ、同時にガーデンもカラフルになり、野菜やハーブ、株元にはナスタチュームの花が美しく咲いている。ガーデン周囲のハナビシソウなど、ワイルドフラワーとの境界をはっきりさせるためにガーデンの周りを板で囲い、強調させた。

7月1日

7月上旬のガーデンの様子。色とりどりの野菜たちが生長し、七色の虹のようなカラフルなガーデンになった。ミニトマト、ミニカボチャ、ニガウリなどの収穫がいよいよ始まる。

ミニカボチャのプッチーニ。

紫紅色のさやが美しい、赤オクラ。

葉柄の色がガーデンを彩る、スイスチャード。

茎葉が紫色系統の、ツルムラサキ。

真っ赤に熟したミニトマト。

ゆで卵のような白ナス。

長さ15cm位の小型品種のニガウリ。

葉の緑と赤紫のコントラストが美しい、金時草《きんじそう》。

開花前の茎と蕾を収穫する、茎ブロッコリー。

コンテナで育てる

窓をあければ、目の前のベランダに広がる野菜のコンテナガーデン。真っ赤に熟したミニトマト、新鮮でとげが痛いくらいのキュウリ、一口がぶりとかじると口中に甘みがジーンと伝わってくる。「畑や庭がない」、「市民農園の抽選に当たらない」というような場合は、まず、コンテナを使った野菜づくりを始めてみよう！

畑と違って、水やりは毎日欠かさずやる必要があり、土の量も制限されているので十分に育つかどうか不安ではあるが、これほど近くで野菜を観察できることは素晴らしいことである。もう一度窓をあけてみると、ミズナとチンゲンサイがあと少しで収穫できそうだ。ラディッシュも丸々と太ったものから順に収穫できる。コンテナガーデンは、管理の汗を流し、手をかけた分だけ、野菜たちから元気をもらうのです。

ミニトマト

シシトウ

ミズナ

ミニチンゲンサイ

ラディッシュ

ワケギ

ミニトマト

大型のコンテナを利用すれば、トマトやミニトマトも栽培できる。株を支える支柱は、固定できる資材があれば購入し、ない場合は支柱を3本使ってピラミッド上に上部を固定して茎をひもで誘引する。コンテナ栽培でも整枝法は原則1本仕立てで、全てのわき芽を取り、日当たり、風通しを良くする。

栽培一口ポイント	●直径 30cm 深さ 30cm の大型コンテナを使用する。 ●収穫が遅れて雨にあたると、裂果するので注意する。

栽培カレンダー

1	2	3	4	5	6	7	8	9	10	11	12月
			━	━ 植えつけ							
					━	━	━	━ 収穫			

1 植えつけ

①大型コンテナ、軽石、培養土、苗、支柱、移植ゴテ。
②コンテナの底が隠れる位に軽石を入れ、コンテナの上端から2cmのウォータースペースをとり培養土を入れる。植え穴を掘り、苗を植える。
③植えつけ後、株元を軽く手で押さえる。

2 支柱立て・誘引

①植えつけ後、コンテナの縁に支柱を立てる補助具を取り付ける。
②補助具に支柱を立てる。
③地際から10cm位の所で、8の字によりをつくったひもなどで茎を支柱に誘引する。

3 わき芽かき

本葉と茎の付け根から出るわき芽は全て摘み取り、1本仕立てとする。

4 追肥

植えつけ後2週間に1回、株元へ化成肥料5gを追肥し、肥切れさせないようにする。

5 収穫

①6月下旬の生育状態。植えつけ後、45日位で果実が色づき始める。
②真っ赤に熟したものから順に、ハサミなどで収穫する。

シシトウ

コンテナ栽培でも、シシトウガラシの小さな果実が次々にできる様は、見ていて実にうれしいものだ。苗の植えつけから1ヵ月、株が大きく生長する頃から収穫が始まる。主枝と側枝2本の3本仕立てとし、それ以外のわき芽は全て摘み取る。目標収量は、40〜50個が目安である。

栽培一口ポイント
- 株を疲れさせないように、若どりを心がける。
- 追肥は2週間に1回行い、肥料切れさせないように注意する。

栽培カレンダー

	1	2	3	4	5	6	7	8	9	10	11	12月
植えつけ				━	━	植えつけ						
収穫					━	━	━	━	━	収穫		

1 植えつけ

①大型コンテナ、軽石、培養土、苗、支柱、移植ゴテ。
②コンテナの底が隠れる位に軽石を入れ、コンテナの上端から2cmのウォータースペースをとり培養土を入れる。植え穴を掘り、苗を植える。
③植えつけ後、株元を軽く手で押さえる。

2 支柱立て・誘引

①植えつけ後、コンテナの縁に支柱を立てる補助具を取り付ける。補助具に支柱を立てる。
②地際から10cm位の所にひもで8の字のよりをつくる。
③茎にかけたひもを支柱に誘引する。

3 わき芽かき

主枝と側枝2本の3本仕立てとし、それ以外のわき芽は全て摘み取る。

4 追肥

植えつけ後2週間に1回、株元へ化成肥料5gを追肥し、肥切れさせないようにする。

5 収穫

①5月下旬の生育状態。植えつけから1ヵ月位で収穫時期を迎える。
②長さが5〜6cmになったものからハサミなどで収穫する。

ミズナ

25〜30cm程度で収穫する小株どり品種なら、コンテナで十分栽培できる。条間を10〜15cmとし、2条まきすると収量も増える。順調な生育を促すために、種まきから2週間目を目途に追肥を行う。標準サイズのコンテナ（土の量が14ℓ程度）で、800g〜1kgの収穫をねらう。

栽培一口ポイント
- 草丈25〜30cmの子株どりの品種を選ぶ。
- 寒冷紗によるネット栽培で害虫の被害を軽減する。

栽培カレンダー

1	2	3	4	5	6	7	8	9	10	11	12月
					種まき					種まき	
							収穫	収穫			

1 種まき

①標準コンテナ、軽石、培養土、種、棒、移植ゴテ。
②コンテナに軽石を敷き、培養土を入れる（ウォータースペース2cm）。棒で、条間10cm、深さ1cmのまき溝を2列つくる。
③1cm間隔に種をまき、覆土後たっぷり水やりする。

2 間引き・土寄せ

①種まきから7〜10日後、双葉が展開して本葉が1枚の頃。
②双葉の形が悪いもの、病虫害にあっているなど、生育不良のものを間引き、3〜4cm間隔に1本となるようにする。
③間引き後、株元へ軽く土寄せして株を安定させる。

3 追肥・土寄せ

①種まきから17〜20日後、草丈が10cm位になった頃。
②条間に化成肥料10gを追肥し、株元へ軽く土寄せする。

4 収穫

①種まきから30日後の生育状況。草丈が25〜30cm位になった頃が、収穫適期。
②株の地際からハサミで収穫する。
③収穫したミズナ。サラダにも利用できる。

ミニチンゲンサイ

ミニチンゲンサイは、まさにコンテナ栽培向きの品種といえる。種まきから収穫まで25～30日と短期間で、しかも、草丈10～15cm 位のミニサイズで収穫でき、暑さ寒さにも比較的強く、4～11月まで栽培できる。寒冷紗などでアオムシ、コナガによる被害を防除することで、収量も増える。

栽培一口ポイント
- 害虫の多くなる夏場は寒冷紗で覆って栽培すると効果的。
- 早春の早まきはとう立ちの危険性があるので注意する。

栽培カレンダー

1	2	3	4	5	6	7	8	9	10	11	12月
										種まき	
											収穫

1 種まき

①標準コンテナ、軽石、培養土、種、棒、移植ゴテ。
②コンテナに軽石を敷き、培養土を入れる（ウォータースペース2cm）。棒で、条間10cm 深さ1cm のまき溝を2列つくる。
③種を1cm 間隔にまき、覆土後たっぷり水やりする。

2 間引き・土寄せ

①種まきから7～10日後、双葉が展開した頃。
②双葉の形が悪いもの、病虫害にあっているものなど、生育不良のものを間引き、4～5cm 間隔に1本となるようにする。
③間引き後、株元へ軽く土寄せして株を安定させる。

3 追肥・土寄せ

①種まきから17～20日後、草丈が10cm になった頃。
②条間に化成肥料10g を追肥し、株元へ軽く土寄せする。

4 収穫

①種まきから25～30日後、草丈が10cm になった頃が収穫適期。
②株の地際からハサミで収穫する。
③収穫したミニチンゲンサイ。普通のチンゲンサイより小ぶりなので切らずに調理が可能。

ラディッシュ

ハツカダイコンの名の通り、種まきから1ヵ月足らずで収穫でき、栽培も容易で、コンテナガーデンに好適である。発芽し、子葉が展開した頃に3～4cm 間隔に間引きをすることが根を丸々と太らせるポイントで（夏期はもっと広めの間隔に間引く）、間引きの遅れは徒長の原因となるため、注意する。

栽培一口ポイント	●株間を3～4cmとし、根の肥大を助ける。 ●水のやりすぎに注意する。多湿条件では生育不良となる。

栽培カレンダー

1	2	3	4	5	6	7	8	9	10	11	12月
		━	━	━	種まき			━	━	種まき	
			━	━	━	収穫			━	━	収穫

1 種まき

①標準コンテナ、軽石、培養土、種、棒、移植ゴテ。
②コンテナに軽石を敷き、培養土を入れる（ウォータースペース2cm)。棒で、条間10cm 深さ1cm のまき溝を2列つくる。
③1cm 間隔に種をまき、覆土後たっぷり水やりする。

2 間引き・土寄せ

①種まきから7～10日後、双葉が展開した頃。
②双葉の形が悪いもの、病虫害にあっているものなど、生育不良のものを間引き、4～5cm 間隔に1本となるようにする。
③間引き後、株元に軽く土寄せして、株を安定させる。

3 追肥・土寄せ

①種まきから17～20日後、草丈が10cm になった頃。
②条間に化成肥料10g を追肥し、株元へ軽く土寄せする。

4 収穫

①種まきから30日後の生育状況。適期まきでは種まきから25～30日で収穫できる。
②根の直径が2～3cm に肥大したものから順に収穫する。
③収穫したラディッシュ。鮮紅色が美しい。

ワケギ

ベランダでワケギなどの薬味野菜を育てておけば、まさに台所直結、実に重宝である。ワケギは分葱、1ヵ所に2球ずつ種球を植えれば、1ヵ月でコンテナは茂ったワケギで埋め尽くされる。収穫してはお礼肥え、そしてひと月もすると再び生長し、また収穫。うどんやそば、鍋物などの薬味としてとても便利な野菜である。

栽培一口ポイント	●株間を15cmとり、1ヵ所に2球植えとする。 ●草丈が 20cm になった頃、地際から 3 ～ 4cm を残して順次、収穫する。

栽培カレンダー

1 植えつけ

①標準コンテナ、軽石、培養土、種球、移植ゴテ。
②コンテナに軽石を敷き、培養土を入れる(ウォータースペース2cm)。条間10cm、株間15cm で 1 ヵ所に 2 球ずつ植える。
③植えつけの深さは種球の先端が土から少しでる位が目安。

2 発芽

①萌芽《ほうが》は植えつけから、5～7日で開始する。
②10～14日後には草丈が3～4cm になる。

3 追肥・土寄せ

草丈が10cm になった頃、コンテナ全体に化成肥料10g を追肥し、株元へ軽く土寄せする。

4 収穫

①草丈が20～25cm になった頃が収穫適期。地際から3～4cm を残してハサミで収穫する。
②切り取った株元に化成肥料ひとつまみを追肥し、再生を促す。
③収穫したワケギ。薬味などに利用する。

野菜づくりの
基礎知識

菜園の栽培計画

野菜作りの魅力の一つは、作付けのプラン作りにある。菜園をデザインするということは、夢を描くことだからだ。野菜栽培の夢を実現するプランは、鉄則「輪作」を遵守することは大前提だが、個々の野菜の栽培期間、栽培時期などの知識をフル活用して計画しなければならない。大変だが、面白いのである。

栽培計画のポイント（1）：「連作を避け、輪作を」

同じ場所に同じ科の野菜を連続して作ることを「連作」といい、連作すると連作障害（害虫や土壌病害の被害）が多発する。したがって、ナス科（ナス、トマト、ピーマンなど）、ウリ科（キュウリ、スイカ、メロンなど）、マメ科（エダマメ、インゲンなど）同士などの連作は避ける。葉菜類では、アブラナ科の連作による根コブ病が大敵である。連作障害を防ぐ第一の方法は、野菜の種類を次々に替えて栽培する輪作である。

栽培計画のポイント（2）：「畑を５つに区分けする」

野菜の休栽年限は４～５年、畑を５分割すると、たいていの連作障害は回避できる。５区画を有効に使って、野菜のローテーションを実行する。

栽培計画のポイント（3）：「栽培技術の活用」

堆肥などの有機物の多投、土壌 pH の調整、接木や抵抗性品種の導入などが栽培成功のポイントである。

栽培計画 モデルプラン（30㎡）

畑を１～５区に区画したモデルプランを紹介する。まず、30㎡（5m × 6m）の畑の場合、1.2m ずつ５区画（A～E 区）に分ける。各区画には 1m 幅の畝を作る。栽培する種類と株数、作業の時期を参考に記した。

春―夏

A 区は２つに分け、３月上旬にジャガイモ２品種（ダンシャク、キタアカリ）をまず植えつけ、４月下旬～５月上旬にトマト、ミニトマト、ナス、ピーマンを各２株ずつ残りの場所に植える。B 区には、４月下旬にキュウリ４株、５月中旬にニガウリ４株、ズッキーニ３株を植える。C 区には、５月上旬につるなしインゲン６株、エダマメ 10 株、トウモロコシ 12 株の種まき（点まき）をする。D 区には、５月中旬に、モロヘイヤ６株、オクラ４株、エンサイ６株を植え、さらに、オカヒジキとヒユナを各々２条まきする。E 区には、４月中にサトイモ６株とショウガ８株を植える。また、５月上旬に青シソ４株を植え、ミツバの種まき（３条まき）を行う。

＊畑の周囲には、マリーゴールドを植栽し、センチュウ回避をねらう。また畑の彩りとして美しくなる。

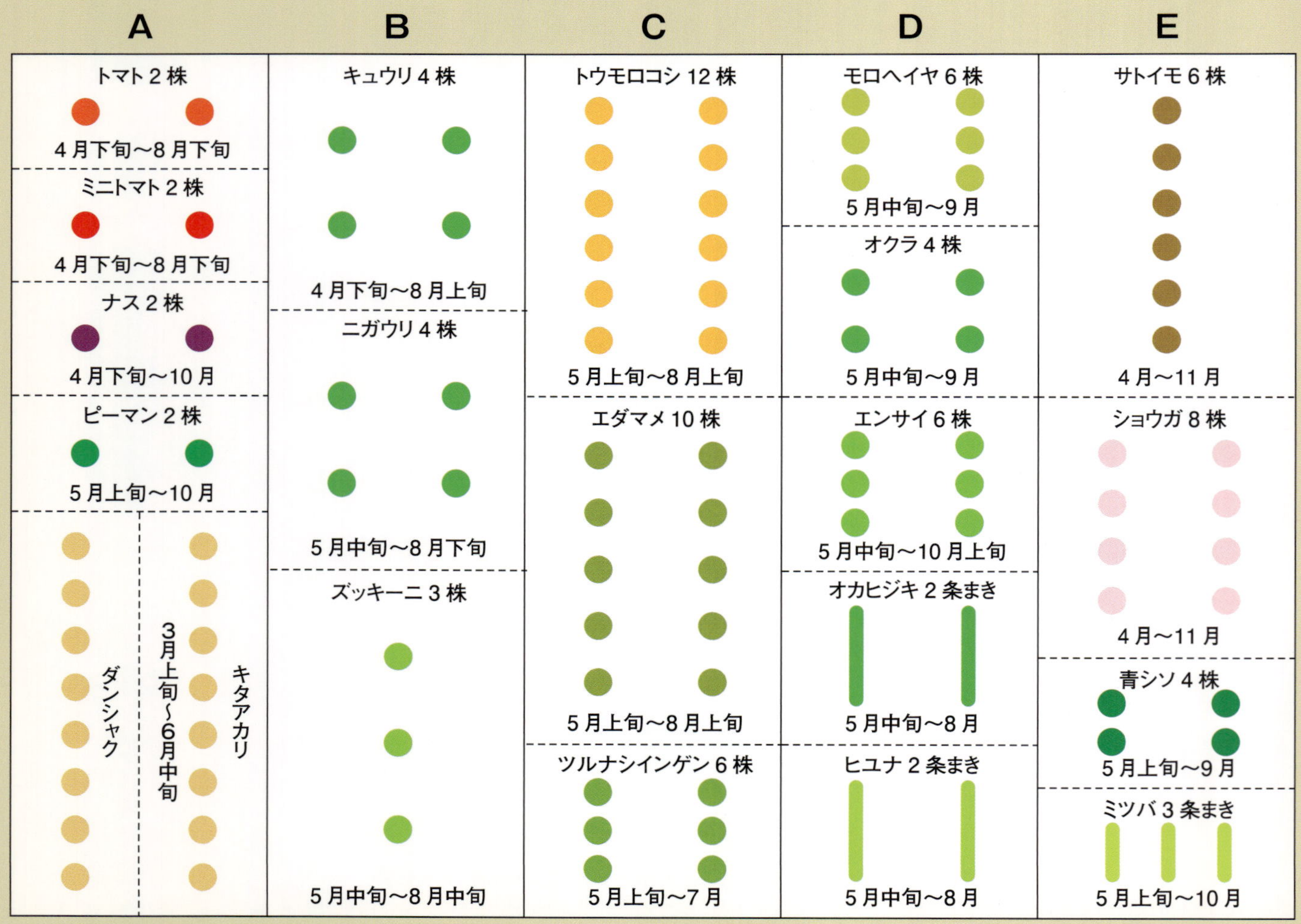

野菜の主な連作障害

野菜名	連作障害
キュウリ、スイカ、メロン	つる割れ病、ネコブセンチュウ
トマト	青枯れ病、萎凋病
ナス	青枯れ病、半身萎凋病
ピーマン	立枯性疫病、青枯れ病、ネコブセンチュウ
エンドウ	立ち枯れ病
コマツナ、ハクサイ、キャベツ	根コブ病

連作障害のでにくい野菜と休栽年限

連作害の少ないもの	カボチャ、スイートコーン、タマネギ、サツマイモ、ニンジンなど
1年間は輪作が必要なもの	ホウレンソウ、シュンギク、レタス、セロリ、ミツバ、ショウガなど
2年間は輪作が必要なもの	キュウリ、インゲン、ジャガイモ、キャベツ、ハクサイ、エダマメなど
3〜4年間は輪作が必要なもの	サトイモ、ソラマメ、ピーマン、ナス、トマトなど
5年間は輪作が必要なもの	スイカ、エンドウ、ゴボウなど

秋—冬

A区のジャガイモは、6月中旬には収穫を終え、6月下旬にニンジンを3条まき、7月に長ネギを20本植えつける。トマト、ミニトマトは8月下旬に片付け、ダイコンを8株種まきする。B区には、9月中旬にハクサイの早生品種6株、中生品種4株、9月上旬にキャベツ4株、ブロッコリー4株を植える。C区は、長さ5mの畝を1m毎に区切り、各々に、9月上旬にワケギを3条で植え、9月中旬に、サニーレタス6株、レタス6株を植えて、さらに、ホウレンソウとシュンギクを各々3条まきする。D区は、モロヘイヤ、オクラ、エンサイはそのまま栽培を続け、オカヒジキ、ヒユナの後にはスイスチャードとラディッシュを3条まきする。E区は、春夏作の収穫が始まる。収穫終了後の11月下旬にタマネギの早生品種を植えることもできる。

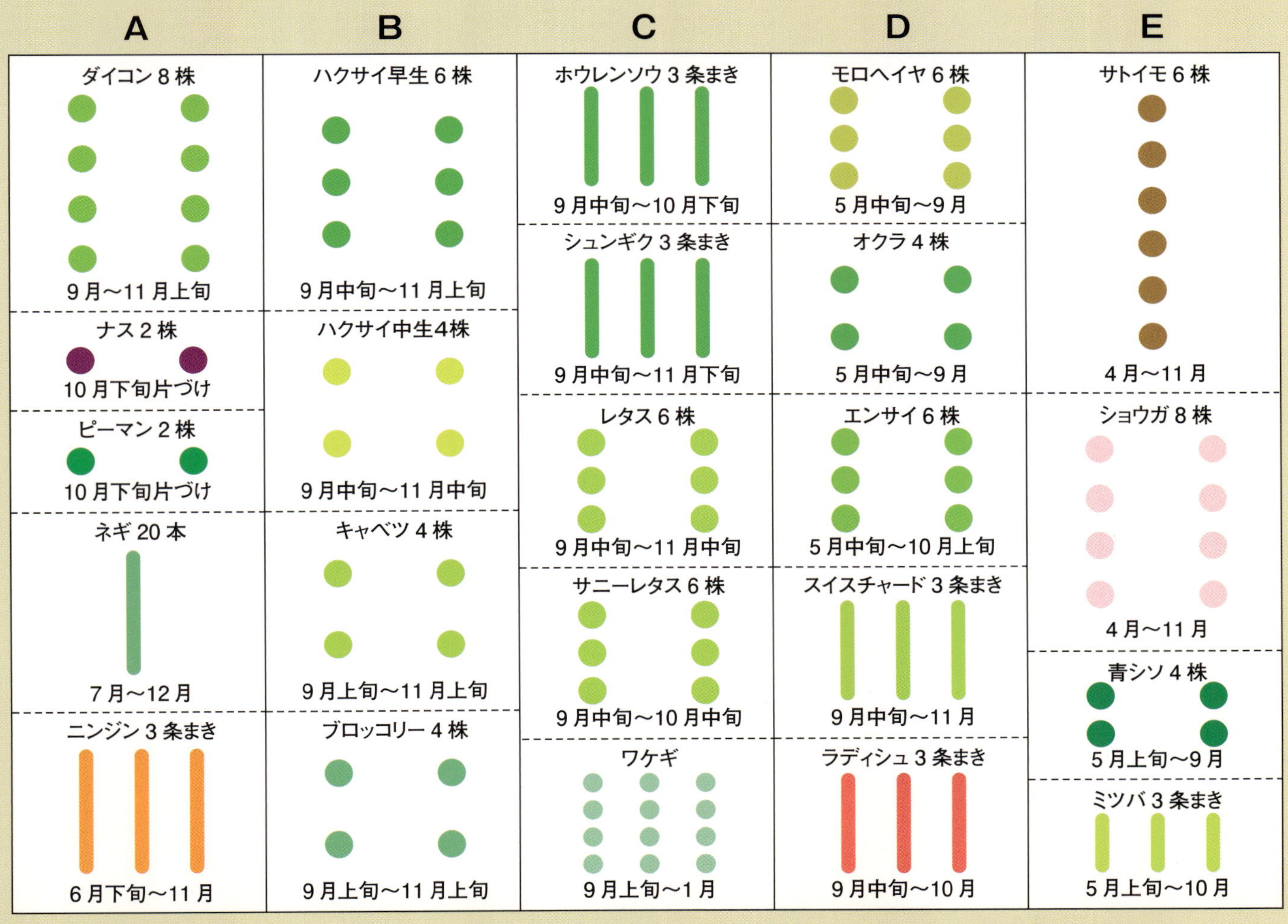

土の診断

野菜を育てる畑の土の状態をしっかり分析し、把握することは野菜づくりの基本である。まず畑の土をチェックし、土の診断を行う。チェックするのは4項目、「土質」「土層」「水はけ」「土壌酸度」である。土質チェックは、畑の土が粘土質か砂質か否かを観察する。土層チェックでは、畑の耕土の深さを見る。水はけは野菜栽培にとって重要なポイントなので、雨降り後の畑の乾き具合から判断し、畑の周囲の農家の畝の高さも要チェックである。高畝だと水はけの悪い傾向がある。土壌酸度チェックは、石灰の散布量を決定するので正確に行う。

土質チェック

土に適度な湿り気を与え、強く握り、塊にならない場合は砂質土である。握った塊が指で軽く押して崩れるようであれば、野菜の生育にはよい土と判断される。握った塊を指で押しても崩れなければ、粘質土で水はけの悪い土と判断する。

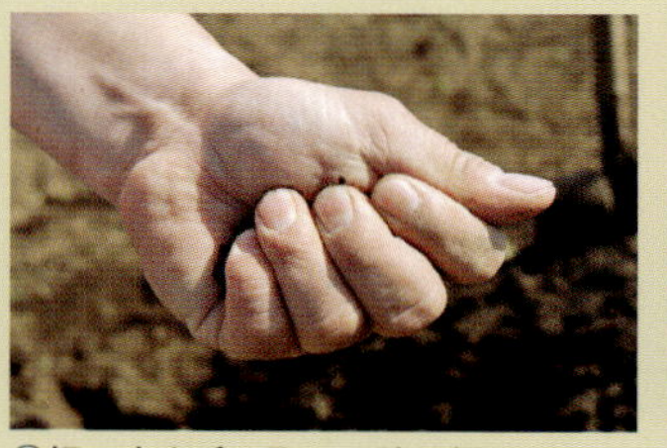

①畑の土を手に取り、強く握る。

②握った土を軽く指で押す。

③塊が崩れるようならよい土である。

土層チェック

畑の土をスコップで掘り、野菜の栽培に適している柔らかい土の層の深さを確認する。柔らかい土の層（耕土、作土層）が 30cm あれば合格。20cm 以下であれば、堅い層（耕盤）の下まで掘りおこし、作土層を増やす作業を行う。

水はけチェック

野菜栽培にとって畑の排水性は極めて大切である。地下水位が高かったり、土質の関係で水はけの悪い畑の場合、野菜が生育不良になる場合が多いので、畑の水はけチェックは大切である。たとえば、雨が上がったあと 2、3 日も水たまりができる場合は水はけが悪い。水はけが悪い場合は高畝にするなどの対策が必要になる。

土の酸度測定

野菜の生育と土の酸度には重要な関係があり、野菜の種類ごとに適正な土の酸度が決まっている。一般的には、pH6.0 ～ 6.5 の弱酸性の土がよい。したがって、栽培を始める前に畑の土の酸度を測定する必要がある。簡単に土壌酸度を測定できるキットが園芸店などで販売されているので利用するとよい。測定の結果、pH が 6.0 未満の場合は石灰資材を散布して、土壌酸度（pH）を調整する。また、畑に生えている雑草の種類を観察すると畑の土が酸性かどうか判断できる。たとえば、スギナ、オオバコ、ハハコグサなどがはびこっている畑は土が酸性と考えられ、改良する必要がある。

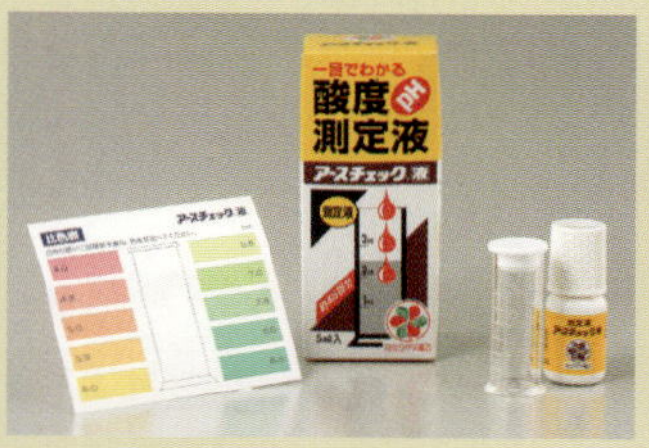

①土の酸度測定キット。（住化タケダ酸度測定液）

②畑の土を採取し、ビーカーに入れる。

③土の 2.5 倍の量の蒸留水を加え、攪《かく》拌《はん》する。

④3 ～ 4 分静置した後、上澄み液をビンにとる。

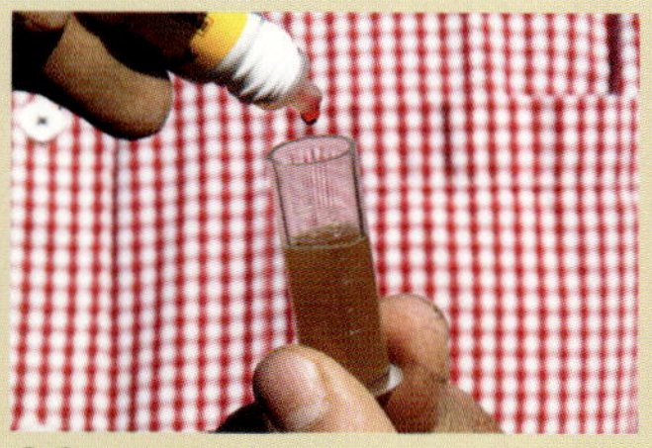

⑤④に試薬を入れる。

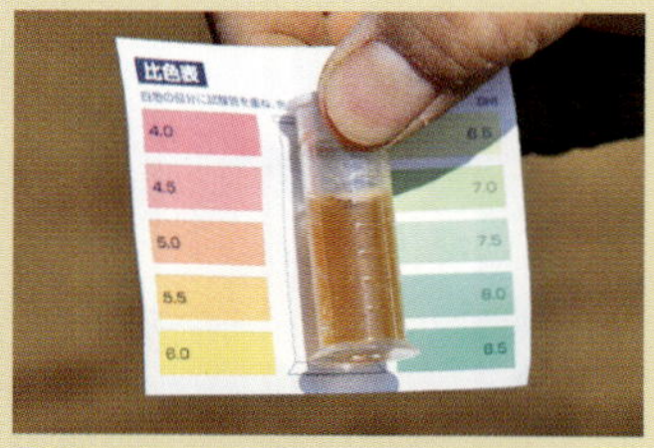

⑤比色表で土の酸度を測定する。

土づくり

家庭菜園をより実り豊かなものにするには、しっかりとした土づくりが欠かせない。まずは畑の雑草、石、ゴミを取り除いてきれいにすることから始める。ゴミを取り除いたら、畑の土をよく耕す。この時、鍬やスコップで土を掘り返しておく。耕すことによって、土の中に空気が取り入れられて、通気性・排水性がよくなり、野菜の根の活動が活発になり、土中の栄養や水分が取り入れやすくなる。また、畑の雑草が土中に鋤《す》きこまれるので、除草作業が軽減する。こうして耕した土に元肥を入れ、さらに耕すと、より肥沃な土壌ができあがる。

石灰の散布

多くの野菜は酸性土壌を嫌うので、種まきや植えつけの2週間前までに、畑一面に苦土石灰などを散布して、酸度を調整する。目安としては100〜200g/㎡(野菜の種類によって変える)。散布後、畑の土を深さ30cm位まで掘り返して、よく耕し、苦土石灰と混ぜる。

①畑の前面に苦土石灰を散布する。

②全体に均一に散布したところ。

③畑の土を耕して石灰と混ぜる。

堆肥の散布

石灰を散布して1週間後、今度は堆肥などの有機物を施す。堆肥は2kg/㎡を目安に施す。堆肥や腐葉土などの有機物を畑に施すと、土の団粒化が促進され、水はけや通気性がよく、かつ水もちのよい土になる。

①堆肥を施す。

②全面に均一に施すように注意。

③有機物を施して、土の団粒化を促進する。

耕す・ならす

堆肥が土になじむように、鍬で土を砕き、畑をよく耕して、柔らかくし、種まき・苗の植えつけなどの作業を楽にする。レーキで畑の表面をできるだけ平らにならし、雨が降っても水が溜まらないようにする。

①鍬などで深さ 30cm 位まで耕す。

②レーキで表面のゴミを除き、平らにする。

③土づくり完了。

肥料

野菜は土壌中の養水分を吸収して生長するため、肥料が不足すると生育不良となり、葉や果実に影響が現れる。特に、窒素(N)、リン酸(P)、カリ(K)の三大要素は野菜1作ごとに施さないと、十分な収量が得られない。肥料には有機質肥料と化学肥料がある。有機質肥料は、土壌中で微生物の働きによって無機化されてから植物に利用されるので、肥効は緩効性だが、土の物理性を改善する効果もあるので、元肥として利用する。化学肥料は、速効性で使いやすいが、過剰施肥を防ぐ意味もあり、元肥と追肥に分けて利用する。

消石灰

アルカリ分が65%の石灰資材で、炭カル、苦土石灰と共に畑でよく使用される代表的な石灰資材である。アルカリ分が高いので施し過ぎに注意する。

堆肥

ワラや家畜糞を堆積し発酵させた有機質肥料。成分は、N-P-K=1-1-1程度なので、現在では、土壌改良材として使用されている。2kg/㎡が標準使用量である。

苦土石灰

アルカリ分が55%の石灰資材で、石灰分だけでなく苦土(マグネシウム)が含まれているのが特徴。したがって、苦土石灰を散布すれば、酸性を調整するだけでなく、光合成で重要な働きをする、マグネシウムの補給にもなる。

油粕

ダイズやナタネの種子から油を搾った残り粕。有機質肥料として使用されている。成分は、ナタネ油粕でN-P-K=5.3:2.3:1.0で、種まきの2～3週間前に施すように心がける。標準の施肥量は100g/㎡とする。

化成肥料

化成肥料は速効性がある。窒素、リン酸、カリの3大要素のうち2種類以上が含まれている肥料を化成肥料という。この3大要素が等量ずつ含まれているものが使いやすく、標準の施肥量はN-P-K=15-15-15のもので、100g/㎡である。

ヨウリン

熔成リン肥の略称で、過リン酸石灰と共に、リン酸肥料の代表である。成分はN-P-K=0-20-0で、主にリン酸分の必要な果菜類の元肥として施す。

液肥

主に窒素、リン酸、カリを液体に溶かした肥料。色々な種類が販売されており、多量要素や微量要素が配合されている場合が多い。通常は500倍～100倍に薄めて利用する。液肥は速効性で、葉面散布が可能である。

化学肥料は使いたくない

「農薬」や「化学肥料」を一切使用せずに「安心安全な野菜」をつくりたいと思うのは当然のこと。しかし初心者の場合、種まきから収穫までの一連の作業をまず体験することが大事。プロの生産農家でさえ苦労する有機栽培にいきなり取り組むのは、有機質肥料づくりなどの手間を考えると大変。そこで、堆肥などの有機物を多めに施し、化学肥料の使用量を減じる「低投入持続的農業」の栽培法を利用すれば、環境にやさしく、ある程度の収量も目指すことができるので、まずはこの辺からスタート。

施肥の方法

元肥の散布方法には、畑全面に散布する全面（全層）施肥と畝の中央に掘ったまき溝に散布する作条施肥がある。栽培期間の短いホウレンソウ、コマツナや浅根性のキュウリ、直根類のダイコン、ニンジン、カブなどの場合は全面散布が良い。特に直根類の場合は、種の真下に堆肥や化成肥料があるとまた根の原因となるからである。一方、作条施肥は栽培期間の長いトマト、ナス、ピーマン、キャベツ、ハクサイなどで行われている。いずれも、野菜の種類ごとの施肥量を遵守することが基本である。

作条施肥

堆肥や化成肥料などの元肥を畝の中央に溝を掘って、その溝に施す方法が作条施肥（溝施肥）である。作条施肥はトマトやナスなどの果菜類、キャベツやハクサイなどの結球野菜など長期間栽培する種類に向く施肥方法である。

①畝の両側に２本の間縄を張る。

②畝の中央に鍬で深さ 20cm の溝を丁寧に掘る。

③堆肥を施す。

④化成肥料を施す。

⑤土を埋め戻す。

⑥間縄の両側から鍬で土を盛り上げる。

⑦レーキで畝の表面を平らにする。

全面施肥

畑全面に元肥を施し、土とよく混ぜて畝を立てる方法。キュウリなどの根の浅い種類、ダイコンやニンジンなどの直根類に向く。

①畝の両側に２本の間縄を張り、堆肥を施す。

②化成肥料を施す。

③元肥を鍬で混ぜ、よく耕す。

④鍬で畝をならす。

⑤畝の両端の土を盛り上げる。

⑥間縄の両側から鍬で土を盛り上げる。

⑦畝の表面をレーキで平らにならす。

畝立て

畝とは、野菜の種まきや苗の植えつけをするために、畑の土を細長く盛り上げたものである。畝には、種まきや苗の植えつけがしやすい、畑と通路の区別がはっきりする、水はけを良くするなどの利点がある。作る畝の高さにより、平畝（高さ5～10cm）と高畝（高さ20～30cm）があり、水はけの良い畑では平畝、地下水位が高かったり、水はけの悪い畑では高畝とする。畝の向き、平地では東西方向に作る人が圧倒的に多く、南北方向はあまり例を見ない。傾斜地では、等高線に沿った畝立てが良いといわれている。

平畝

畝の高さが5～10cmの畝を平畝という。水はけのよい畑の場合は平畝とする。

①元肥を施した後、畝の両端から土を盛り上げる。

②高さ10cmの畝を立てる。

③畝の表面をレーキで平らにならす。

高畝

畝の高さが20～30cmの畝を高畝という。湿害が出やすい水はけの悪い畑や、地下水位が高い畑は、高畝にして水はけをよくする。

①元肥を施した後、間縄の両側から土を盛り上げる。

②高畝の場合は、高さ20～30cmになるように土を盛り上げる。

③間縄の高さよりも高く畝を立てる。

鞍つき

ウリ科のスイカやカボチャ、トウガンなどの植えつけ時に、畑に直径30cm、深さ30cmの穴を掘り、そこに元肥を施して幅40cm、高さ20cm位の円錐形に立てる畝のことを鞍つきという。

①幅30cm、深さ30cmの穴を鍬などで掘る。

②元肥として堆肥を施す。

③化成肥料を施す。

④ヨウリンを施す。

⑤鍬などで土を穴に埋め戻す。

⑥幅40cm、高さ20cmの円錐形になるように鍬で土を盛り上げる。

⑦表面を手で平らにならす。

管理機(耕うん機)で畝を立てる

畝立ては鍬を使って行うことが多いが、畑の面積が広くなるとかなりの重労働になる場合が多い。畑の面積にもよるが、100〜200㎡以上の面積の場合、小型の管理機を購入して利用することをお奨めする。管理機は、畑の耕うんだけでなく、作業機を付け替えるだけで、畝立て、マルチ張り、土寄せ、中耕、ネギの植え溝掘りなどの作業をこなせる、マルチな農業機械である。最近の機種は重量も軽くなり、持ち運びも容易である。農作業は意外と大変で、途中で放棄する方もいるが、機械利用で楽しみながら取り組むのもよいことだ。

石灰散布と耕起

畑の面積が広い場合、石灰散布後、鍬やスコップで土を耕して土と混ぜることは大変な労力。このような時に家庭菜園用の小型の耕うん機を使えば、石灰散布後の耕起は、およそ 1/10 の労力と時間で済む。

①畑全面に石灰を散布する。

②耕うん機で耕す。

③耕うん機のロータリーの幅に合わせて直線的に耕す。

全面施肥の場合

畑全面に元肥を施して畝を立てる場合、耕うん機を利用することで、より効率的な畝立てができる。小型耕うん機は畑を耕すだけではなく、作業機を変えることにより、畝立てや土寄せなどのさまざまな管理作業が可能となる。耕うん機を使いこなすことで家庭菜園がより楽しくなる。

①畑全面に堆肥を施す。

②化成肥料を施す。

③耕うん機で耕しながら畝を立てる。

④耕うん機で立てた畝の表面をレーキで平らにならす。

作条施肥の場合

耕うん機に土寄せ用の作業機をつけ、畝幅の間隔で深さ 20cm の溝を掘っていき、元肥を施す。再度、元肥を施した溝と溝の間を、耕うん機に装着した作業機で溝の元肥に土を寄せ、畝を立てる。

①土寄せ用の作業機を取りつけ、深さ約 20cm の溝を掘る。

②溝に元肥を施す。

③溝と溝の間を、作業機を装着した耕うん機で畝を立てる。

④畝の表面をレーキで平らにならす。

マルチング

マルチング(以下マルチ)とは、プラスチックフィルムなどで土の表面を覆うことをいう。最近はプラスチックフィルムが主流であるが、古くから行われてきた敷きワラや敷き草もマルチである。効果としては、土の乾燥防止、土の温度上昇(プラスチックフィルム)、土の温度上昇防止(敷きワラ)、雑草防止(黒マルチ)、雨による土の跳ね上げ防止などである。利点としては、病害虫発生の軽減、栽培期間の延長などで収量の増加も期待できる。プラスチックフィルムの場合、使用後の処理が問題であるが生分解性のフィルムも開発され、土に還元できるようになった。

①畝の端にマルチを置く。

②畝の端から 20cm 位長く伸ばしたマルチの上に土を乗せ、端を固定する。

③畝の反対にマルチを伸ばし、②と同じく端から 20cm 位伸ばす。

④マルチに土を乗せる。

⑤鍬の背でしっかりと土を押さえ、固定する。

⑥鍬でマルチを切る。

⑦マルチの片側に土を乗せる。

⑧マルチの右側を土に埋めた状態。

⑨反対側のマルチも土で埋める。

⑩マルチの周りに乗せた土を鍬の背で押さえ、固定する。

⑪ 1m おきに土を乗せ、重石とする。

⑫マルチ張りの完成。

苗の植えつけ

「苗半作」、植える苗はがっしりとした良い苗を選び、植えつける。植えつけ時期は例えば、春夏作ならキーワードは「晩霜」、その心配がなくなればトマト、キュウリ、ナスなど果菜類は植えつけ適期である。苗の植えつけは、「曇った風のない日」が一番で、晴天で日差しが強く、風が強いと苗が萎《しお》れて傷み、茎が折れることもある。植えつけ前に、植え穴に水を注ぎ、苗に500倍位の液肥をかけておくと活着しやすい。活着する(新根が出る)までは吸水は十分ではないので、乾燥が続いたら水やりを心がける。

苗の植えつけ（マルチなし）

苗をいかに早く畑に根付かせるかが栽培成功のポイントである。大事なのは水分。植え穴にたっぷり水を注ぎ、水が引いたら苗を植える。土が乾いているようなら、植えつけ後、再びたっぷり水やりする。

①畝の表面をレーキで平らにならす。

②株間を十分にとり、苗を置く。

③移植ゴテで植え穴を掘る。

④植え穴に水を注ぐ。

⑤水が引いたらポットから苗を出し、植えつける。

⑥株元に土を寄せ、軽く手で押さえて安定させる。

⑦たっぷり水やりする。

苗の植えつけ（マルチあり）

穴なしマルチの場合、苗を植える場所に印をつけ、移植ゴテや包丁などでマルチフィルムに穴をあけてから植える。マルチ栽培の場合、地温が上昇するため苗の活着がよく、初期生育が促進される。

①植え位置に印をつけ、苗を置く。

②移植ゴテでマルチに穴をあけ、植え穴を掘る。

③植え穴に水を注ぐ。

④水が引いたら苗を植える。

⑤株元に土を戻す。

⑥株元を軽く手で押さえて苗を安定させる。

⑦たっぷり水やりする。

種のまき方

土づくりをし、畝を立てたら、いよいよ種まきである。種をまいたその瞬間から野菜栽培第1日目が始まる。種まきから発芽に至るまでの過程は、初めて野菜づくりをする人にとっては感動ものだ。休眠・乾燥していた種子が、土の中の水分を体全体で吸収し、深い眠りから目覚め地上にその姿を現すのである。土の茶色と野菜の緑色、その対比は実に鮮やかで、しかも種まき後5～7日で、まき方の良否の結果が自分たちの目の前に示されるのである。だからこそ、基本に則して種をまくことが重要となる。種まきの基本は、すじまき、点まき、ばらまきである。

すじまき

畝にまき溝をつくり、そこに種をまく方法。まき溝が1列なら1条まき、2列なら2条まきという。間引きや追肥が行いやすく、ホウレンソウ、ニンジン、コマツナなどの野菜に向いている。種の間隔が狭いと間引きが大変になるので、まき過ぎに注意。

①畝に支柱などで押し当ててまき溝をつくる。

②２条まきの場合のまき溝。

③種を一定の間隔でまいていく。

④親指と人差し指で種に覆土する。

⑤覆土後は手で軽く土を押さえる。

⑥たっぷり水やりする。

⑦種まきの１週間後。発芽した状態。

点まき

畝に一定間隔の株間で、数粒ずつまく方法。種の節約になり、栽培管理が比較的行いやすい。トウモロコシ、ダイコンなど大型野菜はこの方法で種まきする。まく場所に空きビンや空き缶の底などで一定間隔に深さ1～2cmのくぼみをつくり、そこに種をまく。

①畝に空き缶の底で深さ1～2cmのくぼみをつくる。

②エンドウなどの場合は20～30cm間隔でくぼみをつくる。

③くぼみに、数粒ずつ種をまく。

④種まき後1cm位、覆土する。

⑤覆土後は軽く手で土を押さえる。

⑥たっぷり水やりする。

⑦種まきの１週間後。発芽した状態。

ばらまき

畝の表面全体に種をまく方法である。ばらまきは、最も簡単な種まきの方法であり、単位面積あたりの収穫量は増える反面、間引きなどの管理が大変になり、種も多く使用することになる。初心者だとまきむらもでき、間引きが遅れると徒長してしまうなどの欠点がある。

①畝の表面をレーキで平らにならす。

②種をまく。

③畝全体を見ながらまきむらのあるところへ再度、種をまく。

④覆土する。

⑤鍬の背で畝の表面を鎮圧し、種と土を密着させる。

⑥たっぷり水やりする。

⑦種まきの1週間後。発芽した状態。

ポットまき

ポリポットに直接種をまき、間引きながら苗を育てる方法である。キュウリ、カボチャなどのウリ科野菜はポットまきにする。

①ポリポットに培養土を入れ、指で深さ1～2cmの穴を2ヵ所あける。

②種を穴に1粒ずつまく。

③覆土する。

④発芽し、双葉が完全に展開した様子。（種まきから1週間後）

⑤生育のよいほうを残して、1本に間引く。

⑥間引き後は株元に軽く土寄せし、株を安定させる。

⑦本葉が3～4枚になった頃が植えつけ適期。

連結ポットまき

ハクサイやレタスなど育苗期間が20日位のものは5×5の連結ポットに直接種をまく。植えつけ時まで育苗することにより、直まきよりも集約的な管理ができる。

①5×5の連結ポットに培養土を入れる。

②ペットボトルのフタなどで深さ1cmのまき穴をつくる。

③まき穴に種をまき、覆土する。

箱まき

レタスやキャベツ類の育苗をする場合は、シードパンなどに種をまき、発芽したらポット上げをして、苗を育苗する。この方法は種の無駄を省き、効率的に大量の苗を育苗することができる。

①シードパンに培養土を入れ、5cm間隔に棒などでまき溝をつくる。

②種を1cm間隔にまく。

③覆土する。（光発芽種子は、薄く覆土する）

支柱立て・ネット張り

支柱立て・ネット張りは、主に果菜類栽培で行われる作業であり、支柱を立てると、トマト、キュウリ、ナスなどが立体的に栽培できる。そのため、風通し、日当たりなどが向上し、収量の増加につながる。支柱の立て方は、野菜の種類や栽培本数、畑の面積などによって異なるが、直立式か合掌式のいずれかを選択する。また、園芸ネットを上手に利用し、つる性の種類やマメ類などを栽培することも面白い。支柱の材料は、主に竹やプラスチック製品だが、竹は環境にやさしいが耐久性に劣るため、一般的にはプラスチック支柱が使われている。

仮支柱

植えつけ後の苗の倒伏や強風で苗が折れるのを防ぐために、長さ60〜70cmの棒を立て、苗を誘引する。この棒を仮支柱という。仮支柱を立てた後、野菜が生長してきたら、本支柱を立てる。

①苗を植えたら、苗に対して長さ60〜70cmの仮支柱を斜め45度に挿す。

②地際から15cmの所で茎にひもをかけ、8の字に2〜3回よりをつくる。

③ひもを仮支柱にしっかり結ぶ。

直立式

苗を1条植えにした場合は支柱を真っ直ぐに立て、隣の支柱と横に渡した支柱で連結する支柱の立て方を、直立式支柱立てという。さらに、斜めに支柱を立てて補強をすれば、強風でも倒れない。

①株間に合わせて支柱を地中に 30cm位挿し、真っ直ぐに立てる。

②支柱を補強するために横にも支柱を渡し、隣の支柱と連結させる。

③支柱と横に渡した支柱とをしっかりとひもで結び、固定する。

④横に渡した支柱を固定する。

⑤補強のために支柱を斜めに立てる。

⑥斜めに立てた支柱と直立に立てた支柱とをしっかりとひもで結ぶ。

⑦支柱を補強した、直立式の完成。

あんどん型

ソラマメなど草丈が伸びるにつれて株が倒れてしまうような種類の野菜では、株の生長と共に畝の周りに支柱を立て、20〜30cm間隔の高さにひもを張り、株全体が倒れないようにする方法である。

①畝を囲うように支柱を真っ直ぐに立てる。

②地際から高さ 30cm 位の所にひもを張る。

③草丈が高くなるにつれて、30cm 間隔でひもを張る。

合掌式

苗を２条に植えた場合は支柱を斜めに交差させ、交点に支柱を横に渡して補強する支柱の立て方を、合掌式支柱という。直立式よりも風や野菜の重みに耐える力が強くなる。

①支柱を胸の高さで交差させ、地中に30cm 位挿す。

②株間の間隔で支柱を立てる。

③交差する高さを合わせる。

④交差する交点に支柱を横に渡し、ひもで固定する。

⑤１本の長いひもを使って支柱を固定する。

⑥支柱と横に渡した支柱とをしっかりとひもで固定する。

⑦交差する点が真っ直ぐになっているか確認し、固定する。

⑧補強用の支柱を斜めに挿す。

⑨補強用の支柱と立てた支柱との交点をひもで固定する。

⑩風でゆるまないように、しっかり結んで固定する。

⑪合掌式の完成。

ネット張り①

つる性の豆類などを栽培する際、支柱を立ててネットを張り、つるを誘引する方法がある。ネットを張ると立体的に野菜を栽培できるだけでなく、縁側などの日除けにもなり一石二鳥となる。また、収穫もしやすくなる。

①支柱を直立に立て、格子状に横にも支柱を渡してひもで固定する。

②ネットを広げ、支柱に結びつける。

③ネット張りの完成。

ネット張り②

アーチ式のパイプ支柱やトンネル支柱を立て、トンネル上にネットを張り、野菜のつるを誘引する方法もある。この方法はウリ科、マメ科の野菜にも利用でき、風通しがよく、病害虫による被害も軽減される。

①高さをそろえてアーチ状の支柱を立てる。

②ネットをアーチにかぶせ、ひもで固定する。

③ネット張りの完成。

フラワーネット

食用ギクなどのように株が分枝して広がっていく野菜では、草花の栽培でも利用されているフラワーネットなどを利用すると便利である。伸びた枝はネットの間を抜けて強風が吹いても、フラワーネットに支えられて倒れにくくなる。

①畝の周囲に支柱を立てる。

②畝の両端に横に支柱を渡し、ひもで固定する。

③フラワーネットを支柱に結び、しっかりと張る。

農具

野菜づくりの第一歩は鍬やスコップを使い、汗を流して畑を耕すこと。そして収穫までは色々な作業に取り組まねばならない。農作業は楽なものばかりではなく、むしろ結構大変な重労働でもある。その農作業をより楽しく能率的に行うためには農具を上手に使いこなすことが重要である。ここでは、野菜づくりに必要な農具、あると便利な農具の種類とその使い方について解説する。紹介する農具はホームセンターや園芸店などで購入可能なものがほとんどである。これらを使いこなせるようになった時、あなたは野菜づくりの本当の楽しさを知ることになる。

ホー

雑草を削り取ったり、土壌表面の雑草の芽生えのかき取りが楽にできる。軽い土寄せや溝掘り、中耕にも便利な農具である。

レーキ

畝の表面の土をならしたり、除草した草の集草などに使用する。

四本鍬（備中鍬）

土に固まりがあったり、硬化して鍬では耕しにくい時に使用する。イモ類の収穫にも便利である。

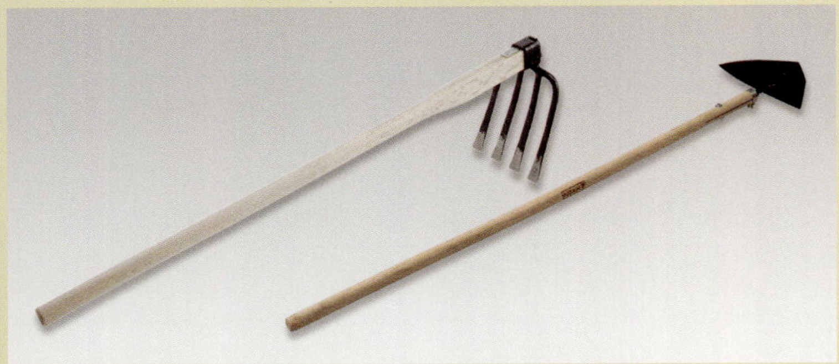

両刃鎌

柄が長いので、畝間の除草、土寄せ、中耕作業などが腰を曲げずに立ったままで作業ができ、1丁持っておくと重宝する。

鍬（平鍬）

畑を耕す、畝立て、土寄せ、除草などの作業に使用する。地方によって鍬の刃の長さ、角度などが異なる。

スコップ

土の掘り起こし、天地返し、用土の配合・混合時などに使用する。先の尖《とが》っている剣先スコップ、平らな角スコップがある。

一輪車
堆肥、土、資材、収穫物などの運搬作業に使用する。

ジョウロ
先端に「ハス口」がついていて、水がシャワー状に出る。潅水用。

除草鎌
文字どおり除草する時に使用する。ひざまづいて作業する、農園芸の定番農具。野菜栽培の大半は草との戦い。その時にこそ効力を発揮する。

包丁
ハクサイ、レタス、青菜などを地際から切り取って収穫する時などに使用する。

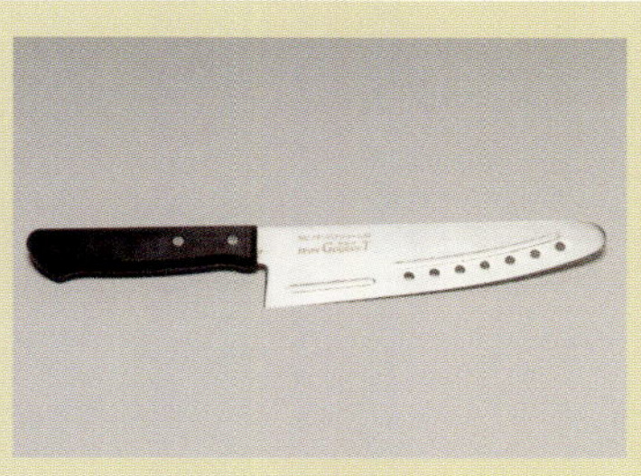

移植ゴテ
苗の植えつけ時に植え穴を掘ったり、ポットや鉢に土を入れたり、土を混ぜ合わせたりする時に使用する。

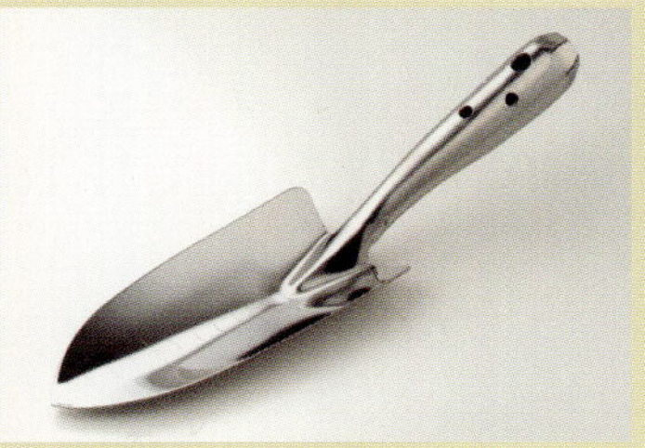

小熊手
畝の表面や条間の中耕などに便利。

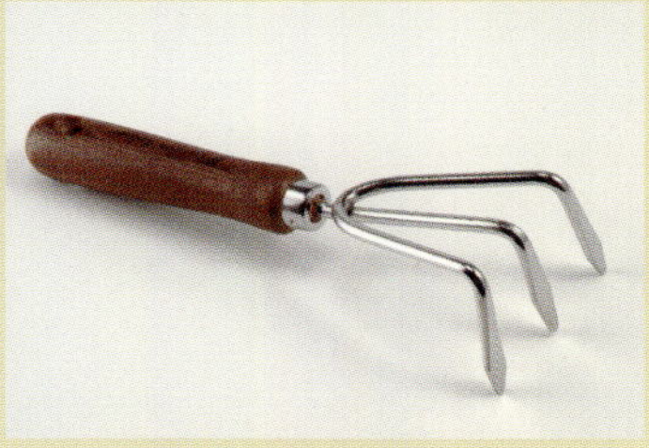

収穫バサミ
果菜類などの収穫では重宝な農具。収穫したものを落とさずに持ち運べる便利なハサミもある。

剪定バサミ
果菜類の収穫や整枝などに使う。もちろん庭木の剪定や枝切りの定番。

箕《み》
堆肥を散布したり、落ち葉や雑草を集めたりする時に使用する。

土壌酸度測定器
土の酸性度を測定する機器。先端を湿った土に差し込むだけでpHが簡単に測定できる。

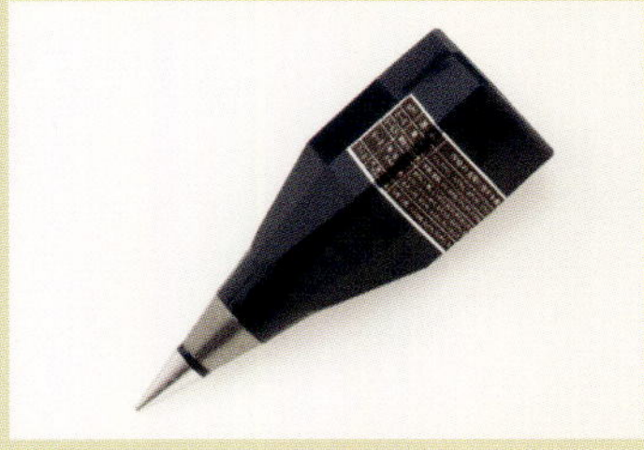

作業用手袋
軍手や皮手袋、ゴム手袋などがあれば作業の安全性を高め、ケガ防止にもなる。

長靴
畑作業では欠かせないゴム長靴。やや長めのものがよい。

資材

農業資材には実に多くの種類があり、これらを上手に利用すれば、「畑に行かれるのが月に1～2度だから除草に追われてばかりだ」「できるだけ省力化してやりたい」「農薬を抑えてつくりたい」「寒冷期も野菜をつくりたい」「自分で苗をつくって育てたい」などの問題や希望が解決する。ここでは、主な資材とその使用方法を紹介しているが、大事なことはこの項を参考にして実際に資材を自分で購入し、使ってみて、その効果を実感することである。農具も資材も「習うより慣れよ」。使いこなすことができるまで習熟することこそポイントとなる。

黒マルチ

黒マルチの効果は、土壌水分保持(乾燥防止)、土壌温度上昇、雑草防止、雨による土の跳ね上げを防ぐなどである。畝幅、穴あきの有無でマルチの種類を選ぶ。

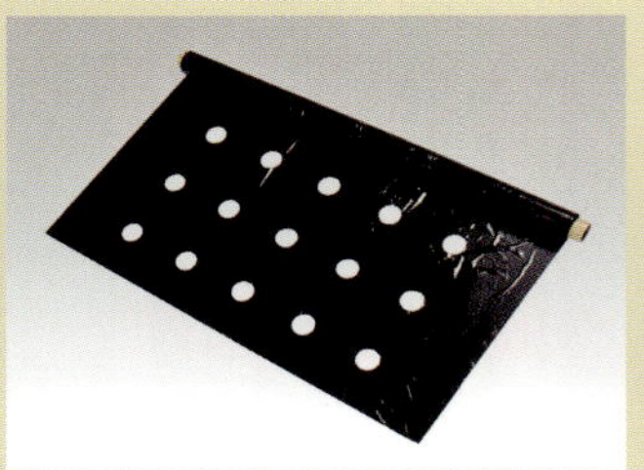

寒冷紗《かんれいしゃ》

白と黒があり、防風効果、遮光効果、防虫効果などがある。低温期の保温や高温期の遮光などに使う。特に、真夏の害虫多発の時期に寒冷紗をトンネル状にかけて栽培すれば、無農薬栽培も可能になる。

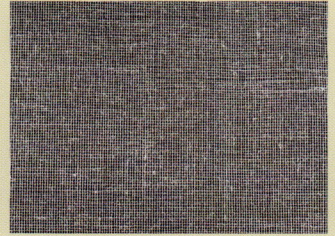

不織布（べたがけ栽培）

べたがけ資材といい、最近よく使われる資材である。通気性や透水性があり、不織布の上から直接水やりもできるので、野菜の上に直接かけて保温栽培することができる。種まき後の発芽がそろう、収穫を早めるなどの効果もある。

ビニールフィルム

トンネル栽培の被覆資材で、保温資材の中では最も保温力が高く、穴なしと穴あきがある。穴なしは保温力に優れているが換気の必要があり、穴あきは、保温力は劣るが換気の必要はない。

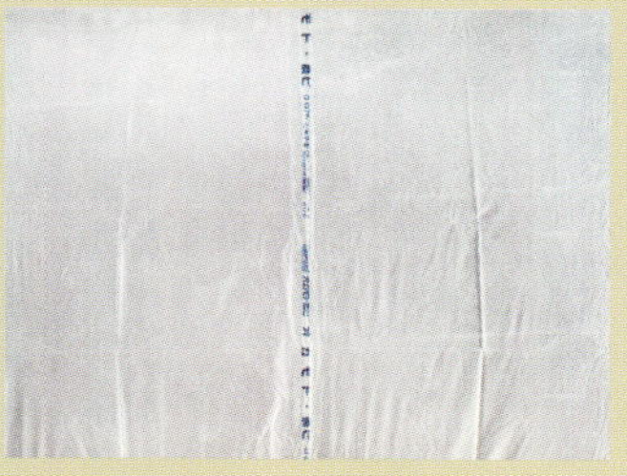

連結ポット

ハクサイやキャベツ、レタスなどを育苗する際に使用する。さらに、ポットの大きさが小さなセルトレイもある。

育苗トレイ（育苗箱）

育苗時の種まきに使用する。発芽して、本葉が１～２枚の頃までにポリポットに移植する。

ポリポット

育苗ポットの定番。ポリポットの大きさを変えれば、野菜の種類に応じた苗づくりができる。

ラベル

種まきや、移植した野菜の種類や品種名、作業日、作業者名などを記す名札。

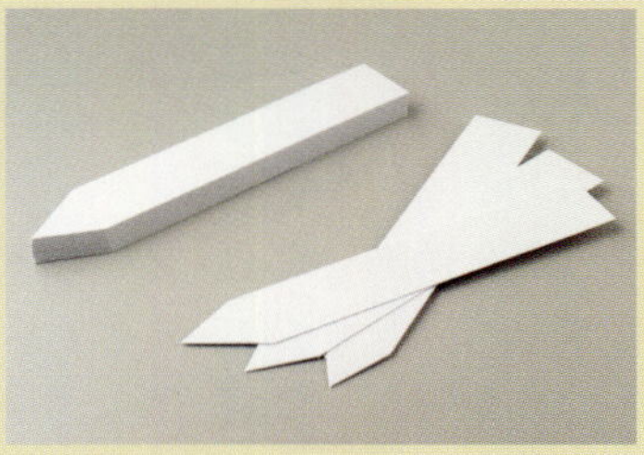

すずらんテープ（誘引用）

トマト、キュウリ、ナスなどの果菜類の誘引に使用する。麻ひもなどの天然素材のものを使用してもよい。

結束ひも（発泡ロープ）

立てた支柱を結んで固定したり、間縄に利用したり、野菜の倒伏を防いだりする際に使用する。

支柱

キュウリ、トマト、ピーマン、ナスなどの果菜類を支えるのに必要な資材。天然素材の竹支柱や鋼管に樹脂膜をかぶせ、耐久性を強化したものなどがある。

トンネル支柱

トンネル栽培で使用する支柱。はじめからトンネル用に半円形に成型されているタイプと柔軟に曲がり、自由に形づくれるタイプがある。

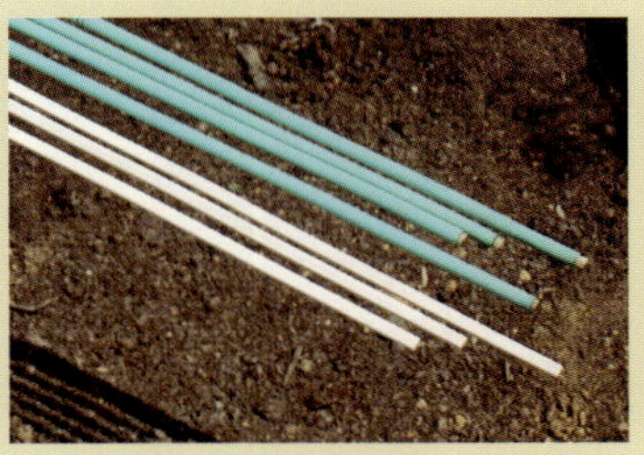

園芸ネット

キュウリやエンドウなどのつる性野菜の誘引に便利である。立体的に栽培することにより病害虫の被害を軽減することができる。

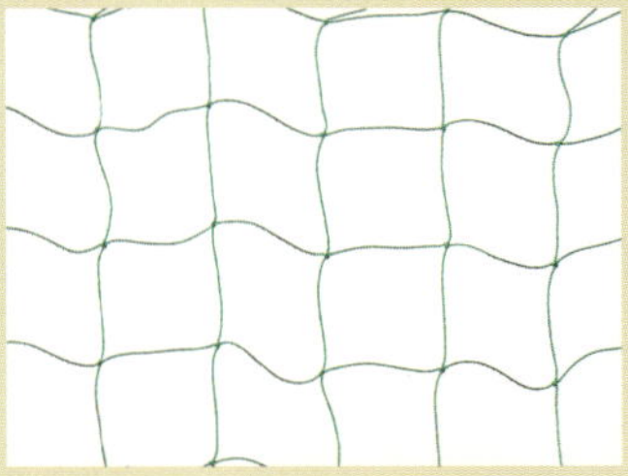

モミガラ

種まき後、覆土した所にまき、土の乾燥を防いだり、育苗用土の材料にも使用する。

稲ワラ

敷ワラとして使用する。使用後は畑に鋤きこむことができる天然素材である。

資材の上手な使い方

園芸資材を上手に使いこなせれば、野菜づくりが一層楽しいものになり、高温期や低温期でも野菜づくりを楽しむことができる。例えば、真夏でも畝全体を寒冷紗で覆って栽培すると、農薬使用を抑えることができ、より安心安全な野菜づくりができる。また、マルチ、敷きワラなどの被覆資材を使えば、保温効果で生育が早まる、除草の手間が要らないなど、収量増や労力軽減につながる。さらに低温期では、ビニールを被覆したトンネル栽培を行えば、1月中旬の厳寒期にもダイコン、ニンジンの種がまけ、4月下旬にダイコン、5月下旬にニンジンが収穫できる。

モミガラ

稲のモミガラは種まき後の乾燥防止、マルチングの材料、堆肥やぼかしの原料として重宝な資材である。たとえば、ダイコンの種まき後、モミガラをまくと乾燥防止、雨天時の泥の跳ね返りを防ぐ、雑草の発生を抑えるなどの効果がある。

ダイコンの種まき後、乾燥防止のためにモミガラをまく。

ニンジンの種まき後、乾燥防止のためにモミガラをまく。

敷きワラ

野菜の株元をワラで被覆することを敷きワラという。土の乾燥や、雑草の発生を防ぎ、土の温度を下げる効果がある。ワラは植物由来の資材なので、栽培終了後はそのまま畑に鋤きこむことができる。

ショウガの株元へ敷きワラをし、乾燥を防止する。

カボチャの株元へ敷きワラをし、雑草を防止する。

防草シート

敷きワラや敷き草の入手が困難な場合は、市販の防草シートを購入し、雑草の発生を抑える工夫が必要となる。園芸店などでさまざまなサイズのものが販売されているので、必要に応じて購入する。

スイカの株元を防草シートで覆う。

つるが伸びてきたら、さらにシートを延長する。

ホットキャップ

4月下旬から5月上旬に植えつけた果菜類の苗を強風や寒さから守るためにホットキャップをする。購入した苗が若い場合や、高温性の種類の苗などに使用すると便利である。

苗を植えた直後、低温や風から守るために使用する。

小さな畝なら、大型のホットキャップで畝全体を保温できる。

寒冷紗

寒冷紗は夏の日よけや害虫の被害から野菜を守る、寒冷期の保温、霜よけ、雨によるたたきつけの防止などに効果のある資材である。寒冷紗で覆っても直接水やりができるので便利である。

①トンネル用の支柱を、畝の両側に挿す。

②寒冷紗をトンネルにかける。

③寒冷紗の一端を土で埋める。

④反対側に寒冷紗を伸ばし、端を土で埋める。

⑤畝の両側の寒冷紗も土に埋める。

⑥寒冷紗が風で飛ばないように、上からトンネル用の支柱で押さえる。

⑦寒冷紗でのトンネル完成。

不織布

種をまいた畝や、苗を植えた畝を不織布で直接覆って栽培する方法をべたがけ栽培という。不織布は保温、霜よけ、風よけなどの効果があり、上から直接水やりができるので土の水分が保持でき、発芽が早まる。寒冷期には収穫まで不織布をかけたまま栽培することもできる。

①畝に種まき後、覆土、水やりする。

②畝を不織布で覆う。

③不織布の端を土で埋める。

④反対側に不織布を伸ばし、端を土で埋める。

⑤畝の両側も土で埋める。

⑥風で飛ばないように土でしっかり押さえて埋める。

⑦不織布かけ完成。

ビニールフィルム

ビニールフィルムは寒冷紗や不織布よりも保温力があり、寒冷期の保温栽培には一番効果的な資材である。穴あきと穴なしがあり、穴なしは保温力が高いが換気や水やりに手間がかかり、穴あきは換気や水やりの手間はかからないが、保温力がやや劣る。

①トンネル用の支柱を畝の端に挿す。

②両側に支柱を挿す。

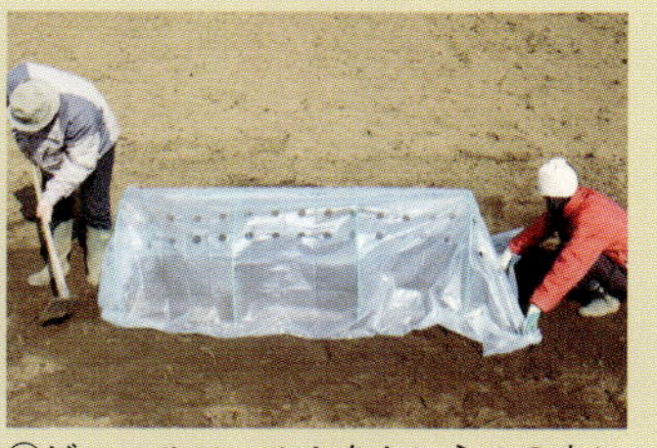

③ビニールフィルムをトンネルの上にかけ、端を土で埋める。

④反対側のビニールフィルムも土で埋め、鍬の背で固定する。

⑤畝の両側のビニールフィルムも土で埋める。

⑥ビニールフィルムが風で飛ばないように、上からトンネル用の支柱で押さえる。

⑦ビニールフィルムのトンネル完成。

病気

ウドンコ病

葉の表面が、うどん粉をまぶしたように白い粉状のカビで覆われる。多くの野菜に発生し、被害が広がると葉が枯れ上がってしまう。やや乾燥した条件下（夏季の高温乾燥時）で多く発生し、キュウリやカボチャでは、多肥栽培で多発する傾向がある。

根コブ病

ハクサイ、キャベツ、カブ、漬け菜類などのアブラナ科野菜にのみ発生する土壌病害で、土中の糸状菌（カビ）が病原。主根や側根にコブが形成され、養水分の吸収が妨げられる。そのため、晴天時に茎や葉が萎《しお》れて生育が阻害されてしまう。被害が激しい場合は、枯死する。

灰色カビ病

灰色カビ病の寄生範囲は非常に広く、多くの種類で発生する。葉や茎、蕾、花、果実などが侵され、組織が水侵状になり、やがて全体が腐り始め、さらに進行すると、灰色のカビに覆われてしまう。低温多湿条件で発生しやすいので、水のやり過ぎに注意し、風通しを良くするなどの工夫が必要である。

菌核病

キャベツやレタスの葉や茎、キュウリやナスの果実など、さまざまな種類の野菜に発生する。被害部は、腐敗し、その後、白色の綿状の菌糸で覆われる。病状が進むと、被害部にネズミの糞のような黒い菌核が見られるようになる。地面に落ちた菌核で病原菌の密度が増加し、被害も増える。

軟腐病

土壌中の軟腐病菌（バクテリア）が、害虫、中耕や風雨による野菜の傷口から侵入し発病する。地際や地中部は腐敗して溶けたようになり、悪臭を発する。地上部は萎《しお》れ、生育が阻害される。高温多湿期に多く発生し、発病後の防除は難しいので、発病株は早く抜き取り、畑の外へ出す。

モザイク病（ウイルス病）

ウイルスが野菜に感染し、植物体全体に広がり発病すると、葉や花に濃淡のまだら模様やかすり状などのモザイクを生じ、生育不良となる。ウイルス病の感染は、アブラムシが媒介する例が多いが、感染した野菜の汁液に触れたハサミなどで伝染することがある。感染すると治療法はないので、発病株は抜き取って処分する。

ベト病

アブラナ科野菜、ウリ科野菜、ホウレンソウ、シュンギクなどで発生が見られる病気で、病徴は種類によって多少異なるが、黄色くぼけたような斑紋が広がって、多湿条件では表面に灰色のカビを生じ、生育を阻害する。密植や、窒素系肥料を施し過ぎると発生しやすい環境になる。

白サビ病

キャベツ、コマツナ、チンゲンサイ、カブ、ダイコンなどアブラナ科の野菜に発生する病気。主として葉や葉柄をおかし、表面に白色の斑点を生じさせる。その裏面は盛り上がって破れると胞子を飛ばして感染が拡大する。春と秋の多湿期に発生が多い。

害虫

アブラムシ

どの種類の野菜にも寄生する害虫で、体長は1～4mm、緑色のほかに、白、黒、茶、赤などの体色があり、多くの種類が知られている。新しくて柔らかい芽や茎、葉の裏などに群がり、植物の汁を吸うため、生育が阻害される。また、ウイルスを媒介し、モザイク病などを伝染させる。

アオムシ、コナガ

モンシロチョウ（アオムシ）やコナガの幼虫は、アブラナ科野菜の大敵で、主に葉を食害する。アオムシは葉に穴をあけ、葉脈を残して食べつくし、レース模様のような葉にしてしまう。コナガは、新葉の部分を食べるので、株の生長が遅れる。同じ農薬で防除を続けると抵抗性の個体が出てくる。

オオニジュウヤホシテントウ

28個の黒紋を持ち、葉を食害する。アブラムシを食べる益虫のテントウムシに似ているため、テントウムシダマシともいう。ジャガイモやトマト、ナスなどのナス科野菜に多く被害を及ぼす。

キアゲハ（幼虫）

キアゲハの幼虫で、ニンジン、パセリ、セロリ、フェンネルなどのセリ科植物を食害する。緑色に黒とだいだい色の斑点を持つ比較的大きなイモ虫で、体が大きい分、被害も大きい。見つけやすいので、発見したら捕殺するなどの方法で対処する。

ネキリムシ類

ネキリムシ類は、野蛾の幼虫の総称で、日中は土中に潜み、夜になると植えつけたばかりの柔らかいレタスやキャベツなどの野菜の苗の地際を食害するため、株元から切断された苗は枯死してしまう。被害にあった株を見つけたら、すぐに株の周囲を掘り起こし、隣の株に被害を及ぼさないうちに見つけて捕殺する。

ウリハムシ

キュウリやスイカ、カボチャなどウリ科植物に発生する害虫。株元に産卵され、孵化した幼虫が根を食害する。成虫は、葉を食害する。成虫は体長が7～8mmで、全体がだいだい色である。4月下旬、ウリ類の苗を植えつけた頃から被害が見られ、葉にきれいな直径1cm位の食痕を残す。

カメムシ

マメ類などに被害を及ぼす。主として葉や茎から汁を吸う。マメ類の被害は大きく、さやも汁を吸われるため、実入りが悪くなる。手などで触れると嫌な臭いを発するのが特徴。7～8月に発生しやすい。

キスジノミハムシ

体長2mmの成虫の体表に2本の黄色の筋があり、ノミのように飛び跳ねるのでこの名がある。成虫は地上部の葉を食害するが、その食痕は、直径1～2mmの突き抜けた丸い穴で、幼虫は地下株の根を食害する。アブラナ科野菜の栽培で多発するので、連作には注意する。防除法として、幼虫には土壌混和剤を種まき前に施す、成虫にはディプテレックス乳剤などを散布する。

病害虫対策

作物栽培（農業）の起こりは、人間と厳しい自然条件や病害虫との戦いの始まりでもあった。ただ、種をまくだけでは収穫まで辿り着くことはできない。そこで人間は、食糧を得るために、さまざまな工夫をし、栽培技術に発展させてきた。家庭菜園では、その歴史・技術を学んで、環境にやさしい、より安全な野菜づくりを行うように心がけたい。

1. 病害虫対策の基本

現在、野菜づくりで行われている病害虫防除技術は、(1) 耕種的防除、(2) 物理的防除、(3) 生物的防除、(4) 化学的防除に大別できる。現在問題となっているのは、化学的防除一辺倒の防除、つまり農薬のみに頼る栽培であり、環境保全の見地からも、上記の四つの防除手段を効果的に組み合わせ、総合的に管理することが大事である。

●耕種的防除

抵抗性品種や耐病性品種、接木苗、輪作等による病害虫防除の方法である。例えば、ウリ科野菜の代表的な連作障害である「つる割れ病」は、３～４年の輪作や接木苗の利用でかなり防除可能であるし、アブラナ科の根コブ病は、２～３年の輪作とCR品種の併用で防除効果が高まるなど、農薬の使用量を減らすことが可能となる。これらに、堆肥等の有機物の投入による健全な土づくりを心がければ、さらに効果的である。

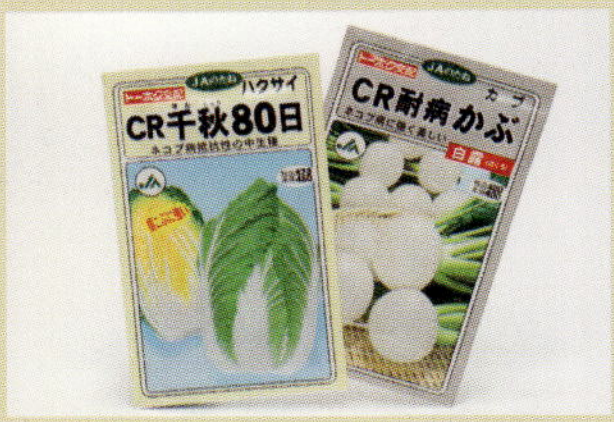

CR品種

接木苗

●物理的防除

不織布や寒冷紗を使用した被覆栽培、シルバーマルチ利用によるアブラムシ忌避、害虫の捕殺、粘着板を利用した誘引防除など、物理的な条件を利用した防除法である。例えば、コマツナなどのアブラナ科菜類の種まき時から寒冷紗によるトンネル被覆を行えば、重要害虫のコナガ、アオムシの食害が避けられ、無農薬栽培も可能となる。

不織布

寒冷紗

●生物的防除

天敵昆虫、拮抗微生物や対抗植物などを利用した病害虫防除法。天敵では、アブラムシに対するテントウムシ、微生物利用では、アオムシ、コナガなどに効果的なBT剤（バチルス・チュウリンゲンシス菌の毒素を利用、対象作物や、適用害虫は薬剤の種類によって異なるので、種類別の項を参照）、対抗植物では、土壌センチュウの密度減少効果のあるマリーゴールド、ソルゴーなどが利用されている。

テントウムシ

BT剤

マリーゴールド

●化学的防除

農薬を使用する防除法である。農薬の使用はできるだけ避けたいところだが、使用する場合は、農薬取締法により適正な使用を心がける。農薬の種類に関しては、天然成分や環境にやさしい成分由来の、より安全な農薬もあるので優先的に使用したい。ただし、適用害虫、対象作物は薬剤の種類によって異なるので注意する。①天然成分や環境にやさしい成分由来の安全な農薬（殺虫剤：除虫菊乳剤、デンプン液剤、BT剤、オレイン酸ナトリウム剤　殺菌剤：炭酸水素カリウム水溶剤、銅水和剤）。②慣行農薬（殺虫剤：マラソン乳剤、アセフェート粒剤など　殺菌剤：TPN水和剤、ポリカーバメート水和剤など）。

農薬各種（天然成分由来もある）

2. 薬剤散布時の注意点

農薬を散布する場合は、ゴム手袋、マスク、メガネ、腕袋、長袖のシャツを着用し、散布は風上から行うなど、薬剤が皮膚に着いたり吸い込まないように防護する。農薬散布後は、必ず顔や手を洗い、うがいをする。

●薬剤の準備

対象作物、適用病害虫を確認し、薬剤を選択する。
使用時期、回数、濃度等を確認する。
水に展着剤と薬剤を加え、所定の倍率に希釈する。

●薬剤散布

農薬散布器に所定の倍率に希釈した薬剤を入れる。
葉裏から農薬を散布する。
野菜全体に薬剤を散布する。
※以上の要領で安全に留意し、薬剤散布を行う。

薬剤散布グッズ

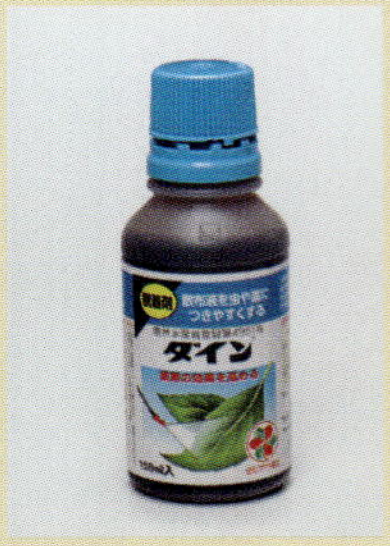

展着剤

用語解説

あ行

●赤玉土（あかだまつち）
乾燥させた赤土をふるい、小粒〜大粒の大きさ毎に分けた用土。排水性、保水性、通気性がよく、培養土の基本用土として利用する。家庭菜園では小粒を用いるのが一般的。

●秋ナス（あきなす）
7月末〜8月上旬に、ナスを3分の1〜2分の1に更新剪定し、伸びた新しい枝に8月末頃からつく、ナスのこと。夏の収穫物よりおいしいとされる。

●浅植え（あさうえ）
苗や球根の植えつけの際、通常より浅めに植えつけること。イチゴでは、クラウンが隠れないように苗を植えつける。倒れやすいので注意が必要。

●あんどん仕立て（あんどんじたて）
つる性などの野菜の仕立て方の一つ。数本の支柱を立て、周囲を輪やひもで囲った所につるや茎を巻きつかせて育てる栽培方法。

●育苗（いくびょう）
種まきや挿し木などで増やした苗を、植えつけができる状態まで管理して育てること。

●石ナス（いしなす）
ナスの生理障害の一つで、低温による受精不完全が原因で生じる「かたくて光沢のない種なし果実」のこと。ホルモン散布が効果的な対策である。

●移植（いしょく）
播種箱で育ててきた苗を、ポットなどに植え替えたり（ポット上げ、鉢上げ）、苗を畑やコンテナなどに植えつけること。

●一代交配品種（いちだいこうはいひんしゅ）
遺伝的に異なる個体間で交雑して生まれた、雑種第一代目の品種のこと。別名は一代雑種品種、F1品種ともいう。生育が旺盛で、生育のそろいも良く、育てやすいのが特徴。

●一番花（いちばんか）
その株で最初に咲く花。ミニトマトなど房状に花がいくつか集まるものについては第一花房という。

●一番果（いちばんか）
その株で最初に実る果実。

●一本立ち（いっぽんだち）
苗や株を間引き、よいものを1本残すこと。

●忌地（いやち）
同じ場所で同じ作物を栽培したとき、生育不良になる現象。連作障害の原因の一つとされる。

●ウイルスフリー（ういるすふりー）
野菜の苗や種イモなどがウイルスに感染していない状態のことをいう。また、そうした苗をウイルスフリー苗という。ウイルスの存在していない生長点を組織培養してつくる。

●植えつけ（うえつけ）
野菜の苗や種イモを、畑やコンテナに植えること。定植ともいう。

●畝（うね）
野菜の種をまいたり苗を植えつけるために、耕した土を10〜20cmの高さに細長く盛り上げたもの。

●腋芽（えきが）
葉の付け根から出る芽のことで、わき芽ともいう。

●液体肥料（えきたいひりょう）
化学肥料の一つで、肥料の原料を水で薄めて液体状にした肥料、液肥ともいう。速効性があり、葉面散布も可能。500〜100倍に薄めて利用する場合が多い。

●塩類障害（えんるいしょうがい）
ハウスなどの土壌で見られる現象で、肥料に含まれる塩類が土に残存し、その結果、塩類濃度が高くなり、根が傷害を受け、生育不良となる。

●晩生（おくて）
品種の中で、収穫までの期間が比較的長いものをいう。例えば、ハクサイでは、種まきから収穫まで65〜70日を早生、80〜85日を中生、90〜100日を晩生と呼ぶことが多い。

●遅霜（おそじも）
晩春に降りる霜のこと。晩霜《ばんそう》ともいう。トマト、キュウリなどの果菜類の苗の植えつけは、各地の晩霜の恐れがなくなった頃に行う。

●親づる（おやづる）
最初に子葉から伸びたつるのことで、わき芽から伸びたつるは、子づるという。

か行

●塊茎（かいけい）
地下茎の先端部などが肥大し、球形や塊状になったもの。野菜では、ジャガイモやショウガがその代表。

●塊根（かいこん）
根が肥大し、養分を貯えたもの。野菜では、サツマイモがその代表。

●化学肥料（かがくひりょう）
化学工業的に製造された肥料のこと。含まれる成分によって、単肥と化成肥料に分類される。

●花芽分化（かがぶんか、はなめぶんか）
生長点が、日長や温度の影響を受け花の原基（花芽）を分化すること。果実が収穫対象のイチゴなどでは必須条件で、ハクサイやダイコンなどの栄養体を収穫の対象とする種類では、致命的な現象となる。

●花梗（かこう）
茎や葉腋から花の基部までの柄の部分で、花を支える役目をする。花柄ともいう。

●果梗（かこう）
茎や葉腋と果実をつなぐ柄の部分。開花時は花梗と呼び、着果したら果梗と呼ぶ。

●果菜（かさい）
果実や若いさや、子実を食用として利用する野菜のこと。代表的なものに、キュウリ、トマト、ナス、ピーマン、エダマメ、サヤインゲンなどがある。

●化成肥料（かせいひりょう）
化学工業的に製造される化学肥料の中で、窒素、リン酸、カリのうち、二つ以上の成分が含まれる肥料のこと。

●活着（かっちゃく）
植えつけた苗が畑に根づき、生長を開始すること。

●株間（かぶま）
野菜を栽培するときの、株と株との間隔のこと。

●株分け（かぶわけ）
多年生の野菜の繁殖方法の一つ。アスパラガスなどでは、地上部が枯れた頃、株を掘り上げ、親株から出たわき芽に根をつけて分離させ、育てること。老株の若返りなどで行われる。

●花房（かぼう）
1カ所から複数の花梗を伸ばしてそれぞれに花をつけ、房状になったもの。結実後は、果房と呼ぶ。

●花蕾（からい）
ブロッコリーやカリフラワーなどの食用部分で、花蕾球ともいう。主茎と分化した多くの側花序の先端が肥大したもので、先端の未熟な蕾と柔らかい茎の総称。

●カリ（かり）
肥料の三要素の一つで、カリウムのこと。

●カロテン（かろてん）
人の体内でビタミンAになる色素。多く含まれている野菜を緑黄色野菜という。

●緩効性肥料（かんこうせいひりょう）
長期間に渡ってじっくりと効き目を現す肥料。肥料の表面を樹脂で被覆し、少しずつ溶け出すように工夫したものもある。

●間作（かんさく）
ある野菜の栽培中に、株間や条間に別の作物を栽培すること。あるいは、ある野菜の収穫が終わり、次の作付けまでに他の種類の野菜を栽培すること。

●完熟堆肥（かんじゅくたいひ）
原料の有機物が完全に分解され、発酵熟成が進んだ堆肥のこと。

●灌水（かんすい）
植物に水を与えること。

●間土（かんど）
施した元肥と植えつけた苗が直接触れないように、間に入れた土。根の植え傷みを防ぐ。

●寒冷紗（かんれいしゃ）
網目状になった布で、園芸資材として遮光、防寒、防虫、防風などの目的で利用する。

●球茎（きゅうけい）
短縮した茎が養分を蓄えて肥大し、球形になったもの。野菜ではサトイモがその代表。

●苦土（くど）
マグネシウムのこと。葉の光合成

の働きを補助する要素で、不足すると葉が黄色くなってしまうなどの症状が見られる。

●**苦土石灰**（くどせっかい）
苦土(マグネシウム)が含まれた石灰資材。土の酸度調整に用いる。

●**鞍つき**（くらつき）
スイカやカボチャなどの苗の植えつけをする畝の一つで、1株ごとに土を円錐状または円形に盛り上げたもの。

●**茎菜**（けいさい）
茎の部分を食用とする野菜。アスパラガスやタケノコなど。

●**鶏糞**（けいふん）
鶏の糞を乾燥させたり、発酵させて利用する有機質肥料の一つ。有機肥料の中ではリン酸分が多く含まれている。

●**結球**（けっきゅう）
野菜の内側の葉が立ち上がり、抱合して球状に重なっていく現象で、秋野菜の代表では、ハクサイ、キャベツ、レタスなどで見られる。また、タマネギでは、長日条件化で葉が肥厚した鱗葉球が形成される。

●**結実**（けつじつ）
トマトやキュウリなどの果菜類で、受粉・受精後、果実がなることで、結果ともいう。

●**嫌光性種子**（けんこうせいしゅし）
発芽が光線によって抑制されるような性質をもつ野菜の種子のこと。栽培にあたっては、種子の直径の3倍量の覆土が基本となる。暗発芽種子ともいう。

●**耕うん機**（こううんき）
畑の土を耕す農業機械。最近は色々な機種が登場し、畑の大小に関わらず利用する菜園家が増えている。

●**耕起**（こうき）
畑の土を耕すこと。耕起することにより畑の除草ができ、また土が柔らかくなり、種まきや苗の植えつけが楽になる。

●**好光性種子**（こうこうせいしゅし）
発芽が光線によって促進されるような性質を持つ野菜の種子のこと。種まき後は、ごく薄めに覆土する。光発芽種子ともいう。

●**光合成**（こうごうせい）
植物が、光エネルギーを使って、水と二酸化炭素を原料にデンプンなどの有機物を合成し、酸素を放出する反応をいう。光の強さ、温度、CO_2濃度などの環境条件で影響を受ける。

●**硬実**（こうじつ）
種皮が硬いため、水分の吸収が不充分となり、発芽しにくい種子のこと。種皮に傷をつけたり、あらかじめ吸水させてからまくと発芽しやすくなる。

●**更新剪定**（こうしんせんてい）
株の若返りをはかる目的で、古い枝などを切り落とすこと。ナスなどに行うと、果実の質が高まる。

●**耕土**（こうど）
野菜を育てるのに適した土層のことで、30cm以上の深さが望ましい。その下には硬い耕盤があり、耕盤より下の層は心土という。

●**子づる**（こづる）
親づるの葉腋から伸びたつるのこと。

●**固定品種**（こていひんしゅ）
何世代も選抜を重ねて、その品種の特性が一定のまとまった状態にある品種。自殖性の場合は固定が比較的容易であるが、他殖性の場合は固定に工夫が必要である。

●**根菜**（こんさい）
肥大した地下部分を利用する野菜のこと。ダイコン、ニンジンなどの直根類とジャガイモ、サツマイモなどのイモ類がある。

●**混作**（こんさく）
同じ畑に、二つ以上の異なる種類の野菜を同時に栽培すること。

●**根粒菌**（こんりゅうきん）
マメ科野菜の根に感染し、根粒を形成する微生物である。宿主から養水分をもらいながら、同時に空気中の窒素を固定してマメ科野菜に供給する働きがあり、「共生」関係が成り立っている。

さ行

●**作型**（さくがた）
それぞれの地域の収穫期（出荷時期）に応じて成立した栽培技術体系で、品種や栽培管理方法などに各地域の特徴が見られる。露地栽培、促成栽培、抑制栽培、早熟栽培などがある。

●**三大栄養素**（さんだいえいようそ）
植物を生長させるために特に必要な窒素・リン酸・カリの3種類の肥料成分をいう。

●**酸度調整**（さんどちょうせい）
土壌の酸度を石灰などで調整すること。

●**直まき**（じかまき）
畑やコンテナの土に直接種をまく栽培方法。

●**敷きワラ**（しきわら）
畝の表面や株元にワラを敷き詰めること。乾燥防止、雑草防止、病虫害防除などの効果がある。

●**糸状菌**（しじょうきん）
菌糸で構成されている菌類の総称で、野菜に感染すると、ウドンコ病、灰色カビ病などの病気を引き起こす。

●**下葉**（したば）
株の下のほうにある葉。下葉の状態を観察し、生育の良否を判断することもある。

●**支柱**（しちゅう）
植物体が倒伏しないように支えるための棒。色々な種類があり、立て方も野菜の種類よって変える。

●**子房**（しぼう）
雌しべの基部（花柱と花床の間）のふくらんだところ。肥大して果実になる。

●**雌雄異花**（しゆういか）
ウリ科野菜のように、一つの株に雄花と雌花が別々に着生する植物のこと。

●**雌雄異株**（しゆういしゅ）
ホウレンソウやアスパラガスなどのように、雄花のみ着生する雄株と雌花のみ着生する雌株に分かれている植物をいう。

●**雌雄同花**（しゆうどうか）
完全花ともいい、一つの花に雄しべと雌しべを有している花。

●**主枝**（しゅし）
株の中心となる枝。一般的に最も太く、その株の骨組みを構成する。

●**条間**（じょうかん）
種をすじまきしたときのすじ(条)とすじの間隔のこと。

●**除草**（じょそう）
雑草を取り除く作業。除草鎌などで、畝の表面から根をかき取るようにして取り除く。

●**人工受粉**（じんこうじゅふん）
人工的に受粉させること。筆などで、花粉を雌しべの柱頭に付着させる作業をいう。

●**す入り**（すいり）
ダイコンなどの根菜類で、内部にすき間ができる一種の老化現象。生育日数が遅延したり、収穫が遅れた場合に起こりやすい。

●**すじまき**（すじまき）
種まき方法の一つ。真っ直ぐなまき溝をつくり、種をまく。1列だと1条まき、2列では2条まきと呼ぶ。

●**整枝**（せいし）
主枝の先端を摘み取る摘芯や腋芽を小さなうちに摘み取るわき芽欠きなどの作業を通し、野菜の草姿を整えること。風通しや日当たりをよくし、残った部分の肥大がよくなるなどの効果があり、結果として収量が増加する。

●**生長調節剤**（せいちょうちょうせつざい）
野菜では、トマトやナスなどで利用されているホルモン剤のことで、低温時や高温時の結果促進の目的等で使用されている。

●**生長点**（せいちょうてん）
茎または根の最先端部分の、細胞分裂組織のこと。

●**生理障害**（せいりしょうがい）
肥料や水分、あるいは日照不足などの環境条件などが原因で起こる生育障害。

●**剪定**（せんてい）
風通しや日当たりをよくしたり、形を整えたりするなどの目的で枝を切ること。

●**早生**（そうせい、わせ）
品種の中で、種まきから収穫まで短期間でできる品種のこと。晩生の対語。

●**草木灰**（そうもくばい）
草や木の枝を燃やした灰で、カリを多く含む有機質肥料として利用されている。アルカリ性が強いので使用量に注意する。

●**側枝**（そくし）
主枝に着生する葉の付け根から伸びる茎や枝のこと。

●**速効性肥料**（そっこうせいひりょう）
液肥や化成肥料などの、施すと野菜に吸収されてすぐに効果が現れるような肥料をいう。

た行

●**耐寒性**（たいかんせい）
寒さに耐えられる性質の強弱の度合い。

●**台木**（だいぎ）
接木を行うときに、土台（根の方）となる植物のこと。

●**耐暑性**（たいしょせい）
植物の高温に対する感受性の強弱の度合い。

●**堆肥**（たいひ）
動植物由来の有機物を発酵させた

もので、土壌改良材・肥料として利用される。

●**耐病性**（たいびょうせい）
病気になりにくい性質。

●**高畝**（たかうね）
排水性の悪い畑などで、土を20〜30cmの高さに盛り上げてつくる、高めの畝のこと。

●**立ち性**（たちせい）
茎やつるが上に伸び上がる性質。

●**多年草**（たねんそう）
花が咲いて実ができても枯れず、多年にわたって生育を繰り返す植物。野菜では、アスパラガス、食用ギクなどがある。

●**単為結果**（たんいけっか）
キュウリなどのように、受粉せず種子が形成しなくても果実ができること。

●**短日植物**（たんじつしょくぶつ）
日が短くなると開花結実が行われる（または促進される）性質の植物。

●**単肥**（たんぴ）
窒素、リン酸、カリの肥料三要素のうち1成分しか含まない肥料。

●**団粒構造**（だんりゅうこうぞう）
土の粒が接着した大小の団子状構造（団粒）で構成された土をいう。排水性、通気性がよく、同時に保水性・保肥性もよいので、植物の生育に適する。

●**窒素**（ちっそ）
肥料の三要素の一つで、葉肥えとも呼ばれる。葉菜類では、不足すると生育不良となって、葉が小ぶりになり、下葉が黄化し枯れてしまう。

●**追肥**（ついひ）
種まきや植えつけ後、生長に応じて施す肥料のこと。

●**土寄せ**（つちよせ）
株元に畝間の土を寄せて盛り上げる作業で、株の倒伏を防ぎ、除草の効果がある。ネギやミツバなどでは軟白を図る。

●**つるぼけ**（つるぼけ）
つるや茎、葉ばかりが繁茂して、実つきやイモの肥大が悪くなる現象。窒素肥料過多などが主な原因である。

●**定植**（ていしょく）
苗を本畑に植えつけること。

●**摘果**（てきか）
結実した実の一部を小さいうちに取り除くこと。着果量を制限するため、実の大きさや品質はよくなり、株も疲れない。

●**摘芯**（てきしん）
主枝の生長点を摘み取り、生長を止める作業。摘芯により、わき芽が伸び、側枝の数を調整することができる。

●**天地返し**（てんちがえし）
土の表面の部分（耕土層）と深い部分（心土）の上下を入れかえること。栽培が続いて疲れた表面の土の更新を目的とする。

●**点まき**（てんまき）
種まきのやり方の一つ。一定の間隔でくぼみを掘り、数粒ずつ種をまく。

●**土壌改良**（どじょうかいりょう）
種まきや植えつけ前に、土壌改良材などを利用し、土の物理性や化学性を野菜づくりに適した性質に改良すること。

●**徒長**（とちょう）
日当たりの悪い場所で育ったり、株と株の間隔が狭い場合などが原因で、植物の節間が間伸びし、生育の弱々しい状態をいう。

な行

●**根鉢**（ねばち）
ポリポットや鉢などで育てた苗を取り出したとき、根が張って土が鉢の形に固まった状態のもの。基本的には、そのまま崩さずに植えつける。

は行

●**培養土**（ばいようど）
植物の栽培に使う土。主に育苗やコンテナ栽培の際、さまざまな性質の土や堆肥、肥料などを複数混ぜ合わせて使う。

●**鉢上げ**（はちあげ）
播種箱などに種をまいて発芽させた苗をポリポットなどに植え替えること。

●**鉢底網**（はちぞこあみ）
鉢底の穴に敷く網のこと。培養土が流れ出ないようにするためと、害虫の侵入を防ぐことが目的。

●**鉢底石**（はちぞこいし）
コンテナの底に敷き詰める軽石や赤玉土の大粒などをいう。ゴロ石ともいい、排水性や通気性をよくするために利用する。

●**ばらまき**（ばらまき）
種まきのやり方の一つで、畝やプランターの全面にばらばらと種をまく方法。

●**春まき**（はるまき）
春に種をまき、夏前に収穫する栽培方法のこと。単に、春に種をまくこともいう。

●**半日陰**（はんひかげ）
木漏れ日があたる場所。あるいは1日3〜4時間位の日があたる場所。

●**平畝**（ひらうね）
5〜10cmの高さに土を盛り上げた畝。

●**肥料焼け**（ひりょうやけ）
肥料を与えすぎたり、濃度の濃すぎる肥料を与えたりしたときに起こる障害で、生育が阻害される。

●**覆土**（ふくど）
種まき後に土をかけること。またその土のこともいう。一般的には、その種の直径の3倍位の深さにかける。ただし、好光性種子の場合はごく薄くかける。

●**腐葉土**（ふようど）
落ち葉を発酵腐熟させた土壌改良材。元肥にも使われるが、肥料成分は少ない。

●**分枝**（ぶんし）
わき芽が伸び、枝になること。

●**ベッド畝**（べっどうね）
幅が1〜1.2m位の幅広の畝をいう。

●**pH値**（ぺーはーち）
酸性、アルカリ性の度合いを示す単位で、7が中性、これより数値が小さいと酸性、大きくなるとアルカリ性となる。

●**ポットまき**（ぽっとまき）
種まき方法の一つ。種をビニールポットにまいて苗を育てる。一定の大きさになったら、畑やコンテナに植えつける。

●**ポリマルチ**（ぽりまるち）
保温などを目的として、ポリエチレンフィルムで、畝を覆うこと。

ま行

●**間引き**（まびき）
生育良好なものを優先的に残し、他の株を引き抜く作業をいう。発芽から生育段階に応じて株の数を減らしていく。

●**マルチング**（マルチング）
ポリエチレンフィルムやワラなどを使って畝を覆うこと。保温や乾燥防止、雑草防止などの目的で行なう。

●**元肥**（もとごえ）
種まきや苗の植えつけを行う場所に、あらかじめ施しておく肥料。基肥ともいう。堆肥や油かすなどの緩効性の肥料や化成肥料を混合して散布し、長く効果が続くように工夫する。

や行

●**誘引**（ゆういん）
支柱などに植物の茎やつるをひもで結びつけ固定すること。茎やつるを正しい方向に伸ばし、倒れたりしないようにするために行う。

●**有機栽培**（ゆうきさいばい）
化学肥料や農薬を一切使用せずに野菜をつくる栽培方法。堆肥や有機質肥料を使って土づくりに心がけ、最初に収穫するまでの3年以上、有機質肥料で土づくりをするなどいくつかの規程をクリアしたときに「有機農産物」を名乗ることができる。

●**葉菜**（ようさい）
葉や茎、花を食用とする野菜。

ら行

●**ランナー**（らんなー）
イチゴなどで見られる、親の株から伸びた子株をつける茎のこと。地面に接すると発根する。次年度の苗育成に利用する。

●**鱗茎**（りんけい）
ユリ科野菜のタマネギやニンニクなどの肥厚した葉が球状に重なったもの。

●**輪作**（りんさく）
ある野菜を栽培し、土壌病害虫が発生した畑に、何年間かその病害虫に被害を受けない種類の野菜を栽培し、再びもとの野菜を栽培する方法。

●**リン酸**（りんさん）
肥料の三大要素の一つで、実肥えといわれる。不足すると生育が遅延し、葉が小ぶりとなり、葉色は濃緑色となる。

●**連作**（れんさく）
同じ野菜や同じ科の野菜を毎年同じ場所で育てることをいう。土壌病虫害が起きやすくなったり、要素欠乏などにより生育不良になったりする。この障害を連作障害といい、防ぐためには輪作が効果的である。

わ行

●**わき芽**（わきめ）
植物の主枝の葉の付け根などから出てくる芽。腋芽ともいう。

野菜名索引（50音順）栽培プロセスのある項目は太字で表記した

ア行

カ行

サ行

タ行

ナ行

ハ行

マ行

ヤ・ラ・ワ行

用語索引（50音順）

あ行

か行

活着（かっちゃく）……305
株間（かぶま）……305
株分け（かぶわけ）……305
花房（かぼう）……305
カメムシ……57、303
花蕾（からい）……305
カリ……305
仮支柱（かりしちゅう）……294
カロテン……305
緩効性肥料（かんこうせいひりょう）……305
間作（かんさく）……305
完熟堆肥（かんじゅくたいひ）……305
灌水（かんすい）……305
間土（かんど）……305
寒冷紗（かんれいしゃ）……298、301、305
キアゲハ（幼虫）……303
キスジノミハムシ……303
球茎（きゅうけい）……305
菌核病（きんかくびょう）……302
苦土（くど）……305
苦土石灰（くどせっかい）……286、306
鞍つき（くらつき）……288、306
鍬（くわ）……296
茎菜（けいさい）……306
鶏糞（けいふん）……306
結球（けっきゅう）……306
結実（けつじつ）……306
嫌光性種子（けんこうせいしゅし）……306
耕うん機（こううんき）……289、306
耕起（こうき）……306
好光性種子（こうこうせいしゅし）……306
光合成（こうごうせい）……306
硬実（こうじつ）……306
耕種的防除（こうしゅてきぼうじょ）……304
更新剪定（こうしんせんてい）……306
耕土（こうど）……306
小熊手（こくまで）……297
子づる（こづる）……306
固定品種（こていひんしゅ）……306
コナガ……303
根菜（こんさい）……306
混作（こんさく）……306
コンテナ……274
根粒菌（こんりゅうきん）……306

さ行

作型（さくがた）……306
作条施肥（さくじょうせひ）……287、289
三大栄養素（さんだいえいようそ）……306
酸度測定（さんどそくてい）……284
酸度調整（さんどちょうせい）……306
直まき（じかまき）……306
糸状菌（しじょうきん）……306
雌穂（しすい）……53
下葉（したば）……306
支柱（しちゅう）……299、306
支柱立て（しちゅうたて）……294
子房（しぼう）……306
四本鍬（しほんぐわ）……296
雌雄異花（しゆういか）……306
雌雄異株（しゆういしゅ）……306
収穫バサミ（しゅうかくばさみ）……297
雌雄同花（しゆうどうか）……306
主枝（しゅし）……306
条間（じょうかん）……306
消石灰（しょうせっかい）……286
除草（じょそう）……306
除草鎌（じょそうがま）……297
白サビ病（しろさびびょう）……302
人工受粉（じんこうじゅふん）……306
す入り……306
すじまき……292、306
すずらんテープ……299
整枝（せいし）……306
生長調節剤（せいちょうちょうせつざい）……306
生長点（せいちょうてん）……306
生物的防除（せいぶつてきぼうじょ）……304
生理障害（せいりしょうがい）……306
石灰（せっかい）……285
施肥（せひ）……287
剪定（せんてい）……306
剪定バサミ（せんていばさみ）……297
全面施肥（ぜんめんせひ）……287、289
早生（そうせい）……306
草木灰（そうもくばい）……306
側枝（そくし）……306
速効性肥料（そっこうせいひりょう）……306

た行

耐寒性（たいかんせい）……306
台木（だいぎ）……306
耐暑性（たいしょせい）……306
堆肥（たいひ）……285、286、306
耐病性（たいびょうせい）……307
高畝（たかうね）……288、307
立ち性（たちせい）……307
多年草（たねんそう）……307
単為結果（たんいけっか）……307
短日植物（たんじつしょくぶつ）……307
単肥（たんぴ）……307
団粒構造（だんりゅうこうぞう）……307
窒素（ちっそ）……307
直立式（ちょくりつしき）……294
追肥（ついひ）……307
土寄せ（つちよせ）……307
つるぼけ……307
定植（ていしょく）……307
摘果（てきか）……307
摘芯（てきしん）……307
天地返し（てんちがえし）……307
点まき（てんまき）……292、307
土質（どしつ）……284
土壌改良（どじょうかいりょう）……307
土壌酸度測定器（どじょうさんどそくていき）……297
土層（どそう）……284
徒長（とちょう）……307
トンネル支柱……299

な行

軟腐病（なんぷびょう）……302
ネキリムシ……303
根コブ病（ねこぶびょう）……73、302
ネット張り……295
根鉢（ねばち）……307

は行

灰色カビ病（はいいろかびびょう）……302
培養土（ばいようど）……307
箱まき（はこまき）……293
鉢上げ（はちあげ）……307
鉢底網（はちぞこあみ）……307
鉢底石（はちぞこいし）……307
花芽分化（はなめぶんか）……305
ばらまき……293、307
春まき（はるまき）……307
半日陰（はんひかげ）……307
ビニールフィルム……298、301
平畝（ひらうね）……288、307
肥料焼け（ひりょうやけ）……307
覆土（ふくど）……307
不織布（ふしょくふ）……298、301
物理的防除（ぶつりてきぼうじょ）……304
腐葉土（ふようど）……307
フラワーネット……295
分枝（ぶんし）……307
ベジタブルガーデン……270
ヘチマ水……47
ベッド畝（べっどうね）……307
ベト病……302
pH値（ぺーはーち）……307
ホー……296
防草シート（ぼうそうしーと）……300
ぼけナス……12
ホットキャップ……300
ポットまき……293、307
ポリポット……299
ポリマルチ……307
ホルモン処理……15

ま行

また根ダイコン……148
間引き（まびき）……307
マルチ……291、298
マルチング……290、307
箕（み）……297
無農薬（むのうやく）……93
雌花（めばな）……26
モザイク病（ウイルス病）……302
元肥（もとごえ）……307
モミガラ……299、300

や・ら・わ行

誘引（ゆういん）……307
有機栽培（ゆうきさいばい）……307
雄穂（ゆうすい）……53
葉菜（ようさい）……307
ヨウリン……286
ランナー……307
両刃鎌（りょうばがま）……296
鱗茎（りんけい）……307
輪作（りんさく）……307
リン酸（りんさん）……307
レーキ……296
連結ポット（れんけつ）……299
連結ポットまき（れんけつぽっと）……293
連作（れんさく）……307
わき芽……307
早生（わせ）……306

野菜の種苗を扱う主な店（詳細は各種苗店へ直接お問い合せ下さい）

（株）渡辺採種場
〒 987-8607　宮城県遠田郡美里町南小牛田字町屋敷 109　電話 0229-32-2221

（株）トーホク
〒 321-0985　栃木県宇都宮市東町 309　電話 028-661-2020

トキタ種苗（株）
〒 337-8532　埼玉県さいたま市見沼区中川 1069　電話 048-683-3434

（株）アタリヤ農園
〒 289-0321　千葉県香取市阿玉川 1103　電話 0478-83-3125

雪印種苗（株）
〒 261-0002　千葉県千葉市美浜区新港 7-1　電話 043-241-0203

渡辺農事（株）
〒 278-0006　千葉県野田市柳沢 13　電話 04-7124-0111

（株）日本農林社
〒 114-0023　東京都北区滝野川 6-6-5　電話 03-3916-3341

みかど協和（株）
〒 150-0036　東京都渋谷区南平台町 15-13 帝都渋谷ビル　電話 03-3463-7432

（株）武蔵野種苗園
〒 171-0022　東京都豊島区南池袋 1-26-10　電話 03-3986-0715

（株）サカタのタネ
〒 224-0041　神奈川県横浜市都筑区仲町台 2-7-1　電話 045-945-8800

（有）松下種苗店
〒 921-8036　石川県金沢市弥生 1-33-20　電話 076-243-4060

（有）石井育種場
〒 422-8005　静岡県静岡市駿河区池田 710　電話 054-262-2965

（株）増田採種場
〒 438-0817　静岡県磐田市上万能 168-2　電話 0538-35-8822

コサカ種苗（資）
〒 506-0856　岐阜県高山市大門町 75　電話 0577-34-0552

タキイ種苗（株）
〒 600-8686　京都府京都市下京区梅小路通猪熊東入　電話 075-365-0123

丸種（株）
〒 600-8691　京都府京都市下京区七条通新町西入　電話 075-371-5101

（株）神田育種農場
〒 634-0006　奈良県橿原市新賀町 262　電話 0744-22-2603

ナント種苗（株）
〒 634-0077　奈良県橿原市南八木町 2-6-4　電話 0744-22-3351

中原採種場（株）
〒 812-0893　福岡県福岡市博多区那珂 5-9-25　電話 092-591-0310

八江農芸（株）
〒 854-0023　長崎県諫早市厚生町 3-18　電話 0957-24-1111

●編著者紹介

藤田　智（ふじた　さとし）

恵泉女学園大学園芸文化研究所准教授

1959年秋田県生まれ。岩手大学大学院修了。大学では生活園芸および野菜園芸学を担当。各地の市民農園講座でも野菜づくりの指導を積極的に行っている。また、野菜づくりの楽しさを知ってもらいたいと、NHKテレビ「趣味の園芸」、ラジオ番組など多方面で活躍。

主な著書・監修

『ベランダ畑』（家の光協会）『「よくある失敗」と「対策」がわかる野菜づくり』（日本文芸社）『コンテナ菜園を楽しもう』（NHK出版）『旨い！ 楽しい！ 納得！ 野菜づくり』（NHK出版）など。

●協力者

【料　理（制作・写真・文）】

赤坂みちよ　フーズアンドテーブル

【写真撮影】

谷山真一郎［東京・フォト・アーガス］

【装幀・レイアウト】

新井達久

【撮影協力】

恵泉女学園大学

来島泰史

勝又紗也佳

川村恵理子

東江文香

宮﨑明香

荻原愛恵

古井佐永子

寺岡美咲

目白大学短期大学部

大出英子

(株)トーホク

本田技研工業(株)

【編集協力】

勝又紗也佳

(株) 風土文化社（湯川登紀雄・井原奈保）

(株) ぷれす　ネイチャー・プロダクション

野菜《やさい》づくり大図鑑《だいずかん》

2007年11月28日　第1刷発行

2007年12月25日　第2刷発行

編著者　藤田《ふじた》　智《さとし》

発行者　野間佐和子

発行所　株式会社 講談社

〒112-8001 東京都文京区音羽2-12-21

販売部 03-5395-3625

業務部 03-5395-3615

編　集　株式会社 講談社エディトリアル

代表 土門康男

〒112-0012 東京都文京区大塚2-8-3　講談社護国寺ビル

編集部 03-5319-2171

印刷所　凸版印刷株式会社

製本所　大口製本印刷株式会社

ISBN978-4-06-213753-9　N.D.C.626　311p　26cm